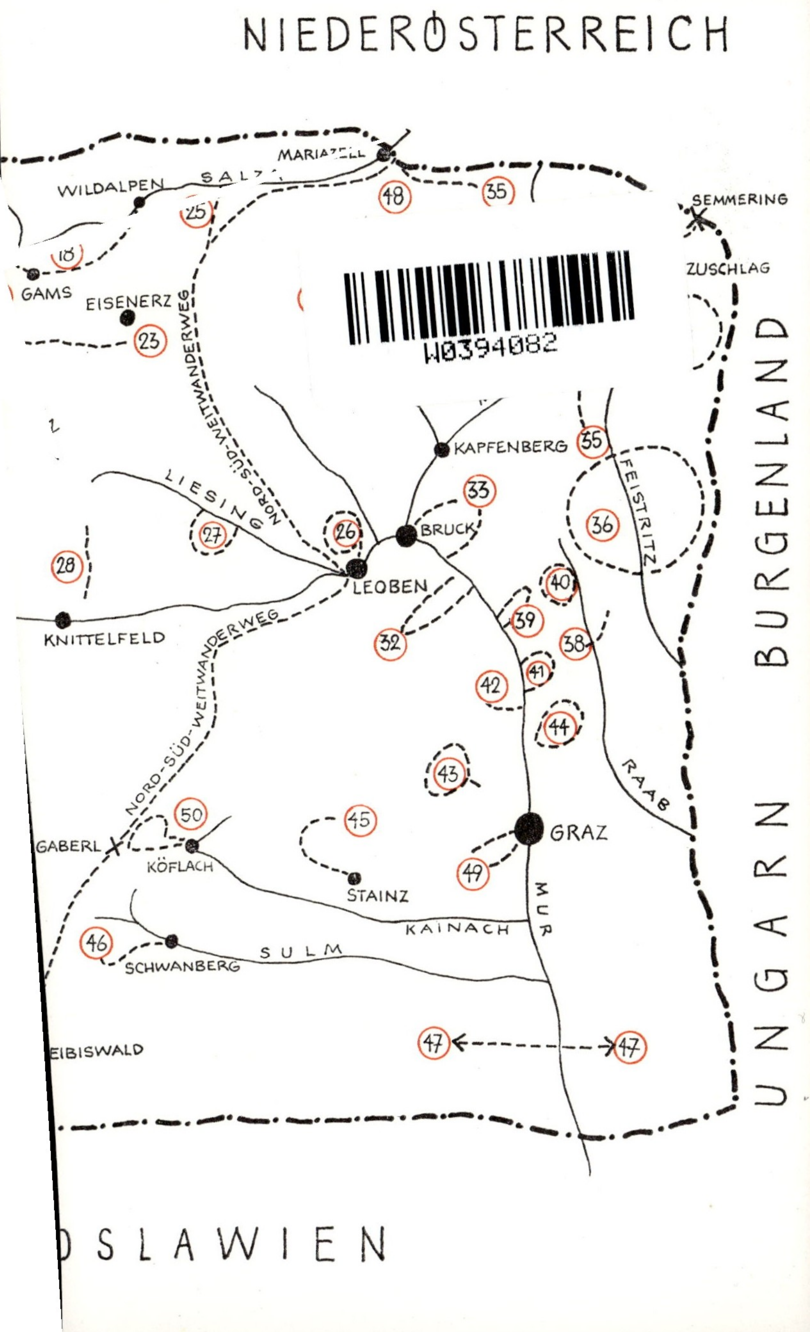
NIEDERÖSTERREICH
MARIAZELL
SALZA
WILDALPEN
SEMMERING
ZUSCHLAG
GAMS
EISENERZ
NORD-SÜD-WEITWANDERWEG
KAPFENBERG
LIESING
FEISTRITZ
BRUCK
LEOBEN
KNITTELFELD
BURGENLAND
RAAB
GABERL
KÖFLACH
GRAZ
STAINZ
MUR
KAINACH
SULM
SCHWANBERG
EIBISWALD
UNGARN
SLAWIEN
18
23
25
26
27
28
32
33
35
36
38
39
40
41
42
43
44
45
46
47
48
49
50

BUCHENAUER
WANDERN
IN DER STEIERMARK

Dank an Stelle einer Vorrede möchte ich hier allen sagen, die mir Gelegenheit gegeben haben, dieses Buch zu schreiben, oder mich mit Rat und Tat dabei unterstützten.

Vor allem danke ich dem Tyrolia-Verlag Innsbruck, der mich aus eigenem anregte, das Wanderbuch Steiermark zu gestalten, und mir damit eine Freude bereitete, die man als Schriftsteller nur selten erlebt. Ganz besonders hat es mich gefreut, daß es ein Tiroler Verlag ist, der ein Buch über die Steiermark herausbringt. Ich werte es als Symbol und gutes Omen, daß sich da der „Wilde Westen" Österreichs mit dem „Fernen Osten" zu einer erfreulichen gemeinsamen Arbeit verbunden hat.

Die Wünsche des Verlages hat als erster Dr. Emil Hensler, Innsbruck, an mich herangetragen. Ich bin Herrn Dr. Hensler nicht nur dafür zu großem Dank verpflichtet, sondern auch für vielerlei freundschaftlichen Rat und beste Unterstützung. Seine beiden Werke „Nordtiroler Wanderbuch" und „Bergwandern in Nordtirol", 1968 und 1970 im Tyrolia-Verlag erschienen, sind mir Vorbilder und Leitbilder für mein Steiermarkbuch gewesen. Dr. Hensler kennt und liebt aber auch die Steiermark und konnte mir aus umfassendem Wissen heraus manchen guten Tip geben.

Bevor ich an die Arbeit zum Steiermarkbuch ging, glaubte ich, die Steiermark sehr gut zu kennen. Im Laufe meines Forschens, Begehens, Aufschreibens und Auswertens aber habe ich bemerkt, daß ich „dieses schöne Land", wie es in unserer Landeshymne heißt, noch viel zu wenig kannte! Neben dem Schreiben war es also auch die Forscher- und Entdeckerarbeit, die mir großes Glück brachte.

Bei meinen Bestrebungen, das Steirerland zur Gänze zu erkunden und seine Landschaft, die gewaltig groß und weiträumig, unglaublich vielseitig und vielschichtig ist, in einer bemessenen Anzahl von Wandervorschlägen zu erfassen, haben mich viele liebe Bergkameraden und -kameradinnen hilfreich unterstützt. Ohne ihre freundliche Hilfe wäre dieses Buch nicht entstanden. Meine liebe Mutter, die auch wertvollste Mitarbeit an diesem Buch geleistet hat, war mein erster und liebster Bergkamerad. Sie hat mich u. a. als kaum Vierjährige durch die Bärenschützklamm auf den Hochlantsch geführt. Dieser erste Eindruck von den Bergen ist für mein Leben bestimmend geworden. Meiner Mutter verdanke ich auch die Bekanntschaft mit dem Buch „Steiermark" von Gawalowski, meiner steirischen „alpinistischen Bibel". Manche Tour in der Steiermark habe ich mit meinen sehr lieben Bergfreunden Dr. Luitgard und Dipl.-Dolmetscher Helmfried Knoll, Wien, gemacht. Ihnen verdanke ich wichtige Beschreibungen zur Tour Hohe Scheibe, zum „Zauberberg" und zum Paradeisspiel.

Mein langjähriger Bergkamerad Dr. Heinz Sperka, Thörl, ist „mitschuldig" an dem Kapitel „Vom Innenleben der Berge" und brachte auch interessante Mitteilungen über Kunstschätze. Herr Leopold Farnleitner, Weiz, versah mich mit umfangreichem Material über das Weizer Bergland. Dem Bezirksförster, Bergsteiger und Schriftsteller Hermann Scharfetter aus Leoben danke ich viele Anregungen für den Bereich Leoben und Knittelfeld.

Weitere wichtige Hinweise bekam ich von: Ludwig Gerl, dem hochverdienten Arbeitsgebietsreferenten des Grazer Alpenvereins; Ulli und Hart Kendler aus Hollenstein-Ybbs; Familie Bruno Nowicki aus Köln; Hermine Puntigam und Dr. Hans Meixner aus Graz; Kurt Nemeth, Graz; Lisl Mandl, Wien, und Wilhelmine Unterberger, Stainach. Sie

scherbedecktem Kristallingestein und Kalkgebirge auch noch hohe Almen, wie sie in der Steiermark „gewachsen“ sind? Und die Kärntner Seen? Ja, aber Seen haben wir selbst — vor allem im Gebirge! Und Kärnten, dem vielgestaltigen, mangelt auch die Weingegend, ebenso wie Tirol und Vorarlberg. Dafür haben diese Hochgebirgsländer größere Mengen an höheren Gipfeln. Aber vielfältig wie die Steiermark — nein, so vielfältig sind sie nicht!

Man könnte nun sogar die Frage aufwerfen: Wo gibt es im ganzen, großen Alpenbogen ein Land mit solcher Vielfalt an alpinem Gelände und so „vielseitigen“ Bergen? Nun könnte man uns vorwerfen, wir wären unmäßig stolz auf unsere Steiermark. — Aber: können wir es nicht wirklich sein? Und wir sind auch stolz auf das spöttisch gemeinte Wort vom „wilden Bergvolk der Steirer jenseits des Semmerings“ — es hat seine Gültigkeit, wenn auch vielleicht nicht jene, die ihm seine Schöpfer unterlegten!

Auch auf den Ruf unserer Berge sind wir stolz und auf ihre alpinistische Bedeutsamkeit: uns gehört im Kalkgebirge des Dachsteinstockes der schönste und berühmteste Teil — die international bekannte Flucht der Dachsteinsüdwände. Heller und herrlicher, vielumworbener und vielbegangener Kletterfels!

Und steirisch ist der größte Teil der Niederen Tauern. Was das bedeutet? Die Tauern — Hohe und Niedere zusammengerechnet — sind das größte Gebirge der Alpen. Davon sind die Niederen Tauern der größere Teil. Uns gehört also der größte Teil vom größeren Teil des größten Gebirges der Alpen! Doch dies allein wäre natürlich noch keine Qualifikation: es gibt auch noch manche andere große, aber uninteressante Berggruppe. Aber diese Niederen Tauern sind gar nicht so niedrig; den irreführenden Namen haben sie nur zum Unterschied von den Hohen Tauern bekommen. Die Niederen Tauern sind sogar beachtlich hoch: ihr höchster Gipfel, der Hochgolling, ist genauso hoch wie der mächtige Triglav — 2863 m über dem Meeresspiegel. Er liegt in den Schladminger Tauern, einem der interessantesten und immer noch ursprünglichen, noch lange nicht ganz erforschten Gebirge der Alpen. Auch der größte Teil der Schladminger Tauern gehört zur Steiermark, wie die ganzen Rottenmanner, Seckauer, Nördlichen und Südlichen Wölzer Tauern — ein riesengroßes Gebiet, das bis jetzt weder in seiner ganzen Größe noch in seiner alpinistischen Bedeutung erfaßt worden ist. Die Schladminger Tauern kann man nach dem äußeren Bild — hohe, dunkle Berge mit großartigen Wänden und scharfen Felsgraten, aber auch farbenprächtigen Seen — nur mit der außeralpinen Hohen Tatra vergleichen. Es gibt nur einen Unterschied: die Schladminger Tauern sind zum Teil noch Neuland oder neu zu entdeckendes Bergland!

Das einsam-verwunschene Kammer- und Kemetgebirge mit der berühmt-berüchtigten Hochfläche „Am Stein" gehört zum Großteil der Steiermark. Der sagenhafte und fabelhaft schöne Grimming an seinem Südrand ist geradezu das Wahrzeichen der Steiermark und durch Paula Groggers Buch nicht nur „unsterblich", sondern auch in aller Welt bekannt geworden. Und noch berühmter wurde eine andere ursteirische Landschaft: die hohen Wälder und weiten Almen um das Alpl, Peter Roseggers geliebte „Waldheimat", die trotz Forststraße und Motorsäge bis heute noch ein urhaftes Land der Wälder geblieben ist.

Über den hohen, verkarsteten Rücken des Toten Gebirges geht die steirisch-oberösterreichische Grenze; aber der Großteil dieses Berglandes — eines der geheimnisvollsten, ursprünglichsten Berggebiete der Alpen, das auch noch zu erforschen wäre und in dem immer wieder große, neue Felstouren erschlossen werden — ist steirisch. Und zur Gänze in der Steiermark liegt das Gesäuse mit seinen weltbe-

LISELOTTE BUCHENAUER

WANDERN IN DER STEIERMARK

50 Wanderwege
zwischen Dachstein und Semmering
Mariazell und Soboth

Mit 50 Kartenskizzen
und 16 Kunstdruckbildern
und 1 Übersichtskarte

TYROLIA-VERLAG INNSBRUCK-WIEN-MÜNCHEN

Umschlagbild: Motiv aus der Waldheimat, Photo Robert Löbl, Bad Tölz
Kartenskizzen nach Entwürfen des Verfassers,
gezeichnet von Hermann Depaoli, Innsbruck

Bildernachweis

(die Seitenzahlen beziehen sich auf die dem Bild gegenüberliegende Druckseite)

Kurt Nemeth, Graz, Seite 32; Robert Löbl, Bad Tölz, S. 33, 48, 113, 129, 193, 208, 304, 320, 321; Foto Baumgartner, Liezen, Seite 48; Maria Kranzer, Salzburg, Seite 112; Fritz Fürst, Leoben, Seite 112; Otto Rainer, Eisenerz, Seite 192; Landesstelle für Bild- und Tondokumentation, Seite 209; Hermann Neugebauer, Graz, Seite 305

ISBN 3-7022-1016-4

1971

Exlgasse 20 · Satz, Druck und Buchbinderarbeit in der Verlagsanstalt Tyrolia Gesellschaft m. b. H. · Innsbruck

alle waren nicht nur beratend, sondern auch wandernd eifrig „dabei".

Gute Tips über Volks- und Brauchtum erhielt ich von einigen Gemeinden der Steiermark und Herrn Hermann Neugebauer, Graz.

Fast das Schwierigste bei der Arbeit an Bergbüchern ist es, die richtigen Bilder und Fotografen zu finden. Ich kann mich glücklich schätzen, ein kleines Team bewährter und bekannter Bergfotografen als Mitarbeiter zu haben, welche mir — trotz mancher Sonderwünsche der Nichtfotografin! — viele „Bilderwünsche" von den Augen ablesen und aufs Papier bannen. Vielen herzlichen Dank den Fotografen!

Eine besondere Art der Unterstützung ließ mir die Kartographische Anstalt Freytag-Berndt & Artaria KG Wien angedeihen, indem sie mir sämtliche neuen Wanderkarten 1 : 100.000 für den Raum Steiermark unentgeltlich zur Verfügung stellte, wofür auch an dieser Stelle noch gedankt sei.

ZUR GESTALTUNG DES WANDERBUCHES STEIERMARK

Nachdem das unerreicht gute und komplette „Reise- und Handbuch Steiermark“ aus dem Verlag von Ulrich Moser’s Buchhandlung Graz nach dem zweiten Weltkrieg nur mehr in restlichen Teilstücken erschienen war, gab es für das ganze riesengroße steirische Wander- und Berggebiet kein zeitgemäßes Führerwerk mehr. Die hübsch und liebevoll geschriebenen „Hundert Ausflüge von Graz“ von Ernst Coelln, aus dem Grazer Leykam-Verlag, sind in Restexemplaren noch erhältlich, doch leider veraltet. Der Gedanke, einen Wanderführer für die Steiermark herauszugeben, lag daher sozusagen in der Luft, und es hat sich u. a. sogar vor zehn Jahren schon ein deutscher Verlag damit beschäftigt.

Ich bin mir bewußt, daß mein Wanderbuch Steiermark das „Reise- und Handbuch“ niemals ersetzen wird können. Ich habe mich aber bemüht, mit den hier beschriebenen 50 Wanderungen, die für jeden Wanderer durchführbar sind und sich größtenteils im nichtalpinen Bereich bewegen, die ganze Steiermark in den Griff zu bekommen; nicht nur die Berggebiete, sondern auch die umliegenden größeren und kleineren Orte. Die Zuordnung dieser Siedlungen, ihre Beschreibung und Charakteristik, die Erwähnung der jeweiligen Kunstschätze erforderte mehr Arbeit, als für die einzelnen Wandervorschläge nötig war. Wo immer es möglich war, habe ich auch auf die jetzt so beliebten und wichtigen Wanderungen für Motorisierte hingewiesen und viele davon näher beschrieben. Alle für Kinder geeigneten Wanderungen wurden als solche gekennzeichnet. Obwohl es sich um ein Wanderbuch handelt, wurde auch das Skigebiet der Steiermark, wo es möglich war, gewürdigt.

Sollte ich im Zuge dieser Arbeit das eine oder andere Berggebiet nicht ausreichend erwähnt, den einen oder anderen für den Fremdenverkehr wichtigen Ort übergangen oder nicht entsprechend eingesetzt haben, so bitte ich im voraus, dies zu verzeihen, und verweise auf die Absicht, ein zweites Buch über die steirischen Berge, und zwar ein Bergwanderbuch Steiermark herauszugeben, in dem größere, auch mehrtägige Bergtouren, Gipfel- und Kammüberschreitungen sowie Weitwanderwege enthalten sein werden. In diesem Werk wird dann die restliche Steiermark erfaßt.

Leser und Nachwanderer sind herzlich um Zuschriften an Verlag oder Autorin gebeten, wenn sie wichtige Feststellungen gemacht haben, etwa über fehlende Markierungen usw.

Graz, im Februar 1971

Liselotte Buchenauer

VERWENDETE ABKÜRZUNGEN

Gh. = Gasthaus
Jh. = Jahrhundert
ÖAV = Österreichischer Alpenverein
ÖTK = Österreichischer Touristenklub
rd. = rund
St. = Stunde, Stunden
TVN = TV „Die Naturfreunde"
Wh. = Wirtshaus

LAND DER BERGE — STEIRERLAND

Daß die Steiermark „das Land der Vielfalt" ist, weiß man nicht nur aus Fremdenverkehrsprospekten, sondern auch aus Erlebnis und Erfahrung. Weiß man aber auch überall, daß die Steiermark ein Land der Berge ist? Im allgemeinen wird dieses Lob meist nur Alpenländern wie Tirol oder Vorarlberg zuerkannt.

Freilich — die höchsten Gipfel stehen innen im Alpenzug und nicht an seinem Ostrand. Aber wir Steirer haben die Berge dafür überall!

Die Berge reichen bei uns vom „Hohen Norden" bis in den „Tiefen Süden", vom (wahrhaft) „Wilden Westen" bis zum „Nahen Osten": Berge, Berge überall im Steirerland! Von den grünen Hüten der Mariazeller Berge bis zu den fruchtbaren Weinkegeln des Unterlandes, vom Gletschersaum an der Dreitausendergrenze des Dachsteins bis zum hochalmigen, breitrückigen Wechselgebirge, dem östlichsten Hochgipfel der Alpen.

Wir Steirer dürfen uns auch rühmen, ein Land aller Berge zu bewohnen. Die „gebräuchlichsten" alpinen Bergformen und auch Gesteine sind bei uns vertreten. Auch in den Bergen ist die Steiermark also das Land der Vielfalt, und kein anderes österreichisches Bundesland kommt ihm gleich. Wien, Niederösterreich und das Burgenland haben nur niedrige Berge. Oberösterreich könnte vielleicht in Vergleich gezogen werden, es hat sogar das größere Gletschergebiet, doch fehlen ihm die großen Urgebirgsketten und das Weinland. Salzburg mit Kalkalpen und Tauernanteil könnte uns sogar überlegen sein — doch ihm fehlt etwas, was mit unserer Süd-, Südwest- und Oststeiermark vergleichbar wäre. Aber Kärnten! — unser schönes Nachbarland hat doch zu glet-

kannten Nordwänden, einer einzigen Flucht, Wucht und Macht an geballter Felskraft, wie man sie so hoch und düster über engem Tal kaum anderswo finden wird. Das angrenzende Hochschwabgebirge ist das „steirische Gebirge“ schlechthin; in diesem weder hohen noch großräumigen, aber unerwartet vielfältigen und „hintergründigen“ Kalkgebirge ist in siebenhundert Kletterrouten die Geschichte der steirischen Bergsteigerei und beste steirische Bergsteigertradition festgelegt. Auch dort „forscht“ und entdeckt man noch heute mit Erfolg.

Durch die wenig begangenen, eigenwilligen Mariazeller Berge führt auf herrlichen Waldpfaden seit dem heurigen Jahr der „Nord-Süd-Weitwanderweg“, den der ÖAV allen Bergwanderern als Geschenk zur Hundertjahrfeier der Sektion Graz geschaffen hat. Er zieht über frei stehende Felsberge, wie die Hohe Veitsch und den Eisenerzer Reichenstein. Beide sind ausgesprochene „Blumenberge“; ein „Blumengebirge“ könnte man auch die Eisenerzer Schieferalpen nennen. Dort, in der so reichen steirischen Grauwackenzone steht auch der steirische Berg: der fast 1500 m hohe Erzberg. Ein Berg aus Eisenerz! Er ist das wirtschaftliche Symbol der Steiermark und hat viele Jahrhunderte lang das Wirtschaftsleben des Landes, ja sogar Österreichs mitbestimmt.

Vom oberen Murtal, in einer gewaltigen „Breitseite“ von Judenburg bis Bruck an der Mur und weiter das Murtal begrenzend bis fast zur Landeshauptstadt, weiterhin die Grenze nach Kärnten bildend bis ins Grenzland der Soboth, das uns Steirern so sehr am Herzen liegt, ziehen sich die „Hohen Almen“ der Steiermark. Es sind gewaltig große, einsame Bergkämme, wälderdunkel und almenhell. Das Wort von der „edlen Einfalt und stillen Größe“ trifft am besten auf sie zu. Auch über diese Berge, die an manchen Stellen über 2000 m Höhe ansteigen, ist der Nord-Süd-Weitwanderweg gelegt.

Das steirische Mittelland — auch Grazer Bergland genannt — zeigt Wald- und Wiesenberge. Doch immer wieder ist dazwischen ein eigenartig geformter Felsgipfel gesetzt, mit weithin leuchtenden Felsen und Graten, oft keine tausend Meter hoch und doch eine Bergpersönlichkeit. Dort holen sich die Bewohner der Bergsteigerstadt Graz ihre vielbestaunte „Kondition"!

Zur linken Seite des Mürztales ziehen sich wunderschöne Voralpenberge in sanftem Anstieg zur kaum bekannten, sehr alpinen Schneealpe hinan. Auch die nahe, sehr überlaufene Raxalpe reicht zum Teil noch in die Steiermark. Rechts der Mürz breitet sich hinter der Ruhe verheißenden Waldheimat das noch stillere „Joglland". Je nachdem, wie man dieses im Krieg heißumkämpfte, rauhe Bergland sehen will: es ist wie eine geballte Hand um das Vorauer Tal mit dem berühmten Stift gelegt. Es könnte aber auch ein warmes, behütendes Nest in den Bergen sein . . .

Gewandert wird auf den feingrasigen Waldbergen der Oststeiermark genauso wie am Demmerkogel, dem Sonnenberg mit der südlichen Flora von Mandelbaum und Edelkastanie im steirischen Weinland. Und sogar in der als „bretteleben" geltenden Südoststeiermark finden wir, etwa in der Gegend von Fürstenfeld, eine Vielzahl benannter Berge auf der Landkarte. Und wenn sie nur dreihundert Meter hoch sind — es sind Berge!

Worauf sollen wir sonst noch stolz sein? Daß wir das Bundesland mit den meisten Liftanlagen — derzeit fast 450 — sind? Daß Mürzzuschlag mit seinen Bergen zwar nicht die Wiege, aber die Kinderstube des Skilaufs war? Daß es den Welt- und Millionensport ohne die Berge der Steiermark gar nicht gäbe? Daß wir international bekannte Skigebiete wie die Tauplitzalm oder das Lachtal haben, trotzdem noch ein „Entwicklungsland" in der Skierschließung sind (wie schön!), daß man bei uns aber auch im Weinland Skilifte betreibt und zwischen den winterlichen Weinstöcken in den Weingärten Slalom fährt?

Gewiß habe ich in dieser Aufzählung eine Menge alpinistischer Details vergessen oder aus Mangel an Platz nicht nennen können. Wir Steirer würden uns nur freuen, wenn möglichst viele Besucher kämen, um das Gesagte und Behauptete zu prüfen — und noch mehr an Schönem entdecken und uns nachweisen könnten!

Achtung auf die Markierung!

Das ist sozusagen das oberste Gebot für den Wanderer. In der Steiermark gab es bis jetzt, je nach markierender Sektion, eine Anzahl verschiedenfärbiger Markierungen: rot-weiß, weiß-rot-weiß, weiß-grün, weiß-blau, weiß-gelb, oft auch nur rot allein, wie im Hochgebirge. Das soll in Zukunft anders werden. Von den Weitwanderwegen ausgehend (siehe diese) werden die Markierungen einheitlich rot-weiß-rot und mit einer schwarzen Nummer versehen sein. Da zur Zeit der Herausgabe dieses Führers die Markierungen gerade umgestellt werden, hat es hier wenig Zweck, noch einzelne alte Markierungsfarben oder schon die neuen anzugeben. In diesem Führer wird daher im allgemeinen auf Markierungen nur mit den Worten „bezeichnet“ oder „markiert“ hingewiesen, ohne Angabe einer Farbe oder Nummer. Die beschriebenen Wege wurden mit Bedacht auf diesen Umstand sorgsam ausgewählt und unübersichtliche Stellen eingehend beschrieben, so daß sie von jedermann leicht zu finden sind.

Aus demselben Grunde wurden auch keine Wegtafeln genannt bzw. keine Standorte für solche angegeben.

Nur in Spezialfällen, wie etwa beim Thannhausner Lehrwanderweg, Weiz, bin ich von diesem Schema abgegangen.

Die Steiermark ist Jagdrevier

in ihren meisten Teilen. Das muß bei fast jeder Wanderung berücksichtigt werden. Es ist weder für den Wanderer gut noch vom Jagdpersonal gerne gesehen, von den markierten Wegen abzuweichen.

Bei der Planung von Wanderungen in der Steiermark ist die Zeit der Jagd und der zum Großteil in der Presse verlautbarten *Jagdsperren* zu beachten. Vor allem im Hochschwab, aber auch z. B. in den Seckauer Tauern sind, meist in der Zeit vom 15. September bis 15. Oktober, oft auch bis 20. Oktober sogar die Schutzhütten geschlossen, und auch markierte Wege sollen dann im Interesse der Jagd und auch zum Schutze der Wanderer nicht betreten werden.

Kartenmaterial

Zum Finden und Begehen der beschriebenen Wege genügen als zusätzlicher Behelf im allgemeinen die *Freytag-Berndt-Wanderkarten 1 : 100.000*. Die Steiermark ist auf folgenden Blättern dargestellt:

2 Schneeberg, Raxalpe, Semmeringgebiet
3 Ötscher, Mariazell
4 Hochschwab und Mürztal
5 Unteres Ennstal
6 Ennstaler Alpen (Gesäuse)
8 Östliches Salzkammergut (Totes Gebirge)
13 Grazer Bergland, Hochlantsch
20 Schladminger Tauern
21 Seetaler Alpen, Murtal
28 Dachstein und Salzkammergutseen
29 Kor- und Saualpe
41 Graz-Koralpe-Eibiswald

42 Oststeiermark, Mittleres Burgenland
44 Bad Gleichenberg und Riegersburg

Eine sehr gute Übersicht über die Steiermark gibt die *Handkarte 1 : 300.000 Steiermark von Freytag-Berndt* mit farbiger Geländedarstellung.

Für motorisierte Wanderer ist die *Generalkarte Österreich 1 : 200.000, die Offizielle Straßenkarte des ÖAMTC,* und zwar in den Abschnitten 2, 4 und 5, der beste Behelf für kombinierte Wanderungen in der Steiermark.

Bei den einzelnen Wandervorschlägen wurde jeweils nur die zuständige Freytag-Berndt-Wanderkarte 1 : 100.000 angegeben. Für spezielle Zwecke seien auch noch die in Frage kommenden Kartenblätter 1 : 50.000 und 1 : 25.000 angegeben:

Von der *Österreichischen Karte 1 : 25.000* (das Kartenwerk wird nicht mehr in Evidenz gehalten) wurden für die Steiermark nur folgende Blätter aufgelegt bzw. kommen für das beschriebene Gebiet in Frage:

Mariazell (72/3, 4), Türnitz (73/3), Bad Ischl (96/2, 4), Mürzzuschlag (104/1, 2, 3, 4), Schladming (127/1, 2, 3, 4), Neumarkt (160/2, 4), Knittelfeld (161/1, 2, 3, 4), Voitsberg (163/2, 4), Graz (164/1, 2, 3, 4), Weiz (165/1, 3), Deutschlandsberg (189/1, 2, 3, 4), Leibnitz (190/1, 2), Mureck (208/1, 2), Radkersburg (209/1).

Von der Österreichischen Karte 1 : 50.000 sind für das Gebiet Steiermark bisher alle Blätter mit Ausnahme von Mitterndorf (97), Liezen (98), Rottenmann (99), Gröbming (128), Donnersbach (129), Stadl a. d. Mur (158), Murau (159) erschienen. Die Blätter Oberzeiring (130), Kalwang (131), Trofaiach (132) sind zur Hälfte erschienen.

An Alpenvereinskarten 1 : 25.000 sind im steirischen Bereich brauchbar die Blätter Dachstein, Totes Gebirge,

Schladminger Tauern, Gesäuseberge — an AV-Karten 1 : 50.000 die Blätter Niedere Tauern und Schladminger Tauern (mit Skirouten).

Alle Angaben über Kartenmaterial wurden mit dem Stand von 1970 gemacht.

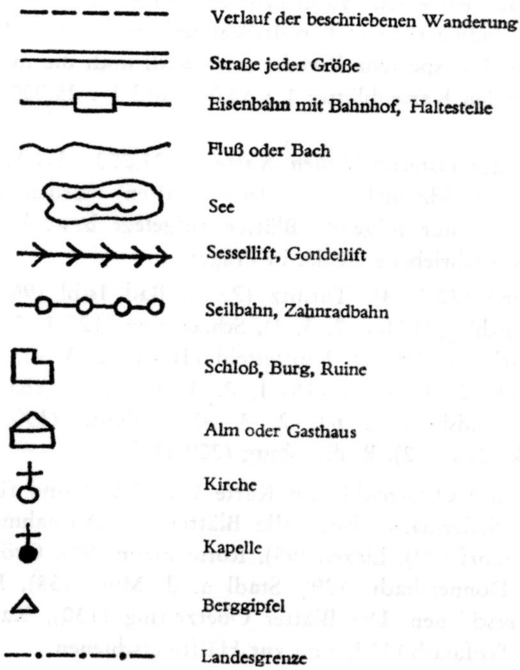

1

DAS TOR ZUR STEIERMARK

Glösalm — Scharlalm — Tor — Pernerweg

Hoch vom Dachstein an, wo der Aar noch haust,
bis ins Wendenland am Bett der Sav'
und vom Alptal an, das die Mürz durchbraust,
bis ins Rebenland im Tal der Drav' —
dieses schöne Land ist der Steirer Land,
ist mein liebes, teures Heimatland.

Steirische Landeshymne
1. Strophe

Für den, der von Westen her die Berge der Steiermark erkundet, beginnt die Alpensymphonie mit einem Paukenschlag oder, besser gesagt, mit einer ganzen Serie von Paukenschlägen. Man könnte auch, modern ausgedrückt, von einem Knalleffekt sprechen: über grünen Vorbergen, die wie eine Erholungspause nach dem felsigen Tennengebirge sind, und den wilden und stacheligen, aber niedrigen Zacken des Gosaukammes schwingt sich der Dachstein zu Dreitausenderhöhe auf. Er ist heute mit 2995 m Seehöhe vermessen; während der sieben Jahre, die er dem Großdeutschen Reich angehörte, wurde er sogar zum „echten" Dreitausender befördert. Doch sind die paar Meter, die ihm zu dieser Ehre fehlen, nicht ausschlaggebend! Mit einer Menge von Nebengipfeln zwischen 2500 und 3000 m Seehöhe, mit seinen Gletschern und steilen, hohen Wänden, mit seinen klimatischen Verhältnissen ist der Dachstein ein wildes Hochgebirge. Das hat schon mancher zu spüren bekommen, der nicht bedachte, daß die helle, freundliche Dachsteinsüdwand 800 m hoch ist, zu einem Fast-Dreitausender gehört und auch im Sommer von Schnee und Eis strotzen kann.

Die Flucht der Dachsteinsüdwände vom Torstein (2948 m) über den Mitterspitz (2928 m) zum Hohen Dachstein, zur Dachsteinwarte (2740 m), zu den Dirndln (2832 m) und über den Koppenkarstein (2865 m) zum Ramsauer Gebirge mit Scheichenspitze (2664 m) und Eselstein (2551 m) ist eines der Schaustücke der Nördlichen Kalkalpen. Im Dreigestirn Torstein — Mitterspitz — Hoher Dachstein schließt es sich zu besonderer Wucht zusammen. Dabei ist nicht der Hauptgipfel und Namengeber Dachstein der größte von allen, obwohl er großartig genug ist! Noch mächtiger, ja ein ganzes Gebirge, eine Welt für sich, ist der weitaus vielfältigere Torstein, wobei vielfältig im wahrsten Sinne des Wortes zu verstehen ist: die Falten, Winkel, Schluchten, Rinnen und Rippen dieses Monsterberges sind geradezu verwirrend! Etwas schmäler und zierlicher gebaut ist der Mitterspitz; der Dachstein hingegen besticht durch die edle Form, zu der eine gewaltige Masse Fels verwittert ist. Die drei Gipfel brechen mit ungeheuerlichen Wänden nach Süden ab; die Südwand des Mitterspitzes gilt als die leichteste, steht der Dachsteinsüdwand an Höhe aber nur um weniges nach. Die wuchtigsten Wände und Pfeiler finden wir am Torstein, und der Windlegergrat mit fast 1100 m Fallhöhe gilt als der großartigste Klettergrat der Nördlichen Kalkalpen.

Diese weltberühmten Wände und Grate zeichnen sich durch hellen, weithin leuchtenden Kalkfels aus und sind die Freude und das Entzücken aller Beschauer, vom Seilbahngast bis zum Kletterer. Einen besonderen Kontrast zu steilem Berg und weißem Fels bietet die Hochebene der Ramsau — an die 10 km lang und 1000 bis 1200 m hoch —, rund 300 m über dem Ennstal gelegen und durch Vorberge bis zu 1500 m Höhe geschützt.

Dieser grüne Garten am Fuß hoher Berge war immer ein Land eigener Prägung: seit Jahrhunderten die Heimstätte kerniger Bauerngeschlechter, die u. a. bedeutende Bergführer der Steiermark hervorgebracht haben. In der früher weltabgeschiedenen Ramsau konnte der Protestantismus Fuß fassen, woran auch die Gegenreformation nichts geändert hat. Interessant schildert der Bergdichter Kurt Maix in seinem größten Werk „Im Banne der Dachsteinsüdwand" das Leben der Ramsauer Bauern. Heute ist die Ramsau die meistbesuchte Urlaubsgegend der Steiermark, wozu gute Zufahrten, die Dachsteinstraße bis zur Türlwandhütte (1700 Meter) und die Dachsteinseilbahn auf den Hunerkogel (2694 Meter) einiges beigetragen haben.

In einem Zwischenreich am Fuß der Dachsteinsüdwände und hoch über der Ramsau bewegt sich der Weg durch das „Tor", eine Scharte zwischen dem Südabfall des Torsteins und dem Raucheck (2192 m), die wirklich wie ein Tor in die Felsen gehauen ist. Ganz in seiner Nähe quert die steirische Landesgrenze gegen Salzburg die Torsteinwände und zieht hinab durch die Hachau nach Mandling, so daß man wirklich von einem „Tor zur Steiermark" sprechen kann. Der schönste Teil dieses Weges die Wände entlang ab der Dachsteinsüdwandhütte wurde nach einem bekannten Ramsauer Bergführer Pernerweg genannt. Natürlich ist dieser Pfad in sicherer Entfernung von den Felsen angelegt und für Bergwanderer ungefährlich. Man wird ihn nur zur Zeit der größten Sommerhitze meiden, da sich dann in der sonnigen Mulde unter den Wänden die heiße Luft so richtig stauen kann. Umso schöner ist es aber, das Tor zur Steiermark im Spätsommer und Herbst zu durchwandern, zu Zeiten also, da man gar nicht genug Sonne bekommen kann. Sehr gut ist auch der Frühsommer wegen der Blumenpracht, doch muß man dann die großen Schneefelder beachten.

Es wäre eine sehr schöne Aufgabe für einen Wanderer, diese Tour von Hütte zu Hütte, etwa von der Hofpürglhütte zur Dachsteinsüdwandhütte und Austriahütte, zu unternehmen. Doch würde dabei der größere Teil des Weges auf Salzburger Gebiet zurückgelegt. Hier soll diese Tour nur am Rande erwähnt werden bzw. als Variante unseres Weges, der anschließend als Rundtour beschrieben wird. Er ist in dieser Zusammenstellung wohl einer der schönsten und auch unbeschwerlichsten Wanderwege der Ostalpen, den jeder, der ihn kennt, gerne auch mehrmals begeht.

Der Wegverlauf

Ausgangspunkt: Schladming (730 m) im Ennstal. Mit Pkw oder einem der planmäßigen Autobuskurse in die Ramsau und auf der Dachsteinstraße — mit fast ständig wunderschönem Blick auf den Dachsteinzug und (im Süden) die Schladminger Tauern — zur Glösalm (etwa 1500 m), Autobushaltestelle, Gasthaus.

Nun auf bezeichnetem Fußsteig in 1/4 St. zur etwas höher gelegenen Neustattalm (auf der Karte „Neustädter Alm"); mit Fahrzeug evtl. noch bis zur Neustattalm fahren. Auf breitem Fahrweg im Almgelände einen Ausläufer des Bergrückens querend, der bezeichnenderweise Schönbühel heißt, dann durch lichten Lärchenwald etwas bergab auf den herrlichen grünen Boden der Maralm, der von einem der Quellbäche der Kalten Mandling durchflossen wird. Er bildet etwas höher oben einen kleinen Wasserfall, dahinter baut sich eine Krummholzstufe auf und darüber die Dachsteinsüdwand. Von der Maralm haben wir auch schon einen sehr guten Ausblick zum Tor. Vorerst wandern wir aber immer noch fast eben, mit unmerklichen Aufstiegen und Abstiegen, auf gut bezeichnetem Pfad durch viel Wald, dem die kalkholde Flora ein eigenes Gepräge gibt (Schneerosen, Frühlingsheide), einmal eine große Schlucht querend, zur Scharlalm, etwa 1 1/2 St. ab Neustattalm. Von dort wäre in kurzem Anstieg die Bachlalm (mit großem Gasthaus und Autozufahrt von Ramsau-Auwirt) erreichbar. Unser Weg zweigt aber bei der Scharlalm in nordwestlicher Richtung ab und beginnt

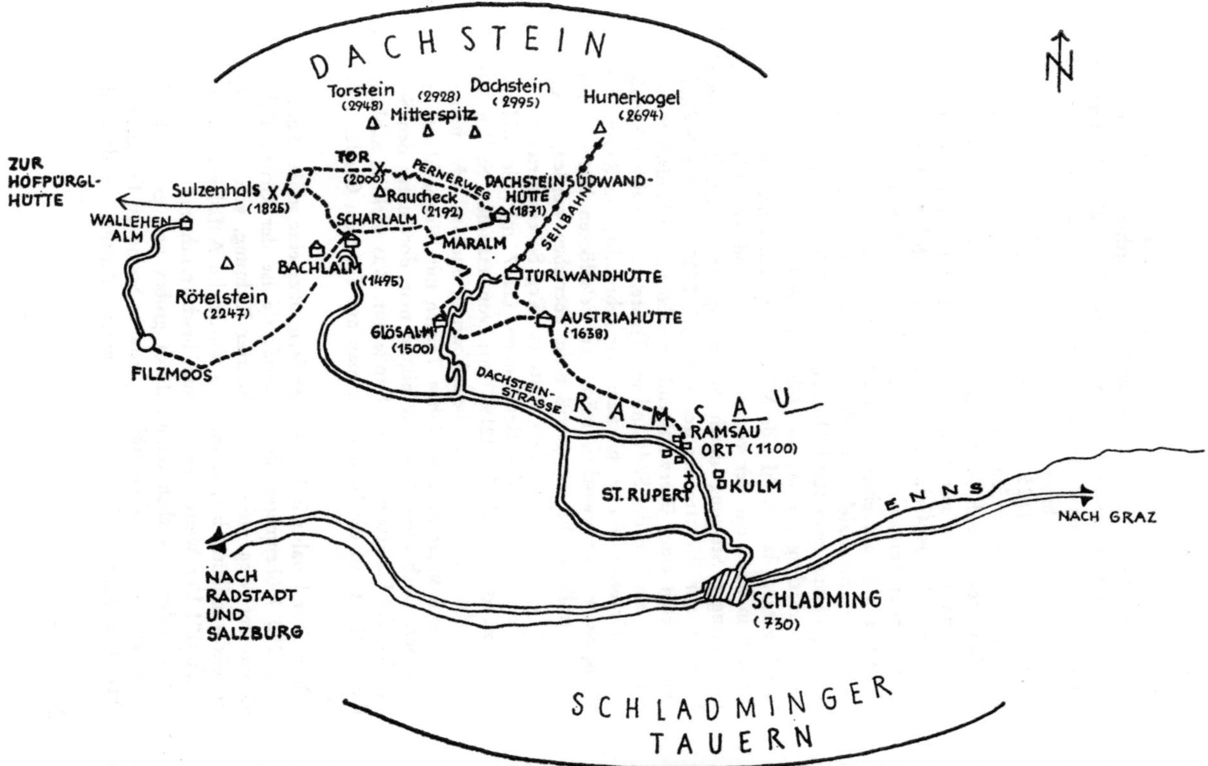
DACHSTEIN
Torstein
(2948)
(2928)
Mitterspitz
Dachstein
(2995)
Hunerkogel
(2694)
ZUR
HÖFPÜRGL-
HÜTTE
TOR
(2000)
PERNERWEG
Sulzenhals
(1825)
Raucheck
(2192)
DACHSTEINSÜDWAND-
HÜTTE
(1871)
SEILBAHN
WALLEHEN
ALM
SCHARLALM
MARALM
BACHLALM
(1495)
TÜRLWANDHÜTTE
Rötelstein
(2247)
AUSTRIAHÜTTE
(1638)
GLÖSALM
(1500)
FILZMOOS
DACHSTEIN-
STRASSE
RAMSAU
RAMSAU
ORT (1100)
KULM
ST. RUPERT
ENNS
NACH GRAZ
NACH
RADSTADT
UND
SALZBURG
SCHLADMING
(730)
SCHLADMINGER
TAUERN

stärker zu steigen als bisher. Über einen sumpfigen Almboden gelangen wir wieder in einen jener lichten Lärchenwälder, wie sie für dieses Gebiet so charakteristisch sind. Etwa 200 Höhenmeter steigen wir zwischen Rettenstein und Rauchedk auf; bei einem tief eingerissenen Bach biegt unser Pfad nach rechts ab (links geht es zum Sulzenhals [1825 m], wo man auf den von der Hofpürglhütte herführenden Weg trifft; unter „Mitnahme" der Einsattelung des Sulzenhalses brauchen wir etwa 3/4 St. länger). Unser Steig zieht nun in nördlicher Richtung zuerst durch verkarstetes und verwachsenes Gelände ziemlich unübersichtlich, aber gut gekennzeichnet bergauf; bald landen wir nach Durchsteigen einer Trümmerhalde auf einem großen Schuttfeld, das von der Windlegerscharte herabzieht. Es sieht schlimmer aus, als es zu ersteigen ist; es sind nur etwa 100 Höhenmeter zu erklimmen, und der Anblick des mächtig vor uns zur Höhe wachsenden Torsteins mit dem Windlegergrat läßt wohl jede Mühe vergessen. Unser Steig mündet nun in jenen ein, der vom Sulzenhals herüberzieht, und führt mit geringer Steigung durch Schutt, später in grasig-felsigem Gelände, zur Einsattelung des Tors (rd. 2000 m). Wir befinden uns inmitten einer überwältigend grandiosen Felslandschaft, unmittelbar am Fuß der Südwand des Torsteins. Von der Scharlalm haben wir etwa 1 3/4 St. bis zum Tor gebraucht; die Rasen- und Moospolster dort zwischen mächtigen Felsblöcken bieten natürliche Rastplätze, die wir gewiß nicht übersehen werden. Es gab und gibt auch noch auf dem weiteren Weg Sehenswertes genug: die breite Pyramide des Rettensteins (2247 m), die schlanke Felsspitze des Rauchecks (2192 m); von manchen Stellen des Weges sieht man auch in die benachbarten, dunklen Schladminger Tauern und sogar zu den Hohen Tauern mit Wiesbachhorn und Glockner. Doch diese Ausblicke nimmt man dort unter den Südwänden des Dachsteins nur am Rande mit. Was wirklich zählt, ist die Nahsicht auf die Wände, die man am Tor zum Greifen nahe hat.

Vom Tor hinab windet sich der Steig über eine steile „Leiten", etwa 250 Höhenmeter überwindend; sie ist der Grund dafür, warum der Weg nicht in umgekehrter Richtung, von der Dachsteinsüdwandhütte her, beschrieben wurde: im Aufstieg ist sie gar zu „hart"! Der Weiterweg ist kaum beschwerlich und zieht unter den Wänden fast eben dahin, durch grobes und großes Blockwerk; es gibt auch allerhand interessante Steine zu finden, etwa glitzernde Kalzite. In scharfem, kurzem Anstieg ist dann die

Dachsteinsüdwandhütte (1871 m) erreicht, etwa 1 1/4 St. ab dem Tor, und in 3/4 St. können wir über den Schönbühel absteigend die Neustatt- und Glösalm erreichen.

Wollen wir diese Halbtagstour noch ausdehnen oder verlängern, können wir von der Glösalm zur Austriahütte des ÖAV (1688 m) hinüberwandern und noch den nahen Brandriedel (1725 Meter), einen der lohnendsten Aussichtspunkte der Steiermark, ersteigen, etwa 3/4 St. ab Glösalm. Wenn wir nicht zum Fahrzeug zurückkehren müssen, empfiehlt sich eine Durchwanderung der Ramsau auf Nebenstraßen und -wegen, von der Austriahütte über das Gh. „Dachstein" und über den Eberlehnerhof nach Ramsau-Ort, etwa 1 1/2 Gehstunden. Sehenswert ist das katholische Kirchlein St. Rupert am Kulm, ein Bauwerk, das in spätgotischer Zeit vollendet wurde. In Ramsau-Ort befindet sich auch ein protestantisches Bethaus. Auf der Ramsauer Hochebene sind trotz zahlreicher Neuverbauungen noch einige stilechte Bauernhöfe (Salzburger Art) erhalten, die bis zu 400 Jahre alt sind. In der Erholungslandschaft Ramsau zahlreiche Gasthöfe und Hotels, aber auch Privatquartiere und ein Freibad und Hallenbad.

Variante für Wanderer von Hütte zu Hütte: von der Hofpürglhütte des ÖAV (1705 m) bis zum Sulzenhals etwa 2 St. Unterwegs die Gh. Obere Hofalm und Sulzenalm (beide auf Straßen von Filzmoos erreichbar)

Rückkehr zum Ausgangspunkt: mit eigenem Fahrzeug oder Autobuskursen ab Glösalm

Für motorisierte Wanderer: Hier benützen wir das Fahrzeug wirklich nur zur Anfahrt und Rückfahrt zur und von der Glösalm bzw. Neustattalm

Höhenunterschiede: Glösalm (1500 m) — Scharlalm (1450 m) — (Sulzenhals [1825 m]) — Tor (2000 m) — Dachsteinsüdwandhütte (1871 m) — Glösalm (1500 m)

Gehzeiten: Glösalm — Scharlalm 1 3/4 St., Scharlalm — Tor 1 3/4 St., Tor — Dachsteinsüdwandhütte 1 1/4 St., Dachsteinsüdwandhütte — Glösalm 3/4 St.; zusammen etwa 5 1/2 St.

Günstigste Zeit: Juli bis Oktober

Orientierung: unschwierig, sehr gut markiert, mit Wegtafeln versehen, in Teilstücken viel begangen

Karte: Freytag-Berndt-Touristenwanderkarte 1 : 100.000, Blatt 28, Dachstein

Besonderes: für Kinder geeignet

2

IM REICH DER BERGKNAPPEN

Schladming — Rohrmoos — Ursprungalm — Giglachsee — Obertal

Die alte Bergstadt Schladming ist die westlichste Stadt der Steiermark. Die ehemals streitbare Stadt der Bergknappen, der aufständischen Bauern und der „harten Protestantenschädel“ ist heute einer der bedeutendsten Urlaubsorte der Steiermark. An der Auffahrt zur Ramsau, die im steirischen Fremdenverkehr an der Spitze steht, und am Eingang in die Schladminger Tauern gelegen, deren Ausläufer sich zu den meistbesuchten Skibergen des Steirerlandes entwickelt haben, ist Schladming eines der wenigen Fremdenzentren unseres Landes, das Anschluß an den westlichen Fremdenverkehr gefunden hat und ihn eifrig ausbaut und pflegt. Dazu mag die Lage Schladmings nahe der Salzburger Grenze nicht wenig beitragen, wohl aber auch die Aufgeschlossenheit der Oberennstaler, die im Fremdenverkehr die obersten Ränge unter den Steirern einnehmen.

Den neuen Ruhm Schladmings als Urlaubsort haben die Skiberge begründet: Hochwurzen und Planei mit gepflegten Skiabfahrten bis zu 1100 m Höhenunterschied. Die Planei hat zwar nicht die rasanteste (das dürfte die Standardabfahrt vom nahen Hauser Kaibling sein), wohl aber die derzeit schönste Skiabfahrt der Steiermark aufzuweisen. Schladming war aber auch eines der ersten Fremdenverkehrszentren, das den „Fremdenpaß“ eingeführt hat und Punkte und Abzeichen für Wanderungen und Touren in den Schladminger Tauern vergab. Auf solche Weise wurden diese vorher so einsamen Berge wenigstens in den Randgebieten bekannt. Die schroffen Gipfel dieses Tauernteils sind allerdings nur guten Bergsteigern und Kletterern zu empfehlen, doch gibt es am Rand dieser Wildnis und auf den Höhenwegen der leicht begehbaren Täler Übergänge und sanftere Gipfel genug. Der große Tauernhöhenweg von Aich-Assach im Ennstal bis nach Krimml beginnt in den Schladminger Tauern und ist in den meisten Teilen nur dem zünftigen Bergsteiger zugänglich; doch im Bereich des Abschnitts von der Keinprechthütte bis zum Seekarhaus in den Radstädter Tauern haben wir ein etwas flacher gestaltetes Bergland vor uns, in dem auch der Bergwanderer das Seine finden wird.

Die Schladminger Tauern, dieses unvergleichliche Bergland, diese Landschaft himmelhoher, dunkler Felsgipfel, farbenfreudiger Seen und stürzender Wasser, hat auch in seinen Randgebieten einen eigenen Zauber. Es ist dort nicht die große Einsamkeit des zentralen Gebirges zu Hause, sondern jene eigenartige Stimmung, wie man sie in uralten Bergbaugebieten finden kann. Schladming, die blühende Knappenstadt, besaß schon unter Friedrich I. das Stadtrecht, verlor es aber 1525 während der Bauernkriege wieder; die aufständischen Schladminger schlugen den steirischen Landeshauptmann Siegmund von Dietrichstein zweimal vernichtend; Graf Niklas Salm, der oberste Feldherr unter Ferdinand I., zerstörte daraufhin die Stadt und brannte sie nieder; alle Rechte gingen verloren. Einige Jahre später bekam Schladming gnadenhalber wieder das Marktrecht; Stadt wurde es neuerdings 1925 und hat seine frühere Blüte erst wieder durch den Fremdenverkehr erreicht.

Der Bergbau auf Eisen und Kupfererze, Nickel, Silber und Blei — man suchte sogar immer wieder nach dem sagenhaften „Tauerngold“ — wurde aufgelassen. Doch seine Spuren sind in den Schladminger Tauern allenthalben noch erhalten. Da ist ein halbverfallener Stolleneingang, dort ein alter Förderweg zu sehen; im Knappenkar besteht sogar noch eine — von oben besonders gut einzublickende — Art von Lawinenverbauung, die den Knappen ermöglichte, in einem gedeckten Laufgang zu arbeiten und schon im Frühjahr ihre Arbeitsplätze zu beziehen. Und durch die Zinkwand war ein langer Stollen getrieben, in dem man aus einem Kar ins andere gelangen konnte. Auch die Auswurfhalden der Bergwerke sind noch gut kenntlich, mancherlei interessantes Gestein ist dort auch für den Laien zu finden. Schwer von Erz sind die Steinbrocken, die man da in die Hand nimmt, und den laienhaften Sammler kümmert es wenig, daß die „Goldspuren" an seinem Stein nicht von echtem Metall, sondern von Schwefelkies stammen!

Auch die Bergnamen deuten auf den jahrhundertelangen Abbau edlen Erzes hin: Knappenkar und Zinkwand, Graunock und Rotmannlspitze — die erzhältigen Lager zeigten sich schon durch die Färbung des Gesteins an. Der Bergbau in den Schladminger Tauern war zwischen Schladminger Ober- und Untertal, im Duisitzkar und im Znachtal besonders konzentriert. Durch diese Hauptgebiete der Bergknappen führt der nachfolgend im einzelnen beschriebene Wanderweg von der Ursprungalm über den Giglachsee, ins Giglachtal und durch das Obertal nach Schladming zurück.

Der Wegverlauf

Ausgangspunkt: Schladming (730 m); Schnellzugsstation der Strecke Selzthal — Bischofshofen. Mit Kleinautobus (Taxibus) werden die Ausflugsfahrten zur Ursprungalm veranstaltet (im Ort am Hauptplatz angeschrieben); einer solchen werden wir uns anschließen. Auf guter Straße geht es von Schladming zur prachtvoll gelegenen Hochfläche des Rohrmooses, mit zahlreichen Fremdenpensionen und Großgasthöfen. Die Aussicht vom Rohrmoos zum Dachstein gilt mit Recht als eine der schönsten der Steiermark. An der Abzweigung zum Großgasthof Winterer vorbei, von dem die Straße zur Hochwurzen (1850 m) emporzieht, fahren wir etwas bergab und am Westhang der Hochwurzen in das Preuneggtal. An einer Mautstelle vorbei über mehrere kleinere Almen zur Klausalm, von wo die unbefestigte Erdstraße stärker zu steigen beginnt und in steilen Kurven die Höhe der Ursprungalm (1604 m) gewinnt; großer Parkplatz; schöner Rundblick, besonders auf die wuchtige Nordwand der Steirischen Kalkspitze, die sich über der Ursprungalm aufbaut.

Über Wiesenboden geht es nun gemächlich steigend bergan. Wir haben bis zum nächsten Ziel, dem Preuneggsattel (1950 m), rund 350 Höhenmeter zu steigen, doch sind diese auf dem gut angelegten (und stets begangenen) Weg, einem uralten Übergang aus dem Lungau durch das Weißpriach- und Znachtal, kaum zu spüren. Zwischen den hellen Kalkwänden der Kalkspitze zur Rechten, dem dunkelgefärbten Urgebirge zur Linken, kommen wir im schmalen Schlauch des Ursprungtales zügig voran und haben in kaum 1 St. den Preuneggsattel erreicht. Der gut bezeichnete Weg wird von dort ab zum Steig, der über dem runden Oberen Giglachsee und dem viel größeren Unteren Giglachsee — er ist der größte Bergsee der seenreichen Schladminger Tauern — im Steilgehänge der Kampspitze zur Ignaz-Mattis-Hütte (1986 m) der ÖAV-Sektion Wien zieht, etwa 1/2 St. Hans Wödl, der Erschließer und Beschreiber der Schladminger Tauern, dem es gegönnt war, eine ganze, kaum beachtete Berggruppe für sich und andere zu entdecken, beschreibt den Ausblick von der Ignaz-Mattis-Hütte:

„Nach Westen der sanfte, hellfarbige Rücken der Kalkspitzen mit der Ahkarscharte; im Süden, aus der Senke des Znachsattels ansteigend, der breit hingelagerte Hading über dem Wasserbecken der Giglachseen; in der südöstlichsten Ecke, wo das große, blockerfüllte Vetternkar sich weit öffnet, die Vetternscharte; vor ihr ausgehend im Osten der schroff aufgebaute Stock des Vetterngebirges mit dem Sauberg; anschließend die Rotmannlscharte, von der man den Höhenweg herabkommen sieht, und der sanft abfallende Zug der Rotmannlspitze und Murspitze. Bei günstigem Wetter schöne Abendbeleuchtung."

Die Ignaz-Mattis-Hütte ist ein stattliches Schutzhaus, das schon 1910 in herrlicher Lage über dem See erbaut wurde und ein guter, vielbesuchter Stützpunkt, vor allem für den Schladminger Tauernhöhenweg. Nach dem „wildesten" Teil dieses Höhenwe-

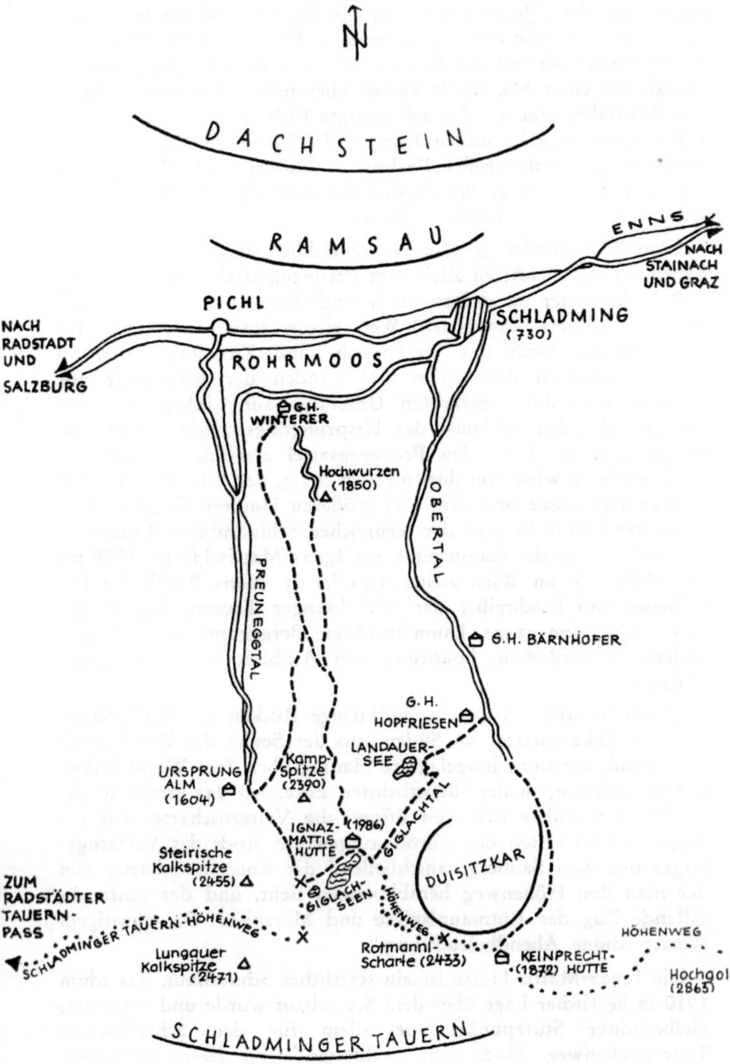
N
DACHSTEIN
RAMSAU
ENNS
NACH STAINACH UND GRAZ
PICHL
SCHLADMING
(730)
NACH RADSTADT UND SALZBURG
ROHRMOOS
G.H. WINTERER
Hochwurzen (1850)
OBERTAL
PREUNEGGTAL
G.H. BÄRNHOFER
G.H. HOPFRIESEN
LANDAUER-SEE
URSPRUNG ALM (1604)
Kamp-Spitze (2390)
IGNAZ-MATTIS HÜTTE
(1986)
GIGLACHTAL
Steirische Kalkspitze (2455)
DUISITZKAR
ZUM RADSTÄDTER TAUERN-PASS
GIGLACH-SEEN
HÖHENWEG
SCHLADMINGER TAUERN-HÖHENWEG
Rotmanni-Scharte (2433)
KEINPRECHT-(1872) HÜTTE
HÖHENWEG
Lungauer Kalkspitze (2471)
Hochgolling (2863)
SCHLADMINGER TAUERN

ges zwischen Preintalerhütte, Gollinghütte und Landwierseehütte ist die Etappe Keinprechthütte — Ignaz-Mattis-Hütte — Seekarhaus zwar immer noch alpin, aber dennoch fast eine Erholung. Wir benützen, von der Ignaz-Mattis-Hütte absteigend, ein ganz kleines Stück des Höhenweges und wandern vorerst zum Unteren Giglachsee, den wir bei seinem Abfluß erreichen. Vor allem Kindern wird der große See mit den Riesenblöcken am Ufer und der baumbewachsenen Insel gut gefallen — Zeit zum Spielen bleibt bei dieser Bergwanderung genug! Auf markiertem Steig geht es dann bergab ins Giglachtal. Dieser Weg wurde schon im Reise- und Handbuch Steiermark von 1914 als „äußerst lohnend, gehört zu den schönsten und bilderreichsten Gebirgslandschaften" beschrieben. Vom Giglachtal heißt es: „besonders zur Alpenrosenzeit eines der schönsten steirischen Gebirgsbilder". Und so ist es dort bis heute geblieben. Die Schladminger Tauern sind reich an seltenen Blumen und Pflanzen, u. a. gedeiht dort der Kärntner Tarant, der auf der ganzen Welt nur an wenigen Stellen zu finden ist. Einzeln stehende Zirbelkiefern bringen dunkle Akzente in die helleren Bergwiesen. Auch das Murmeltier ist in den Schladminger Tauern noch zu Hause; auf dem Weg durchs Giglachtal können wir die grellen Pfiffe dieser „Lausbuben der Berge" hören oder Gemsen beobachten.

Dem Bach entlang kommen wir zur verfallenden Giglachalm und dann hoch über dem dunkelgrünen Landauersee zum Knappenkreuz, etwa 1½ St. vom Giglachsee. Über einen Sattel in Kehren hinab zur Lackneralm und auf steilem steinigen Weg zur Hopfriesen (Gh.) im Obertal, 1 St. Von der Hopfriesen hätten wir Autobusverbindung nach Schladming; doch ist eine Wanderung durch das Obertal zum Bärnhoferwirt (982 m) — das Wahrzeichen dieses Hauses ist der mächtige Kopf eines vor 100 Jahren erlegten Bären — und nach Schladming hinaus durch die Talbachklamm, etwa 2½ St., immer noch lohnend.

Rückkehr zum Ausgangspunkt: vom Gh. Hopfriesen im Obertal (1100 m) Autobusverbindung nach Schladming oder zu Fuß in 2½ St. durch das Obertal und die Talbachklamm nach Schladming

Höhenunterschiede: Ursprungalm (1604 m) — Preuneggsattel (1950 m) — Ignaz-Mattis-Hütte (1986 m) — Hopfriesen (1100 m)

Gehzeiten: Ursprungalm — Preuneggsattel 1 St., Preuneggsattel — Ignaz-Mattis-Hütte ½ St., Ignaz-Mattis-Hütte — Giglachtal — Hopfriesen 2½ St.; zusammen 4 St., mit Fußwanderung Hopfriesen — Schladming 6½ St.

Günstigste Zeit: nicht vor Mitte Juni bis Oktober

Orientierung: leicht, da gut bezeichnete Wege; vielbegangen

Karte: Freytag-Berndt-Touristenwanderkarte 1 : 100.000, Blatt 20, Schladminger Tauern

Besonderes: Bergschuhe, Wind- und Wetterschutz empfohlen! Für Kinder ab 10 Jahren geeignet

Zwischen Raucheck und Torstein: das „Tor“ zur Steiermark

Farbige Seen im dunklen Gebirge: Riesachsee, Schladminger Tauern

3

WANDERER IM JAGDREVIER

Kleinsölktal — Schwarzensee — Putzenalm

Die Sölk, das längste und wasserreichste Seitental der oberen Enns, besteht aus der Kleinsölk mit den Verzweigungen Obertal und Untertal und dem Nebental des Tuchmarer Alpenbaches und der Großsölk mit den Talnamen Vordere und Innere Großsölk und den langen Seitentälern des Seyfried- und Hohenseebaches. Knapp vor der Mündung in die Enns vereinigen sich der Kleinsölk- und der Großsölkbach und stürzen durch eine unwegsame Klamm, die von den Straßen hoch an den Lehnen umgangen wird, dem Tal zu. Beide Sölktäler, man könnte sie das Herz der Niederen Tauern nennen, sind Jagdrevier seit alten Zeiten. Dort wird vor allem Hochwild, Gams und Hirsch, gehegt und gejagt. Wie in den meisten Jagdrevieren der Steiermark, soweit sie nicht „Bauernjagd" sind, gibt es auch in der Sölk streng gehütete Gebietsteile, die dem Wanderer und Bergsteiger nicht zugänglich sind. In früheren Zeiten wurden solche Absperrungen von den Wanderfreudigen oft als Schikane empfunden, und es kam zu Zusammenstößen zwischen Bergsteigern, vor allem Kletterern, und dem Jagdpersonal. Heute aber weiß man, daß dieses Verwahren der Jagdgebiete zu einem Bewahren geführt und die Steiermark zu dem gemacht hat, was sie heute ist: ein letztes Reservat der Bergeinsamkeit zumindest in den Ostalpen.

In der Sölk ist es ein Jagdherr selbst, Fürst Colloredo, der auf diplomatische Art schon seit Jahrzehnten für gute Stimmung zwischen Jäger und Wanderer sorgt: er ließ es zu, daß die Wege, die betreten werden sollen, markiert wurden, wodurch die Jagdsteige unberührt bleiben. Und auf der Kaltherbergalm am Großen Knallstein, der mangels einer Schutzhütte fast westalpines Format hat, wurde vom Jagdherrn sogar eine aufgelassene Almhütte als brauchbare Notunterkunft für Bergsteiger eingerichtet.

Zur Sölk kommen wir durch das obere Ennstal mit der Bahn oder auf der Straße von Stainach-Irdning über Öblarn oder von Schladming über Haus im Ennstal und Gröbming. Talort ist das freundliche Stein an der Enns (Personenzugshaltestelle), Schnellzugsstationen sind von Stainach her Öblarn, von Schladming her Haus und Gröbming. Öblarn werden wir bei der Anfahrt ins Großsölktal (siehe nächstes Kapitel) näher kennenlernen; hier soll u. a. der bedeutende Fremdenort Haus im Ennstal erwähnt werden. Haus ist eine der ältesten Siedlungen der Steiermark und wird schon um das Jahr 928 urkundlich erwähnt. Damals wurde ein Besitz „in loco Hus“ von Weriant, einem Vollfreien, dem Salzburger Erzbischof als Schenkung abgetreten. Aus dessen „festem Haus“ ist im Lauf der Jahrhunderte Markt Haus geworden, das seine jetzige Bedeutung dem Fremdenverkehr verdankt. Besonderen Aufschwung nahm es nach dem zweiten Weltkrieg durch die Erbauung der Gondelbahn auf den Hauser Kaibling, die das Werk eines einzigen, weit vorausschauenden Mannes ist: des Hüttenwirts Thomas Scharfetter vom Krummholzhaus. In Haus sind die Kirche mit Altarbild und schöner Bildhauerarbeit an der Kanzel und die spätgotische Katharinenkapelle sehenswert.

In Stein an der Enns fällt eine besondere Kirche auf: sie ist aus Sölker Marmor erbaut. Ein angesehener Bergbauer hat sie vor einigen Jahren errichten lassen. Sölker Marmor wird in einem riesigen Steinbruch bei Kleinsölk gebrochen; wir kommen auf der Fahrt von Stein an der Enns in die Kleine Sölk daran vorbei. Früher verwendete man das unverwüstliche Material zu Haus- und sogar Stallbauten, heute geht man etwas vorsichtiger damit um. Das glitzernde Material (die Geologen nennen es „zuckerkörniger Marmor") schimmert in zarten Farben, weiß und rosa, gelegentlich aber auch zartgrün oder graublau und lila. Sölker Marmor wird vor allem nach Deutschland und in die Schweiz ausgeführt und für Mauern, Grabsteine, Platten und Edelputz verwendet. In Rottenmann beschäftigt sich auch ein steirischer Bildhauer damit, den Sölker Marmor künstlerisch auszuwerten. Der Sölker Marmorbruch ist am Osthang des Kochofens (1917 m) gelegen, und man findet auch auf dem Gipfel dieses Berges Marmorsteine.

Der Wegverlauf

Ausgangspunkt: Stein an der Enns (674 m). Von dort mit Fahrzeug oder Postautobus (Haltestelle: Bahnhof Gröbming) auf Nebenstraße mit ziemlicher Steigung, etwa 6 km, nach Kleinsölk oder Vorderwald (979 m), einem kleinen Bergdorf mit einfacher Kirche. Bei der Auffahrt nach Kleinsölk ist zu beachten, daß man nicht auf die Straße nach Großsölk gerät; beide Straßen führen auf verschiedenen Seiten des Wildbaches, und eine Verbindung von Kleinsölk nach Großsölk bildet nur ein Fahrweg, der in Hinterwald abzweigt, mit einem großen Umweg über die Bergecke des Schwellingberges nach Fleiß in der Großsölk, etwa 7 km.

Auf der Kleinsölker Straße gelangen wir weiter nach Hinterwald (930 m). Beide Ortschaften, Vorder- wie Hinterwald, sind dem Fremdenverkehr aufgeschlossen. Weiter zum ehem. Sagschneider-Wh. an der Gabelung des Kleinsölker Ober- und Untertales. Das Untertal, auf einem Fahrweg bis zur Vorderstriegleralm befahrbar, ist viel einsamer als das mehr besiedelte Obertal. Ein früher von Touristen öfters benützter Übergang führt aus dem Untertal über das 2062 m hohe Hubenbauertörl in die Krakau, ist aber heute im Zeitalter der Bergstraßen fast bedeutungslos geworden. Weiter im Obertal fahren wir, an der oft zum See verbreiterten Lache des Sachersees und der Sacherseealm vorbei, zur Breitlahnhütte (1104 m) der ÖAV-Sektion Graz. Dort ist die Endhaltestelle der Autobuslinie Gröbming — Kleinsölk, und dort endet auch die allgemein befahrbare Straße. Ein Schranken sperrt die etwa 4 km lange Fortsetzung des Fahrweges zum Schwarzensee (1153 m), und das mit Recht: denn wir wollen ja wandern!

Das Kleinsölker Obertal zeigt ernste Hochgebirgsansichten. Die Talsohle liegt sehr tief, die Gipfel erscheinen uns himmelhoch, ist doch der niedrigste immer noch fast 1000 m höher als das Tal, der höchste hat fast 1600 m Höhenunterschied zum ebenen Talboden! Die spitzigen Bergkegel der Kesselspitze, die den Eingang zum Obertal behüten, sehen bei Sonnenlicht grün und frisch aus; haben wir ungünstiges Wetter, so kann die ganze Gegend recht düster wirken. Mit Ausnahme der Hauptgipfel, die nur dem Bergsteiger und Kletterer zugänglich sind, und der Scharten, die auch alle ein gutes Maß an Trittsicherheit verlangen, sowie einiger Almwege gibt es um das Obertal keine markierten Bergwege. Alles andere ist Urland, nur dem Jäger in manchen Teilen zugänglich, mit heute noch unerschlossenen Wänden und Graten. Die Wanderungen im Obertal sind daher von vornherein auf Almwege beschränkt; doch ist die Hauptsache in diesem Gebiet wohl das Schauen, Bewundern, Betrachten — es gibt nur wenige Gebiete in unseren Alpen, die ähnliches zeigen können!

Hauptanziehungspunkt ist der Schwarzensee, mit dem fast gleich großen Giglachsee der größte See der Schladminger Tauern, mit der Hubertuskapelle, einem begehrten Fotomotiv, und dem Colloredoschen Jagdhaus. Wir erwandern den Schwarzensee in etwa 1 St. von der Breitlahnhütte, die sich sehr gut für alpinen Sommeraufenthalt eignet. Vom Schwarzensee aus gesehen, öffnet sich der Talschluß des Obertales zu fünf weitverzweigten, düsteren Felskaren: Hüttkar und Lemperkar, Alpkar, Weitkar und Weittal und Stellkar. Die wilden Klettergrate der fünf Schareckspitzen, Kieseck, Kaiserspitze, Deichsel und Zischken, die gewaltige Alpkarwand und der formschöne Predigtstuhl, dessen Gipfel mit der Gestalt eines sitzenden Adlers verglichen wurde, umrahmen den dunklen See mit seinen hohen Fichten. Wilde Wasser, bei der Putzenalm sind es nicht weniger als vierzehn Wildbäche, die sich bei der Alm vereinigen, stürzen von allen Seiten zum See herab.

Die Putzenalm (1356 m) liegt im Weittal, dem freundlichsten der Felskare. Dorthin führt auch der beste Zugang in diesem wildromantischen Kessel. Wir wandern vom Jagdhaus auf einem markierten, steinigen Karrenweg in 1 St. zu den niedrigen Hütten der Putzenalm, die an einer Felswand malerisch gelegen sind. Die flachen Dächer sind mit großen Steinen beschwert — eine Bauart, die in der Schladminger Gegend auch bei Bauernhäusern ange-

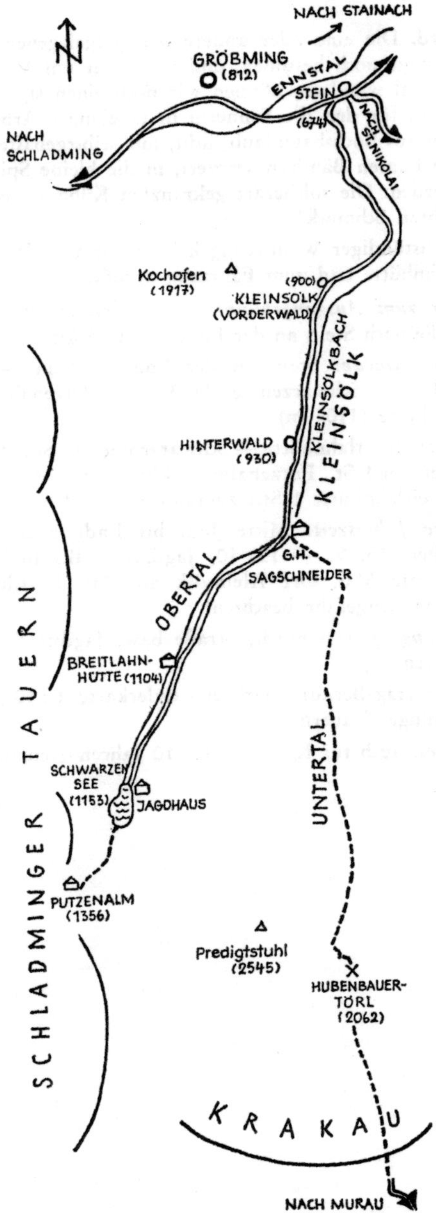
N
NACH STAINACH
GRÖBMING
(812)
ENNSTAL
STEIN
(674)
NACH ST. NIKOLAI
NACH
SCHLADMING
Kochofen
(1917)
(900)
KLEINSÖLK
(VORDERWALD)
KLEINSÖLKBACH
KLEINSÖLK
HINTERWALD
(930)
G.H.
SAGSCHNEIDER
OBERTAL
BREITLAHN-
HÜTTE (1104)
SCHLADMINGER TAUERN
SCHWARZEN
SEE
(1153)
JAGDHAUS
UNTERTAL
PUTZENALM
(1356)
Predigtstuhl
(2545)
HUBENBAUER-
TÖRL
(2062)
KRAKAU
NACH MURAU

wendet wird. Die eine oder andere der tiefgelegenen Almen ist auch heutzutage noch bestoßen, und wenn wir um Mitte September im Obertal wandern, können wir noch einen stilechten Almabtrieb sehen, für den die Sennerin in tagelanger Arbeit Kränze und Kronen aus Buchsbaumlaub flicht, mit selbstgebastelten Goldflittern und bunten Bändern verziert, in die kleine Spiegel eingeflochten werden. Die solcherart gekränzten Kühe zeigen sich sehr stolz auf ihren Schmuck!

In rd. 1¾stündiger Wanderung kehren wir von der Putzenalm zur Breitlahnhütte und zum Fahrzeug zurück.

Rückkehr zum Ausgangspunkt: mit Fahrzeug auf der Kleinsölker Straße nach Stein an der Enns, etwa 15 km

Höhenunterschiede: Stein an der Enns (674 m) — Breitlahnhütte (1104 m) — Schwarzensee (1153 m) — Putzenalm (1356 m) — Breitlahnhütte (1104 m)

Gehzeiten: Breitlahnhütte — Schwarzensee 1 St., Schwarzensee — Putzenalm 1 St., Putzenalm — Schwarzensee ¾ St., Schwarzensee — Breitlahnhütte 1 St.; zusammen etwa 4 St.

Günstigste Jahreszeit: Mitte Juni bis Ende September, evtl. noch Oktober (15. 9. — 15. 10. Jagdzeit!). Bis Breitlahn evtl. schon ab Mitte Mai, Ort Kleinsölk ab Mai. In schneereichem Frühjahr Lawinengefahr beachten!

Orientierung: ganz einfach; Straße bzw. Jagdstraße und markierter Karrenweg

Karte: Freytag-Berndt-Touristenwanderkarte 1 : 100.000, Blatt 20, Schladminger Tauern

Besonderes: auch für Kinder unter 10 Jahren geeignet

4

NEUZEITLICHE STRASSE — HISTORISCHER PFAD

Auf den Stoderzinken bei Gröbming

Der Luftkurort Gröbming, in einem sonnigen Kessel hoch über dem Ennstal an den Fuß schützender Berge gebaut, wurde zu Zeiten, als der Fremdenverkehr seine ersten Wellen schlug, gerne „das steirische Davos" genannt. Mittlerweile ist man aber so weit gekommen, die Eigenart der Steiermark für sich zu schätzen und nicht immer mit anderen Ländern, wie z. B. der Schweiz, zu vergleichen. Vielleicht ging diese Mode des Vergleichens damals etwas zurück, als man zum ersten Mal bemerkte, daß manche Teile der Steiermark mehr Sonnenstunden zu verzeichnen hatten als manche Schweizer Kurorte . . . Und man wurde mit der Zeit selbstbewußter und nimmt keine Anleihen mehr bei den Naturwundern fremder Länder, weil man eben um die des eigenen Landes weiß!

Die Sommer- und Winterfrischler und Erholungsuchenden, die in früheren Zeiten die „kristallklare Luft" Gröbmings schätzten und die belebenden Sonnenstrahlen dort schon sehr früh und noch spät im Jahr genossen, wußten genau, was sie an ihrem Gröbming hatten. Doch seit einigen Jahren, seitdem die Horstigstraße auf den Stoderzinken ausgebaut ist, trat Gröbming noch mehr in das Blickfeld der Urlauber und vor allem der Wochenend- und Sonntagstouristen. Früher waren es wohl nur Bergsteiger, welche die Bequemlichkeit einer Bergstraße schätzten, die nicht befahren werden konnte, so daß ihnen jede Begegnung mit einem „Benzinvehikel" erspart blieb. Doch war das Horstigsträßlein früherer Jahrzehnte immerhin so steil — an einigen Stellen traten auch die nackten Felsen zutage und hätten jede Befahrung verhindert —, daß die Bergsteiger zügig vorwärts kamen und einen begehrten Zweitausender und ansehnlichen Felsberg, den Stoderzinken, auf leichte Art erobern konnten. Die Brünner Hütte des ÖAV auf der Stoderalm war aus Gründen dieser guten Zugänglichkeit auch immer schon ein begehrtes Ziel für Sommer- und Wintertouristen.

Heute sind die neuzeitlich ausgebaute Horstigstraße, der 2048 m hohe Stoderzinken mit dem „Friedenskirchlein", das neuerbaute „Steinerhaus" am Sattel beim Roßboden und die Brünner Hütte je nach den jeweiligen Interessen Ziele für ganze Touristenkarawanen. Die Stoderzinkenstraße kann auch von Autobussen befahren werden (planmäßige Kurse ab Gröbming), was sich die Veranstalter von Gesellschaftsreisen natürlich gerne zunutze machen. Warum einen so vielbesuchten Berg dann überhaupt noch in ein Wanderbuch aufnehmen? Nun, der Stoderzinken hat auch noch andere Seiten; für den, der sie kennenlernt, trägt er ein ernstes, fast abweisendes, ja vielleicht sogar abenteuerliches Gesicht zur Schau. Und dieser Berg hat neben der Fahrstraße und weit abseits von ihr so wunderschöne Wanderwege, daß man ihn mit Recht als einen der ergiebigsten Wanderberge der Obersteiermark bezeichnen kann. Eine dieser Routen ist sogar längs der alten Straße — die schon durch eine neue Trasse ersetzt worden ist — markiert. Doch nicht nur einfache, bezeichnete Wege bietet uns der Stoderzinken. In seinem Bereich liegen zwei liebe kleine Bergseen, der Ahornsee und der Grafenbergsee. Neben dem prächtigen Gradenbachfall finden wir aber auch eine merkwürdige „trockene" Klamm: die Öfen; und in seinem Hinterland die merkwürdige „Notgasse", ein Schluchtensystem mit historischen Inschriften. Helmfried Knoll, der Wiener Bergschriftsteller und eifrige Erforscher und Erwanderer der steirischen Bergwelt, nennt die Notgasse in seinem Buch „Erwanderte Heimat — erlebte Fremde“ „... einen richtigen Cañon inmitten der waldbedeckten Hochfläche“ und beschreibt seine „Expedition“ zur Notgasse u. a. wie folgt:

„Immer enger wird der Durchschlupf, immer höher ragen die Felswände zu beiden Seiten empor. Zuletzt mögen sie wohl gut 25 m hoch sein. Und das Interessanteste: wo heute weder Sommer- noch Wintermarkierungen hindurchführen, da finden sich in den Felsen Ritzzeichnungen und Inschriften, die bis 1818 oder noch weiter zurückreichen! Beweis dafür, daß die Einheimischen schon seit vielen Generationen diesen einmaligen Durchlaß kennen und benutzt haben, sei's als Almfahrer, sei's als Wilderer. Wüste Felstrümmer bedecken den Boden, Baumleichen, von Sturm und Schnee zerschmettert, liegen quer darüber und vermodern in der Lage, in der sie gerade gestürzt sind. Nur ganz selten dringt wie aus einer anderen Welt von hoch oben ein schüchterner Sonnenstrahl in dieses Naturdenkmal ersten Ranges ...“

Knoll schildert anfangs und abschließend, wie er sich mit seinen Gefährten nach dürftigen Skimarkierungen, mehr noch aber mit Karte und Kompaß von der Brünner Hütte zur Notgasse hin- und zurückkämpfen mußte. Dazu sei die wichtigste Eigenschaft dieser Gegend eindringlichst vor Augen geführt: das Hinterland des Stoderzinkens gehört zur berühmt-berüchtigten Hochfläche „Am Stein“, zu einer völlig menschenleeren, gottverlassenen urwelthaften Einöde, die sich vom Dachstein über das Kemet-(Kammer-)Gebirge bis ins steirische Salzkammergut erstreckt. In den Ausläufern des Steins ereignete sich zu Ostern 1954 die „Dachsteintragödie“, bei der durch die Schuld eines verblendeten Erziehers dreizehn sommerlich ausgerüstete Menschen im Schneesturm den Tod fanden. Auch im Bergland hinter dem Stoder sind in den letzten Jahrzehnten Bergwanderer — zumeist Einzelgänger — verschwunden und bis heute noch nicht gefunden worden. Man kann sich die Ursachen solchen Verschwindens nicht erklären — so lange nicht, bis man eine Tour in dieses Gebiet unternommen hat. Das unübersichtliche Gelände, die Krummholzdickichte, die unheimlichen Dolinen, die schmalen, steinigen Pfadspuren — denn von Wegen kann man kaum sprechen —, die meist nur mit Steindauben bezeichnet sind, die grenzenlose Ödnis und Einsamkeit, das Fehlen jeglichen Stützpunktes, sei es auch nur eine verlassene Almhütte, und der Wassermangel dieses Karstgebietes, dies alles mag wohl zusammengespielt haben, daß die sonst wandertüchtigen Berggeher spurlos verschollen sind. Ein verstauchter Fuß kann dort zur Katastrophe werden! Bergwanderungen auf Pfaden abseits begangener Wege sollte man in diesem Gebiet überhaupt nur in größerer Gesellschaft und mit bester Ausrüstung, vor allem mit Karte und Kompaß, unternehmen.

Die anschließend beschriebene Wanderung auf der historischen Horstigstraße mit dem Abstieg über die Rahnstube und die Öfen, mit der Ersteigung des Stoderzinkens und der Abstiegsvariante über den Grafenberg- und Ahornsee ist aber auf den meisten Strecken so vielbegangen, daß sie nach menschlichem Ermessen ungefährlich zu nennen ist.

Der Wegverlauf

Ausgangspunkt: Gröbming (776 m), das man vom abseits liegenden Bahnhof Gröbming (Schnellzugsstation) mit Autobus oder auf der Zufahrtsstraße in 3/4 St. Gehzeit erreicht. Die Bundesstraße durch das Ennstal führt unmittelbar durch den Ort. Gröbming, an der Salzstraße über den Paß Stein ins Salzkammergut günstig gelegen, gehörte bis Anfang des 19. Jh.s zu Salzburg, es war Salzburger Hofmark. Es beherrschte auch den Eingang in die Sölktaler und genoß so manches Handelsvorrecht.

Heute ist Gröbming Sitz einer Bezirkshauptmannschaft und sehr auf den Fremdenverkehr abgestimmt. Gröbming hat eine berühmte katholische Kirche, eine der schönsten der Steiermark, und

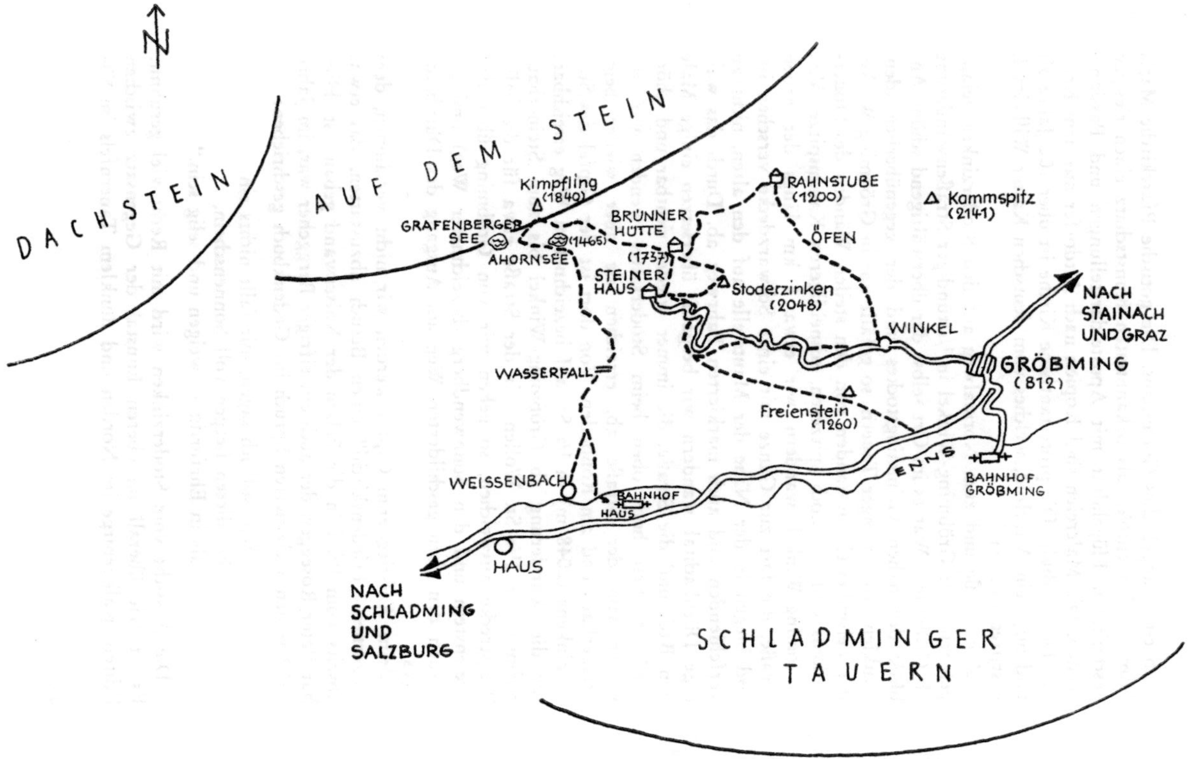
DACHSTEIN
AUF DEM STEIN
Kimpfling (1840)
GRAFENBERGER SEE
AHORNSEE
(1465)
BRÜNNER HÜTTE
(1737)
RAHNSTUBE (1200)
ÖFEN
Kammspitz (2141)
STEINER HAUS
Stoderzinken (2048)
WINKEL
NACH STAINACH UND GRAZ
GRÖBMING (812)
WASSERFALL
Freienstein (1260)
ENNS
BAHNHOF GRÖBMING
WEISSENBACH
BAHNHOF HAUS
HAUS
NACH SCHLADMING UND SALZBURG
SCHLADMINGER TAUERN

auch ein evangelisches Gotteshaus. Die gotische Pfarrkirche Mariä Himmelfahrt enthält als bekanntesten Kunstschatz einen riesigen geschnitzten Flügelaltar mit Aposteldarstellungen und Passionsszenen. Die Malereien sind Kopien nach Altdorfer aus dem Kreis der Donauschule. Die protestantische Kirche ist über 100 Jahre alt und birgt ein Altarbild, welches vom deutschen Kaiser Wilhelm I. gestiftet worden ist.

Zur Straße und zum Normalweg auf den Stoderzinken gelangen wir über Gröbming-Winkel in 1/2stündiger Straßenwanderung ab Gröbming. War es im Ort selbst der überwältigend schöne Anblick des nahen Grimmingstockes und der gegenüberliegenden, dunklen Schladminger Tauern, so gefällt uns in Gröbming-Winkel der Felsenkessel, umstanden von den steilen Wänden des Stoderzinkens und der noch spitzeren, schneidigeren Kammspitze. Von Gröbming-Winkel wandern wir etwa 1 km längs der neuen Straße, die fast zur Gänze mit einer Schwarzdecke versehen ist, und biegen in der Nähe der Mautstelle auf den alten, nicht zu verfehlenden und auch markierten Fahrweg ab. Durch das waldige Dürnbachtal wandern wir bergauf, übersetzen einige Male den Bach und die Straße, die immer wieder sichtbar und „hörbar" ist. Erst hoch oben beim Stodersattel wenden wir uns weiter von der Straße ab, erreichen sie aber wieder beim Steinerhaus und am Roßboden. Von dort ist der Gipfel des Stoderzinkens (2048 m) in 1/2 St. auf bezeichnetem Weg erreichbar; für die Wanderung ab Gröbming-Winkel bis zum Steinerhaus rechnen wir 2 1/2 St. Wollen wir der Straße etwa für die halbe Wegstrecke ausweichen, so gehen wir von Gröbming über den Freienstein und den Sonnwendberg (bezeichneter Weg) und erreichen den oben geschilderten Weg am Ausgang des Dürnbachtales.

Beim Aufstieg zum Gipfel werden wir nicht versäumen, dem hölzernen „Friedenskirchl" einen Besuch abzustatten, das etwas abseits vom Pfad in die Felsen der Kaiserwand gebaut ist. Hier hat Peter Rosegger, der auch ein eifriger Berggeher war, im Jahre 1902 seinen vielzitierten Spruch ins Gedenkbuch geschrieben:

„Was soll ich sagen, mir fällt nichts ein
bei diesen Bergen voll Sonnenschein,
als in Ehrfurcht schweigen und selig sein."

Die Aussicht vom Stoderzinken wird mit Recht viel gerühmt. Es ist wie überall im oberen Ennstal der Gegensatz zwischen lichtem Kalkgebirge im Norden und dunklem Tauernfels im Süden, der diese Ausblicke, die man teilweise schon bei Aufstieg oder Auffahrt hat, so unvergeßlich macht. Über die Hochfläche des „Steins“ hinweg sieht man aber auch ins Salzkammergut mit seinen eigenartigen Gipfelgestalten; bis zu den Gesäusebergen, auf die Dachsteingruppe, wobei vor allem der mächtige Felsklotz des Koppenkarsteins bewundert wird, und weit ins Ennstal hinein reicht der Blick.

Vom Stoderzinken mit seinem hochragenden Gipfelkreuz steigen wir am besten auf dem bezeichneten Pfad steil zur Brünner Hütte (1747 m) ab; fühlen wir uns der Bergtour nicht gewachsen, umgehen wir den Stoderzinken vom Steinerhaus abwärts gehend zur Brünner Hütte, etwa 1/4 St. Die Brünner Hütte ist noch ein echtes Schutzhaus geblieben, in dem man sich wohl fühlen kann, auch für einige Tage. Wenn wir den Abstieg über Ahornsee und Gradenbachfall nehmen wollen, übernachten wir zweckmäßigerweise auf der Brünner Hütte, da die Tour sonst zu anstrengend wird. Wollen wir aber Öfen und Rahnstube durchwandern, schaffen wir die Rundtour in einem Tag.

Haben wir uns in einem der Häuser am Stoderzinken entsprechend gestärkt, so können wir uns dem Abstieg durch die Öfen mit Genuß widmen. Auf bezeichnetem Pfad kommen wir über die weiten Weideflächen der Stoderalm in den Hochwald und steil bergab in die „Rahnstube“, einen Waldkessel mit ehemaliger Holzknechthütte (etwa 1200 m). Solche waldumschlossenen Böden werden im obersteirischen Volksmund gerne Stuben genannt; es sind keine Almen, sondern kleine Lichtungen, wo Holz geschlagen wurde. Und der Name „Rahn“ ist keine Verballhornung etwa aus Rahm, sondern eine alte Form für Ebene. Wir haben im Steirischen, u. a. auch bei Graz, mehrere Berge mit dem Namen Rannach; jeder von ihnen hat eine weite, ebene Gipfelfläche! Etwa 1 St. sind wir von der Brünner Hütte bergab gewandert, dann tauchen wir von der Rahnstube abwärts in die Schlucht zwischen Stoderzinken und Kammspitze ein, die man im Volksmund, auch wieder treffend, „die Öfen“ genannt hat. Die Engschlucht ist eine Art trockene Klamm, in der das Wasser oft im karstigen Boden versickert. Ausgewaschene Felsmulden, kreisrunde Löcher im Stein, schraubenförmig gedrehte Kolke zeugen von der Gewalt des Wassers, das diese unglaublichen Felsformen hervorgebracht hat. An der Nagelstatt, einer ehemaligen Schmiede vorbei, kommen wir, zuletzt auf einem Fahrweg, in 1 1/2 St. ab der Rahnstube nach Gröbming-Winkel.

Variante für berggewohnte, ausdauernde Geher: Brünner Hütte — Kimpflingsattel — Grafenbergsee — Ahornsee — Gradenbachfall — Weißenbach bei Haus im Ennstal. Tagestour! In der Nähe der Brünner Hütte befinden sich die Stollen des alten Kohlenbergwerks. Wir wandern von der Hütte auf bezeichnetem Pfad nach Westen zum Kimpflingsattel; unterwegs herrliche Blicke zum Dachstein, besonders reichhaltige Flora (u. a. beide Arten der Almrose oder des Almrauschs, wie er im Steirischen heißt) und malerische Wetterzirben. Vom Rand der Hochfläche schöner Tiefblick auf den 300 m weiter unten liegenden Ahornsee! Auf gutem Steig steil bergab zum zirbenumstandenen Grafenbergsee (1600 m), etwa 2½ St. ab Brünner Hütte. In 20 Min. zum tiefer liegenden Ahornsee unterhalb des Weges. Er ist romantischer als der Grafenbergsee, hat z. B. kleine Felsgruppen im Wasser. Steiler hinab geht's nun durch die Klamm der Gradenbachfälle, die in drei Stufen über die glatte Wand hinabschießen. Bis zum Jagdhaus am Fuß der Wasserfälle etwa 1½ St. ab Ahornsee. Beim Jagdhaus beginnt ein Fahrweg, auf dem wir, an den Quellen der „Sieben Brunnen" vorbei, zur Schnellzugstation Haus im Ennstal gelangen, 1 St.; zusammen etwa 5½ St.

Für motorisierte Wanderer: Diese fahren auf der Stoderzinkenstraße (12 km lang, mit Maut) bis zum Parkplatz beim Steinerhaus (1845 m). Die größte Steigung beträgt 12½ Prozent, im Durchschnitt aber nur 9½ Prozent. Die Straße wurde von einer Weggenossenschaft erbaut; bisher wurde sie von etwa 50.000 Personen pro Jahr benützt. Für den Motorwanderer bleibt allerdings dann nur eine kurze Hochflächenwanderung oder eine Ersteigung des Stoderzinken, hin und zurück etwa 1 St. — Ein Besuch der Gradenbachfälle ab Haus ist lohnend (1½ St.)

Rückkehr zum Ausgangspunkt: mit Fahrzeug etwa 2 km von Gröbming-Winkel nach Gröbming; zu Fuß rd. ½ St. Straßenwanderung

Höhenunterschiede: Gröbming (776 m) — Gröbming-Winkel (800 m) — Steinerhaus, mit Parkplatz (1845 m) — Stoderzinken-Gipfel (2048 m) — Brünner Hütte (1737 m) — Rahnstube (1200 Meter) — Gröbming-Winkel (800 m)

Gehzeiten: Gröbming — Gröbming-Winkel ½ St., Gröbming-Winkel — Steinerhaus 2½ St., Steinerhaus — Stoderzinken ½ St., Stoderzinken — Brünner Hütte ½ St., Brünner Hütte — Rahnstube 1 St., Rahnstube — Gröbming-Winkel 1½ St., Gröbming-Winkel — Gröbming ½ St., zusammen etwa 7 St.

Günstigste Jahreszeit: für den Fahrweg bis zum Steinerhaus von Mai bis November; für die Öfen frühestens ab Ende Mai (in schneearmen Jahren); für die Bergwanderung zum Ahornsee nicht vor Mitte Juni und bis spätestens Ende Oktober

Orientierung: Im Bereich der Stoderzinkenstraße und des Plateaus ganz leicht. Beim Pfad Brünner Hütte — Rahnstube auf Markierung achten, ab Rahnstube durch die Öfen eindeutig. Für die Tour zum Ahornsee — Gradenbachfall: nur bei gutem sichtigen Wetter; nur mit Bergausrüstung; niemals allein gehen! Auf die Markierung ist sehr zu achten; erst ab Ahornsee eindeutig (im Abstieg)

Karte: Freytag-Berndt-Touristenwanderkarte 1 : 100.000, Blatt 20, Schladminger Tauern

Besonderes: Bergschuhe vorteilhaft; Wind- und Wetterschutz Bedingung! Für Kinder ab etwa 12 Jahren geeignet

5

VOM ENNSTAL INS MURTAL

Über den Sölker Paß

Erzherzog Johann, der Steirische Prinz, war ein großer Freund der Berge und hat einige Gipfel der Steiermark als erster betreten, zu mancher Bergtour angeregt und im Hochschwab sogar schon Anfang des 19. Jahrhunderts eine Art von gesichertem Steig angelegt. Die schönen Sölktäler, wie er sie nannte, waren ein Lieblingsaufenthalt von ihm. Er besuchte sie als Jäger, aber sie waren auch nicht weit vom Wohnsitz seiner Nanni entfernt, und ganz gewiß sind sie ihm auch deswegen sehr am Herzen gelegen. Das nahe Schloß Gstatt am Abhang des Gröbminger Mitterberges hatte ja schicksalhafte Bedeutung in der Liebesgeschichte zwischen der Ausseer Postmeisterstochter und dem Kaisersohn. Die größte steirische Dichterin, Paula Grogger aus Öblarn am Grimming, hat ein Schauspiel „Die Hochzeit von Gstatt“ geschrieben. Wenn wir das Großsölktal besuchen und über Öblarn anfahren, werden wir nicht versäumen, der Heimat Paula Groggers, die durch ihr Buch „Das Grimmingtor“ weltbekannt wurde, einen Besuch abzustatten.

Der Bergbauort Öblarn hatte im Mittelalter seine Blütezeit. In der nahen Walchen, wo es auch Schwefelquellen gab, wurde Bergbau auf Kupfer, Silber und Gold betrieben; alte Schmelzöfen stehen heute noch im Walchengraben, der zum Teil befahrbar ist. Öblarn (679 m) ist am Sonnberg an den Ausläufern des Gumpenecks wunderschön gelegen; die Tauernberge im Hintergrund sind weniger gut zu sehen als der nahe Grimming, die Gröbminger Kammspitze und der

Das Dorf auf dem Felsen mit seinem Berg: Pürgg mit Grimming

Einer Dolomitenburg gleicht der Loser im Ausseerland

Stoderzinken. Die günstige Lage des Ortes trug viel dazu bei, daß Öblarn derzeit einer der beliebtesten Urlaubsorte des Ennstales ist. Von der früheren gotischen Pfarrkirche ist nur mehr ein Spitzbogentor erhalten, in der 1730 umgebauten Kirche sind geschnitzte Statuen von J. Th. Stammel sehenswert. Das sog. Herrschaftshaus ist ein prachtvoller Renaissancebau (mit eingemauertem Römerstein).

Von Öblarn kommen wir in wenigen Kilometern Straßen- oder Bahnfahrt nach Stein an der Enns, wo die Sölker Paßstraße abzweigt. Sie folgt im wesentlichen dem Verlauf der alten Salzstraße, die aus dem Salzkammergut über den Paß Stein und durch die Große Sölk nach Schöder und Murau ins obere Murtal führte.

Der Wegverlauf

Ausgangspunkt: Stein an der Enns (674 m). Mit eigenem Fahrzeug oder Postautobus über den steilen Gatschberg in die Streusiedlung Großsölk (St. Leonhard in der Vorderen Großsölk). Auf einer Anhöhe Schloß Großsölk, im 15. Jh. erbaut, mit gotischen Elementen. Gh. im Schloß. Die Pfarrkirche wurde im 18. Jh. vom Jesuitenorden aus einem Pferdestall umgebaut.

Weiter durch die kleine Siedlung Fleiß (Gh. „Ödwirt") und im einschichtigen Graben zur Häusergruppe Mößna (Übergang in die Mörsbach) und nach St. Nikolai in der Inneren Großsölk (1126 m), etwa 18 km ab Stein an der Enns.

St. Nikolai mit seiner kleinen Bergkirche aus dem 16. Jh. und den Bauernhöfen mit steinbeschwerten Dächern liegt inmitten einer großartigen Umgebung. Die Berge treten dort nicht so nahe aneinander und haben auch nicht so felsige Abstürze wie im Talschluß der Kleinsölk, doch sind sie fast ebenso hoch, wuchtiger, vielfältiger — und noch viel weniger bekannt. In der Kleinsölk ist der Schwarzensee ein großer Anziehungspunkt. St. Nikolai hat kein solches Gewässer im Tal, dafür aber herrliche Wasserfälle und zehn größere Bergseen in nächster Umgebung, von denen allerdings nur die Hälfte mit Hilfe markierter Wege erreichbar ist, die anderen liegen zu hoch und im unwegsamen Gelände. Dennoch: wäre St. Nikolai ein Schweizer Bergdorf, es könnte auf seine Art so berühmt sein wie manche alpinen Dörfer in den Westalpen. Aber bei uns in der Steiermark ...! Da hat der Fremdenverkehr in St. Nikolai erst angefangen: die Sölker Paßstraße tut schon einiges dazu.

Die Berge um St. Nikolai steigen unvermittelt zur Höhe, ebene Wege gibt es kaum. Wenn man sich auf der Fahrt zum Sölker Paß ein wenig die Füße vertreten will, wandert man am besten auf dem Fahrweg den Hohenseebach entlang, etwa 1 St. talein bis zum Kreuzsteg und dem Wasserfall. Zur Rechten zweigt ein steiler, markierter Pfad zur Hohenseealm ab. Der Steig ist gut, aber steinig und felsig und nur für Bergwanderer geeignet. Kein Spaziergang mehr! Das Ziel, der schön gelegene, dunkelgrüne Hohensee, lohnt allerdings die einstündige Mühe reichlich. Auch der Wasserfall allein ist sehenswert, besonders im Juni, wenn die Schneeschmelze noch im Gange ist.

Von St. Nikolai mit altem Mauthaus zieht die Mautstraße zum Sölker Paß wenig steigend den Großsölkbach entlang, beginnt aber beim sog. Hüttfeld, einer Schar von alten Almhütten, mit mehreren Kurven zu steigen. (Von dort weg [etwa 1400 m] können wir in 1 St. auf einem bezeichneten Fußweg abseits der Straße zum Paß hinaufwandern.) Die Sölker Paßstraße ist eine unbefestigte Erdstraße, im Winterhalbjahr gesperrt; ihr höchster Punkt liegt 1790 m (Kapelle, Gh). Jenseits geht es in Kehren (mit einem Höchstgefälle von 12 Prozent) hinab zur Kreutzerhütte (1400 m), einer sehr günstig gelegenen, netten Bergunterkunft mit Gh. Von der Paßhöhe, der Straße und von der Kreutzerhütte haben wir Einblick in die wilde Bergwelt der Südlichen Wölzer Tauern einerseits und der Schladminger Tauern anderseits. Da stehen schneidige Berge, die nicht einmal ausgepichten Bergsteigern bekannt sind; sie werden auch wegen der fehlenden Stützpunkte kaum bestiegen. Besonders einsam ist der Grat vom Schöderer Eisenhut über Arkogel und Breitdach zum Schöderkogel. Der Name Kogel ist irreführend, es sind Felsberge mit herrlichen Urgebirgsgraten! Wenn wir von der Kreutzerhütte das fast ebene Katschbachtal hineinwandern bis zur Hochlenzenhütte, tun wir einen Blick in diese einsame Bergwelt (hin und zurück 2 St.). Gelegentlich besucht werden auch zwei dunkle Bergseen, die Gastlseen, zum Teil weglos nach Markierungszeichen. Doch ist es eine unwegsame Gegend, und der beste Beweis dafür war, daß vor zehn Jahren auf der Landkarte noch nicht einmal der Abfluß des Gastlsees, ein starker Wildbach, eingezeichnet war!

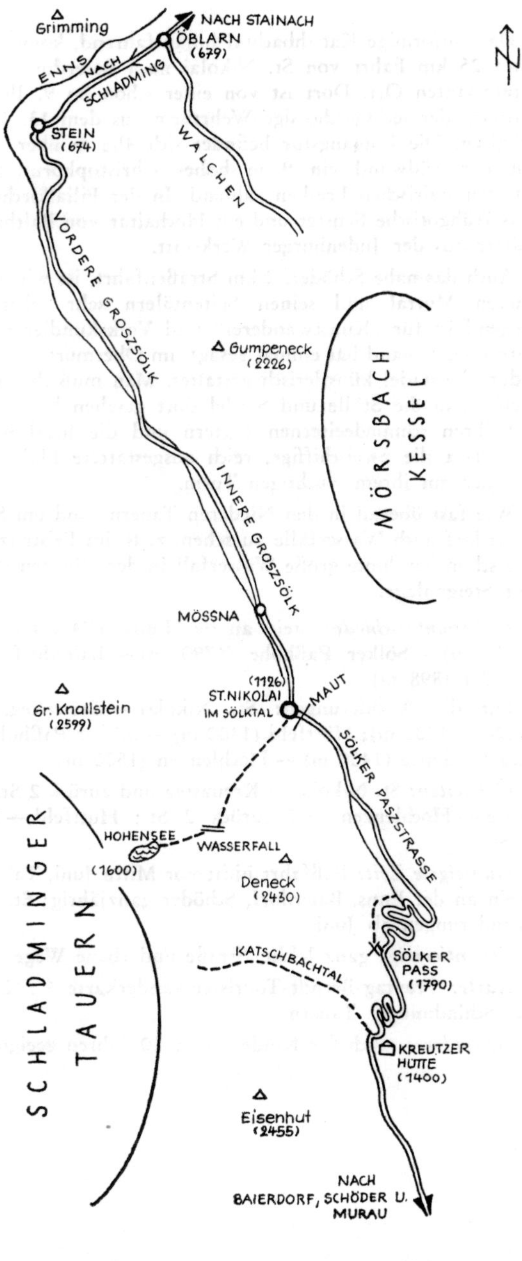

Grimming
NACH STAINACH
ÖBLARN
(679)
ENNS
NACH
SCHLADMING
STEIN
(674)
WALCHEN
VORDERE GROSZSÖLK
Gumpeneck
(2226)
MÖRSBACH
KESSEL
INNERE GROSZSÖLK
MÖSSNA
(1126)
ST. NIKOLAI
IM SÖLKTAL
MAUT
Gr. Knallstein
(2599)
SÖLKER PASZSTRASSE
HOHENSEE
(1600)
WASSERFALL
Deneck
(2430)
SCHLADMINGER
TAUERN
KATSCHBACHTAL
SÖLKER
PASS
(1790)
KREUTZER
HÜTTE
(1400)
Eisenhut
(2455)
NACH
BAIERDORF, SCHÖDER U.
MURAU

Das einförmige Katschbachtal hinausfahrend, kommen wir nach etwa 25 km Fahrt von St. Nikolai nach Baierdorf, einem hochinteressanten Ort. Dort ist von einer schon im 9. Jh. genannten Talburg der sechsgeschossige Wehrturm aus dem 13. Jh. noch gut erhalten. Die Eingangstür befindet sich 4½ m über dem Boden. An der Südwand ein 9 m hohes Christophorusbild, zu den ältesten steirischen Fresken zählend. In der Filialkirche St. Nikolaus frühgotische Fenster und ein Hochaltar von Balthasar Prandstätter aus der Judenburger Werkstatt.

Auch das nahe Schöder, 2 km Straßenfahrt, ist wie alle Orte im oberen Murtal und seinen Seitentälern sehr sehenswert. Die Gegend ist für „Kunstwanderer" und Volkskundler von größtem Interesse. Jemand hat einmal gesagt, im Obermurtaler Bergland ist jeder Heustadel künstlerisch gestaltet. Man muß ihm recht geben, wenn man die Ställe und Stadel dort gesehen hat, die Kapellen mit ihren schmiedeeisernen Gittern und die herrlichen Kirchen, wie etwa die zweischiffige, reich ausgestattete Hallenkirche von Schöder mit ihrem wuchtigen Turm.

Wie fast überall in den Niederen Tauern, sind um Schöder und Baierdorf auch Wasserfälle zu sehen, z. B. im Feistritzgraben und der schon berühmte große Wasserfall in der Günsten (Günstertal), mit Steiganlage.

Höhenunterschiede: Stein an der Enns (674 m) — St. Nikolai (1126 m) — Sölker Paßhöhe (1790 m) — Baierdorf (900 m) — Schöder (898 m)

Für die Wanderungen: St. Nikolai — Kreuzsteg, Wasserfall (1126 — 1200 m); Hüttfeld (1400 m) — Sölker Paßhöhe (1790 m), Kreutzerhütte (1400 m) — Hochlenzen (1500 m)

Gehzeiten: St. Nikolai — Kreuzsteg und zurück 2 St.; Kreutzerhütte — Hochlenzen und zurück 2 St.; Hüttfeld — Sölker Paß 1 St.

Günstigste Zeit: Paßfahrt nicht vor Mitte Juni, Talorte Öblarn, Stein an der Enns, Baierdorf, Schöder ganzjährig; St. Nikolai für Wanderungen ab Juni

Orientierung: ganz leicht, Straße und ebene Wege

Karte: Freytag-Berndt-Touristenwanderkarte 1 : 100.000, Blatt 20, Schladminger Tauern

Besonderes: auch für Kinder unter 10 Jahren geeignet

6

AM SONNENBALKON DER STEIERMARK

Durch die Krakau zur Rudolf-Schober-Hütte

Die Hochebene der Krakau in 1100 bis 1300 m Seehöhe ist eine der merkwürdigsten Landschaften der Steiermark. An den Ausläufern der Schladminger Tauern, sozusagen an ihrer Südwand schön warm und trocken gelegen, zeichnet sie sich durch ein extrem sonniges Klima aus. Läge es nicht in diesem abgeschiedenen Winkel der Steiermark, so wäre dieses Bergland mit den prachtvollen alten Bergbauernhöfen und den berühmten gotischen Kirchen schon längst vom Tourismus überrannt. So aber mag auch heute noch zum Teil gelten, was im „Reise- und Handbuch Steiermark" vor 60 Jahren darüber geschrieben wurde: „Gegenwärtig ist der Fremdenverkehr wegen der tiefen Abgeschiedenheit geringfügig. Allen jenen, die wirklich echtes steirisches Volkstum, tiefe Natureinsamkeit und ein herrliches Stück Land kennenlernen wollen und die es einige Wochen auch ohne Komfort aushalten, sei dieser stille Gebirgswinkel bestens empfohlen." Mittlerweile gibt es natürlich auch schon in und um die Krakau mehr Bequemlichkeit in den Gasthöfen, doch ist es immer noch kein Durchzugsgebiet — die Straße über den Sölker Paß führt abseits an der Krakau vorbei —, sondern eine Art Sackgasse, die in das Herz des großen Gebirges führt.

Wollen wir die Landschaft der Krakau recht auf uns einwirken lassen, so werden wir uns keine größere Bergtour vornehmen, sondern uns mehr in den Talorten aufhalten. Von Murau mit einem der Bummelautobuskurse den Rantenbach entlangfahrend, werden wir uns zuerst Ranten ansehen, das einstmals Bedeutung für die Saumwege über das Gebirge hatte, heute aber ein verträumtes Bergdorf ist. Dann werden wir über Krakaudorf und Krakauhintermühlen mit seinem gotischen Ulrichskirchlein in das Etrachtal wandern und, am hellen und doch schwermütigen Etrachsee vorbei, hinauf zu den Zirbenhainen der Rudolf-Schober-Hütte auf der Grafenalpe kommen. Diese Schutzhütte, heute auf der Straße durch das Etrachtal leichter erreichbar als früher, liegt in einem geschützten Jagdgebiet, das dank diesem Schutz auch heute noch recht ursprünglich geblieben ist. Über weiten Almen mit kleinen Seen und wildreichen Karen erheben sich rauhe, felsige Tauernberge, bis über 2500 m hoch. Für den Bergwanderer und Naturfreund ist dieses Gebiet schön und bedeutsam: die Zirbenwäldchen mit ihrem kräftigen Duft, darüber die grauen Schuttkare scheinen Ruhe und Frieden zu atmen. Die Grattürme darüber sind ein kleines Paradies für bescheidene Urgebirgskletterer, die dort auch heute noch die eine oder andere Neutour finden konnten und könnten.

Der Wegverlauf

Ausgangspunkt: Ranten (920 m), an der Autobuslinie Murau — Krakaudorf. Berühmte spätgotische Kirche, die manche Ähnlichkeit mit der nahen Kirche von Schöder aufweist. Am Pfarrhof vier Römersteine. Von besonderer Bedeutung sind die 1950 freigelegten Fresken an der Nord- und Südwand der Kirche; auch ein Innenfresko an der Südwand. Weiter mit Autobus oder eigenem Fahrzeug über Seebach auf der sog. Russenstraße, die im ersten Weltkrieg von Kriegsgefangenen erbaut wurde, nach Krakaudorf (1172 m). Die dortige Pfarrkirche wird viel besucht, vor allem wegen der Holzkassettendecke, die aus dem Jahre 1534 stammt und aus 120 handgemalten Feldern besteht. Weiter auf der Straße nach Krakauhintermühlen (zu Fuß etwa 3/4 St.) und auf Fahrweg ins Etrachtal. Dabei kommen wir an dem höher gelegenen spätgotischen Filialkirchlein zum hl. Ulrich vorbei, das

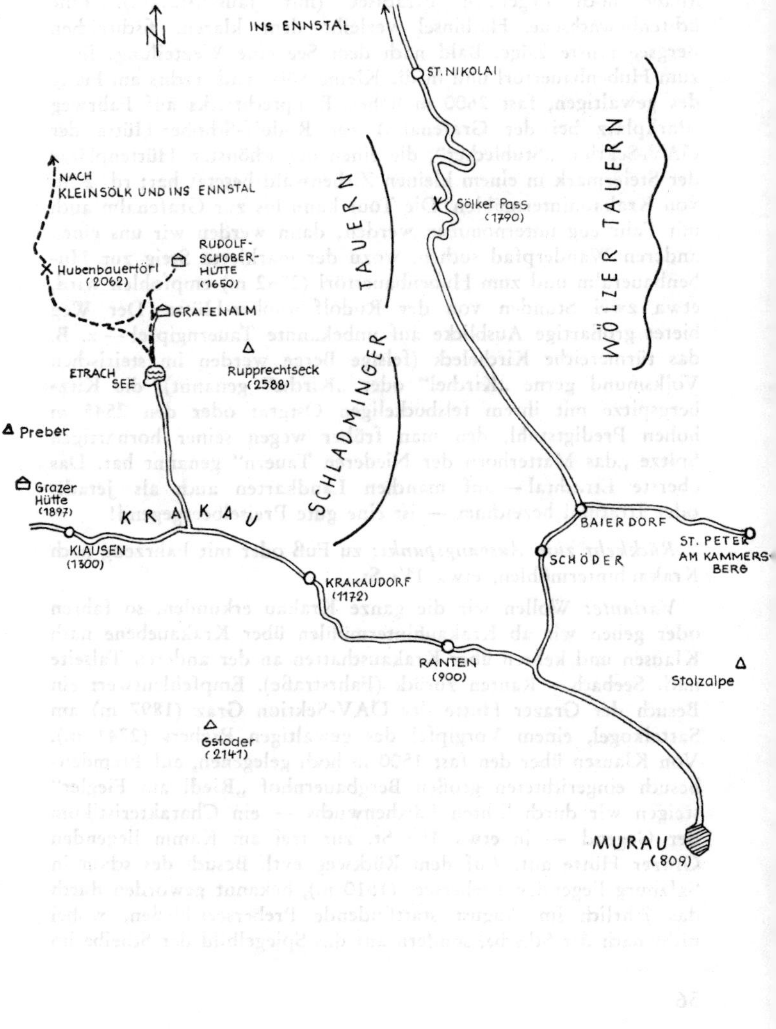
N
INS ENNSTAL
ST. NIKOLAI
NACH
KLEINSÖLK UND INS ENNSTAL
SCHLADMINGER TAUERN
WÖLZER TAUERN
Sölker Pass
(1790)
RUDOLF-
SCHOBER-
HÜTTE
(1650)
Hubenbauertörl
(2062)
GRAFENALM
ETRACH
SEE
Rupprechtseck
(2588)
Preber
Grazer
Hütte
(1897)
K R A K A U
KLAUSEN
(1300)
KRAKAUDORF
(1172)
BAIERDORF
SCHÖDER
ST. PETER
AM KAMMERS-
BERG
RANTEN
(900)
Stolzalpe
Gstoder
(2141)
MURAU
(809)

eine bemalte Holzdecke und einen schönen Renaissanceflügelaltar hat.

Ab St. Ulrich können wir auf einem Hangweg an der rechten Talseite ein Stück der Straße umgehen und erreichen den 1368 Meter hoch liegenden Etrachsee (mit Jausenstation). Eine fichtenbewachsene Halbinsel verleiht dem klaren, fischreichen Bergsee ernste Züge. Bald nach dem See eine Wegteilung: links zum Hubenbauertörl und in die Kleine Sölk, nach rechts am Hang des gewaltigen, fast 2600 m hohen Rupprechtsecks auf Fahrweg (Parkplatz bei der Grafenalm) zur Rudolf-Schober-Hütte der ÖAV-Sektion „Stuhlecker", die einen der schönsten Hüttenplätze der Steiermark in einem kleinen Zirbenwald besetzt hat; rd. 2 St. von Krakauhintermühlen. Die Tour kann bis zur Grafenalm auch mit Fahrzeug unternommen werden; dann werden wir uns einen anderen Wanderpfad suchen, wozu der markierte Steig zur Hubenbaueralm und zum Hubenbauertörl (2062 m) empfohlen wird, etwa zwei Stunden von der Rudolf-Schober-Hütte. Der Weg bietet großartige Ausblicke auf unbekannte Tauerngipfel — z. B. das türmereiche Kircheleck (felsige Berge werden im steirischen Volksmund gerne „Kirchel" oder „Kirche" genannt), die Kitzbergspitze mit ihrem felsbuckeligen Ostgrat oder den 2545 m hohen Predigtstuhl, den man früher wegen seiner hornartigen Spitze „das Matterhorn der Niederen Tauern" genannt hat. Das oberste Etrachtal — auf manchen Landkarten auch als Jetach- oder Itrachtal bezeichnet — ist eine gute Preiselbeergegend!

Rückkehr zum Ausgangspunkt: zu Fuß oder mit Fahrzeug nach Krakauhintermühlen, etwa 1³/₄ St.

Variante: Wollen wir die ganze Krakau erkunden, so fahren oder gehen wir ab Krakauhintermühlen über Krakauebene nach Klausen und kehren über Krakauschatten an der anderen Talseite nach Seebach — Ranten zurück (Fahrstraße). Empfehlenswert ein Besuch der Grazer Hütte der ÖAV-Sektion Graz (1897 m) am Sattelkogel, einem Vorgipfel des gewaltigen Prebers (2741 m). Von Klausen über den fast 1500 m hoch gelegenen, auf Fremdenbesuch eingerichteten großen Bergbauernhof „Riedl am Fiegler" steigen wir durch lichten Lärchenwuchs — ein Charakteristikum der Gegend — in etwa 1¹/₂ St. zur frei am Kamm liegenden Grazer Hütte auf. Auf dem Rückweg evtl. Besuch des schon in Salzburg liegenden Prebersees (1510 m), bekannt geworden durch das jährlich im August stattfindende Preberseeschießen, wobei nicht nach der Scheibe, sondern auf das Spiegelbild der Scheibe im

See gezielt wird und die Geller die Schützenscheibe treffen sollen. Grazer Hütte — Prebersee und auf Fahrweg zurück nach Klausen etwa 3 St.

Höhenunterschiede: Krakaudorf (1192 m) — Rudolf-Schober-Hütte (1650 m) — (Hubenbauertörl [2062 m]) — Krakauhintermühlen (1300 m); oder: Klausen (1300 m) — Riedl am Fiegler (1450 m) — Grazer Hütte (1897 m) — Prebersee (1510 m) — Klausen (1300 m)

Gehzeiten: Krakauhintermühlen — Rudolf-Schober-Hütte 2 bis 2½ St. (Hubenbauertörl hin und zurück rd. 3½ St.), Rudolf-Schober-Hütte — Krakauhintermühlen 1¾ bis 2 St.; zusammen mit Hubenbauertörl Tagestour, ohne dieses Halbtagstour

Orientierung: ohne jede Schwierigkeit, Fahrstraßen und markierte, begangene Wege

Günstigste Zeit: für Aufenthalt in der Krakau ist auch die Wintersaison geeignet; staub- und nebelfreie Luft, bekannt trockenes Gebirgsklima. Zur Rudolf-Schober-Hütte: erst ab Mitte, besser ab Ende Mai; die Hütten sind meistens erst ab Mitte Juni bewirtschaftet

Karte: Freytag-Berndt-Touristenwanderkarte 1 : 100.000, Blatt 20, Schladminger Tauern

Besonderes: auch für Kinder unter 10 Jahren geeignet

7

WILDE WASSER UND EDLE STEINE

Auf dem bequemsten aller Hüttenwege zur Mörsbachalm

Das langgestreckte Donnersbachtal, von Donnersbach über Donnersbachwald bis zum fast 2000 m hohen Glattjoch an die 30 km lang, war in den letzten Jahrzehnten beim Bergstraßenbau sehr im Gespräch. Es handelte sich darum, die beste Nord-Süd-Verbindung über den Kamm der Niederen Tauern zwischen Radstädter Tauernpaß und der Senke von Hohentauern bei Trieben und damit den unmittelbaren Anschluß an die Straße durchs Salzkammergut einerseits und weiter nach Kärnten anderseits zu finden. Es tobten sogar heftige „Kämpfe“ in Ennstaler Gemeinden — hie Glattjoch, hie Sölker Paß hießen die Parolen. Schließlich wurde zugunsten der schon besser erschlossenen Verbindung durch das Große Sölktal über den Sölker Paß nach Schöder und Murau entschieden. Die Straße durch das Donnersbachtal war noch nicht so weit vorgetrieben, dort fehlte auch ein so guter Talort, wie er für den Sölker Paß in St. Nikolai gegeben war, und schließlich mag auch mit den Ausschlag gegeben haben, daß der Sölker Paß nur 1790 m, das Glattjoch aber 1987 m, also fast 2000 m hoch ist. Über beide Pässe führten Saumwege schon in römischer Zeit.

Um das Projekt Glattjochstraße wurde es zwischendurch still, doch seit 1970 geht man an den Ausbau auch dieser Straße. Verbesserungen der Trasse, die vor allem nach dem Steilstück Donnersbach — Lend und anschließend notwendig waren, sind bereits durchgeführt. Die Straße zieht dort hoch über dem wilden Donnersbach, der durch eine kleine Felsenge hinausbraust, in zwei so scharfen Kurven bergan, daß vor allem die braven Lenker der Postautobusse „Millimeterarbeit“ leisten müssen, damit sie „ums Eck“ kommen — Kunststücke, die von den Fahrgästen mit atemloser Bewunderung beobachtet werden. Felswände und Steilabfall zum Bach engen die Straße sehr ein, gegen Donnersbachwald zu wird’s dann freier.

Donnersbachwald (979 m) ist eine Streusiedlung an der Mündung des Mörsbaches in den Donnersbach, mit einer kleinen Leonhardskirche und einigen Gaststätten. Es ist bis jetzt an einer Sackstraße gelegen, wird aber nach dem Ausbau der Glattjochstraße ein Ort von größerer Bedeutung werden.

In Donnersbachwald beginnen wir den etwa einstündigen Aufstieg zur 1300 m hoch gelegenen Mörsbachhütte der ÖAV-Sektion Graz. Der Mörsbachkessel, von den Einheimischen kurz Mörschbach genannt, ist ein kleineres und auch ursprünglicher gebliebenes Gegenstück zum benachbarten Plannerkessel. Noch führt keine allgemein befahrbare Straße in dieses verschwiegene Wald- und Jagdgebiet mit den einsamen Gipfeln, die für die Masse der Bergsteiger wenig Anreiz bieten, weil sie dunkle, stille Tauernberge sind. Wie die Berge der Planner, ist auch die Mörsbachumrahmung im Winter und im Frühjahr mehr begangen als im Sommer: die Mörsbach ist ein Skitourengebiet allerersten Ranges, wie es kaum ein zweites, ähnliches in der Steiermark gibt, mit rassigen Gipfelüberschreitungen und weiten Schneekaren, die allerdings zuzeiten lawinengefährdet und nicht für jedermann befahrbar sind.

Als „Sommerberge“ müssen die grünen Kare und bis zum Gipfel bewachsenen Bergflanken mit ihrem rauhen, grauen Fels erst entdeckt werden. Diese Zeilen mögen dazu beitragen. Es gibt nichts, was in den Bergen mehr Ruhe ausströmen kann als ein Tauernberg — gerade weil er schlicht in den Farben, oft einförmig von Gestalt, in jedem Fall aber um und um still ist. Ein Abend oder ein Morgen auf der Mörsbachalm, mit der großen, vielfotografierten Fichte als Vordergrund und der schlanken Spitze des Schobers im Plannerkessel als Hintergrund; ein Blick auf das großzügige Kar, das über die Hintere Mörsbachalm zum Bärneck zieht und in vielen Schattierungen von Grün prangt: almwiesengrün, waldgrün, schwarzgrün vom Krummholz, goldgrün auf den Gipfelwiesen in jener Tönung, die ich das „Tauerngold" nenne — und schon fällt die Unrast des Tales von uns ab. Die „Mörsbachstimmung", wie man sie bezeichnen könnte, hat von uns Besitz ergriffen auf ihre leise Art, die einen nicht mehr losläßt.

Almrosen und Arnika, Glockenblume und Knabenkraut auf den Sumpfwiesen, Wollgras und Habichtskraut, zottelige Brändeln mit ihrem grellen Orangerot gehören zur „rauhen" Tauernflora dieses Berglandes. Und fast noch mehr erfreut uns im Bereich des Donnersbachgrabens und der Mörsbach das Gestein. Von Donnersbachwald hinauf bis in die Kare des Mörsbachkessels sind die Wege übersät mit Granatsteinen. Auch der Donnersbach ist bekannt als granatführend. Sie sind nicht so groß wie anderswo in den Tauern, dafür aber reiner und schön in der Kristallform, und sie stecken in einem besonders hellen, seidengrauen Schiefergestein wie die Rosinen im Kuchen. Dieser Steine wegen sollte man auf die Mörsbach mit Kindern gehen — und um des angenehmen Weges willen mit älteren Leuten. Es gibt kaum anderswo noch einen so bequemen, „kurzen" Hüttenzugang wie den Fahrweg von Donnersbachwald zur Unteren Mörsbachalm. Die 300 Höhenmeter von Donnersbachwald zur Mörsbachhütte schafft jeder — ich habe dort Zweieinhalbjährige an der Hand Fünfundsiebzigjähriger hinaufspazieren sehen. Die Mörsbachhütte und -alm sind deswegen auch viel besucht, tagsüber im Sommer — doch abends ist man „unter sich"; die Schutzhütte gehört nicht zu den überlaufenen Bergunterkünften und ist noch ein Bergheim im besten Sinne. Sie eignet sich auch gut für längeren Aufenthalt mit Kindern.

Der Wegverlauf

Ausgangspunkt: Donnersbachwald (979 m), das man mit Fahrzeug oder Postautobus von Stainach-Irdning erreicht. Von der Postautobushaltestelle an einem Gh. vorbei auf bezeichnetem Steig über Wiesen zu einem Fahrweg, der längs des Mörsbaches in kaum merkbarer Steigung bergan führt, meist durch Wald und über kleine Lichtungen. Nach 3/4 bis 1 St. erreicht man die geräumige, ganzjährig bewirtschaftete Mörsbachhütte der ÖAV-Sektion Graz, die mit mehreren Nebengebäuden auf einem wunderschön gelegenen, freien Almboden hoch über dem Mörsbach errichtet ist.

Eine nette Spazierwanderung führt zu den zahlreichen Hütten der Oberen Mörsbachalm (1500 m), 1 St. hin und zurück. Als kleine Bergwanderung ist eine Besteigung des Riesner Krischpen (1920 m) empfohlen, von ihm geht die schönste Skiabfahrt der Mörsbach mit einem Höhenunterschied von fast 1000 m nach Donnersbachwald. Von der Oberen Mörsbachalm auf bezeichnetem Steig durch Wald, höher oben durch freies Gelände mit schönen Wetterbäumen (Zirben) und Almrosenbeständen auf den Kamm, der vom Riesner Krischpen nach Norden zieht, und über einen unmarkierten Steig auf den kleinen Gipfel mit hübschem Tiefblick zum Finsterkarsee und auf Donnersbachwald, etwa 1 1/2 St. von der Mörsbachhütte. Die Markierung weist jenseits des Kammes hinab zu den Hütten der Riesner Alm und längs des Baches nach Donnersbachwald; Bergwanderern, die eine Rundtour machen wollen, sei dieser Abstieg ans Herz gelegt, 1 1/2 St. ab Riesner Krischpen.

Für Bergsteiger lohnend — manche Steige in der Mörsbach sind gut bezeichnet, aber schmal und nicht mehr für jedermann geeignet — wäre die Rundtour Obere Mörsbachalm — Bärneck (2055 Meter) — Kammwanderung zum Gstemmerzinken und auf den felsigen Pleßnitzenkopf (2100 m) — zurück zum Gstemmerzinken und Abstieg zur Mörsbachhütte, etwa 5 St. Auch das Lämmertörl (2000 m) ist von der Mörsbachhütte auf bezeichnetem Weg durch den zauberhaft schönen, zirbenbewachsenen Schusterboden

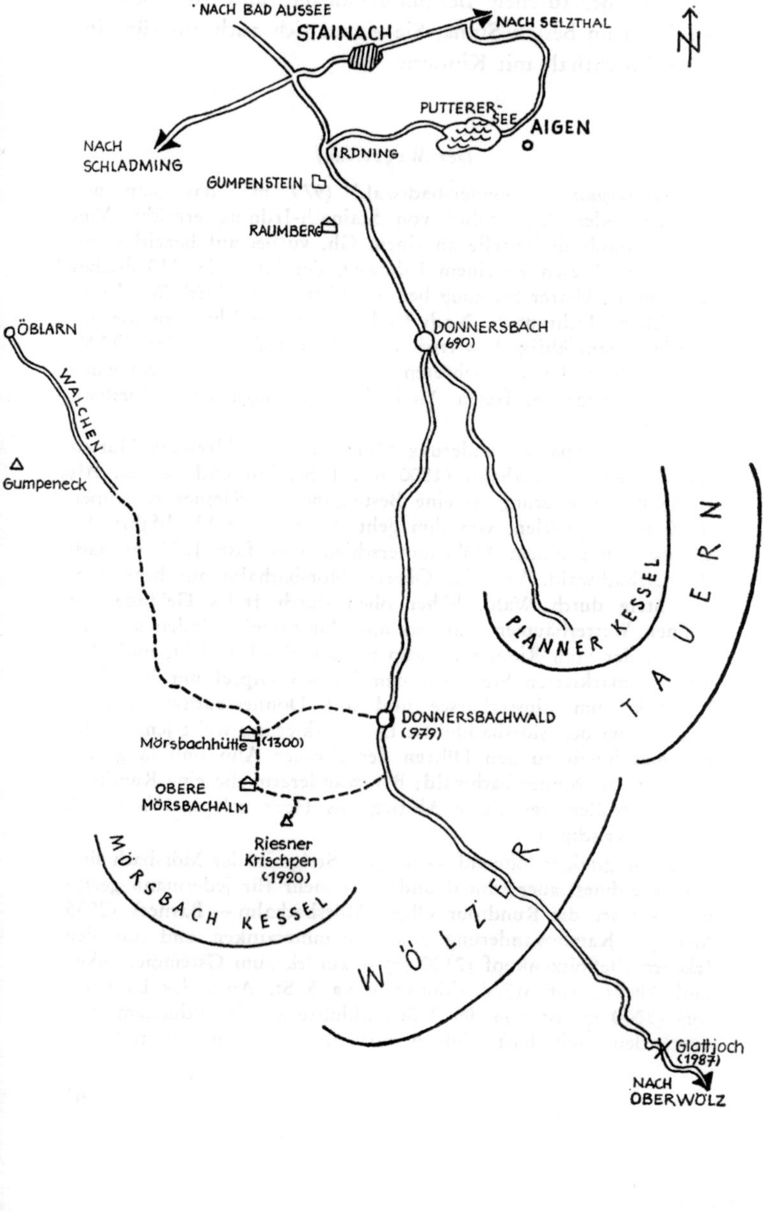
NACH BAD AUSSEE
STAINACH
NACH SELZTHAL
N
PUTTERER-SEE
AIGEN
NACH SCHLADMING
IRDNING
GUMPENSTEIN
RAUMBERG
ÖBLARN
WALCHEN
Gumpeneck
DONNERSBACH (690)
PLANNER KESSEL
TAUERN
DONNERSBACHWALD (979)
Mörsbachhütte (1300)
OBERE MÖRSBACHALM
Riesner Krischpen (1920)
MÖRSBACH KESSEL
WÖLZER
Glattjoch (1987)
NACH OBERWÖLZ

erreichbar, 3 bis 4 St. hin und zurück; die Böden und Kare sind im Mörsbachgebiet besonders zahlreich und interessant.

Für motorisierte Wanderer: Wer sich für die Glattjochstraße und das Glattjoch (1987 m) interessiert, fährt von Donnersbachwald noch etwa 10 km auf der Glattjochstraße (1970 ungefähr bis Beyreith-Hütten auf 1267 m Seehöhe gut befahrbar), parkt dort und wandert auf bezeichnetem Weg über die große, im Sommer bewirtschaftete Glattalm (1500 m), ³/₄ St., und in 1 St. auf das in herrlicher hochalpiner Umgebung zwischen den Felsgraten des Hohenwarts (2348 m) und der Hochweberspitze (2370 m) eingesenkte Glattjoch; hin und zurück etwa 3 St.

Rückkehr zum Ausgangspunkt: mit Fahrzeug oder Postautobus über Donnersbachwald und Donnersbach nach Stainach-Irdning

Höhenunterschiede: Donnersbachwald (979 m) — Mörsbachhütte (1300 m) — Obere Mörsbachalm (1500 m) — Riesner Krischpen (1920 m) — Riesner Alm (1500 m) — Donnersbachwald (979 m)

Gehzeiten: Donnersbachwald — Mörsbachhütte 1 St., Mörsbachhütte — Obere Mörsbachalm ¹/₂ St., Obere Mörsbachalm — Riesner Krischpen 1 St., Riesner Krischpen — Riesner Alm — Donnersbachwald 1¹/₂ St; zusammen 4 St.

Günstigste Zeit: Ende Mai bis November; Jagdzeiten berücksichtigen! Autobusfahrplan derzeit im Sommer ungünstig

Orientierung: nicht schwierig

Karte: Freytag-Berndt-Touristenwanderkarte 1 : 100.000, Blatt 20, Schladminger Tauern

Besonderes: Fahrstraße von Donnersbachwald zur Riesner Alm im Bau; Skilifte geplant

8

NOCH ZU ENTDECKEN

Pöllau und der Greim

Die Steiermark ist reich an versteckt liegenden Hochebenen. Davon ist die bekannteste und längst entdeckte die Ramsau am Dachstein. Von „Spezialisten" lange schon aufgespürt ist die Krakau. Doch erst in der Nachkriegszeit zaghaft ins Gespräch gekommen, mit der Erbauung der Greimstraße aber ein kräftiges Lebenszeichen gebend, hat sich die Hochebene von Pöllau am Greim den berühmten Südlandschaften der Steiermark würdig angereiht. Der Greim oder Greimberg, 2474 m hoch und noch viel höher wirkend, ist einer der wuchtigsten Berge der Niederen Tauern, bis weit hinein ins Murtal sichtbar und von überall als „großer Berg" auffallend, ähnlich dem nahen Riesenberg Preber lange Gratarme in die Täler sendend. Zwischen diesen Kämmen eingebettet, vom eigentlichen Berg durch zwei Wildbachgräben fast getrennt, liegt 300 bis 400 m höher als das Katschtal die Pöllau. Vier Zubringerstraßen aus dem Tal haben die einstmals völlig abgeschiedene Hochfläche gut erschlossen, und vor zehn Jahren baute man die Mautstraße zu den Greimwiesen bis auf eine Seehöhe von fast 1700 m. Am Endpunkt der Straße liegt ein Berggasthaus, und von dort geht man auf einem einfachen, unschwierigen Bergpfad längs der Greimrinne in gleichmäßiger Steigung auf den Gipfel. Es ist eine Tour, die jeder Bergwanderer leicht machen kann, aber beglückend gerade durch ihre Schlichtheit, durch die erreichte große Höhe und wegen der wunderbaren Rundschau vom Gipfel.

Die erwähnte Greimrinne ist Ende Mai oder oft noch spät im Juni Schauplatz eines nun schon in der Steiermark bestbekannten skisportlichen Ereignisses: dort wird alljährlich der Riesentorlauf durch die Greimrinne abgehalten, eine von Rennläufern wie von Schlachtenbummlern gleich gern besuchte Veranstaltung. Die Rinne ist zwischen Greim und Sandkogel (2221 m) eingeschnitten und hat eine ziemlich gleichmäßige Neigung. Im Volksmund heißt sie „das Woazgwah", auf Hochdeutsch etwa „Weizenwächte", weil sich der Schnee in ihr noch hält, wenn unten im Tal schon der Weizen reift. Für die Rennläufer ist eine Teilnahme am Greimlauf eine bergsportliche Leistung, denn der Start befindet sich in über 2000 m Höhe. Wenn auch die Greimstraße zur Auffahrt benützt wird, so heißt es dann doch ab den Greimwiesen die Skier selbst schultern und hinauftragen, denn noch hat kein Skilift die Greimrinne erschlossen. Auf den Greimwiesen wurde ein Schlepplift errichtet. Der Greimlauf ist ein richtiges kleines Volksfest; am Rand der Rinne und auf den Bergwiesen ringsherum sitzt das zuschauende „Volk", oft mitten im schon knospenden Almrausch, und die bunten Dirndlkleider und Kopftücher der Mädchen sehen von weitem wie große Bergblumen aus. Vor und nach dem Greimlauf wird in den zahlreichen Hütten der Greimwiesenalm auch kräftig gefeiert und getanzt.

Der Wegverlauf

Ausgangspunkt: Wollen wir den Greim erwandern, so dürfen wir uns auch einen ausgiebigen Besuch von St. Peter am Kammersberg nicht entgehen lassen — es wäre schade! Die altbekannte Sommerfrische, einst bedeutender Hofmarkt an der Salzstraße des Sölker Passes, liegt in einer volkskundlich und kunsthistorisch besonders interessanten Gegend. In St. Peter am Kammersberg haben sich die alten Bräuche, etwa im Fasching, noch fast rein erhalten und werden von Jahr zu Jahr geübt: z. B. das „Faschingrennen“ am „Damischen Montag“, das von örtlichen Vereinen veranstaltet wird. Einheimische berichten darüber: „Die Gruppen bestehen aus den ‚schönen Fasching‘ und den ‚Fetteln‘. Die ‚Schönen‘ sind 15 bis 20 ‚Schellfasching‘ mit hohen bunten Kopfbedeckungen, kurzen Ledernen, langen weißen Unterhosen und grünen Wollstutzen. Auf der Schulter tragen sie einen Kranz aus Schellen, wie sie den Pferden beim Schlittenfahren umgehängt werden. Ihnen folgen die sog. ‚Glockfasching‘, etwa fünf Mann mit umgehängten großen Kuhglocken und kleineren Mützen. Vor jedem Haus, an dem der Zug vorbeikommt, wird ein ‚Kranzl‘ getanzt. Zu den ‚Fetteln‘ gehören: ein Pferd, das von zwei Burschen möglichst naturgetreu dargestellt und jedem Bauern zum Kauf angeboten wird; ferner eine Bäuerin mit einer Puppe, die um ‚Zutzgeld‘ bettelt; dann verschiedene Figuren, wie der Doktor, der Schinder, der G'schirrkramer, der Hafertrager, der Eierfettel, der Roßknecht, der Schmied, der Fleischhauer, der ‚billige Jakob‘ usw. Den lustigen Einfällen wird dabei kein Zwang auferlegt. Wichtig ist nur, daß Geld in die gemeinsame Kasse fließt!

Dieser Brauch geht noch auf heidnische Zeit zurück: mit Schellen- und Glockenläuten sollen die Winterdämonen vertrieben werden. ‚Ausgerannt‘ wird von einem bestimmten Bauern- oder Wirtshaus schon sehr früh am Tag. Die ‚Fasching‘ und ‚Fetteln‘ sind den ganzen Tag fleißig unterwegs, von einem Dorf zum andern. Auch abgelegene Bauernhöfe werden besucht. Damit das Rennen bis in die Nacht durchgehalten werden kann, gibt es auf den einzelnen Höfen kräftige Jausen und Schnaps, aber auch Geldspenden.

Am Faschingdienstag wird dann das Geld aus der gemeinsamen Kasse vertanzt; zum Faschingtanz ist die gesamte Bevölkerung eingeladen, jeder Besucher kann kostenlos trinken, soviel er will. Um Schlag zwölf beendet ein Teilnehmer mit kräftigem Stimmaufwand (soweit er noch dazu in der Lage ist) den Fasching und es wird der ‚Kehraus‘ getanzt.“

Ähnliche Bräuche werden heute auch noch im nahen Schöder geübt. In Pöllau am Greim wird auch zeitweise noch das „Bärentreiben“ veranstaltet. Dabei wird ein Bär, von einem entsprechend maskierten Burschen gespielt, von Haus zu Haus getrieben. Zuletzt „erlegt“ ihn ein Wilddieb. Dieser wird wieder von Jägern gefangen, vor ein Gericht gestellt und verurteilt. Die Gerichtsverhandlung findet jeweils in einem anderen Dorf statt; dabei

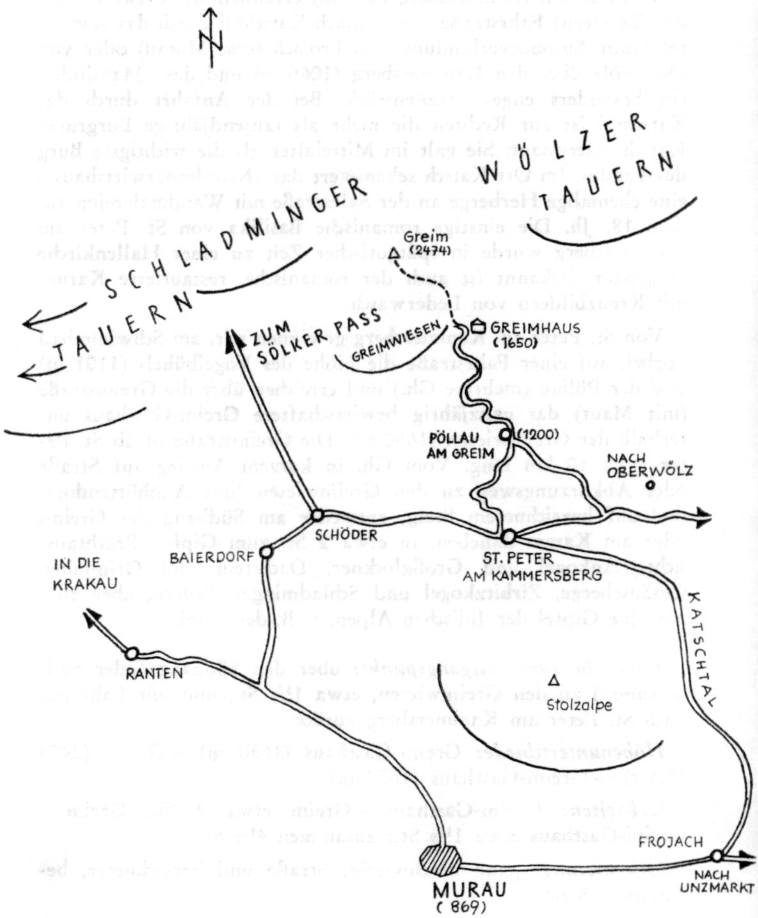
N
SCHLADMINGER TAUERN
WÖLZER TAUERN
Greim (2474)
GREIMHAUS (1650)
GREIMWIESEN
ZUM SÖLKER PASS
PÖLLAU AM GREIM
(1200)
NACH OBERWÖLZ
SCHÖDER
BAIERDORF
ST. PETER AM KAMMERSBERG
IN DIE KRAKAU
RANTEN
Stolzalpe
KATSCHTAL
FROJACH
NACH UNZMARKT
MURAU (869)

werden allerlei Missetaten der jeweiligen Dorfbewohner ans Licht gebracht.

St. Peter am Kammersberg (815 m) erreichen wir entweder auf der (besseren) Fahrstraße von Frojach-Katschtal durch das Katschtal (auch Autobusverbindung von Frojach bzw. Murau) oder von Oberwölz über den Kammersberg (1066 m) und das „Mausloch", ein besonders enges Straßenstück. Bei der Anfahrt durch das Katschtal ist zur Rechten die mehr als tausendjährige Burgruine Katsch interessant. Sie galt im Mittelalter als die wichtigste Burg des Landes. Im Ort Katsch sehenswert das „Kropfmoarwirtshaus", eine ehemalige Herberge an der Salzstraße mit Wandmalereien aus dem 18. Jh. Die einstige romanische Basilika von St. Peter am Kammersberg wurde in spätgotischer Zeit zu einer Hallenkirche umgebaut; bekannt ist auch der romanische, restaurierte Karner mit Kreuzbildern von Lederwasch.

Von St. Peter am Kammersberg gewinnen wir, am Schwimmbad vorbei, auf einer Fahrstraße die Höhe des Vogelbühels (1101 m) und der Pöllau (mehrere Gh.) und erreichen über die Greimstraße (mit Maut) das ganzjährig bewirtschaftete Greim-Gasthaus unterhalb der Greimwiesen (1650 m). Die Greimstraße ist ab St. Peter etwa 10 km lang. Vom Gh. in kurzem Anstieg auf Straße oder Abkürzungsweg zu den Greimwiesen (mit Almhüttendorf) und auf bezeichnetem Steig, entweder am Südhang des Greims oder am Kamm daneben, in etwa 2 St. zum Gipfel. Prachtaussicht: Ankogel und Großglockner, Dachstein und Grimming, Gesäuseberge, Zirbitzkogel und Schladminger Tauern, aber auch einzelne Gipfel der Julischen Alpen, z. B. der Triglav.

Rückkehr zum Ausgangspunkt: über den Südhang (oder Südostkamm) zu den Greimwiesen, etwa 1½ St., und mit Fahrzeug nach St. Peter am Kammersberg zurück

Höhenunterschiede: Greim-Gasthaus (1650 m) — Greim (2474 Meter) — Greim-Gasthaus (1650 m)

Gehzeiten: Greim-Gasthaus — Greim etwa 2 St., Greim — Greim-Gasthaus etwa 1½ St.; zusammen 4½ St.

Orientierung: ganz unschwierig, Straße und bezeichneter, begangener Steig

Günstigste Zeit: St. Peter am Kammersberg und Pöllau auch Winterfrische; die Talorte zur Faschingszeit besonders interessant. Die Tour auf den Greim ist auch mit Skiern oder Firngleitern sehr lohnend, die Straße ist zur Skisaison offengehalten (Schneeketten mitnehmen). Für Wanderer ohne Skier: ab Mitte Juni; eventuelle Firnfelder sind harmlos; bis Ende Oktober

Karte: Freytag-Berndt-Touristenwanderkarte 1 : 100.000, Blatt 20, Schladminger Tauern

Besonderes: Bergschuhe, Bergausrüstung unumgänglich! Für Kinder ab 10 Jahren geeignet

9

DER ZAUBERBERG

Von Murau auf die Stolzalpe

Im Süden der Schladminger Tauern breitet sich gegen das obere Murtal hin eine sonnengesegnete Landschaft, die man am besten den „Sonnenbalkon" der Steiermark nennen könnte: von der breiten Mauer des hohen Gebirges bis zu 2000 m überhöht, von ihr beschirmt und beschützt. Die breiten, fruchtbaren Hochebenen der Krakau und der Pöllau und die vorgelagerten Bergzüge des Gstoder und der Stolzalpe gelten als die sonnenreichsten Gegenden Österreichs, ja der ganzen Alpen. Sie sollen mehr Sonnenstunden im Jahr aufzuweisen haben als die berühmten Ostschweizer Kurorte. Diese Eigenschaft auswertend, hat das Land Steiermark nach dem ersten Weltkrieg auf der Stolzalpe in 1300 m Seehöhe eine Sonnenheilstätte errichtet, in der vor allem Knochentuberkulose geheilt wurde, aber auch alle anderen Tuberkulosefälle, ausgenommen Lungen-Tbc. Heute gilt die Anstalt als Landessonderkrankenhaus, in dem auch chirurgische Fälle behandelt werden; die Sonnenheilstätte ist angeschlossen. Für Tausende von Kranken, die auf dem sonnigen Südhang der Stolzalpe Heilung und Linderung ihrer Gebrechen und Schmerzen gefunden haben, ist der Berg mit seinen hohen Lärchenwäldern zum „Zauberberg" geworden. Daß auch die Umgebung der Stolzalpe zauberhaft schön ist, dafür bürgt die Stadt Murau an seinem Fuß, aber auch das obere Murtal mit der jungen Mur, die dort noch rasch und hellgrün dahinsprudelt und durch nichts erkennen läßt, daß aus ihr im Unterland der schmutzigste Fluß der Alpenländer wird.

Murau ist eine der schönsten Städte Österreichs; am ehesten vielleicht noch mit Steyr zu vergleichen, hat sie ihr mittelalterliches Gesicht bis auf den heutigen Tag bewahrt. Zwei alte Stadttore, das Friesacher Tor und das Salztor, stehen noch von den ursprünglich sieben Toren. Drei spätgotische und eine barocke Gebetsäule sind noch erhalten; vier Kirchen, ein Kloster, die Burgruine Grünfels, das Schloß Obermurau, das Rathaus, die aufgelassene St.-Elisabeth-Kirche und die Bürgerhäuser aus dem 14. bis 16. Jh. sind von so großer kunsthistorischer Bedeutung, daß ihre Beschreibung im Dehio-Handbuch Steiermark fünf Seiten einnimmt; davon sind fast 1$^1/_2$ Seiten der prachtvollen gotischen Stadtpfarrkirche gewidmet.

Der Wegverlauf

Ausgangspunkt: Murau (809 m), die gotische Stadt an der jungen Mur. Anfahrt aus der Steiermark von Unzmarkt mit der Schmalspurbahn Unzmarkt — Mauterndorf (ein Erlebnis für alle, die Zeit haben, geruhsam durch die Landschaft zu bummeln) oder mit Autobuskursen ab Unzmarkt. Anfahrt aus dem Salzburgischen ab Mauterndorf mit der Schmalspurbahn oder mit Autobus. Fesselnd allein schon der Anblick der Stadt vom Bahnhof, die wie in vier übereinanderliegenden Staffeln gebaut erscheint: zuerst das Flußbett der grünen Mur, die dort noch den Charakter eines Wildflusses hat und von einer steinernen Brücke zur Stadt überdacht ist; dann die lieben alten Bürgerhäuser am Fluß mit Erkern und Balkonen, im Mittelgrund die prächtige Stadtpfarrkirche und noch höher Schloß Obermurau. Zählen wir die Berge dazu, die sich waldgrün über der Stadt aufbauen, haben wir gar fünf Stufen vor uns. Für Murau, das nicht nur wegen seiner Kunstschätze, sondern auch durch sportliche Veranstaltungen bekannt ist (Austragungsort Nordischer Skimeisterschaften, Motocross-Bewerbe, Paddelsportveranstaltungen auf der Mur), müssen wir uns auf jeden Fall einen ganzen Tag Zeit nehmen. Die Begleitung des Dehio-Handbuches Steiermark ist dabei gegeben, auch der Wanderführer „Bezirk Murau“ von Karl Stöffelmayr ist ein sehr guter Behelf. Murau hat auch ein interessantes Heimatmuseum.

Der Stolzalpe, dem „Zauberberg", müssen wir auch einen Tag widmen, so daß für Murau und Stolzalpe (mit einem etwaigen Abstieg vom Berg nach St. Peter am Kammersberg oder Schöder) zwei Tourentage zu rechnen wären. Die Stolzalpe ist 1816 m hoch; der Berg endet nicht bei der Sonnenheilstätte, die auf einer Vorkuppe liegt, sondern der Gipfel ist noch um 500 m höher als das, was man für gewöhnlich unter Stolzalpe versteht. Wenn man sich rund die Hälfte des Anstiegs, zumindest den halben Höhenunterschied von Murau (der 1000 m beträgt!) ersparen will, kann man diese Strecke mit einem der fahrplanmäßigen Autobuskurse vom Bahnhof Murau oder mit eigenem Fahrzeug zurücklegen (9 km). Es ist aber schon wegen der malerischen Ausblicke lohnend, den ganzen Weg zu Fuß zu gehen.

Von der Stadt kommend, folgt man der Bundesstraße ein kleines Stück in Richtung Unzmarkt bis über die Rantenbachbrücke. Bei einer Wegtafel „Stolzalpenweg" beginnt der markierte Weg, der über Wiesen und in Hohlwegen durch schöne Waldbestände in gleichmäßiger Neigung emporzieht. Die weitgezogenen Kehren der Höhenstraße mehrmals schneidend, läßt man das Gästehaus „Rahmhube" und die Kinderheilstätte (1100 und 1200 m) rechts liegen und kommt zwischen der 1929 erbauten Kirche und dem Postamt der Gemeinde Stolzalpe auf der Straße hindurch. Nach rd. 2 St. ab Murau ist das Sonderkrankenhaus des Landes Steiermark erreicht. Dort endet die öffentliche Straße bei einem großen Parkplatz. Schon von dieser Höhe hat man eine großartige Aussicht bis zum Hafner und Ankogel.

Der Weiterweg zum Gipfel der Stolzalpe beginnt unmittelbar beim Parkplatz; nach kurzem Steilaufstieg geht es ein Stück auf der Straße zum Sendeturm, doch verläßt man sie nach etwa 1/4 St. zugunsten eines Güterweges, den man an die 50 m weit nach links bis zu einer Rechtsabzweigung verfolgt. Fortan ist die Markierung nicht mehr zu verfehlen. Zuerst in Hohlwegen, dann über Almweiden mit Almhütte (1450 m) und durch Lärchenwälder gelangen wir über einen letzten, steilen Aufschwung nach 2 1/2 St. vom Sonderkrankenhaus auf die freie Gipfelkuppe der Stolzalpe. Eine Prachtaussicht in alle Richtungen belohnt die Aufstiegsmühen. Besonders schön ist der nahe Preber, der Riesenberg im Lungau, auszumachen, bei klarer Sicht aber sieht man bis zu den Karawanken. Auf dem Bergplateau wurde 1632 eine Marienstatue (Lichtsäule) errichtet; man hat sie nach dem Ende des

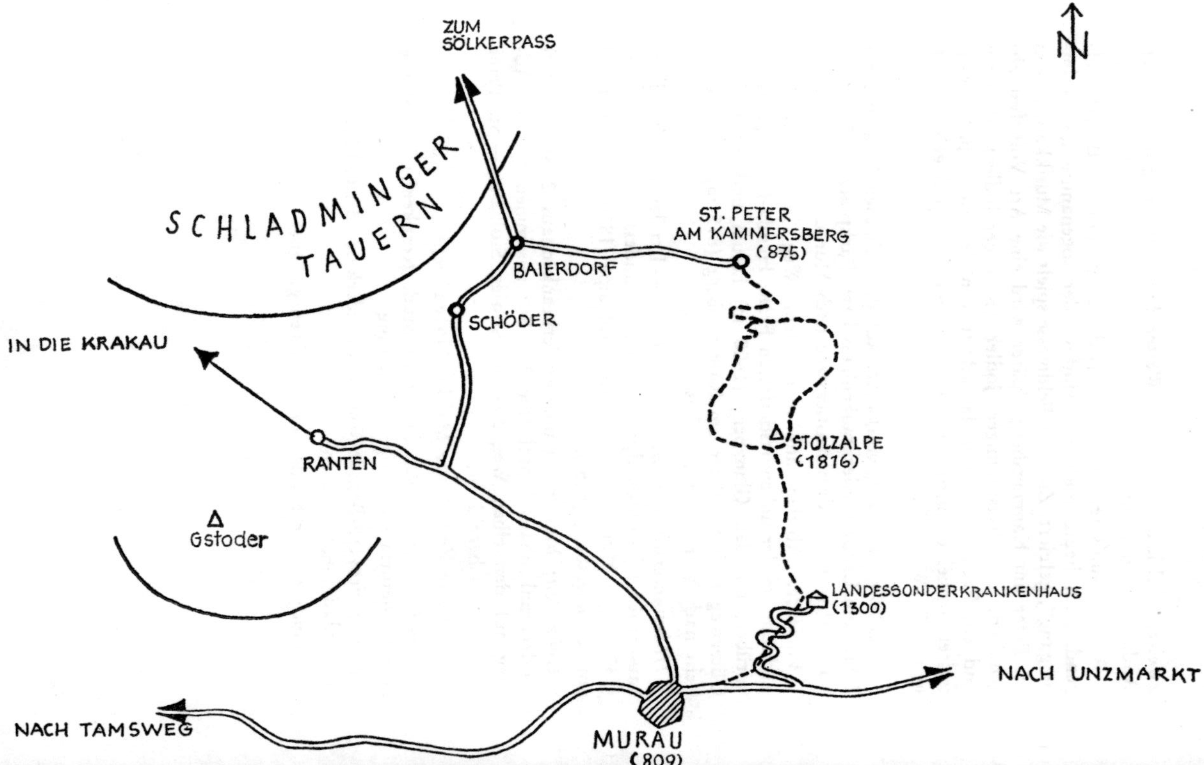
ZUM
SÖLKERPASS
SCHLADMINGER
TAUERN
ST. PETER
AM KAMMERSBERG
(875)
BAIERDORF
SCHÖDER
IN DIE KRAKAU
STOLZALPE
(1816)
RANTEN
Gstoder
LANDESSONDERKRANKENHAUS
(1300)
NACH UNZMÄRKT
NACH TAMSWEG
MURAU
(809)

zweiten Weltkriegs mit einer Wetterschutzhütte umgeben, die als Andachtsraum dient.

Am Johannistag, 24. Juni, wird, einem uralten Brauch folgend, auch heute noch ein Almfest, der sogenannte „Stolzalmumgang", gefeiert. Zu einer Feldmesse spielt die Musikkapelle von St. Peter am Kammersberg. Später wird eine Art Volksfest abgehalten, ein dreistimmiger Jodler (Rinegger-Jodler) gesungen und ein Preisrangeln um das „Brett von der Stolzalpe" veranstaltet, wobei es mehr um die Ehre und den Spaß geht als um materielle Werte.

Rückkehr zum Ausgangspunkt: auf dem gleichen Weg in etwa 2 St. zum Landessonderkrankenhaus bzw. Parkplatz zurück; weiter in $1^1/_2$ St. auf dem Anstiegsweg nach Murau

Variante: Abstieg auf markiertem Weg in nordwestlicher Richtung an der unbewirtschafteten Franz-Henda-Hütte (1750 m) vorüber, um den Glanzberg (1600 m) herum und zuletzt auf Güterweg nach St. Peter am Kammersberg (815 m), 2 St. Rückkehr nach Murau mit Autobus

Höhenunterschiede: Murau (809 m) — Landessonderkrankenhaus (1305 m) — Stolzalpe (1816 m) — Landessonderkrankenhaus (1305 m) — Murau (809 m); oder Stolzalpe (1816 m) — St. Peter am Kammersberg (815 m)

Gehzeiten: Murau — Landessonderkrankenhaus 2 St., Landessonderkrankenhaus — Stolzalpe $2^1/_2$ St.; zusammen $4^1/_2$ St. Abstieg auf demselben Weg $3^1/_2$ St. Abstieg Stolzalpe — St. Peter am Kammersberg 2 St.

Günstigste Zeit: Mitte Mai bis November

Orientierung: bis auf das kurze Stück Krankenhaus — Straße zum Sendeturm eindeutige Markierung

Karte: Freytag-Berndt-Touristenwanderkarte 1 : 100.000, Blatt 20, Schladminger Tauern

Besonderes: für Kinder ab 10 Jahren geeignet

10

NOCH EIN SONNENLAND — DIE ROSATIN

Turrach — Rosatinalpe — Geiger — Kilnprein

Wenden wir uns von Murau, dem gotischen Städtchen der Steiermark, westwärts und südwärts in die äußersten Winkel des Landes, so fühlen wir uns zuerst vielleicht durch den Anblick der Berge in Hochstimmung versetzt. Wohl sind manche Täler noch schluchtartig, die Gräben tief eingeschnitten mit dichtem Waldpelz darüber, doch hat jeder Berg und Gebirgsteil, jeder Ort seine breit hingelagerte Sonnseite, wo die Almmatten bis in den Talboden hinabgreifen. Verstärkt wird dieser almenartige Landschaftsausdruck noch durch die hohen Lärchen, die wie hingestreut an den sanft abfallenden Hängen gruppiert sind. Diese Berge, fast bis 2500 m ansteigend oder zumindest 2000 m erreichend oder übersteigend, gehören dem Aussehen nach schon der großen Gruppe der Nockberge an, ob sie nun Murauer Berge, Stangalpen- oder Gstoderzug heißen. Der Nockcharakter prägt sich noch weit entfernt von dem Gebirge aus, das man allgemein als Nockgebiet bezeichnet. Da steht in den Murauer Bergen inmitten all der Mugel, die auf -berg, -bühel, -stein, -eck, -kogel oder am meisten auf -höhe enden, plötzlich ein „versprengter" Nock vor uns: der Goldachnock zwischen Prankerhöhe und Kreischberg. Schon im nächsten Kamm haben wir im Tschaudy-Nock und im Wintertaler Nock zwei „echte" Nockberge vor uns; die folgenden Bergzüge gehören schon den Ländern Salzburg und Kärnten an oder sind Grenzberge zur Steiermark.

Doch mögen sie genannt sein, wie sie wollen, die steirischen Berge südlich der oberen Mur — es sind „Nockerln".

Schon ihr Name erweckt angenehme Vorstellungen von jener rundlich geformten Mehlspeise, die in feiner Form zum Ruhm Salzburgs beigetragen hat, in derberer Art und oft mit schwarzem Mehl aber zur Alltagskost der Steirer gehört. So weich, almig, mugelig geformt sind diese Berge, daß man — sieht man sie etwa von den viel schärferen Gipfeln der Schladminger Tauern oder von den ebenso nahen, höheren Bergen der Hohen Tauern — unwillkürlich an eine dichtgedrängte Herde kleinerer und größerer Schafe und Schäfchen erinnert wird. Wobei zwischendurch, wie es bei Schafen eben so ist, ein fester Widder aufbockt, was auf die Gipfel übertragen bedeutet, daß sich dazwischen an manchen Stellen eine ausgeprägte, eigenwillige Bergform zeigt.

Nun soll der Vergleich mit der Schafherde beileibe nicht abwertend gemeint sein: die Nockberge sind durchaus ernst zu nehmen, teilweise, wie schon geschrieben, von beachtlicher Höhe und haben auch Charakter. Das weiß jeder, der eine Landkarte aufmerksam lesen kann oder einen der Nockberge schon bestiegen hat. Da gibt es scharfgeschnittene Kämme, ja sogar Grate, kleine und größere Abstürze und Wände und Wandeln, und auf den breiten Gipfelflächen erheben sich große Blockgruppen, im Volksmund „Öfen" genannt, weil sie wirklich so aussehen wie steinerne Herde. Doch ist in den Nocken keine Felsbildung so ernst wie etwa in den Tauern, alles wirkt irgendwie spielerisch; sind die Tauern die Riesen, so ist das Nockreich ihr Riesenspielzeug.

Nein, der Vergleich mit einer Schafherde ist sogar als eine Aufwertung gedacht: die Nocke sind etwas sehr Liebes. Berge, die einen nicht bedrängen oder einengen mit finsterer Wand und steilem Grat, sondern einem ein weites Land öffnen, das dem Himmel näher ist als dem Tal. Von diesem Bergwanderland, dessen unvergleichliche Eigenschaften sich schon auf der Landkarte in den breiten Abständen der

Schichtenlinien ahnen lassen, sehen wir auch schon einiges auf der Anfahrt von Murau. Es ist, als sei dort oben ewiger Sonnenschein, sogar bei trübem Wetter, und besonders der Herbst bringt mit dem Gold der Lärchennadeln und dem etwas dunkleren Braungold der verfärbten Wiesen nochmals Sonnenstimmung über das Land, bevor der Winter einzieht, der dort oben von den weiten Bergen auch viel freundlicher niederblickt als anderswo.

Zu diesen hochgestimmten Reise-, Fahrt- und Wandergefühlen, in die uns die Nockberge versetzen können, kommt noch das Erlebnis der mit Kunstschätzen reichbedachten Bergdörfer. Da ist St. Georgen mit spätgotischer Hallenkirche, mehreren Flügelaltären und einem Rundkarner; da ist die Kirche von St. Lorenzen mit romanischen Details; da ist Bodendorf mit dem berühmten Einschichtkirchlein Sankt Cäcilia mit gotischen Fresken; da ist St. Ruprecht mit Glasgemälden und Bildern von Lederwasch und aus der Judenburger Werkstatt; da ist Stadl an der Mur mit spätgotischer Kirche und dem Renaissancebau von Schloß Goppelsbach; und im ehemaligen Rauchstubengebiet von Predlitz an der Salzburger Grenze, wo wir in den Graben der Turrach einbiegen, ist die Kirche St. Primus und Felizian mit ihrer gotischen Kassettendecke, die in 234 Felder eingeteilt ist, ein besonderes Kleinod.

Der romantische Turrachgraben, mit wilder Klamm und lautem Bergwasser, ist in anderer Hinsicht interessant: die Gegend ist schon von Predlitz her altes Bergbaugebiet auf Eisen und Kupfer, die Eisengruben von Turrach waren einst ergiebig. Im weltabgeschiedenen Turrach stand die erste Bessemerwerksanlage des europäischen Festlandes, 1763 vom bekannten Fachmann der steirischen Eisenindustrie, Peter Tunner, erstellt.

Auch aus der Sicht des Historikers und Prähistorikers ist das Land um Predlitz und Turrach ergiebig: Predlitz läßt durch die Kirche der Heiligen Primus und Felizian auf vorrömische Besiedlung schließen, und in Turrach hat man den berühmten Steinpflug, einen Serpentinkeil aus der Jungsteinzeit, gefunden. Heute ist Turrach mit seiner altbekannten Urlaubslandschaft, der Turracher Höhe an der Kärntner Grenze, für den Fremdenverkehr bedeutend. Skilifte und ein Bergsee mit den winterlichen Eiskursen für Kraftfahrer sowie ein Hallenbad beim Jägerwirt sind Anziehungspunkte in der Wintersaison; im Sommer ist es das wunderbar schöne Wandergebiet der Nocke mit reichhaltiger und seltener Flora, besonders vielen Zirben. Westlich des Ortes Turrach erstreckt sich ein schön gelegenes Sonnenland: die seit den Anfängen der Touristik und der Sonnensuche bekannte Rosatinalpe. Auf ihre freien Höhen im äußersten Zipfel der Steiermark soll uns eine Fahrt und Wanderung in die Sonne führen.

Der Wegverlauf

Ausgangspunkt: Turrach (1269 m) an der Paßstraße über die Turracher Höhe nach Kärnten (Feldkirchen) gelegen. Hübsche Barockkirche, 1726 für die Eisenwerksarbeiter erbaut; auch Pfarrhof und Czerny-Kapelle aus dem gleichen Jh. Zur Rosatinalpe (1750 m) mit dem Caritasheim der Diözese Seckau führt ein öffentlich befahrbarer Güterweg, der wenige Ausweichstellen hat. Er zweigt bei der Tankstelle im Ort Turrach ab, wo man sich auch im Winter und Frühjahr zweckmäßigerweise nach dem Zustand der Straße erkundigen soll. Der Güterweg ist etwa 4 km lang und überwindet fast 500 m Höhenunterschied. Zu Fuß an die 1½ St., vorbei am alten „Berghaus“, zuerst im Steinbachgraben, dann durch Wald. Das Caritasheim liegt auf einem Sonnenplätzchen über dem Waldrand; es ist kein öffentliches Gh., sondern nimmt nur Familien, Gruppen und Kurse in Pension und ist bekannt als Stätte des Gesprächs (ähnlich wie Retzhof oder Seggauberg bei Leibnitz), doch in mehr familiärer Urlaubsform. Zum Urlaub lädt schon die herrliche Umgebung ein; in etwa ¾ St. ist der Gipfel des 2019 m hohen Geigers erstiegen, in weiteren 1¼ St.

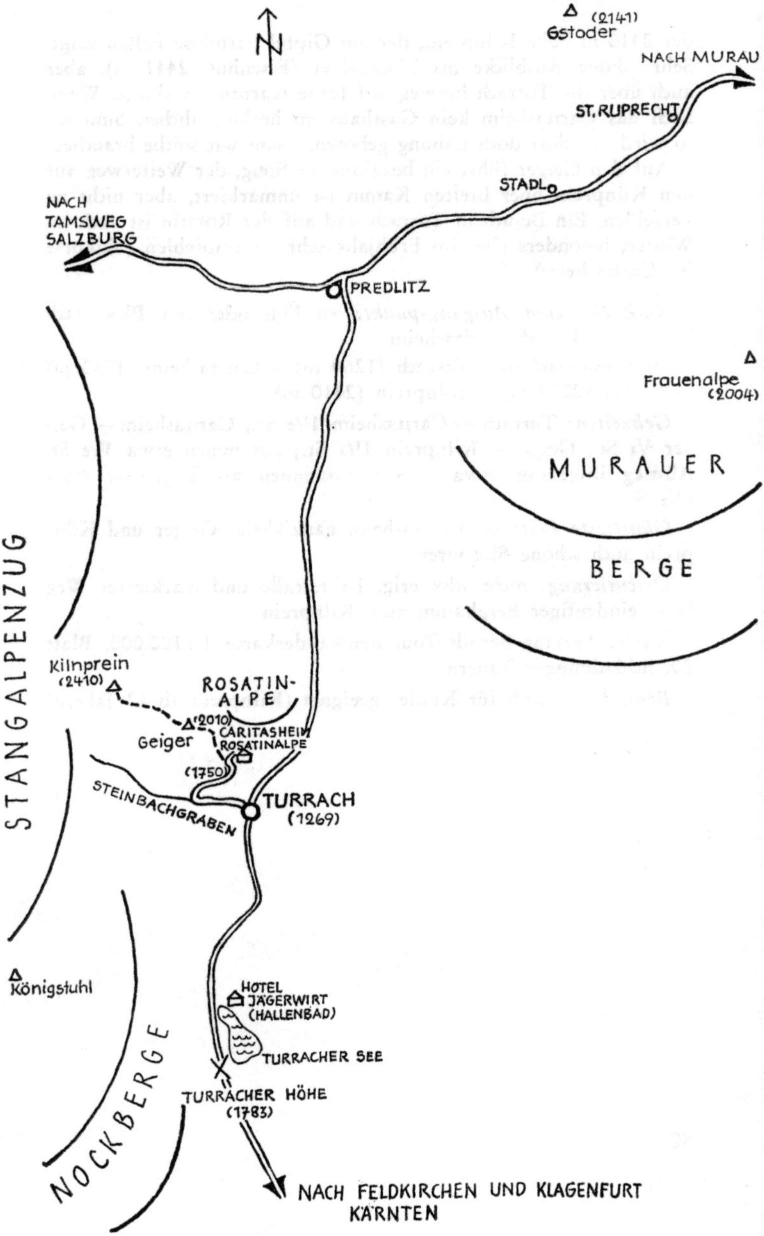
N
(2141)
Gstoder
NACH MURAU
ST. RUPRECHT
STADL
NACH
TAMSWEG
SALZBURG
PREDLITZ
Frauenalpe
(2004)
MURAUER
BERGE
STANGALPENZUG
Kilnprein
(2410)
ROSATIN-
ALPE
(2010)
Geiger
CARITASHEIM
ROSATINALPE
(1750)
STEINBACHGRABEN
TURRACH
(1269)
Königstuhl
HOTEL
JÄGERWIRT
(HALLENBAD)
TURRACHER SEE
TURRACHER HÖHE
(1783)
NOCKBERGE
NACH FELDKIRCHEN UND KLAGENFURT
KÄRNTEN

der 2410 m hohe Kilnprein, der am Gipfel harmlose Felsen zeigt. Sehr schöne Ausblicke ins Nockgebiet (Eisenhut, 2441 m), aber auch über die Turrach hinweg auf ferne Kärntner Gebirge. Wenn auch das Caritasheim kein Gasthaus im herkömmlichen Sinn ist, so wird uns dort doch Labung geboten, wenn wir solche brauchen.

Auf den Geiger führt ein bezeichneter Steig, der Weiterweg auf den Kilnprein über breiten Kamm ist unmarkiert, aber nicht zu verfehlen. Ein Besuch in Turrach und auf der Rosatin ist auch im Winter, besonders aber im Frühjahr sehr zu empfehlen (Skikurse im Caritasheim).

Rückkehr zum Ausgangspunkt: zu Fuß oder mit Pkw nach Turrach, 4 km ab Caritasheim

Höhenunterschiede: Turrach (1269 m) — Caritasheim (1750 m) — Geiger (2019 m) — Kilnprein (2410 m)

Gehzeiten: Turrach — Caritasheim 1½ St., Caritasheim — Geiger ¾ St., Geiger — Kilnprein 1¼ St.; zusammen etwa 3½ St. Abstieg insgesamt etwa 3 St.; zusammen als Tagestour etwa 6½ St.

Günstigste Zeit: bis Caritasheim ganzjährig, Geiger und Kilnprein auch schöne Skitouren

Orientierung: nicht schwierig, Fahrstraße und markierter Weg bzw. eindeutiger Bergkamm zum Kilnprein

Karte: Freytag-Berndt-Touristenwanderkarte 1 : 100.000, Blatt 20, Schladminger Tauern

Besonderes: auch für Kinder geeignet (Kilnprein ab 12 Jahren)

11

ZUR KLEINSTEN STADT DER STEIERMARK

Oberwölz — Hochegg — Frauenburg — Unzmarkt

Man hat Oberwölz einmal „das kleinste Städtlein der Republik“ genannt; dieser Rang wird ihm von anderen Kleinstädten streitig gemacht. Ohne Zweifel aber ist das Städtchen am alten Saumpfad über das Glattjoch, der jetzt zur Paßstraße ausgebaut werden soll, die kleinste Stadt der Steiermark. Winzig klein ist es, aber keineswegs bedeutungslos; wehrhaft, aber auch wohlhabend durch den wichtigen Handelsweg und den Silberbergbau im Schöttlgraben. Es ist durch Funde aus der Hallstattzeit bekannt geworden und als Stadt seit 1300 genannt. Selten wird man anderswo auf so kleinem Raum eine solche Fülle großartiger Bauwerke aus gotischer Zeit und andere Kunstschätze finden. Teile der Stadtmauern und drei Stadttore sind noch gut erhalten; die Stadtpfarrkirche mit spätgotischem Chor, Außenfresken und anderen interessanten Einzelheiten ist allein schon sehenswert, noch viel bedeutender aber ist die Spitalskirche, eine dreischiffige Hallenkirche, die eine der schönsten des Landes genannt wird. Ihr Vollender, Baumeister Hans Jersleben, hat um das Jahr 1430 die Kirche durch eine hervorragende, vielbewunderte bauliche und künstlerische Gestaltung an das Hinteregger Tor angepaßt. Auch einige alte Profanbauten dürfen wir in Oberwölz nicht übersehen, so die Häuser Oberwölz Nr. 1 und 4, den Gh. Graggober u. a. m. Am Marktplatz steht eine Mariensäule. Auf unserer Wanderung, die uns von der kleinsten Stadt der Steiermark über die Berge zur Frauenburg und nach Unzmarkt führen wird, kommen wir außerdem an

Schloß Rothenfels vorbei, auf steilem Fels mit rötlichem Gestein gelegen. Es beherrschte und beschützte die Stadt, die unter anderem Ungarn-, Türken- und Franzoseneinfälle zu bestehen hatte.

Zur eingehenden Würdigung von Oberwölz und Umgebung müssen wir mindestens einen Tag verwenden, für die Bergwanderung brauchen wir ebensoviel, so daß wir zwei Tage einplanen sollten.

Der Wegverlauf

Ausgangspunkt: Oberwölz (812 m) erreicht man auf einer Fahrstraße von Niederwölz über Scheifling oder Teufenbach; Autobusverbindung ab Scheifling. Die Pfarrkirche von Teufenbach zeigt romanische, gotische und spätgotische Details; dem Ort gegenüber liegt an einer steilen Felswand des Pleschaitz das Puxer Loch (Höhle) mit den Resten der Höhlenburg Schallaun. Im Puxer Loch, wie überhaupt am Pleschaitz (1797 m), einem hervorragenden Aussichtsberg, interessante Flora, u. a. Wolliger Schneeball, Federngras, Zaunlilie, Kugelblume, Zwergbuchsbaum, aber auch Fauna: Felsenschwalbe, Mauerläufer und Wanderfalke. Der Markt Niederwölz (749 m) mit hübscher Maximilianskirche (Fresken von Ritter v. Mölk, gotischer Maximiliansstatue und Statuen der sog. Judenburger Werkstätte wie in der Teufenbacher Kirche) ist bedeutend durch seine dreitägige „Obermurtaler Messe", die alljährlich um den Maximilianstag im Oktober veranstaltet wird. Dieser „Maxlaunmarkt" wird von Kauf- und Schaulustigen von weither besucht. Höhepunkt ist alljährlich die Austragung der „Marktfreyung", die u. a. durch die Verlesung der von Kaiser Friedrich III. unterzeichneten Markturkunde vom 10. Oktober 1536 gefeiert wird.

Von Oberwölz wandern wir möglichst früh am Tag auf einem Güterweg zum Schloß Rothenfels und am Westhang des Dürnberges (1544 m) über den sog. Kirchberg in den Salchaugraben. Am Dürnberg ist der Föhrenwald auffallend, sehr trockener Boden. Nach den letzten Bauernhöfen am Kirchberg Straßenschranken. Durchwegs auf der Forststraße wandernd, gelangen wir in 2½ St. ab Oberwölz zum Hochegger-Wirtshaus (1299 m) auf einem breiten Sattel zwischen der kahlen Roßalpe (1894 m) und dem bewaldeten Bocksruck (1763 m). Über dieses Hochegg, das

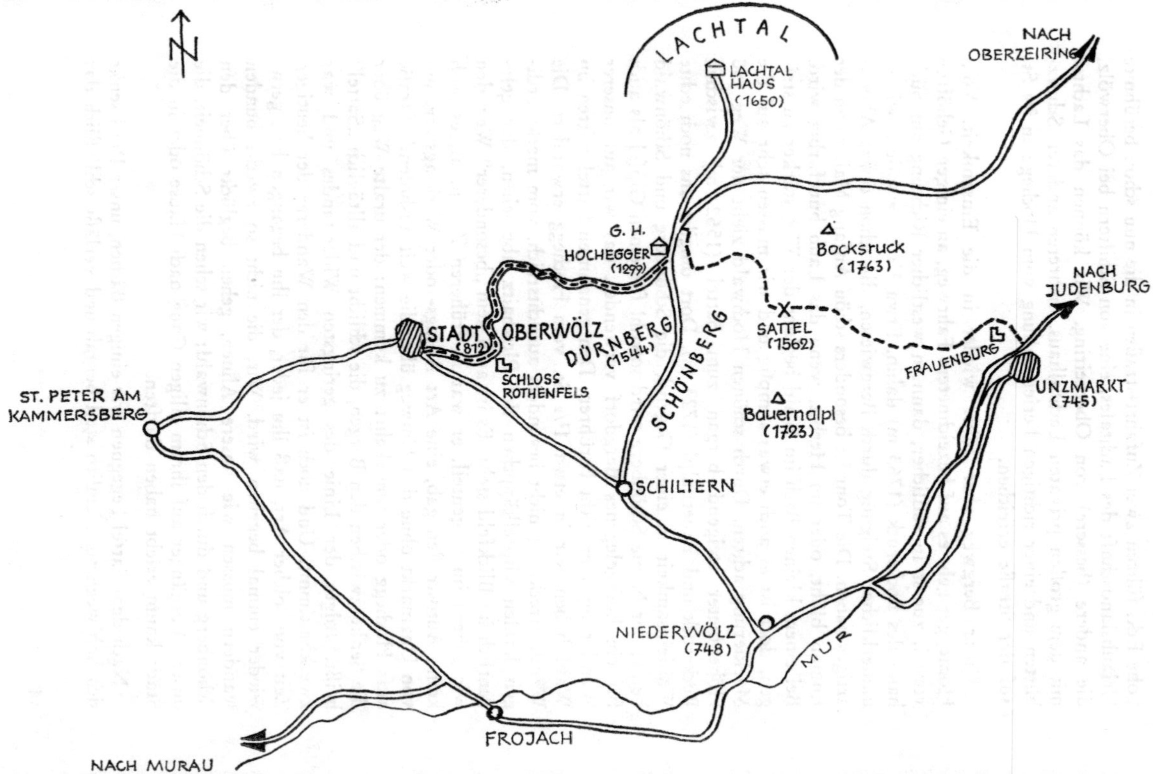
N
LACHTAL
LACHTAL HAUS (1650)
NACH OBERZEIRING
G. H.
HOCHEGGER (1299)
Bocksruck (1763)
NACH JUDENBURG
STADT OBERWÖLZ (812)
DÜRNBERG (1544)
SCHÖNBERG
SATTEL (1562)
FRAUENBURG
UNZMARKT (745)
SCHLOSS ROTHENFELS
Bauernalpl (1723)
ST. PETER AM KAMMERSBERG
SCHILTERN
NIEDERWÖLZ (748)
MUR
FROJACH
NACH MURAU

hohe Eck, führen zwei Zufahrtsstraßen in die nun schon berühmte Urlaubslandschaft des Lachtales, eine von Schiltern bei Oberwölz, die andere (bessere) von Oberzeiring. Wir können das Lachtal mit dem großen privaten Lachtalhaus, mehreren anderen Schutzhütten und einer richtigen Feriensiedlung vom Hochegg in 3/4 St. auf der Straße erreichen.

Unser Bergweg aber führt wieder in die Einsamkeit. Vom Hochegger geht es auf bezeichnetem Fahrweg, an einigen Gehöften vorbei, zuerst in südlicher, dann in westlicher Richtung am Südhang des Bocksruck (1763 m) dahin. Etwa 3/4 St. wandern wir in unmerklicher Steigung durch Bergwiesen, die schon etwas Almenartiges haben. Die Tour ist besonders schön Anfang Mai, wenn der Enzian blüht, oder im Herbst, wenn das Laub buntfarbig wird. Bei einem kleinen Bach im Wald beginnt der Weg stärker zu steigen, dort ist es auch etwas sumpfig und wir müssen sehr auf die Markierung achten. Durch schönen Hochwald zieht der Weg 150 Höhenmeter steigend bergan zum Sattel (1562 m) zwischen Bocksruck und Bauernalpl (1723 m). Dort umgibt uns noch echte Waldeinsamkeit in einer Gegend, die Schönberg und Schönwald heißt; der Name Schönberg wird sowohl für einen Gipfel als auch für ein hochgelegenes Bergdorf verwendet, das wir auf unserer Wanderung aber nicht berühren. Den genannten Sattel mitten im Wald haben wir in etwa 1 1/2 St. vom Hochegg erwandert. Die Wanderstrecke ist nicht besonders aussichtsreich, vom merkwürdigen kahlen Gipfelkäppchen des Pleschaitz abgesehen, der gelegentlich im Blickfeld steht. Es ist auch kein „besonderer“ Weg, den wir gehen; im Gegenteil, er war in früheren Zeiten, als es noch keine Autostraßen gab, eine Art Alltags- oder Werktagsweg, um von Unzmarkt ohne den Umweg über die weit ausholende Straße aufs Hochegg oder umgekehrt zu kommen: der uralte Weg über die Senke zwischen den Bergen, die schlicht und alltäglich „Sattel“ heißt, folgte der Linie des geringsten Widerstandes und war zweckbestimmt. Und doch ist er für den Wanderer der heutigen Zeit von solcher Art, daß ihn jeder, der ihn begangen hat, gerne wieder einmal begehen wird. Wir, die nicht so zweckgebunden wandern müssen wie unsere Ahnen, gehen beglückt über den Schönberg und durch den Schönwald; wir sehen die Schönheit, die unsere Vorgänger auf ihrem eiligen Gang nach Hause oder in die Stadt kaum erlebt haben dürften.

Nach dem Sattel begegnen wir einigen Bächen, unser Pfad senkt sich hohlwegartig ziemlich steil bergab und verläßt schließlich das

Erlendickicht gegen die freien Lehnen des Thomasberges. Auf rd. 1200 m Höhe („Winkler“ auf der Landkarte) mündet der bezeichnete Weg in einen Güterweg, auf dem wir beschaulich bis zur Frauenburg bei Unzmarkt hinabbummeln, von staunenden Bergbauernkindern betrachtet oder von eifrigen Hofhunden verbellt, denen der Anblick Fremder noch nicht geläufig ist. Unsere schlichte Wanderung, die vom Hochegg aus rd. $3^1/_2$ St. in Anspruch nimmt, endet bei der Frauenburg mit einem Höhepunkt. Wir erreichen dort eine Burgsiedlung mit der Burgruine, der St.-Jakobs-Kirche und der aus wenigen Häusern bestehenden Ortschaft Frauendorf (Oberdorf). Im Dehio-Handbuch Steiermark wird diese Siedlung beschrieben: „Ein sprechendes Bild, wie sich die Bauentwicklung von der höchsten Stelle hinab ins Tal vollzogen hat. Unterhalb der ältesten Veste neuere Burgteile, in ihrem Schutz auf einer noch tieferen, künstlich verbreiterten Terrasse die Kirche und schließlich auf einem Schuttkegel des Grabens die bäuerliche Siedlung in Haufenhöfen.“ Die Pfarrkirche weist noch kenntliche romanische Elemente auf. Dort befindet sich an der Chorwand auch der älteste Grabstein der Steiermark in deutscher Sprache. Er wird dem berühmten Minnesänger Ulrich von Lichtenstein zugeschrieben, der dort 1275 starb: „hie leit Ulric dises houses rehter Erbe“. Der Lichtensteiner liebte die Frauenburg sehr, nahm dort oftmals Aufenthalt und wählte sie schließlich zu seinem Ruhesitz. Die Frauenburg war seit 1800 dem Verfall preisgegeben; seit zwei Jahrzehnten werden Sicherungsarbeiten durchgeführt, um wenigstens die noch bestehenden Teile, die von gewaltig großen Ausmaßen sind, vor dem gänzlichen Einsturz zu bewahren. Bemerkenswert der riesige quadratische Turm, das alte Wohnhaus, an dem noch zwei romanische Doppelfenster erhalten sind.

Wenn wir noch etwas Zeit erübrigen, so wandern wir in 1 St. hinüber zum kleinen Bergdorf St. Johann in der Scheiben (777 m) mit kleiner spätgotischer Kirche (geschnitzter Flügelaltar). Auf dem breiten, sonnseitigen Haberingberg mit altem Übergang nach Oberzeiring finden wir auch noch manch sehenswerten Bauernhof: z. B. den Peinsith in Rittersberg bei Frauendorf oder den Windgruber mit Hauskapelle.

Endpunkt unserer Wanderung ist Unzmarkt, als Hunczmarkt schon vor fast 700 Jahren erwähnt; bekannt als Hauptbahnhof der Murtalbahn. Die Pfarrkirche weist hübsche Arbeiten aus der in den letzten Jahren durch neue kunstgeschichtliche Forschungen in der Steiermark stark in Erscheinung getretenen „Judenburger Werkstatt“ auf (um 1740 entstanden). Die Kirche bestand schon im 14. Jh. als „Sanct Marein Magdalen ze Huntsperch“. Aus alter Zeit ist neben stattlichen Gebäuden noch ein Torturm erhalten.

Rückkehr zum Ausgangspunkt: mit Bahn oder Autobus nach Niederwölz, von dort Autobusanschluß nach Oberwölz

Höhenunterschiede: Oberwölz (812 m) — Hochegg (1299 m) — Sattel (1562 m) — Unzmarkt (745 m)

Gehzeiten: Oberwölz — Hochegg 2½ St., Hochegg — Unzmarkt 3½ St.; zusammen 6 St.

Orientierung: von Oberwölz bis Hochegg Forststraße; ab Hochegg bis Sattel ist auf die Markierungszeichen zu achten (die beim Bach steil aufwärts abbiegen); ab Sattel eindeutig, zuerst stark abwärts, dann Güterweg

Günstigste Zeit: Frühjahr ab Mai und Herbst, bis November

Karte: Freytag-Berndt-Touristenwanderkarte 1 : 100.000, Blatt 21, Seetaler Alpen, Murtal

Besonderes: für Kinder ab 10 Jahren geeignet

12

EIN WINTERLAND FÜR DEN SOMMER ENTDECKT

Gemütliche Autotour in den Plannerkessel

Der Plannerkessel ist seit den Zeiten der Skipioniere ein Dorado der Skifahrer gewesen. Zuerst waren es jahrzehntelang Tourenläufer, die den gut vierstündigen Aufstieg von Donnersbach zur Planneralm nicht scheuten und dann während des Skiurlaubs noch beglückt einen nach dem andern der 15 Skigipfel im wahrsten Sinne des Wortes abklapperten. „Die Planner" war aber noch im Zeitalter der Skilifte ein altes Skigebiet im besten Sinne — ohne mechanische Aufstiegshilfen und ohne Zufahrt. Erst in den sechziger Jahren begann sich dieser Zustand zu ändern. Zaghaft, möchte man fast sagen, wuchsen Skischlepplifte aus dem Boden, und die Bergstraße in den Plannerkessel wurde gebaut, ausgebaut und verbessert. Nun begannen auch die „Pistentiger" die Vorzüge der nordseitigen Abfahrten im Plannerkessel und seine Schneesicherheit bis ins Frühjahr hinein zu schätzen. Die Straße war und ist stets vom Schnee geräumt und eine Menge von Unterkünften — Großgasthöfe, private Schutzhütten und eine Alpenvereinshütte, die gemütliche Alte Plannerhütte — sorgen für angenehmen Aufenthalt. Ein Bundessportheim wurde errichtet, und in dem kleinen Hüttendorf, das in Winternächten hell beleuchtet ist und einen märchenhaften Anblick bietet, fehlen auch Kaufladen und Tennisplatz nicht.

Wie schon zu Pionierzeiten, ist der Plannerkessel zur Wintersaison stets ausverkauft. Anders aber ist es im Sommer! Wie in fast allen großen Wintersportgebieten fehlt eine Sommersaison. Sie fehlt nicht nur den Wirtsleuten und

Hüttenpächtern — es ist auch schade um das auch im Sommer leicht erreichbare, ergiebige Wander- und Tourengebiet. Der Plannerkessel mit seinen kinderleicht ersteigbaren Bergen ist geradezu ein Musterbeispiel dafür. Natürlich ist die Plannerstraße auch im Sommer befahren, besonders an Wochenenden, natürlich beginnt sich zaghaft eine Saison oder ein Saisönchen abzuzeichnen, doch viel zuwenig, viel zu langsam! Hier, im Plannerkessel mit seinem Bergkranz von zehn Zweitausendern und manch niedrigerem, aber nicht minder lohnendem Gipfel, mit seinen Bergseen, seinen quellfrischen Bergbächen, mit seinem rauhen Tauern-Charme wäre ein im wahrsten Sinne des Wortes neues Land für den Wanderer! Es verlangt nur ein wenig Umstellung, ein bißchen Umdenken: im Plannerkessel wäre auch ein Entlastungsgebiet für manches überlaufene, man könnte schon fast sagen „überfahrene" Bergland gegeben! Dem Plannerkessel fehlt nichts zum Sommerwandergebiet — sogar die nordseitige Lage ist kein Nachteil. Sie hindert die Bergblumen nicht, sich mit besonderer Leuchtkraft zu entfalten; ja an manchen Hängen des Plannerkessels gedeihen die Almwiesen, die Alpenblumen besonders üppig, und im kniehohen Berggras, das hoch bis in die Flanken der Felsgrate hinaufsteigt, findet sich manch seltene, streng geschützte Alpenpflanze.

Der Wegverlauf

Ausgangspunkt: Donnersbach (690 m), von Stainach-Irdning (Schnellzugsstation der Linie Selzthal — Bischofshofen) auf Fahrstraße über Irdning erreichbar. Irdning ist eine uralte Ansiedlung, an einem einträglichen Handelsweg gelegen, dem Saumpfad von Oberwölz über das 2000 m hohe Glattjoch; er war bis ins 18. Jh. eine der wichtigsten Verbindungen über das Gebirge und machte Irdning wohlhabend; die Pfründe dort waren sehr begehrt, eine Zeitlang hatte sie sogar Äneas Silvius Piccolomini inne, der spätere Papst Pius II.

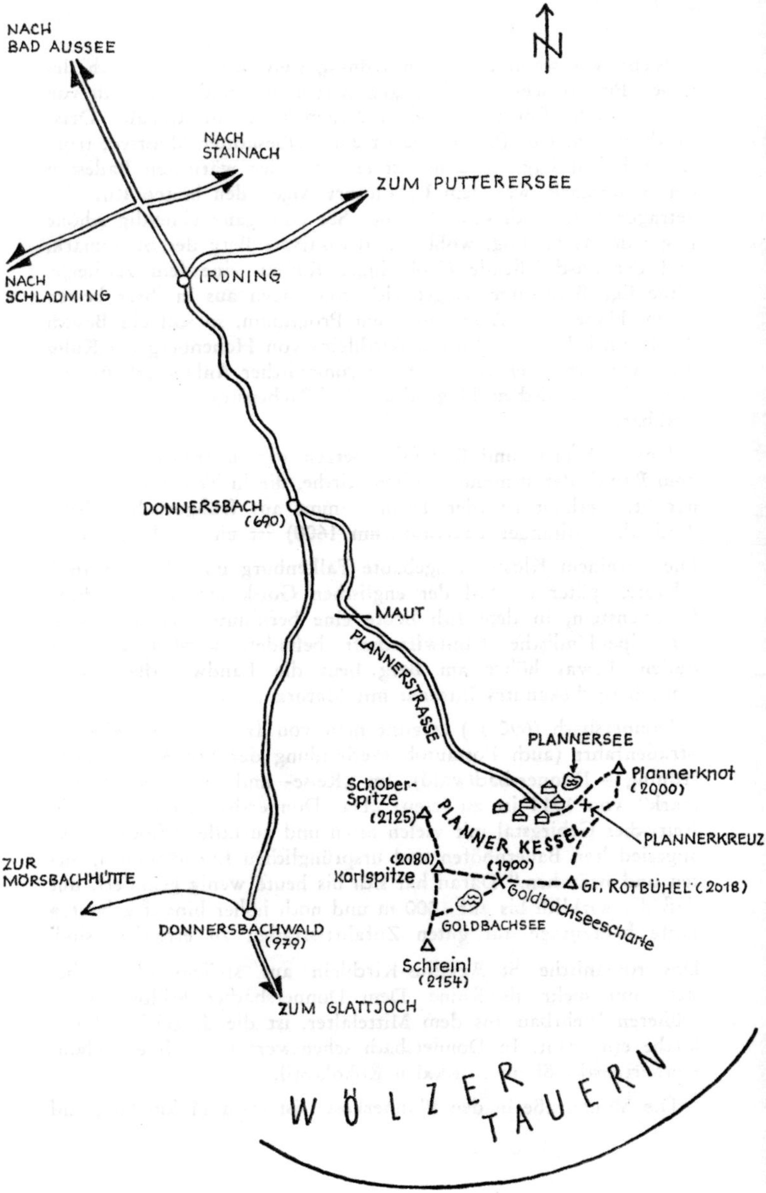
N
NACH BAD AUSSEE
NACH STAINACH
ZUM PUTTERERSEE
NACH SCHLADMING
IRDNING
DONNERSBACH (690)
MAUT
PLANNERSTRASSE
PLANNERSEE
Plannerknot (2000)
Schober-Spitze (2125)
PLANNER KESSEL
PLANNERKREUZ
(2080) Karlspitze
(1900)
Gr. ROTBÜHEL (2018)
ZUR MÖRSBACHHÜTTE
Goldbachseescharte
GOLDBACHSEE
DONNERSBACHWALD (979)
Schreinl (2154)
ZUM GLATTJOCH
WÖLZER TAUERN

Wenn wir schon einmal in Irdning sind, wäre ein Besuch des nahen Putterersees bei Aigen gegeben; man erreicht ihn auch von Wörschach im Ennstal auf einer Nebenstraße mit schmalen Ortsdurchfahrten. Der Putterersee ist ein vielbesuchter Moorsee; trotz seiner hohen Lage (650 m) ist er einer der wärmsten Badeseen der Steiermark, was dem Urlaubsort Aigen den besten Ruf eingetragen hat. Noch dazu hat der See eine ganz einmalig schöne Lage: der Grimming, wohl der attraktivste Berg der Steiermark, und der anschließende Gröbminger Kamm, eine fein ziselierte, schneidige Bergspitze, zeigen sich von Aigen aus in ihrer besten Form. Haben wir Aigen auf dem Programm, so soll ein Besuch des kaum bekannten Johanniskirchleins von Hohenberg am Kulm nicht versäumt werden; es ist auf romanischer Anlage erbaut und birgt einen gotischen Flügelaltar. Auf Nebenstraße ab Aigen erreichbar.

Unsere Kunst- und Badefahrt setzen wir in Irdning fort mit dem Besuch der stimmungsvollen Kirche, die in Teilen verschiedener Stile erbaut ist (der Turm stammt aus frühgotischer Zeit). Auch der Irdninger Pfarrhof (um 1600) ist ein mächtiger Bau.

Die zu einem Kloster umgebaute Falkenburg und das um 1600 erbaute, später im Stil der englischen Gotik umgebaute Schloß Gumpenstein, in dem sich heute eine berühmte Versuchsanstalt für alpenländische Landwirtschaft befindet, werden Interesse finden. Etwas höher am Berg liegt die Landwirtschaftsschule Raumberg, bekanntes Internat mit Matura.

Donnersbach (690 m) erreicht man von Irdning nach 5½ km Straßenfahrt (auch Postautobusverbindung der Strecke Stainach-Irdning — Donnersbachwald). Im „Reise- und Handbuch Steiermark" von 1914 ist zu lesen: „Das Donnersbachtal ist ein echt steirisches Gebirgstal mit vielen alten und auffallend hoch hinauf angesiedelten Bauernhöfen und ursprünglichen Einrichtungen, Sitten und Bräuchen." Daran hat sich bis heute wenig geändert, nur daß die wirklich bis auf 1000 m und noch höher hinauf gebauten Höfe heutzutage auf guten Zufahrtsstraßen zu erreichen sind.

Das romanische St.-Ägydius-Kirchlein auf steilem Hügel besteht nur mehr als Ruine. Dem Donnersbacher Schloß, einem früheren Wehrbau aus dem Mittelalter, ist die derzeitige Pfarrkirche eingebaut. In Donnersbach sehenswert ist auch ein Hammerherrenschlößl im rustikalen Rokokostil.

Die Mautstraße in den Plannerkessel ist etwa 11 km lang und

wird auch von planmäßigen Postautobuskursen befahren. Am Ende der Straße im Hüttendorf der Planneralm (1600 m) großer Parkplatz; zahlreiche Unterkünfte. Die Gipfel um den Plannerkessel — ein hufeisenförmiges Halbrund — sind, abgesehen von einigen wenigen, meist zahme Zweitausender oder Fast-Zweitausender, die ausnehmend gut zum Wandern geeignet sind. Markierte Steige, die relativ geringe Höhe der Gipfel über dem Plannerkessel (durchschnittlich 400 m) und die Nähe der Häuser und der Fahrstraße machen das Wandern sorgenlos und unbeschwerlich. Die schwierigeren Gipfel liegen abseits, sind auch nicht bezeichnet und gefährlich; sie werden hier jeder für sich eigens genannt.

Der auffallendste Berg im Plannerkessel, der höchste der näheren Umgebung und ein vielfotografiertes Wahrzeichen der „Planner" ist die 2125 m hohe Schoberspitze, weit hinaus ins Ennstal sichtbar. Wir werden sie als Mittelpunkt einer Halbtagstour wählen, die wir vom Plannerkessel aus auf bezeichneten Steigen durchführen. In etwa 1 St. ist in sanftem Anstieg durch Gräben und Mulden die 1950 m hohe Goldbachseescharte erreicht; auf einem Nebenkamm befindet sich das seltsame Gebilde des „Hunnengrabes", einer Blockgruppe, die wirklich einem Grabmal ähnelt. Von der Scharte schöner Blick in das Kar zwischen Schreinl (2154 Meter) und Karlspitze (2080 m), aber auch auf die einsamen Berge der Wölzer Tauern, die, wie z. B. der Hochweber (2370 m) oft sehr schroffe Formen zeigen und auch nicht mehr leicht ersteigbar sind. Von der Scharte der Markierung folgend in gemächlichem Anstieg auf die Goldbachseespitze (2062 m), dann zur nahen, nur wenige Meter höheren Karlspitze und dann, im rechten Winkel nach Norden abbiegend, über den breiten Kamm auf die Schoberspitze (2125 m). Der Grimming steht, wie auch von anderen Stellen des Plannerkessels, im Blickpunkt der Aussicht, wir haben aber auch Tiefblicke ins Donnersbachtal und zu den lieben, kleinen Seen und Lacken im Schrabachkar oder bei der Michl-Irlinger-Alm. Rd. 1¼ St. ab Goldbachseescharte. Wir wandern zurück zur Karlspitze und folgen von dort der Markierung über den Kamm, einmal einer Felsgruppe ausweichend, zum 2154 m hohen Schreinl, etwa ¾ St., mit interessanten Ausblicken auf die nahen Gipfel des Mörsbachkessels und die weiter entfernten, kühnen Gipfelgestalten der Schladminger Tauern. Es gibt in der Steiermark einige Berge, die den Namen Schrein tragen, es handelt sich dabei um bestimmte, meist trapezartige Bergformen, die einem Schrein ähneln. Vom Schreinl auf unbezeichnetem Pfad absteigend, kommen wir am kleinen Goldbachsee (1900 m) vorbei und queren dann, wenig ansteigend, am Hang der Goldbachseespitze zur Goldbachseescharte, etwa ³/₄ St. Von der Scharte in ³/₄ St. in den Plannerkessel zurück; rd. 4¹/₂ St. für die ganze Tour.

Nachmittags können wir dann dem dunklen, herzförmigen Plannersee (1850 m) einen Besuch abstatten. Bis zum See führt ein breiter, bezeichneter und vielbegangener Weg, am Ufer finden wir Rastbänke; ³/₄ St. ab Planneralm. In der Nähe befindet sich das Plannerkreuz, man erreicht es in einigen Min. vom Weg auf einem unbezeichneten Pfad. Es ist ein einfaches Gedenkkreuz, das oft besucht wird. Besonders soll darauf hingewiesen werden, daß sich kleine Wanderungen im Plannerkessel (Plannerkreuz, Plannersee und Hunnengrab) gut für Kinder eignen! Auch die Gipfeltouren sind von gehfreudigen Kindern etwa ab 8 Jahren leicht mitzumachen.

Eine andere Halbtagstour (die wir natürlich auch an die Rundtour zur Schoberspitze anschließen und damit die Bergwanderung zu einer Tagestour gestalten könnten) führt von der Goldbachseescharte auf bezeichnetem Pfad über die Jochspitze (2000 m), Gläserkoppe (1950 m) zum Großen (2018 m) und Kleinen Rotbühel (1905 m), das Plannereck (2002 m) und den Plannerknot (2000 m) mit Abstieg zum Plannersee zur Planneralm zurück. Das Gelände dieses Kammstückes ist nicht so frei wie um die Schoberspitze, wir bewegen uns — aber immer auf gebahntem Steig — durch Krummholzbewuchs und Blockwerk. Zwischen Plannereck und Plannerknot erhebt sich ein riesiger Felsturm von schwarzer und rötlicher Färbung. Ausgesprochene Gipfelsammler werden zusätzlich noch die Hintere Gollingspitze (2048 m), etwa ³/₄ St. vom Großen Rotbühel, über den Plientensattel auf bezeichnetem Steig oder den Hochrettelstein (2200 m), den weit im Osten und abseits liegenden höchsten Berg der Gruppe, der auf markiertem Pfad leicht zu ersteigen ist, „mitnehmen". Doch fallen solche ausgedehnte Touren schon in den Bereich des Bergsteigens, nicht mehr des Bergwanderns.

Ausdrücklich gewarnt wird im Plannerkessel — auch von den verantwortungsbewußten Gast- und Hüttenwirten — vor folgenden Gipfeln: allen drei Gstemmerspitzen und vor allem vor dem Grat vom Gstemmer zum Hochstein. Diese sehr steilen und felsdurchsetzten Berge sind bis hoch hinauf mit schlüpfrigem Gras bewachsen, das besonders bei feuchtem Wetter äußerst gefährlich ist; das heimtückische Gelände hat schon manches Opfer gefordert. Auf der Vorderen Gstemmerspitze wurde ein Gedenkkreuz für einen jungen Franzosen errichtet, dem eine solche steile Grasrinne zum Verhängnis wurde. Vom Plannerknot führt zwar ein bezeichnetes Steiglein zur Plannerseekarspitze und steil zum Tauernhaus hinab, doch wollen wir seine Begehung durch die abschüssigen Grashänge nur trittsicheren Bergsteigern überlassen. — Die Gstemmerspitzen und der Hochsteingrat sind unmarkiert.

Rückkehr zum Ausgangspunkt: mit eigenem Fahrzeug oder Postautobus nach Donnersbach und Irdning

Höhenunterschiede: Plannerkessel, Hüttendorf der Planneralm (1600 m) — Goldbachseescharte (1950 m) — Goldbachseespitze (2062 m) — Karlspitze (2080 m) — Schoberspitze (2125 m) — Karlspitze (2080 m) — Schreinl (2154 m) — Goldbachsee (1900 Meter) — Goldbachseescharte (1950 m) — Plannerkessel (1600 m)

Gehzeiten: Plannerkessel — Goldbachseescharte 1 St., Goldbachseescharte — Schoberspitze 1¹/₄ St., Schoberspitze — Schreinl ³/₄ St., Schreinl — Goldbachsee — Goldbachseescharte ³/₄ St., Goldbachseescharte — Plannerkessel ³/₄ St.; zusammen etwa 4¹/₂ St. Für die Tour Plannerkessel — Goldbachseescharte — Jochspitze — Gläserkoppe — Kleiner und Großer Rotbühel — Plannereck — Plannerknot — Plannersee — Plannerkessel etwa ebensolange

Günstigste Jahreszeit: Mitte Juni bis Oktober

Orientierung: einfach

Karte: Freytag-Berndt-Touristenwanderkarte 1 : 100.000, Blatt 20, Schladminger Tauern

13

DAS DORF AUF DEM FELSEN

Pürgg — Spechtensee — Wilde Klamm

Peter Rosegger hat es „das Kripperl der Steiermark" genannt, das Dorf auf dem Felsen — Pürgg, das nichts anderes heißt als Gebirg oder Berg. Auch der alte slawische Name Gruscharn bedeutet Stein- oder Geröllstätte. Burg und Kirche Gruscharn oder Grauscharn auf dem felsigen Burgstall hoch über dem wilden Grimmingbach und dem sumpfigen Ennstal sind wie vom Erdboden verschwunden; man vermutet, daß das heutige Pürgg an ihrer Stelle erbaut ist. Spielzeugklein duckt sich das kunsthistorische und landschaftliche Kleinod der Obersteiermark — in alten Reiseführern heißt es „das Mirakel des Oberlandes" — vor dem gewaltigen Felsbollwerk des Grimmings. Der Grimming ist nicht der höchste, gewiß aber der schönste und auffälligste Berg der Steiermark. 2351 m Seehöhe sind in dieser Gegend eine Durchschnittszahl. Doch ist die relative Höhe des Berges über dem tiefen Talboden der Enns enorm — fast 1700 m! Daraus, und aus den fürchterlich steilen Felsabstürzen des Berges nach allen Seiten erklärt sich seine Wirkung. Vieltausendmal fotografiert und reproduziert und doch immer wieder verblüffend anzusehen sind die Bilder von diesem Berg — vom Stainacher Bahnhof, wo er sich besonders schön zeigt, oder eben vom Dorf Pürgg aus gesehen: da schiebt sich der 10 km lange Felsriegel mit seinen zwölf Gipfeln zu einem Pyramidenstumpf zusammen, der mit den himmelstürmenden Kanten des Multerecks und des Südgrates ein Bild von unerhörter Wucht bietet. Die Plattenbänder des Südostgrates und die eingelagerten Kare verstärken den Eindruck noch, besonders wenn sie, wie dies fast das ganze Jahr über der Fall ist, mit Schnee überzogen sind. Die kecke, halbrunde Scharte zwischen den Gipfeln unterbricht die strenge Form der steilen Linien. Dieser „unglaubliche" Berg von westalpinem Format bildet die Kulisse für das Kripperl der Steiermark.

Burg Gruscharn war vermutlich schon an der Stätte einer vorrömischen Siedlung erbaut. Die Lage auf dem Felsen, der eine natürliche Talsperre gegen das Salzkammergut bildete, mag wohl zu dieser frühen Bedeutung beigetragen haben. Nach einer Reimchronik aus dem 13. Jh. wird geschlossen, daß auf Gruscharn einstmals große Herren saßen, man vermutet, die Burg wäre Sitz der Traungauer Markgrafen gewesen. Auch die Pfarre von Gruscharn war bedeutend und warf reiche Pfründe ab. Pürgg ist heute mit der Pfarrkirche zum hl. Georg und der berühmten Johanneskapelle ein kleines Denkmal der Romanik, wie es in der Steiermark selten zu finden ist.

Pürgg liegt nicht nur den Grimmingfelsen gegenüber, es steht auch selbst auf Fels und ist an einen Felsberg gelehnt: Nördlich von Pürgg erhebt sich noch 700 m höher der felsige Brandanger. Man ersteigt ihn auf einem Steig, der den schönen Namen „Himmelsstiege" trägt. Von Pürgg um den Brandanger herum in die Gegend des geheimnisvollen Wörschachwaldes, an zwei entzückenden kleinen Seen vorbei führt uns ein Wanderweg ohne Beschwernis zur Wilden Klamm bei Wörschach. Wir krönen das Erlebnis eines überreichen Wandertages mit dem Abstieg durch eine der interessantesten, viel zu wenig bekannten Klammen Österreichs.

Der Wegverlauf

Ausgangspunkt: Bahnstation Pürgg der Bahnlinie Stainach — Attnang-Puchheim (erste Station nach Stainach). Wir können von

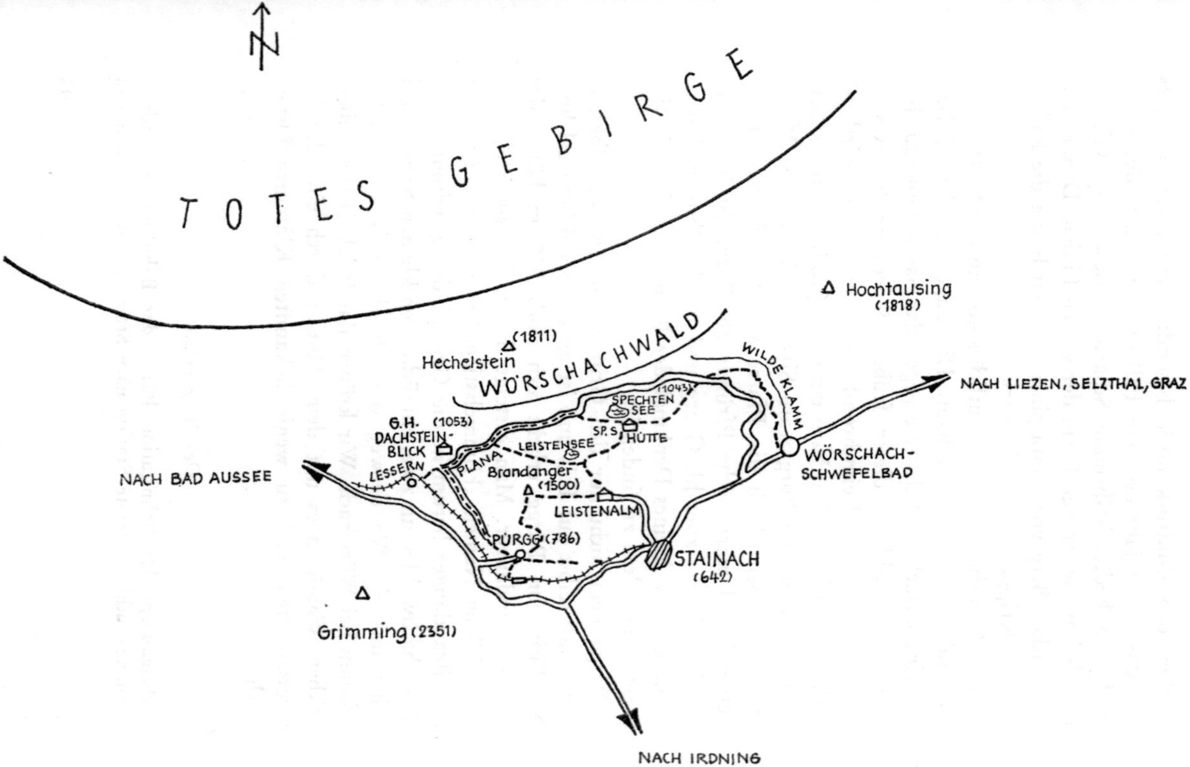
N
TOTES GEBIRGE
Hochtausing
(1818)
(1811)
Hechelstein
WÖRSCHACHWALD
WILDE KLAMM
NACH LIEZEN, SELZTHAL, GRAZ
(1043)
SPECHTEN
SEE
G.H.
(1053)
DACHSTEIN-
BLICK
SP. S.
HÜTTE
LEISTENSEE
WÖRSCHACH-
SCHWEFELBAD
LESSERN
PLANA
Brandanger
(1500)
NACH BAD AUSSEE
LEISTENALM
PÜRGG (786)
STAINACH
(642)
Grimming (2351)
NACH IRDNING

Stainach her auch auf einem Fahrweg durch Wiesen am Berghang in 1 St. nach Pürgg aufsteigen. Der steile Steig von der Bahnstation ist aber ein besserer Auftakt: in 1/4 St. überwinden wir die 100 m Höhenunterschied zum 786 m hoch liegenden Dorf und machen damit schon eine Bergtour im kleinen, entlang den glatten Wänden des Burgstalls. In Pürgg ist alles interessant, was wir auch sehen! Zuerst verblüfft uns die Aussicht von diesem an und für sich gar nicht hohen Punkt: das Tote Gebirge vom flachen Lawinenstein bis zum Traweng und Sturzhahn breitet sich vor uns; die Felsschneiden dieser beiden Berge, von denen der Sturzhahn ein berühmter Kletterberg ist, liegen sich gegenüber wie feindliche Brüder. Von weiter entfernten Gipfeln fällt die Hochwildstelle auf, der höchste „rein steirische" Berg mit 2746 m (es gibt manch höheren Berg in der Steiermark, doch geht entweder die Salzburger oder die oberösterreichische Grenze darüber!). Am Grimming vorbei sieht man aber auch bis zum Sarstein und Dachstein. Sehr hübsch sind auch die Tiefblicke ins Tal auf Schloß Trautenfels am Grimming mit der Jugendherberge und dem Heimatmuseum und über das Ennstal hinweg auf Irdning.

Die Pfarrkirche von Pürgg hat noch romanische Teile und Ausstattungsstücke. Manche Stunde aber wird man in dem allein stehenden, höher liegenden Johanneskirchlein verbringen. Um die berühmten romanischen Fresken zu sehen, die noch vor 1200 entstanden sein sollen und zu den besterhaltenen von Europa gehören, kommen Kunstsachverständige und Laien aus aller Welt nach Pürgg. Die interessantesten Einzeldarstellungen sind: der merkwürdige Katzen- und Mäusekrieg, die fünf klugen und die fünf törichten Jungfrauen, die Speisung der Fünftausend, Christi Geburt und Verkündigung, Christus zwischen Kain und Abel.

Auch der Pürgger Gh. Adam soll noch Teile aus dem 12. Jh. enthalten. In Pürgg und Umgebung bis zum Wörschachwald findet sich auch manch altes Bauernhaus.

Auf markiertem Weg am Westhang des Brandangers wandern wir in gemächlicher Steigung in etwa 1 St. nach Plana (Gh. Dachsteinblick [1053 m] mit guter Aussicht zum Dachstein); hierher auch von der Bahnstation Lessern, 1/2 St. — Plana heißt soviel wie Ebene. Und tatsächlich breitet sich dort am Fuß des Planicher Waldes eine hohe Ebene aus, über die wir nun auf einem Fahrweg durch das stille Hochtal zwischen Brandanger und Wörschachwald, fast ohne zu steigen, weiterwandern. Zur Linken erheben sich über dem dichten Wald zwei recht interessante, wenig bestiegene Felsberge: der Hechelstein und der Gwändelstein (auch Quendelstein oder gar Gwöhnlistein genannt; der Name dürfte aber von den Wänden herrühren, die der Berg zeigt). Kleine Felskuppen, wie der Bärenfeuchter Mölbing und das Feltl, bekrönen den wildreichen Wörschachwald und leiten über in die Mondlandschaft der Hochmölbinggruppe, einen der einsamsten Winkel des Toten Gebirges, in dem eine nette Schutzhütte besseren Besuch verdiente: die nur an Wochenenden und zu Feiertagen bewirtschaftete Hochmölbinghütte der ÖTK-Sektion Graz. Sie ist aber für die heutige Zeit zu sehr entlegen. 4 bis 5 St. Aufstieg in verwickelter Wegführung sind den meisten Touristen schon zuviel. Durch Zufahrtsstraßen von Klachau oder Wörschach zum Wörschachwald kann man sich heute allerdings 2 St. Weges ersparen.

Nach etwa 2½ St. Wanderung von Plana kommen wir um die Schwelle einer Wasserscheide herum zum idyllisch gelegenen kleinen Spechtensee (1045 m). An seinem Ufer hat die Sektion Stainach des ÖAV eine nette Selbstversorgerhütte gebaut, die Spechtenseehütte (an Wochenenden einfach bewirtschaftet). Der Spechtensee eignet sich auch zum Baden und erreicht im Hochsommer Temperaturen bis zu 20 Grad. Trotz der Höhe blühen dort Seerosen. Vom See wandern wir auf schönem Waldweg in ½ St. zur Straße nach Wörschach, gehen einige Min. dieser Straße nach und überqueren den Wörschacher Bach. Bald senkt sich der markierte Steig gegen das Bachbett und taucht in die Hänge zur „Wilden Klamm" hinab. Auf einer Steiganlage überwinden wir die tief in die Felsen gefressene Schlucht, die sich weniger durch Einzelheiten als durch das Gesamtbild einer übermächtig wilden, fast chaotischen Fels- und Steilwaldlandschaft einprägt; in etwa 2 St. vom Spechtensee ist der freundliche Kurort Wörschach-Schwefelbad erreicht.

Wörschach (683 m) ist bekannt durch seine Schwefeltherme mit Heilanzeigen gegen Rheuma, Gicht usw., aber auch als Luftkurort. An der Straße nach Stainach bemerkenswert Schloß Friedstein (privat) und die herrliche gotische Kirche von Niederhofen mit bekannten Decken- und Wandfresken. In der Nähe von Wörschach, am Fuß des Hochtausings, eines sehr steilen Kletterberges, die Ruinen der ehemals stattlichen landesfürstlichen Burg Wolkenstein.

Das nahe Stainach (3 km Straßenfahrt), 642 m hoch gelegen, ist ein bedeutender Bahnknotenpunkt mit dem Bahnhof Stainach-Irdning, wo die Bahnlinie nach Attnang-Puchheim ihren Ausgang nimmt. Von Bedeutung auch als Ausgangsort ins Donnersbachtal (Glattjochstraße) und der Bundesstraße durch das Salzkammergut. Die Ritter von Stainach besaßen zur Zeit der Türkenkriege und der Reformation drei Burgen in Stainach, von denen Unterstainach noch als Landsitz besteht.

Rückkehr zum Ausgangspunkt: von Wörschach mit Bahn oder Autobus nach Stainach

Wegvarianten: von Plana auf markiertem Karrenweg zum kleinen Leistensee, der mitten im Wald liegt, und (steil aufsteigend und jenseits ebenso hinab) zum Spechtensee, etwa 2 St.; einsamer, aber interessanter Weg durch großartige Waldwildnis. Für Bergsteiger: auf der sogenannten „Himmelsstiege", einem steilen, markierten Pfad, auf den Brandanger (1500 m). Bei Pürgg zeigt man den Stein „Tot und lebendig", an den sich eine makabre Geschichte knüpft: Von zwei verfeindeten Bauern starb der eine, der andere trug zur Versöhnung den Sarg seines Feindes den Berg hinab. Als er zum erwähnten Steinblock kam, rutschte er aus, der Sarg fiel auf ihn und erschlug ihn. Der Aufstieg zum Brandanger dauert rd. 2 St., die Aussicht ist noch schöner als von Pürgg, z. B. auf die Ennstaler und Eisenerzer Alpen und den Hochmölbing. Vom Brandanger evtl. unbezeichnet, aber leicht zur Leistenalm hinab und nach Stainach (1½ St.) oder zum Leistensee und Spechtensee (etwa 2 St.).

Höhenunterschiede: Pürgg (786 m) — Plana (1053 m) — Spechtensee (1043 m) — Wörschach (683 m) — Stainach (642 m)

Gehzeiten: Pürgg — Plana 1 St., Plana — Spechtensee 2½ St., Spechtensee — Wilde Klamm — Wörschach 2 St.; zusammen 5½ Stunden

Orientierung: nicht schwierig, markierte Wege bzw. Fahrwege und Straßen

Günstigste Zeit: für Pürgg bis zum Spechtensee ab Mitte Mai, Wilde Klamm ab Ende Mai; die ganze Wanderung bis November

Karte: Freytag-Berndt-Touristenwanderkarte 1 : 100.000, Blatt 8, Östliches Salzkammergut

Besonderes: für Kinder ab 8 Jahren geeignet

14

BERGE — BERGWERKE — BADESEEN

Auf den Loser im Ausseerland

Das Ausseerland im Steirischen Salzkammergut ist der nördlichste Zipfel der Steiermark. Er wird von den Steirern selbst manchmal nicht mehr zu ihrem Land gerechnet. Trotzdem sind sie sehr stolz auf diesen einmaligen Flecken Gebirgserde. Ein schönes Land — ein reiches Land: seit Jahrtausenden wird aus dem Ausseer Salzberg, dem einzigen in der Steiermark, aber dem mächtigsten in Österreich und größten in den Alpen, das heilbringende Salz gebrochen. Nicht nur als wertvollstes aller Gewürze, unentbehrlich für den Menschen, hat es Segen übers Land gebracht. Es bringt zum andern Mal Heil auch den Kranken in den kräftigen, reichhaltigen Solebädern des weltbekannten Kurortes Bad Aussee. Seitdem es Sommerfrischen gibt, war das Ausseerland auch ein einziges Erholungs- und Urlaubsland. Dazu bringt es die denkbar besten Voraussetzungen mit. Die Urlaubsorte liegen so hoch, daß sie als Luftkurorte mit frischer Bergluft gelten können. Die hohen Berge ringsum aber schützen sie vor allzu rauhen Winden. Der berüchtigte Salzburger Schnürlregen ist zwar Gast im ganzen Salzkammergut, doch eher Freund als Feind des Ausseerlandes: diese Niederschläge machen, daß die Wiesen im Ausseerland grüner scheinen als anderswo und daß die Tauplitzalm mit ihren Nachbarbergen im Winter das schneereichste Gebiet der Steiermark ist.

Die Urlaubslandschaft im Steirischen Salzkammergut hat seit alters prominente Gäste angelockt. Da gibt es am Weg von Bad Aussee zum Pötschenpaß einen „Lenauhügel“, den der unglückliche Dichter, ein großer Freund der Berge, zu seinem Lieblingsplätzchen erkoren hatte. Aber auch Wilhelm Kienzl, Hugo von Hofmannsthal und Sigmund Freud waren Stammgäste im Ausseerland. Und bis in unsere Zeit hinein wird gerade die Ausseer Gegend von Künstlern gerne als Alters- und Ruhesitz bevorzugt: das mondäne Bad Aussee, wenn man diesen echt altsteirischen Ort überhaupt so nennen kann, und die nahe gelegenen ruhigen Ortschaften Altaussee und Grundlsee. Auf diese Weise sind nach den stattlichen, reichverzierten Amtsgebäuden und Bürgerhäusern aus dem 15., 16. und 17. Jh., die heute noch gut erhalten sind, auch große Villensiedlungen der Neuzeit entstanden.

Das alpine Wahrzeichen des Ausseerlandes ist der Loser, ein Eckpfeiler des Toten Gebirges von dolomitischen Formen.

Die Wirkung, die ein Berg auf den Beschauer ausübt, hängt nur selten mit seiner Höhe zusammen. So auch beim Loser, der nur 1838 m hoch ist. Aber welch ein Berg! Was für ein Tiefblick, was für eine Fernsicht! Und das abenteuerliche Aussehen dieses ruinenartigen Klotzes, der wie der Bergfried einer mittelalterlichen Burg vor der Masse des Toten Gebirges steht! Man hat ihn den „Stockzahn des Ausseerlandes“ genannt — auch dieser Vergleich hat manches für sich.

Und dabei ist dieser abweisende und doch so anziehende Berg kinderleicht erreichbar, zumindest was den Anstieg zur Loserhütte betrifft. Der Westhang des Losers mag noch so steil und sogar felsig sein, es wurde doch eine Straße hindurchgebaut. Sie wurde 1971 fertiggestellt und führt von Altaussee zur Augstalm, wenige Gehminuten von der Loserhütte entfernt, also von 700 m auf 1500 m Seehöhe. Trotzdem wird auch der Wanderer am Loser weiterhin zu seinem Recht kommen: die beiden markierten Fußwege von

Altaussee-Fischerndorf und von der Blaa-Alm bleiben bestehen, und auch der bequemste Hüttenweg, der sogenannte Reitsteig, wird als Abkürzungsweg zur Straße wiederhergestellt werden.

Fünf Seen und ein Meer liegen im Bereich von Bad Aussee und Altaussee, jedes dieser Gewässer gänzlich verschieden vom andern und jedes für sich allein schon lohnendes Ziel eines längeren Aufenthalts. Da ist der kleine, aber beliebte Sommersbergersee am Fuß des Hohen Sarsteins; ein Moorsee, der auf einem Spazierweg von Bad Aussee oder von der Pötschenstraße über den Alpengarten erwandert werden kann. Da ist als Vertreter der Hochgebirgsseen des Toten Gebirges der kreisrunde Augstsee, eingetieft zwischen den drei fast gleich hohen Gipfeln Loser, Hochanger und Greimuth. Da ist der dunkelgrüne See von Altaussee, über 50 m tief: mit dem 600 m hohen mauerglatten Absturz der Trisselwand im Osten ein Bild, wie es selbst in diesem von Bergschönheit strotzenden Teil der Kalkalpen einmalig ist. Da ist der felsenumschlossene Toplitzsee am Eingang ins Tote Gebirge, wo ein Gedenkstein verkündet, daß hier der Steirische Prinz Erzherzog Johann von Österreich der Postmeisterstochter Anna Plochl zum ersten Mal begegnet ist. In unserer Zeit hat der Toplitzsee eine schon fast traurige Berühmtheit erlangt als Schauplatz ständiger Schatzsuche nach dem angeblich im zweiten Weltkrieg in den See versenkten Schatz und als Tummel- und Rummelplatz für Schatzsucher. Da ist der schwermütige Kammersee mit dem Ursprung des Traunflusses, einem Wasserfall aus den Abstürzen des Kammerbodens. Der Kammersee ist mit dem Toplitzsee durch einen künstlichen Felsstollen verbunden, der vor über 400 Jahren durch den Berg getrieben wurde.

Und da ist das „Meer“ am Fuß des Toten Gebirges — der Grundlsee, von einem weitgereisten Dichter als „Steyrisch Meer“ besungen. Joseph Viktor von Scheffel galt in der zweiten Hälfte des vorigen Jahrhunderts jahrzehntelang als der Lieblingsdichter des deutschen Volkes. Mit seinem ungeheuer erfolgreichen „Ekkehard“ hat er eine Art Vorläufer der heutigen so beliebten geschichtlichen Romane geschrieben. Seine „Bergpsalmen“ und „Reisebilder“ lassen erkennen, daß ihm auch das Erlebnis der Berglandschaft nicht fremd war. Der Grundlsee ist mit über 6 km Länge nicht nur der größte See der Steiermark, er hat auch den längsten Naturbadestrand im Salzkammergut. Mit der lichten Farbe seiner Wasser vor dem Karsthintergrund der Felswände erinnert er ein wenig an die meerbespülte Felsküste der jugoslawischen Adria. Alle drei Seen, durch das Flußband der jungen Traun verbunden, kann man in einer klassischen Tour des Ausseerlandes, der „Drei-Seen-Fahrt“, zu Schiff und zu Fuß kennenlernen. Berge, Bergwerke, Badeseen — das Ausseerland hat damit so viel, aber noch mehr darüber hinaus zu bieten!

Der Wegverlauf

Ausgangspunkt: Bad Aussee (659 m), Schnellzugsstation der elektrisch betriebenen Bahn Stainach — Attnang-Puchheim, an der Auffahrt zum Pötschenpaß (992 m) der Bundesstraße durch das Salzkammergut gelegen. Sehenswürdigkeiten: einige besonders schmucke, vielfach mit rotem Marmor, Fresken oder Kratzputz verzierte alte Gebäude, z. B. das frühere Salzamt (Kammerhof); es gilt als der schönste Profanbau der Gotik im Ausseerland. Die oftmals umgebaute Pfarrkirche ist romanischen Ursprungs; berühmt ist die gotische steinerne Muttergottesstatue in der Marienkapelle, die mit der „Krumauer Madonna“ verglichen wird. In der Heiliggeistkirche ein schöner gemalter gotischer Flügelaltar; sehenswerte Details auch in der kleinen Leonhardskirche am Kalvarienberg. Bad Aussee, der Geburtsort des Volksdichters Hans Fraungruber, hat auch ein interessantes Heimatmuseum mit Trachtensammlungen und speläologischer Schau.

Altaussee, den Ausgangspunkt für die Losertour, erreichen wir mit einem der planmäßigen Autobuskurse ab Bad Aussee. Die uralte Salzstätte ist viel älter als Bad Aussee und dürfte schon den Römern zur Ausbeute gedient haben. Altaussee hat eine katholische Pfarrkirche (im spätromanischen Stil umgebaut, im Inneren noch spätgotische Elemente) und eine evangelische Kirche. Ein Besuch des Salzbergwerkes (regelmäßige Führungen) läßt sich leicht mit einer Wanderung zur Loserhütte verbinden. Auch ein Spaziergang auf bezeichneten Wegen zur Ruine Pflindsberg oder auf den 1192 m hohen Tressenstein mit Seenblick ist zu empfehlen.

Der günstigste Weg von Altaussee zur Loserhütte führt über Fischerndorf, die Markierung nimmt in der Nähe der Kirche ihren Ausgang. Zuerst ein Stück auf einer Fahrstraße gegen den Berg, dann auf breitem Weg zuerst durch Wald, später in freiem Gelände im steinigen Südhang des Losers in angenehmer Steigung bergan. Gelegentlich Tiefblicke auf den See. Höher oben durch Tannenwald und Buchengehölz, einmal an einer guten Quelle (in der Nähe Wasserfälle) vorbei, zuletzt durch Krummholz zu den Almhütten der Augstalm, von wo sich der Losergipfel sehr eindrucksvoll zeigt. Nach rechts in wenigen Min. zur Loserhütte der ÖAV-Sektion Bad Aussee (1500 m), die als Bergunterkunft empfohlen werden kann. Etwa 2½ St. ab Fischerndorf. Die Loserhütte ist in einmalig schöner Lage auf einer Hangterrasse inmitten eines Lärchenhains erbaut. Schon von Altaussee hatten wir einen herrlichen Anblick des Dachsteins; vor der Hütte weitet sich die Sicht zu einem großartigen Rundblick. Noch größer aber ist die Schau vom Loser selbst, den wir von der Hütte aus in 1 St. auf gutem Steig leicht besteigen können. Nur bei Schneelage soll die Tour besser unterbleiben; das Gelände um den Losersteig ist lawinengefährlich. Der markierte Pfad führt zuerst in Kehren durch Krummholz, dann über eine Schutthalde und quert auf einem breiten Band die Südflanke des Losers. Dort beweist uns das Tote Gebirge, daß es gar nicht „tot" ist! Am und um den Loser breitet sich eine Fülle von Bergblumen aus. Wenn wir aufmerksam das Gestein an unserem Weg betrachten, so fallen uns riesige Versteinerungen auf, vermutlich fossile Schnecken. Und in den Krummholzmeeren des Gebirges bergen sich große Gamsrudel. Durch ein flaches Hochtal zwischen Loser und Hochanger kommen wir schließlich von Norden her zum Gipfelkreuz. Die breite, grasige höchste Kuppe gewährt u. a. Aussicht auf: Berchtesgadner Alpen mit Watzmann, Tennengebirge, Glockner, Venediger, Wiesbachhorn. Hinter dem Grimming, der als Felsriegel von gewaltiger Breite das Salzkammergut absperrt, zeigt sich der Hochgolling,

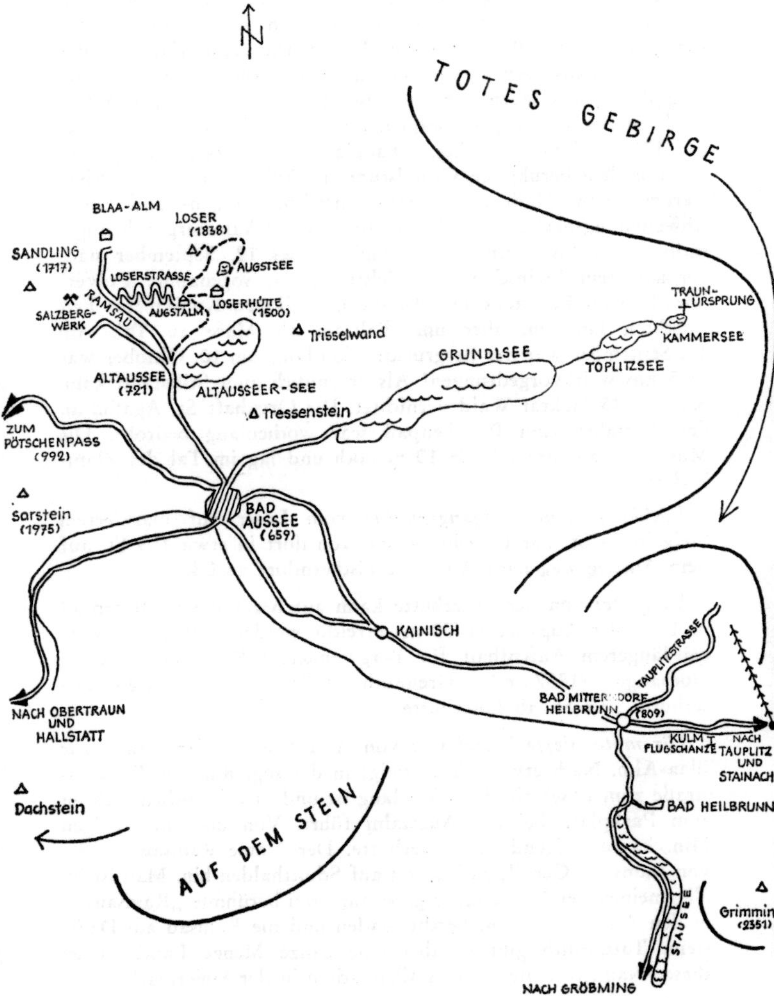
TOTES GEBIRGE
BLAA-ALM
LOSER
(1838)
SANDLING
(1717)
AUGSTSEE
LOSERSTRASSE
RAMSAU
SALZBERG-
WERK
AUGSTALM
LOSERHÜTTE
(1500)
TRAUN-
URSPRUNG
Trisselwand
KAMMERSEE
GRUNDLSEE
TOPLITZSEE
ALTAUSSEE
(721)
ALTAUSSEER-SEE
Tressenstein
ZUM
PÖTSCHENPASS
(992)
Sarstein
(1975)
BAD
AUSSEE
(659)
KAINISCH
TAUPLITZSTRASSE
NACH OBERTRAUN
UND
HALLSTATT
BAD MITTERNDORF
HEILBRUNN
(809)
KULM
FLUGSCHANZE
NACH
TAUPLITZ
UND
STAINACH
Dachstein
AUF DEM STEIN
BAD HEILBRUNN
STAUSEE
Grimming
(2351)
NACH GRÖBMING

der höchste Gipfel der Schladminger Tauern, ein dunkler, abweisender Klotz. Sehr schön die filigranen Zacken des Gosaukammes mit der Bischofsmütze. Im grünen Ausseerland in der Tiefe sind sechs Seen zu bewundern. Den unscheinbaren Nachbarberg des Losers sehen wir uns besonders gut an. In seinem Gelände ist der Salzberg verborgen. Im Jahre 1920 war dieser Berg, der 1717 m hohe Sandling, Schauplatz eines Bergsturzes, wie er nur mit dem berühmten Gipfelsturz am Ankogel 1932 verglichen werden kann. Nach einer spätsommerlichen Regen- und Überschwemmungsperiode, die besonders das Salzkammergut heimgesucht hatte, löste sich am Nachmittag des 12. September nach permanentem Steinschlag ein Felsturm, das sogenannte Pulverhörndl, vom Bergstock los. An die 6 Millionen Kubikmeter Fels rutschten langsam, aber unaufhaltsam als Mure zu Tal. Am 13. September war der Bergrutsch 1 km lang, am 10. Oktober war er 5 km weit vorgedrungen! Als er endlich zum Stillstand kam, hatte er 45 Hektar Wald vernichtet. Die Ortschaft St. Agatha an der Auffahrt zum Pötschenpaß war wochenlang bedroht. Die Mure war an ihrem Ende 10 m hoch und lag im Tal des Zlambaches.

Rückkehr zum Ausgangspunkt: vom Loser auf markiertem Steig in 3/4 St. zur Loserhütte und von dort in etwa 1 1/2 St. auf dem Anstiegsweg nach Altaussee-Fischerndorf zurück

Variante: von der Loserhütte kann auf bezeichnetem Bergpfad in 1 St. der Augstsee (1700 m) erreicht werden. Empfehlenswert bei längerem Aufenthalt für Bergwanderer: Rundtour Loser — Hochange (1837 m) — Greimuth (1873 m) — Augstsee — Loserhütte, 3 1/2 St. ab Loserhütte

Für motorisierte Wanderer: von Altaussee auf der Straße zur Blaa-Alm. Nach etwa 3 km zweigt in der sog. Ramsau die Bergstraße zum Loser ab, die 8 km lang ist und in zahlreichen Kehren zum Parkplatz bei der Augstalm führt. Von dort in wenigen Min. kaum steigend zur Loserhütte. Der Name Ramsau kommt von Rams (= Geröll) und deutet auf Schutthalden hin. Man ist im allgemeinen der Meinung, es gäbe nur zwei berühmte „Ramsauen" in den Alpen: jene von Berchtesgaden und die Ramsau am Dachstein. Tatsächlich gibt es aber eine ganze Menge Landschaften dieses Namens, einige davon allein schon in der Steiermark

Höhenunterschiede: Altaussee (721 m) — Loserhütte (1500 m) — Loser (1838 m) — Loserhütte (1500 m) — Altaussee (721 m)

Gehzeiten: Altaussee — Loserhütte bequem 2½ St., Loserhütte — Loser 1 St., Loser — Loserhütte ¾ St., Loserhütte — Altaussee 1½ St.; insgesamt etwa 6 St. Mit Besuch des Augstsees 8 St.

Günstigste Zeit: Anfang Juni bis November

Orientierung: einfach; sehr gut bezeichnete Wege, vielbegangen, besonders im Teil Altaussee — Loserhütte. Bergschuhe, Wetterschutz nötig

Karte: Freytag-Berndt-Touristenwanderkarte 1 : 100.000, Blatt 8, Östliches Salzkammergut

Besonderes: Bei der Anfahrt nach Bad Aussee oder bei der Heimfahrt dürfen wir einen Besuch in dem bekannten Kur- und Urlaubsort Mitterndorf (800 m) nicht versäumen! Ausgangsort der Bergstraße zur Tauplitzalm (Sessellift von Klachau) und der Straße durch den „Stein" (Salzastausee) nach Gröbming. Großes Thermalbad Heilbrunn mit Hallenbad!

Die Tour auf der Loser ist für Kinder ab 10 Jahren geeignet

15

ZU DEN FEUERLILIEN VON WEISSENBACH

Eine der lohnendsten Wanderungen im steirischen Ennstal, in den Vorbergen des Toten Gebirges, führt von Liezen über das Liezner Eck zur Hinteregger Alm und am Fuße der Weißenbacher Wände hinab in das Weißenbachtal. Es ist ein unbeschwerlicher Wanderweg, der sehr gut markiert worden ist und auch in die Wanderpaß- und Wanderabzeichen-Aktion des Ennstales „Heimat am Grimming" aufgenommen wurde, die sich großer Beliebtheit erfreut. Besonders erwähnenswert sind die ganz ungewöhnlichen Ausblicke, die sich vor allem auf den Hochtausing und Grimming, aber auch zum Bosruck und in die Haller Mauern und zu den Niederen Tauern bieten. Der Weg von Liezen über Liezner Eck, Hinteregger Alm und das Weißenbachtal nach Weißenbach bei Liezen ist mit einer Mindestgehzeit von 5 St. veranschlagt. Der besinnliche Wanderer wird allerdings mit 6 bis 7 St. rechnen müssen, wobei kleine Rasten zum Schauen und Fotografieren eingerechnet sind. Auf jeden Fall muß man sich für diese ungemein lohnende Wanderung einen ganzen Tag Zeit nehmen.

Die jetzige Bezirksstadt Liezen muß schon im alten Noricum ein wichtiger Punkt gewesen sein, wir finden sie als „Stiriate" an der uralten Römerstraße über den verhältnismäßig niedrigen Pyhrnpaß (945 m) nach Ovilava, dem heutigen Wels. Urkundlich erwähnt wird Liezen schon im 11. Jh. Nach der Erbauung der Pyhrnbahn von Selzthal nach Linz hatte sich seine Bedeutung etwas verlagert, doch hat Liezen in den letzten Jahrzehnten dank seiner Industrie viel nachholen können. Heute finden wir dort neben dem alten, immer noch fast dorfähnlichen Kern des Ortes ein ganz modernes Liezen mit Einkaufszentrum und Wohnsiedlungen. Die ältere und die neue Zeit sind dort eine recht glückliche Mischung eingegangen. Wo dabei etwaige Härten auftreten, schafft die wunderschöne Umgebung von Liezen einen Ausgleich. Sehenswert ist die Liezner Kirche, die zu Anfang des Jahrhunderts umgebaut worden ist, wobei auch hier alter Geist und neue Gestaltung auf gute Art miteinander verbunden werden konnten. Alte Altäre und Statuen blieben dabei erhalten, unter anderem ein wertvolles St.-Veit-Bildnis, eine Schöpfung des Kremser Schmidt.

Wenn wir uns aus der Stadt Liezen den Bergen zuwenden, die der riesigen Masse des Toten Gebirges vorgelagert sind, fällt uns nahe über der Stadt eine breite Wand von rötlicher Färbung auf. Es ist das 1427 m hohe Liezner Eck, welches mit dem zum Pyhrnpaß hinabstreichenden Hirschriegel eine breite Hochebene umschließt. Auf diesem Plateau liegt das Almdorf der Hinteregger Alm mit einer Jausenstation und Selbstversorgerhütte des ÖAV. Die Hinteregger Alm ist auch auf einer Fahrstraße von Liezen „erfahrbar". Die südlichen Abstürze des Liezner Ecks heißen im Volksmund ganz zu Recht Rote Wand. Über der verhältnismäßig stillen Hinteregger Alm bauen sich die wirklich stillen Gipfel des Toten Gebirges auf, so die grasdurchzogenen, eigenartig gebankten Wände des Hochangern oder der Angerhöhe mit den beiden Gipfeln Nazogl und Angerkogel, die über 2000 m hoch sind und von trittsicheren Bergsteigern von der Hinteregger Alm aus erstiegen werden können.

Ausgangspunkt: Liezen (659 m), Schnellzugs- und Autobusstation. Wir wandern von Liezen vorerst einmal auf einer Straße zum schönen Liezner Freibad, das auf einer Anhöhe in prachtvoller Lage errichtet worden ist. Das Alpenbad Liezen, mit vorgewärmtem Wasser und geräumigen Becken, gilt mit Recht als eines der schönsten Schwimmbäder Österreichs. Vor allem, man kann sich beim Schwimmen die oft auch im Sommer schneebedeckten Berge ansehen, wie den nahen Grimming und andere mehr. Gut beschickte Schwimmkonkurrenzen im Liezner Bad, verbunden mit einem Riesenslalom im Grimmingkar, gehören zu den interessantesten Sportveranstaltungen der Steiermark mit bergsteigerischen Aspekten. Am Bad vorbei wandert man auf der Straße weiter bergan und erreicht nach etwa halbstündiger Wanderung eine Bachbrücke mit Markierung „Wanderweg". Es ist ein schmaler, einladender Pfad, der da durch Wiesen und Wald am Wasser entlang höherzieht, gesäumt von Blumen, darunter auch einheimische Orchideen. An einem so gut angelegten Wanderweg fehlen auch Rastbänke nicht. Wer um ein Wanderabzeichen wandert, muß vom bezeichneten Wanderweg, der an der Rotwand vorbei auf die Höhe des Ecks führt, nach links zum Gh. Schlagerbauer queren (mehrere Abzweigungen), wobei man sich zuletzt am besten an die Fahrstraße hält. Es gibt auch Abkürzungswege im Wald, die sehr romantisch sind. Liezen — Schlagerbauer etwa 1¼ St.

Beim Schlagerbauer holen sich die „Büchlwanderer" ihren heißersehnten Stempel für die Eintragung ins Wanderbuch. Das Gh. liegt in 1000 m Seehöhe auf einer weiten Hangstufe, von wo wir wunderbare Ausblicke ins Bergland über der Enns, vor allem zu Dachstein und Grimming haben. Außer dem schon erwähnten Wanderweg und der Fahrstraße gibt es noch einen dritten, auch bezeichneten Anstieg von Liezen zum Schlagerbauer über den sog. Marienwaldweg, die Antoniklause und die Waldandacht, für den gleichfalls 1¼ St. zu veranschlagen sind.

Vom Schlagerbauer wandern wir der Einfachheit halber auf der wenig befahrenen Straße zur Hinteregger Alm weiter. Sie führt durch prächtige Bergwiesen, höher oben durch Wald und windet sich nicht nur um das 1217 m hohe Eck, sondern um mehrere Ecken herum. Bei einer Quelle machen wir gerne Rast. In der Nähe wurde ein Gedenkkreuz für den Erbauer dieser Bergstraße errichtet. Der Gastwirt und Bergbauer Roman Frosch vulgo

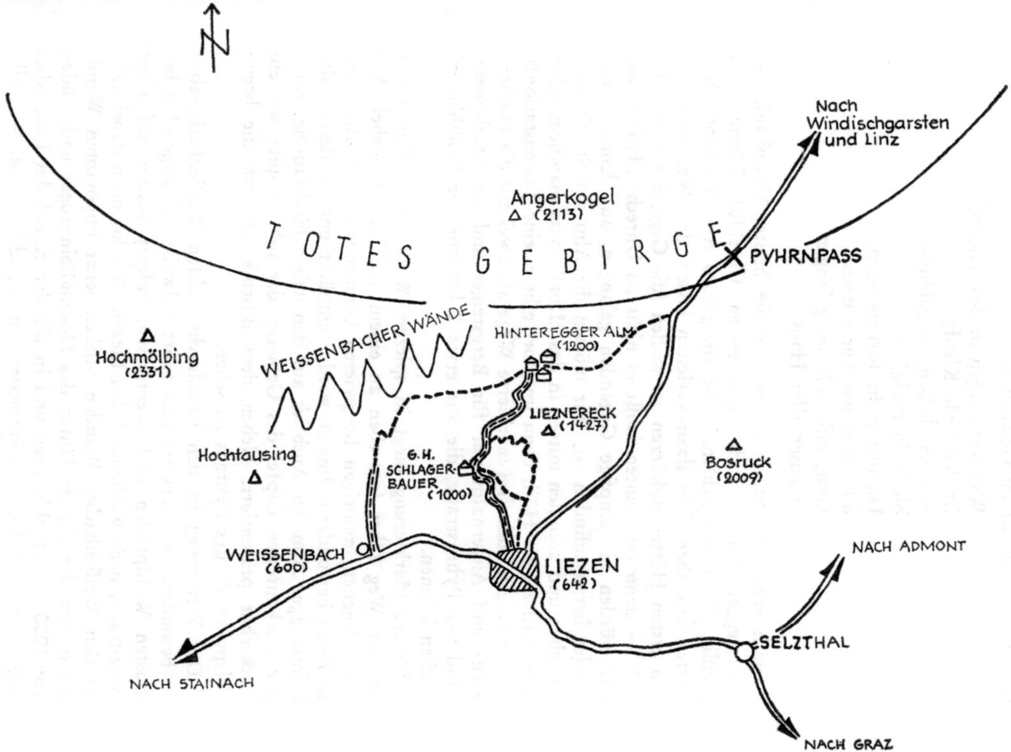
N
TOTES GEBIRGE
Angerkogel
(2113)
Nach
Windischgarsten
und Linz
PYHRNPASS
Hochmölbing
(2331)
WEISSENBACHER WÄNDE
HINTEREGGER ALM
(1200)
LIEZNERECK
(1427)
Hochtausing
G.H.
SCHLAGER-
BAUER
(1000)
Bosruck
(2009)
WEISSENBACH
(600)
LIEZEN
(642)
NACH ADMONT
SELZTHAL
NACH STAINACH
NACH GRAZ

Gampersberger erlag am 18. Oktober 1962 im 54. Lebensjahr nach Fertigstellung der Straße einem tragischen Unfall. Der Spruch am Gedenkkreuz bleibt im Gedächtnis:

Was wir bergen in den Särgen,
ist der Erde Kleid;
was wir lieben, ist geblieben,
bleibt in Ewigkeit.
Du bist nicht fortgegangen,
du gingst uns nur voraus.
Gott, laß auch uns gelangen
in unser aller Haus.

Nach etwa $1^1/_2$ St. erreichen wir die breite Almenbank der Hinteregger Alm. Gleich beim ersten Überblick können wir dreißig Almhütten zählen, es ist ein ganzes Almhüttendorf. Wir dürfen uns aber nicht dazu verleiten lassen, den Weg schon bei den ersten Hütten abkürzen zu wollen (die Gegend verlockt dazu!) — denn dort unten heißt es nicht zu Unrecht „Höll", und wir würden in sumpfige Gegenden gelangen, aus denen schwer wieder herauszufinden ist. Wir müssen die Alm der Straße nach ausgehen und kommen mitten in das „Dorf" (was manchem lieber sein wird als die Höll, denn im Dorf gibt es eine Jausenstation!). Dort zweigen auch drei markierte Wege ab, zwei auf die Hochangern- und Angernalm nur für Bergsteiger und ein bezeichneter Pfad zur Pyhrnstraße, die wir etwa 2 km vor der Paßhöhe erreichen können.

Unsere Markierung biegt in spitzem Winkel vom Hüttendorf ab, der Weg führt fast eben an einem Waldschopf vorbei. Auf hochgelegenen, moorigen Bergwiesen können wir eine interessante Flora bewundern. Immer wieder entzückt uns im Bereich der Hinteregger Alm der Ausblick auf den nahen Hochtausing, einen der markantesten Gipfel des Gebietes, der sich so spitz wie ein Zuckerhut präsentiert. Neben dem Bosruck ist auch die breite Felspyramide des Pyhrgas zu sehen.

Der Weiterweg in den bachdurchrauschten Weißenbachgraben ist besonders gut markiert und führt teilweise auf angenehm begrasten Waldpfaden und Wegtrassen, zuletzt wieder auf einer Bergstraße, nach Weißenbach bei Liezen. Wir kommen dabei nahe an den Weißenbacher Wänden vorbei, jener imposanten Wandflucht, mit der die Ausläufer des Hochmölbingzuges nach Süden gut 1000 m tief abbrechen und in die der Kessel des Luegloches wie ein riesenhaftes Amphitheater hineingeschlagen ist. Was gibt

Ruine Gallenstein, einst eine der mächtigen steirischen Burgen

Wildbach und Bergstraße in der Steiermark: im Turrachgraben

es da nicht alles zu bestaunen: riesenhafte Felskulissen, Wasserfälle und ausgewaschene Wasserrinnen, tiefe Höhlen und wild zerhackte Grate ... Ein Stück Urnatur, in dem es auch für Kletterer noch manches neu zu entdecken gäbe, das aber seltsamerweise überhaupt nicht bekannt ist. Seltene Bergblumen begleiten uns den Weg hinab. An manchen Stellen blüht sogar noch die hellrote Feuerlilie, eine streng geschützte Pflanze, die wir uns nur auf fotografischem Weg oder als unvergeßliche Erinnerung im Gedächtnis aneignen können. Von der Hinteregger Alm bis zum Gh. Weichbold an der Straße Weißenbach — Liezen (Autobusstation) rechnen wir etwa 2½ Gehstunden.

Weißenbach ist eine freundliche Ortschaft und beliebte kleine Sommerfrische, in den letzten Jahren in Sportkreisen öfter genannt wegen seiner Kunstrodelbahn. Weißenbach war seinerzeit der Alterssitz des berühmten Afrikaforschers und ehemaligen Gouverneurs von Deutsch-Ostafrika, des Majors Dr. Hermann von Wißmann, der auch dort gestorben ist und dem man an diesem seinem Lieblingsplatz ein Denkmal errichtet hat.

Für motorisierte Wanderer: Von Liezen über den Schlagerbauer führt eine Fahrstraße bis zur Hinteregger Alm. Doch können auf der Almhochfläche nur kürzere Spaziergänge unternommen werden, so daß es zweckmäßiger ist, evtl. nur bis zum Schlagerbauer zu fahren und zu Fuß zur Hinteregger Alm und zurück zu gehen. Oder ein Stück von Weißenbach in den Weißenbachgraben fahren, dort parken, zur Hinteregger Alm aufsteigen und wieder absteigen, was eine lohnende Tour wäre.

Rückkehr zum Ausgangspunkt: ab Weißenbach mit Autobus

Höhenunterschiede: Liezen (659 m) — Gh. Schlagerbauer (1000 Meter) — Liezner Eck (1217 m) — Hinteregger Alm (1200 m) — Weißenbach bei Liezen (600 m)

Gehzeiten: Liezen — Schlagerbauer 1¼ St., Schlagerbauer — Hinteregger Alm 1½ St., Hinteregger Alm — Weißenbachtal — Weißenbach 2½ St.; zusammen 5¼ St.

Orientierung: bis zur Hinteregger Alm sehr einfach, da viele Straßenstücke bzw. die Straße in der Nähe. Ab Hinteregger Alm etwa 2 km lang (½ St.) schmaler Weg; Markierung beachten! Dann wieder ausgezeichnet markiert

Günstigste Zeit: Mai bis November

Karten: Freytag-Berndt-Touristenwanderkarten 1 : 100.000, Bl. 6, Ennstaler Alpen, und Bl. 8, Östliches Salzkammergut

Besonderes: für Kinder ab 8 Jahren geeignet

16

GEBALLTE FELSWUCHT GESÄUSE

Admont

Gesäuse nannte man seit alters jene schmale Talspalte, die sich der Wildfluß Enns im Lauf der Zeiten durch die hohen Felsmauern der Ennstaler Alpen gegraben hat. Der Name kam von dem unablässigen Rauschen der Ennswasser, das noch fast 2000 m höher auf den Berggipfeln zu hören war. Später hat sich der Name des Engtales mit dem Durchbruch des Flusses auf die umliegenden Berge übertragen, und sogar der etwas abseits stehende Reichensteinstock heißt im Volksmund „das kleine Gesäuse".

Es gibt in den Ostalpen kaum ein anderes Berggebiet, in dem auf engstem Raum eine solche Zusammenballung großartiger Felsberge zu finden ist. Auf kaum 20 km Länge und wenige Kilometer in der Breite reiht sich vom Ödstein bis zum Zinödl eine Wand an die andere, jeder Absturz bis zu 1000 m hoch und darüber. Um diese geballte Wucht von Felsen scharen sich noch einzelne massive Gebirgsstöcke, kleiner im Umfang, aber formschön und nicht weniger eindrucksvoll als die Wandfluchten.

Lange blieb die Felsenwelt der Gesäuseberge unentdeckt, und sie ist auch heute jenseits unserer Grenzen noch nicht so bekannt, wie sie es verdienen würde und wie es andere — westösterreichische Gebiete — vielleicht weniger verdienten. Den besten Ruf aber hatte das „Gsäus" bei den Kletterern, auch über Österreich hinaus. Zur Durchsteigung der lange unbezwungenen, alpinen Nordwand des Zinödls und zur Bezwingung der noch schwereren Ödsteinkante, die eine Zeitlang als die schwierigste Kante der Alpen galt, kamen sogar berühmte Bergführer aus den Dolomiten angereist. Längst ist diese Zeit der fieberhaften Eroberung von Wänden und Graten vergangen, heute ist — zumeist von Wiener Kletterern — Felsführe an Felsführe durch die gewaltigen Felsmauern gefunden worden. Wiener und Steirer stellen auch heute noch die Mehrzahl der Bergsteiger im Gesäuse.

Längst ist auch das starke Rauschen der Enns verstummt, das einer ganzen Talschaft den Namen gegeben hat. Die wilden Wasser, einst das höchste Ziel von Faltbootfahrern, die dort gleich den Kletterern einen „Sechsten Grad", nur im Wasser, bezwingen konnten, sind durch Kraftwerk und Stausee gebändigt. Doch die Bezauberung, die von den Bergen ausgeht, ist geblieben. Die Wände und Grate dort mit ihrem prachtvoll festen und plattigen Fels sind immer noch ein Schaustück der Kalkalpen, höchstens mit einer Lalidererwand und dem Nordabsturz des Triglavs vergleichbar. Obwohl nicht mehr zutreffend, ist auch der Name Gesäuse geblieben, nicht nur im Namensschild der Bahnstation „Gesäuse-Eingang".

Aber: die meisten Gesäuseberge sind fast nur dem Kletterer zugänglich. Auch der leichteste Anstieg auf den höchsten Gesäusegipfel, das Hochtor, verlangt bereits Trittsicherheit, Schwindelfreiheit und Ausdauer. Einen Begriff von der Wildheit des Geländes gibt ein Blick auf die Landkarte: nur wenige markierte Steige auf wenige Gipfel, alles andere ist Urnatur. Dennoch findet auch der Wanderer, der weder klettern kann noch will (oder soll), auch im engsten Gesäusebereich Wanderwege mit unwahrscheinlich schönen Ausblicken in die Welt der Felsen. Vor allem die Hüttenwege sind für den wandernden Normalverbraucher leicht begehbar. Die beiden schönsten sind: jener zum Buchsteinhaus, einer der bequemsten Fußwege in den Alpen, dabei den beachtlichen Höhenunterschied von 1000 m überwindend! Und dann der steinige Steig zur Haindlkarhütte, heute wohl der meistbegangene, weil der Zugang oder besser die Zufahrt zum Parkplatz unmittelbar an der Gesäusestraße liegt. Die Fußtour zur Haindlkarhütte ist viel kürzer, der Höhenunterschied nur halb soviel wie jener zum Buchsteinhaus, die „Ballung“ der Anblicke ist aber im Haindlkar viel konzentrierter — es ist eine Wanderung für Eilige, die in Eile „das Schönste auf einen Blick“ erleben möchten. Die Wanderung zum Buchsteinhaus ist geruhsamer, mehr auseinandergezogen, der Weg ist auch weniger begangen. Dafür aber hat man von dort aus die ganze Front der Gesäusenordwände vor sich!

Was man auch wählen mag, den Pfad der Geruhsamen oder der Eiligen — die Gesäuseberge sind immer eindrucksvoll in ihrer geballten Felsenwucht.

Der Wegverlauf

Ausgangspunkt: Admont (641 m), an der Mündung von vier Tälern — Ennstal, Mühlau, Buchau, Veitelgraben — auf breitem Talboden gelegen. Beherrschend Stift Admont mit dem Stiftsgebäude und der Pfarrkirche. Die Benediktinerabtei im „Ademundi vallis“ geht auf ein Vermächtnis der hl. Hemma von Gurk zurück, wurde 1074 geweiht und erwarb sich bald große Macht. Als Kunststätte war es von größter Bedeutung für die Entwicklung einer bodenständigen steirischen Kunst. Schon 1152 vernichtete ein Brand den größten Teil des Stiftes, doch wurde es bald wieder aufgebaut und zu Anfang des 17. Jh.s fast völlig barockisiert. Um 1734 wurde das Stift durch Umbauten zum größten Gebäude der Steiermark gemacht, wenig später schuf man den über 70 m langen, durch zwei Stockwerke reichenden Prunksaal der Bibliothek, mit prachtvollem Deckenfresko von Bartholomäus Altomonte und berühmten Holzbildwerken („Die vier letzten Dinge“) von Joseph Thaddäus Stammel; die Ausschmückung des Stiftes war das Lebenswerk dieses steirischen Meisters. Um 1865 wurde wieder durch eine Feuersbrunst fast das ganze Stift vernichtet, doch blieb zum Glück die Bibliothek er-

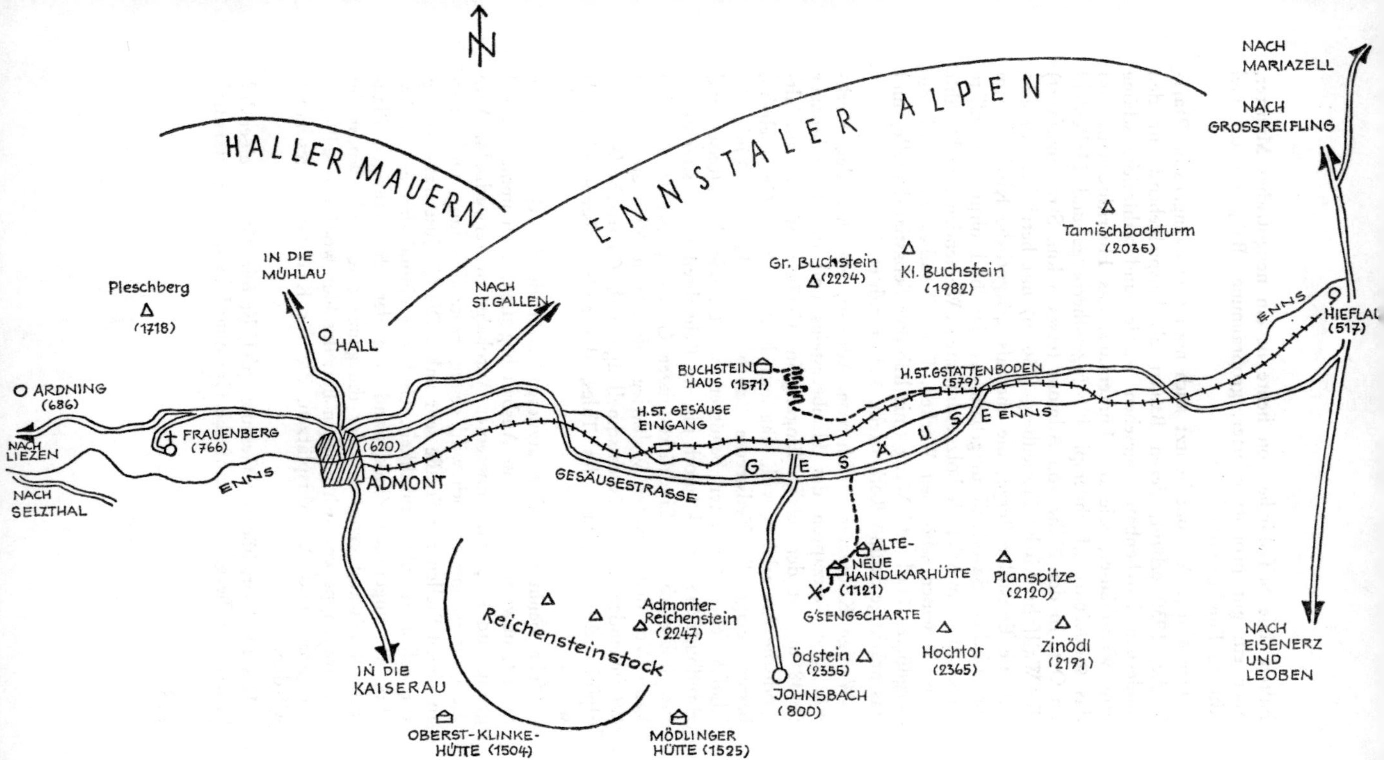
N
HALLER MAUERN
ENNSTALER ALPEN
NACH MARIAZELL
NACH GROSSREIFLING
Tamischbachturm (2036)
Gr. Buchstein (2224)
Kl. Buchstein (1982)
IN DIE MÜHLAU
Pleschberg (1718)
NACH ST. GALLEN
HALL
HIEFLAU (517)
ENNS
BUCHSTEIN HAUS (1571)
H. ST. GSTATTENBODEN (579)
O ARDNING (686)
H. ST. GESÄUSE EINGANG
ENNS
FRAUENBERG (766)
NACH LIEZEN
(620)
ADMONT
GESÄUSE
ENNS
GESÄUSESTRASSE
NACH SELZTHAL
ALTE-
NEUE
HAINDLKARHÜTTE (1121)
Planspitze (2120)
G'SENGSCHARTE
Admonter Reichenstein (2247)
Reichensteinstock
Ödstein (2355)
Hochtor (2365)
Zinödl (2191)
NACH EISENERZ UND LEOBEN
IN DIE KAISERAU
JOHNSBACH (800)
OBERST-KLINKE-HÜTTE (1504)
MÖDLINGER HÜTTE (1525)

halten. Die Stiftskirche von heute ist ein neugotisches Münster, aber ein gut proportionierter, großräumiger Bau, der auf viel älteren Fundamenten ruht.

Der Markt Admont besitzt auch noch eine evangelische Pfarrkirche, 1930 erbaut, deren Bauart als beispielgebend für den modernen Kirchenbau angesehen wurde, und zahlreiche schöne alte Wohnhäuser, wie das Lürzerhaus, das Hofrichterhaus und das sonderbare „Hühnerspital". Jugendherberge und Hallenbad im Ort. In der Nähe von Admont (etwa 6 km, Straßenzufahrt) die Wallfahrtskirche Frauenberg (766 m) mit herrlicher Aussicht auf die Ennstaler Berge; die ehemals spätgotische Kirche ist im italienischen Barockstil umgebaut worden und birgt wertvollste Arbeiten Stammels; die holzgeschnitzten „Weinenden Engel" zählt man zu seinen schönsten Werken. Eines Besuches wert auch die Bergdörfer Hall und Weng (mit hübscher Sebastianskapelle) und das prächtige Schloß Röthelstein, 1655 errichtet.

Wenige Kilometer östlich von Admont, zwischen den merkwürdigen Felszapfen des Himbeersteins und der Haindlmauer (1438 m), ist der felsige Eingang ins Gesäuse. Wer es auf altmodische Art erleben will, mag auch heute noch die Gesäusebahn, besser gesagt die Teilstrecke Selzthal — Hieflau der Linie Bischofshofen — Amstetten benützen, wo er, wie das „Reise- und Handbuch Steiermark" noch rät, im Bahnabteil rechts sitzend die fast übermächtigen Eindrücke dieser Gebirgslandschaft genießen kann. Vor dem zweiten Weltkrieg gab es von Wien aus zu den Wochenenden eigene Nachtschnellzüge nach Gstatterboden, dem alpinistischen Zentrum des Tales, die auch meistens überfüllt waren.

Mehr benützt wird heutzutage natürlich die Gesäusestraße. Sie ist, obwohl ständig im Ausbau begriffen, noch immer schmal genug und keinesfalls mit einer Autobahn zu verwechseln. Auch die Enns ist immer noch wild genug, trotz Zähmung, und sie ist an vielen Stellen der Straße sehr nahe! Die Gesäusestraße zwingt von selbst zur Beschaulichkeit. Und wer einmal den ersten Anblick der ungefügen Zinödlwand oder der scharfkantigen Planspitz-Nordwand genossen oder die ganze machtvolle Wucht der Hochtorgruppe vor sich gesehen hat, der hält wohl von selbst an den Rast- und Aussichtsplätzen, die für Kraftfahrer geschaffen wurden.

Das Hochtor, höchster Gesäusegipfel, ist mit 2365 m eigentlich kein hoher Berg. Viele einfache Grasmugel in der Nachbarschaft übertreffen die Gesäuseberge an Höhe. Was sie trotzdem so gewaltig hoch erscheinen läßt, ist die relative Höhe vom Talboden aus. Gstatterboden, kaum 600 m hoch gelegen, wird vom Hochtorgipfel um 1800 m überragt!

Von Gstatterboden aus wandern wir zum Buchsteinhaus: auf bezeichnetem, betafeltem Reitweg, der zuerst am waldigen Südhang des Großen Buchsteins aufwärtszieht, bis zur Pichlmayeralm (1119 m) hinter dem Bruckstein ein gewöhnlicher Hüttenweg mit manchen Kehren. Doch dann wird die Steilstufe durchs „Krautgartl", einen bewachsenen Steilhang, auf geradezu amüsante Art überwunden: fast unzählige Spitzkehren ziehen da zur Höhe, eine so knapp über der andern, daß es fast verwirrend wirkt. Eilige Bergsteiger, meistens junge „Stürmer und Dränger", schneiden diese — auf der Landkarte schraubenartig gewundenen — Kurven natürlich ab, indem sie auf Abkürzungswegen mitten durchwandern. Doch ist dabei letzten Endes wenig erspart, da man auch auf den Spitzkehren schnell zur Höhe kommt; mit Abschneiden würde man sich um den einmaligen Genuß dieses bequemen Weges bringen! So ist auf angenehmste Weise in $2^1/_2$ St. das Buchsteinhaus (1571 m) des TV „Die Naturfreunde" erreicht, und wir können uns ganz der wohl schönsten und eindrucksvollsten Nahsicht in den steirischen Bergen hingeben, auf die geballte Felswucht Gesäuse, die die Nordabstürze von zehn Felsgipfeln auf engstem Raum bilden. — Den Großen Buchstein (2224 m), so nahe er ist, überlassen wir trittsicheren Bergsteigern; er ist wegen der unangenehmen Querung am Westhang gefürchtet und hat bei Schneelage dort auch schon Opfer gekostet. Doch ist die Hüttenwanderung allein schon eine gute Tour für sich. Rückkehr auf demselben Weg nach Gstatterboden.

Der markierte Pfad zur Haindlkarhütte beginnt bei einem großen Parkplatz etwa $2^1/_2$ km von Gstatterboden entfernt. Er zieht an Wildbachschluchten entlang oder überquert sie, ist steil und steinig, grießig und schuttig, wird aber viel begangen. Viele kalkliebende Blumenarten, z. B. Schneerosen, Frühlingsheide, wie auch am Weg zum Buchsteinhaus, erfreuen uns unterwegs. Der Rückblick zum gegenüberliegenden Buchstein ist herrlich, wenn dieser Berg auch zu den weniger attraktiven Gesäusegipfeln gehört. In der Gesellschaft von Planspitze oder Hochtor würde er verschwinden, als allein stehender Felsstock wirkt er großartig. Der Kleine Buchstein, mit dem Großen durch den zackigen Buchsteinmauerngrat verbunden, ist eine „aufsehenerregende" Berggestalt, ein steiler Felsturm, allseits nur mit Kletterei ersteigbar. Das größte Erlebnis am Aufstieg ins Haindlkar ist natürlich der Aufblick zu den himmelhohen Wänden, die stark verkürzt erscheinen, was einem aber nur bewußt wird, wenn man die Höhenzahlen kennt.

Wir kommen an der Alten Haindlkarhütte (1050 m) vorbei, die jetzt nur mehr benützt wird, wenn auf dem neuen Schutzhaus zuwenig Platz ist. Kaum zu glauben, daß dieses winzig kleine, an einen Felsblock geduckte Hüttchen Ausgangsstation für die Eroberung der Gesäusenordwände war! In wenig mehr als 1 St. ist die Neue Haindlkarhütte (1121 m) erreicht. Sie ist ein in vielem bemerkenswerter Bau, ihre Lage — quer auf einen Riegel gestellt — ist allein schon interessant. Diese Hütte der ÖAV-Sektion „Reichensteiner" ist als durchaus moderner Stützpunkt anzusprechen, hat elektrisches Licht und Telefonverbindung.

Von der Neuen Haindlkarhütte gibt es keinen normalen Weiterweg, der leichteste wäre der Peternpfad, doch der Name täuscht — das ist kein Pfad, sondern eine Kletterei, die noch dazu viel Ausdauer erfordert und mitten durch die Nordwandflucht in mehrstündigem Anstieg auf die Peternscharte und zur Heßhütte führt. Sehr schön für Wanderer aber ist ein Aufstieg auf deutlichem Pfad zur wenig höheren Gsengscharte mitten in einer chaotischen Berglandschaft von unter- und übergeordneten Felstürmen, Schluchten und Bachrinnen, Schutthalden und Wänden. Etwa ¼ St. dauert der Anstieg zu der breiten Scharte (ein Abstieg jenseits ins Johnsbachtal ist nicht zu empfehlen, Steinschlag, Rutschgefahr!), und die Aussicht auf weniger steile Berge ist fast erholsam. Vor allem haben wir hier den Admonter Reichenstein vor uns, vielleicht den formschönsten und elegantesten, aber doch etwas weniger mächtigen Gesäusegipfel. Immerhin ist seine berühmte Nordwand auch 600 m hoch. Zur Rechten ist der Hochtausing zu sehen, der schmalschneidige Berg im Ennstal, dahinter die breite Masse des Toten Gebirges mit Warscheneck und Zentralmassiv, zur Rechten der Scheiblingstein mit dem Pyhrgas in den Haller Mauern. Sehr schön auch der Abblick auf das breite grüne Ennstal mit Weng und dem Pleschberg. — Rückkehr ins Tal auf demselben Weg.

Höhenunterschiede: Gstatterboden (579 m) — Buchsteinhaus (1571 m); Gstatterboden — Gesäusestraße — Parkplatz (600 m) — Neue Haindlkarhütte (1121 m) — Gsengscharte (1200 m)

Gehzeiten: Gstatterboden — Buchsteinhaus 2 1/2 St., im Abstieg 2 St.; Parkplatz — Neue Haindlkarhütte 1 1/4 St., Gsengscharte 1/4 St.; Gesamtabstieg bis Parkplatz 1 St.

Günstigste Zeit: Die Haindlkarhütte ist von Pfingsten bis Anfang Oktober (10.) bewirtschaftet; vorher ist ein Besuch wegen der nordseitigen Lage nicht lohnend. Das Buchsteinhaus liegt sonniger, doch werden wir auch nicht vor Ende Mai kommen; Bewirtschaftungszeit meist bis 30. September. Winterbesuch nicht angebracht: das Gesäuse ist sehr lawinengefährdet; am Tamischbachturm befindet sich sogar eine Lawinenwarnstelle, schon wegen der gefährdeten Bahntrasse; die Gesäusestraße ist im Winter oft gesperrt. Admont und Nebenorte kann man natürlich ohne weiteres im Winter aufsuchen, es sind sogar sehr schöne Wintersportgebiete mit Skiliften.

Ein aufstrebender, wenig bekannter Wintersportort ist Ardning (686 m) zwischen Bosruck und Pleschberg, in ruhiger Lage sehr sonnenreich gelegen, auch eine Sommerfrische. Straße von Selzthal, Admont, Liezen; Haltestelle der Pyhrnbahn. Interessante alte Bauernhäuser

Karte: Freytag-Berndt-Touristenwanderkarte 1 : 100.000, Blatt 6, Ennstaler Alpen

Besonderes: für Kinder ab 8 Jahren geeignet

17

HINTER DEN SIEBEN BERGEN

St. Gallen in der Steiermark

Der alte Zauberspruch aus dem Märchen vom Schneewittchen kommt einem unwillkürlich in den Sinn, wenn man eine Fahrt nach St. Gallen in der Steiermark plant oder sich dieser ursteirischen Sommer- und Winterfrische nähert: hinter den sieben Bergen ... Ja, es sind genau sieben Berge im Westen, die sieben Gipfel der Haller Mauern, hinter denen St. Gallen, verborgen und verwunschen bis in unsere Zeit hinein, ein Schneewittchen- oder Dornröschendasein verträumte. Und mindestens ebenso viele Erhebungen sind es, die St. Gallen im Süden abschirmen: die Felsenkette der Gesäuseberge vom Großen Buchstein bis zur Almmauer, eine Reihe eigenartig geformter, kühner Hörner oder breitwandiger Berge. Von der Südseite her bekannt und beliebt, sind sie von St. Gallen aus wenig bestiegen. Auch im Norden und Osten ist der Markt von Bergen umstellt. Es sind niedrigere und waldreiche Kogel, auf ihre Art aber vielleicht nicht minder „wild" als die hohen Gesäusegipfel. Rund 1000 Meter hoch sind diese Vorberge, aber ihre Namen sprechen Bände: Ennsbaum und Todtenmann, Grantenberg und Teufelskirche! Wahrlich eine rauhe Gegend mit abgeschürftem Fels, mit Klammen und lebhaften Wassern, mit geheimnisvollen Höhlen, mit Felstürmen bewaffnet und bewehrt.

Eine der Hauptattraktionen von St. Gallen ist die Ruine Gallenstein, einst eine der schönsten Burgen des Landes, auch als Ruinengemäuer noch sehenswert. Der Gallenstein, in beherrschender Lage 100 m über dem Talboden gelegen, spielte eine große Rolle während des steirischen Adelsaufstandes im Jahre 1292 gegen Herzog Albrecht, aber auch als Fluchtburg während des Bauernaufstandes (1525) und der Türkenkriege (1532). Bemerkenswert die spätgotische Pfarrkirche im Ort, vielbewundert wird der große Hochaltar aus rotem Marmor mit einem Marienbild des Kremser Schmidt. Die Seitenaltarbilder werden Bartholomäus Altomonte zugeschrieben, auch Stammel, der Meister vom Stift Admont, soll seine Kunst in der Pfarrkirche von St. Gallen erprobt haben. Ein als wundertätig verehrtes Christuskind, das „St. Gallener Kindl“, ist neben dem Ignatiusaltar zu sehen. An der Südausfahrt des Marktes ist noch eine gotische Wegsäule erhalten geblieben. Am Marktplatz in St. Gallen befindet sich auch — was kaum bekannt ist — das Wohn- und Sterbehaus des Dachsteinforschers Univ.-Prof. Dr. h. c. Friedrich Simony; eine Gedenktafel, gestiftet von der Österreichischen Geographischen Gesellschaft und vom Österreichischen Alpenverein, gibt uns Kunde davon.

St. Gallen hieß in alten Zeiten schlicht und einfach „Wald“ — „Sankt Gallus in Silva“ nannte man die Kirche. Und der Wald ist es, der das Gesicht der Landschaft dort geprägt hat und mit Forstwirtschaft und Jagd das Leben der Bewohner bestimmt. Auch die Fabrik in Weißenbach, dem 2½ km entfernt gelegenen „Industriebezirk“ des Marktes, lebt vom Wald: man erzeugt Zellulose. Dieser große, an vielen Stellen noch urtümliche Waldbereich, der hinübergreift bis in die Laussa, eines der schönsten und ursprünglichsten Täler der Nordalpen, ist auch mit Jagd- und Forststraßen gut erschlossen und ein Paradies des Wanderers. Nicht des Motorwanderers, denn manche dieser Straßen ist wie so viele in der Steiermark mit Schranken gesperrt. Aber der Fußwanderer kann, wenn er nicht gerade zur Jagdzeit kommt, diese breiten und bequemen Fahrwege als guten Wanderboden benützen. Trotzdem wird gerade der Motorisierte an und um St. Gallen viel Erfreuliches finden. Allein schon die Anfahrt von Admont über Weng und den Buchauer Sattel, ein weltfernes Waldtal, ist ein Erlebnis für sich! Diese Zufahrtsstraße wird auch über den Winter offengehalten, so wie jene aus dem Ennstal über Weißenbach. Eine weniger gute, aber interessante Fahrstraße, die im Winter manchesmal gesperrt ist, führt von Großreifling her über den Erbsattel; sie ist Fahrern empfohlen, die gerne kurvenreiche Bergstraßen bezwingen. In der Nähe des Erbsattels erhebt sich Schloß Kassegg, eine Fremdenpension, die besonders für Gruppenaufenthalte geeignet ist. Das Schloß mit seinen Türmchen und Zinnen wirkt inmitten der stillen Wald- und Wiesenlandschaft wie eine verkleinerte Ausgabe eines der bayrischen Königsschlösser.

Das steirische St. Gallen ist sogar im eigenen Land noch so unbekannt, als läge es hinter dem Mond — oder in der Schweiz. Es wird nämlich gerne mit dem natürlich viel berühmteren St. Gallen in der Schweiz verwechselt, und der Fremdenverkehrsobmann unseres steirischen Marktes weiß nette kleine Geschichten zu erzählen, wie nach St. Gallen (Steiermark) aufgegebene Pakete todsicher zuerst fast in der Schweiz landeten oder Telefonverbindungen zuerst mit der Schweiz hergestellt wurden, bevor man sie in das steirische Netz einschaltete! Diese Verwechslungen haben aber seit der Einführung der Postleitzahl und des telefonischen Selbstwählverkehrs aufgehört. Und daß das steirische Sankt Gallen im eigenen Land unbekannt ist, sagt noch nicht, daß man es nicht anderswo kennt! Es kommen Wiener dorthin auf Urlaub, für welche die Anfahrt durchs Alpenvorland über Lunz günstiger ist als etwa für die Grazer, die ganze Wälle von Bergen überwinden müssen, um nur einmal in die Nähe von St. Gallen zu kommen! Und seltsamerweise ist unser steirisches Schneewittchen hinter den sieben Bergen auch schon deutschen Urlaubsgästen ein Begriff.

Die Spazier- und Wanderwege im Markt und drumherum sind daher bestens gepflegt und bezeichnet und können jedem Spazierwanderer empfohlen werden. Wer nach St. Gallen kommt und es noch nicht kennt, möge zuerst überhaupt die Atmosphäre dieser abgeschlossenen Landschaft auf sich wirken lassen, die Frische und Ursprünglichkeit eines noch kaum entdeckten Urlaubsortes (der natürlich alles tut, um seinen Gästen zu gefallen!). Ein nettes kleines Erlebnis für sich ist eine Wanderung zur Ruine Gallenstein (aus den Fenstern und Luken des Gemäuers hat man übrigens sehr fotogene Ausblicke, u. a. auf den Kleinen Buchstein); man steigt dabei vom Ort zuerst tief hinab in die Schlucht des Buchaubaches (der Gallenstein ist von zwei Bächen umflossen) mit seinem hellen Gestein und Gewässer, und jenseits wieder steil hinauf zum Burgberg. Der Rückweg kann auf einem Fahrweg genommen werden, der in die Straße zum Erbsattel mündet. Ein weiterer lohnender Ausflug führt zur Teufelskirche; bezeichneter Weg, große Höhle unterwegs, etwa 1½ St. über das Bergerviertel (1058 m).

Das Schönste für Wanderer im Bereich von St. Gallen aber ist eine Tour durch die Spitzenbachklamm in wildromantischer, auch geologisch bedeutender Umgebung. Gewiß eine der merkwürdigsten Klammen der Kalkalpen: keine enge, dunkle Schlucht, sondern eine helle, grüne Wildnis, von lichtem Wasser durchbraust und von vielerlei interessanten Pflanzen und Blumen gesäumt. Die Spitzenbachklamm steht unter Naturschutz.

Der Wegverlauf

Ausgangspunkt: Luftkurort St. Gallen, 513 m, erreichbar von der Bahnstation Weißenbach-St. Gallen der Strecke Selzthal — Amstetten mit Fahrzeug (Autobus) oder zu Fuß (ca. 3 km); oder von Admont über den Buchauer Sattel mit Fahrzeug (Autobus). Der Spitzenbach mündet ca. 1 km nordöstlich von St. Gallen in spitzem Winkel in den Buchaubach. Der Markt St. Gallen ist durch eine breite Anhöhe, einen Ausläufer der Teufelskirche, vom Spitzenbachgraben getrennt. Um dieses Hindernis zu überwinden, steigt man auf bezeichnetem Weg, an der Pfarrkirche vorbei, durch das „Bergerviertel" ein Stück bergan und jenseits (Steig oder Fahrstraße) wieder bergab zum Spitzenbach, etwa 20 Minuten. Wer den Spitzenbachgraben in seiner ganzen Länge begehen will, wandert oder fährt auf der Straße nach Weißenbach ca. 1 km und folgt dem bezeichneten Fahrweg längs des Baches bergauf, ca. 3/4 Std. bis zur Einmündung des Weges über das Bergerviertel. Knapp vor dem Zusammentreffen beider Wege die Gebäude der ehemaligen Kaltwasserheilanstalt und eine Jausenstation (Haus aus dem Jahre 1740). Nun immer dem Bach entlang in unbeschwerlicher Steigung auf markiertem Fahrweg, an einigen Häusern vorbei in die Klamm, die mit einem kleinen Wasserfall beginnt. Die Felsen im Spitzenbachgraben sind für ihre Versteinerungen bekannt und haben schon manchen Geologen nach St. Gallen gelockt. Auch dem Laien fällt die merkwürdige Schichtung und Färbung des Gesteins auf. Bizarre Felsgruppen, steinerne Finger und Türmchen säumen die breite Schlucht mit ihren steilen, aber fast überall begrünten Flanken. Nicht nur der Hauptbach erfreut uns durch seine Wasserspiele, sondern auch kleinere Seitenbäche bringen Wassermusik in die Landschaft. Höher oben, am Ende der Klamm, verstummt die unaufhörliche Melodie wie mit einem Schlage und macht einer großen Stille Platz.

Bis zum Ende der Klamm wandern wir etwa 1 1/2 bis 2 St. Am Ende des Fahrweges (der etwa in der Mitte der Klamm mit einem versperrbaren Schranken versehen ist) beginnt ein schmaler, steiniger und steiler Pfad, der über den Sauboden (1174 m) auf das Kleine Maiereck (1595 m) und Große Maiereck (1764 m) führt. Dieser Steig ist markiert, aber nur ausdauernden Bergsteigern zu empfehlen. Eine wunderbare Aussicht zu den Haller Mauern und Gesäusebergen, aber auch ins Tote Gebirge und zum Hochschwab würde die Mühen dieser Tagestour allerdings reichlich lohnen (kein Gasthaus unterwegs!).

Variante für motorisierte Wanderer: für die Spitzenbachklamm lassen wir das Fahrzeug am besten zu Hause. Wenn wir aber eine interessante Rundtour machen wollen, fahren wir von St. Gallen auf dem Fahrweg über das Bergerviertel in den Spitzenbachgraben hinab und biegen nach etwa 1 km Fahrt bergauf im Graben zur Rechten auf eine Forststraße ab, die in die Breitau führt. Nach

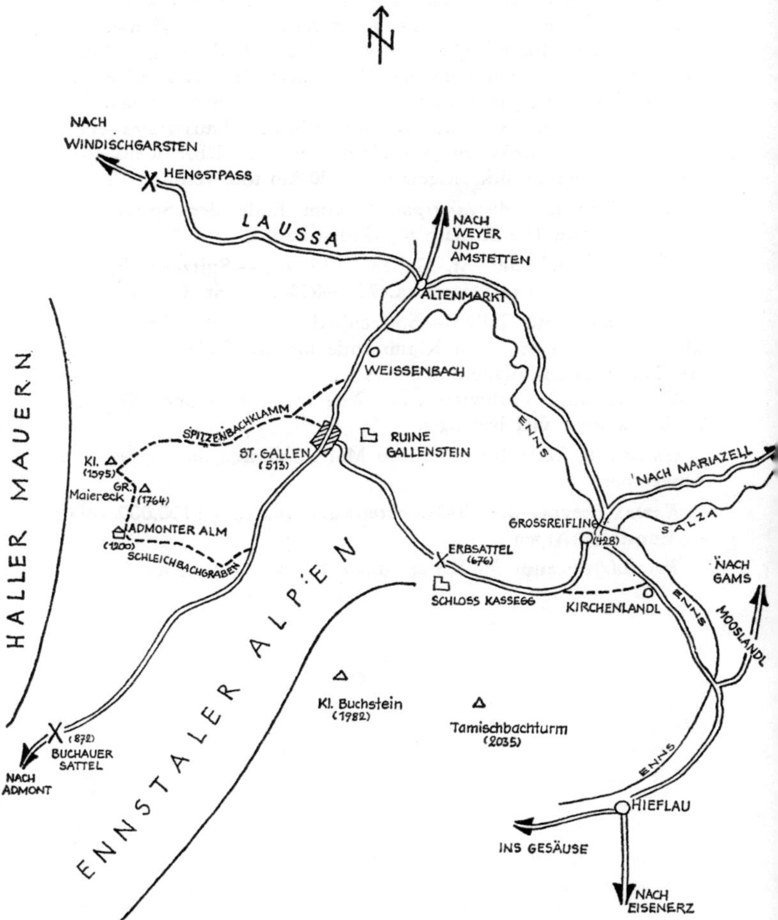
N
NACH WINDISCHGARSTEN
HENGSTPASS
LAUSSA
NACH WEYER UND AMSTETTEN
ALTENMARKT
WEISSENBACH
HALLER MAUERN
SPITZENBACHKLAMM
RUINE GALLENSTEIN
ST. GALLEN (513)
Kl. (1595)
GR. Maiereck (1764)
ADMONTER ALM (1200)
SCHLEICHBACHGRABEN
ENNS
NACH MARIAZELL
SALZA
GROSSREIFLING (428)
ERBSATTEL (676)
SCHLOSS KASSEGG
KIRCHENLANDL
NACH GAMS
MOOSLANDL
ENNSTALER ALPEN
Kl. Buchstein (1982)
Tamischbachturm (2035)
(872) BUCHAUER SATTEL
NACH ADMONT
HIEFLAU
INS GESÄUSE
NACH EISENERZ

etwa 2 km Fahrt eine große Kehre (Parkplatz bzw. Ausweiche); wir fahren im spitzen Winkel zur bisherigen Richtung weiter. Die Breitau ist eine wunderschöne Hochebene, zwischen Schwarzeck (1015 m) und Hocheck (1071 m) etwa 700 m hoch gelegen. Einige große Bauernhöfe mit teilweise jahrhundertealten Gebäuden. Wir fahren jenseits bergab ins Laussatal und gelangen bei Altenmarkt ins Ennstal. Am Ausgang des romantischen Laussatales einige sehenswerte Baulichkeiten (alte Hammerwerke). Über Weißenbach nach St. Gallen zurück, insgesamt ca. 20 km tour-retour.

Rückkehr zum Ausgangspunkt: vom Ende der Spitzenbachklamm in etwa 1½ St. nach St. Gallen zurück

Höhenunterschiede: St. Gallen (513 m) — Spitzenbachgraben 500 m — Spitzenbachklamm ca. 700—800 m — St. Gallen 513 m

Gehzeiten: St. Gallen — Spitzenbach 20 Min., Spitzenbachklamm ca. 1½ St., vom Klammende bis St. Gallen ca. 1½ St. Als Halbtagstour planen!

Orientierung: unschwierig; der Weg ist bis zum Ende der Spitzenbachklamm viel begangen

Günstigste Zeit: Juni, evtl. ab Mai in schneearmen Jahren, bis November

Karte: Freytag-Berndt-Touristenwanderkarte 1 : 100.000, Blatt 6, Ennstaler Alpen

Besonderes: auch für Kinder unter 10 Jahren geeignet

Der Admonter Reichenstein, eine markante steirische Berggestalt

Johnsbach im Gesäuse, Inbegriff eines Bergdorfes

18

VON GIPSGROTTEN, EISHÖHLEN UND SCHWEFELQUELLEN

Von Gams durch „Die Noth" nach Hinterwildalpen

Es gibt in der Steiermark Gegenden, die könnten mit Recht zumindest im eigenen Land, wenn nicht in aller Welt bekannt und gerühmt sein. Man hat den Kessel von Gams einmal das „Verlorene Tal" genannt, dieser Name besteht zu Recht im Sinne von weltabgeschieden und weltverloren. Man erzählt dort, daß das Dorf Gams bei Hieflau so versteckt in den Bergen liegt, daß es während der Koalitionskriege sogar von den Franzosen verschont blieb, die doch wahrhaftig überall in der Steiermark hausten und plünderten! Obwohl Gams — der Name allein schon spricht für sich! — heute ein kleiner, gesuchter Urlaubsort ist, hat sich an seiner Abgeschiedenheit doch wenig geändert. Wohl führt eine wichtige Verkehrsverbindung, die Dreimärkterstraße ins Salzatal, an Gams vorbei, aber der Hauptteil des Dorfes liegt abseits, was für die Urlauber allerdings kein Nachteil ist.

Voller Naturschönheiten und voller Bodenschätze, voll von geologischen Besonderheiten steckt dieser waldige Talkessel in den Westausläufern des Hochschwabgebirges. Da gab es im 15. Jh. einen Bergbau, der dem reichen Stift Admont gehörte. Gagat oder Pechkohle hieß das glänzendschwarze Material, aus dem Schmuck hergestellt wurde. Im 17. Jh. wurde die Förderung eingestellt. An mehreren Orten, so z. B. am Akogel, wurde nach Kohle gegraben. Man fand auch immer wieder Flöze, teilweise sogar mit Glanzkohle, doch lohnte der Abbau nicht. Daß es auch Eisenerze in der Gegend von Gams gibt, darauf deutet schon der Name des Silbereisenkogels im hintersten Goßgraben hin. Im dunkelgrauen Guttensteiner Kalk, aus dem sich manche Berge um Gams aufbauen, fand man auch Flußspat in würfeliger Kristallform. Die violetten Kristalle werden gerne mit Amethysten verwechselt, zumindest der Laie findet sie ebenso schön wie diese. In Gams gab es auch eine Schwefelquelle, die in Verbindung mit der Gipsgrotte stand, jetzt aber verschüttet ist.

Die Krausgrotte im Nothgraben ist eine Gipskristallgrotte. Nur drei solcher Höhlen sind auf der Welt bekannt, eine davon in Kentucky, eine in den französischen Alpen und eine — in der Steiermark. Die Krausgrotte, nach ihrem Erschließer, dem Höhlenforscher Reg.-Rat Franz Kraus benannt, ist eines der größten Naturwunder Österreichs. Auch die Nothklamm, an deren Hang die Grotte 100 m über dem Talboden liegt, ist eine der interessantesten Klammen der Alpen. Sie ist nur, wie auch die Krausgrotte, viel zu wenig bekannt. „Die Noth" ist eine enge Felsenschlucht, deren Wände glatt wie mit dem Messer aus dem Berg geschnitten sind; tief unter der Straße, die in den hintersten Gamsgraben führt, rauscht und tost das helle Wasser talaus. Wie der Name besagt, hat dort wohl des öfteren arge Wassersnot geherrscht. Die geheimnisvollen Gewässer des Hochschwabs, kristallklar, nach unerfindlichen Gesetzen kommend und gehend, im Karst versickernd und unvermutet wieder ans Tageslicht brechend, werden bei Unwettern in Sekundenschnelle zu brüllenden, tosenden Wildbächen, die das mürbe Gestein mit sich reißen und weite Strecken Landes vermuren.

Einen Besuch von Gams, der Nothklamm und der Grotte kann man sehr gut mit einer Fahrt durch das Gesäuse oder über den Präbichl kombinieren. Will man Wanderungen damit verbinden, wird man am besten die Bahn als Zubringer wählen. Wie von selbst ergibt es sich dann, daß man dabei auch Großreifling und Landl besucht. Großreifling war einst Sitz eines Eisenwerkes der Innerberger Gewerkschaft, also mit dem Eisenerzer Erzberg verbunden. Manch altes Gewerkenhaus zeugt noch von seinerzeitiger Bedeutung und großem Wohlstand. Bemerkenswert die beiden alten Getreidekästen, einer aus gotischer Zeit, der andere aus dem 17. Jh. Die kleine gotische St.-Nikolaus-Kirche birgt sehenswerte Netzgewölbe und Altäre. Der berühmte Großreiflinger Flügelaltar ist im Grazer Landesmuseum Joanneum untergebracht. Der Ort hat eine sehr romantische Lage: über der Mündung der Salza in die Enns steil an den Berg gebaut, wo Wälder und Wände nahe an die Ufer herantreten. Großreifling, 428 m hoch gelegen, ist „Erholungsdorf" und wie das nahe Landl (der Ortsteil heißt Kirchenlandl zum Unterschied von Mooslandl am anderen Ufer der Enns; der Bahnhof Landl liegt am Ennsufer, von beiden „Landln" je 3 km entfernt) heute ein kleiner Urlaubsort. Das höher gelegene Landl ist von dort über die Fahrstraße oder über den sog. „Übergang" im Tamischbachgraben erreichbar, etwa 1 St. Von Kirchenlandl mit seiner hübschen spätgotischen Kirche bietet sich ein Prachtblick auf die Salzamündung in tiefer Schlucht.

Kommen wir mit der Bahn, so können wir ab Großreifling zu Fuß nach Gams wandern. Ein besonders schöner Spazierweg, der Karl-August-Steig, führt als eine Art Waldpromenade im Gelände der Steinwand am Ufer der Salza entlang. Auf dem Kaisersteig wandern wir weiter über eine Einsattelung nach Gams, etwa 2 St. Dabei steigen wir hoch über das tiefeingeschnittene Flußbett der Salza hinauf. Die Salza ist eines der schönsten Wildwasser der Alpen; in früheren Zeiten, ja noch bis vor wenigen Jahrzehnten wurde auf der Salza geflößt. Die Salzaflößer waren eine eigene Zunft; rauhe Gesellen von unglaublicher Behendigkeit und Körperbeherrschung. Heute wird der Holztransport aus dem Salzatal auf der Dreimärkter-Bundesstraße abgewickelt. Die Straße durch das Salzatal ist jetzt verhältnismäßig gut ausgebaut, ist aber immer noch mit ihren vielen Kurven, hart an Fels und Wasser gebaut, gefährdet durch Hochwasser, Rutschgefahr und Steinschlag, mit der nötigen Vorsicht zu genießen. Von den Gefahren der Straße ahnen wir nichts, wenn wir hoch über dem Fluß über die Steinwand wandern; eine Variante des Steiges, die aber recht steil ist, geht auch über den 951 m hohen Gipfel der Steinwand. Immer aber ist der Tiefblick auf den Fluß verblüffend. Man hat die Salza smaragdgrün genannt; ob diese Farbenbezeichnung treffend ist, weiß ich nicht. Mir scheint die Salza am ehesten dem Isonzo mit seinem unglaublichen Farbenspiel zu gleichen.

Haben wir in Gams die Krausgrotte und die Nothklamm besichtigt und wollen die Tour auf zwei Tage ausdehnen, empfiehlt sich eine Begehung der Eishöhle am Beilstein (1372 m). Beide Höhlen sind nur unter Führung zu begehen (Führer im Ort Gams), die Krausgrotte ist zusätzlich mit einem Tor verschlossen. Wenn wir anschließend das Salzatal und seinen Hauptort Wildalpen oder überhaupt ein Stück des Hochschwabs kennenlernen wollen, wäre die etwa fünfstündige Wanderung von Gams über den Sattel der Goß nach Hinterwildalpen und Wildalpen angebracht. Oder wir verbringen überhaupt einige Urlaubstage in Gams, was nur zu empfehlen ist, und wandern auf die Berge rundum mit ihren lustigen Namen: da wäre der Steinberg mit seinem Vorgipfel Bergstein, dann das fast 1600 m hohe Stangl oder das merkwürdige Kerzenmandl, benannt nach Leonhard Kerzenmandl, einem Ortsansässigen, welcher der Kirche von Landl einen pompösen Marmorepitaph gestiftet hat. In der Nähe von Gams erhebt sich auch der Berg mit dem kürzesten Namen in der Steiermark: der „A-Kogel", 1280 m hoch und sogar durch markierte Wege erschlossen. Unter vielem anderen Erfreulichen ist auch die Hochschwabflora, mit Schneerosen, Frühlingsheide, Petergstamm (gelben Aurikeln), Knabenkräutern u. a., gut vertreten.

Der Wegverlauf

Ausgangspunkt: Mit der Gesäusebahn oder der Präbichlbahn (in jedem Fall landschaftlich großartige Strecke) nach Hieflau. Ab Hieflau ist die Umgebung weniger hochalpin, doch immer noch wuchtig: etwa die felsige Wandau, durch die sich die Enns in einem engen Durchbruch zwängt, in dem Bahn und Straße nur knapp Platz gefunden haben. Die Bahnfahrt bis Großreifling wird durch einige kleine Tunnels angenehm unterbrochen. Um den Karl-August-Steig nach Gams zu erreichen, wandern wir von Großreifling über die Ennsbrücke, dann der Straße nach bis zur Salzamündung und über die Brücke zum Salzabauer, wo der bezeichnete Steig beginnt. Erst fast eben und nahe dem Fluß, später etwas ansteigend, an Rastbänken vorbei zum Kaisersteig und über einen Sattel durch Wald zum Gamsbach hinab und nach Gams (550 m), etwa 2 St.

In Gams erkundigen wir uns nach den Führungen durch die Krausgrotte und wandern oder fahren dann die 2 km auf einer Straße, die schon seit 60 Jahren der Holzbringung dient, durch die Felsenenge der Noth (mehrere Tunnels). Zur Rechten bezeichneter Steig zur Krausgrotte, etwa 40 Min. ab Gams. Am Eingang zur Höhle befindet sich eine Bronzebüste des Höhlenerschließers, die manchen vielleicht etwas kitschig anmutet, aber von großer Lebendigkeit ist. Die Höhlenführer entledigen sich ihrer Aufgabe mit Wissen und Witz. Im Licht der Karbidlampen funkeln Millionen von Gipskristallen — es gibt „echte" durchsichtige Zwillingskristalle, die von den Höhlenführern ängstlich gehütet werden, und „unechte" Kristallbildungen, die nicht beständig, aber märchenhaft schön anzusehen sind. Der pseudomorphe Gips ist nicht nur weiß, sondern schimmert in vielen Farben, grau, braun und rot. Dazwischen sind Tropfsteine, zu merkwürdigen Gebilden geformt, wie dem „Wasserfall". Die Haupthalle der Grotte hat die Ausmaße eines Kirchendoms. Besonders interessant sind die merkwürdigen, fast kreisrunden Löcher und Kolke an den Wänden und im Boden, die von den Schwefeldämpfen der heißen Quellen stammen, welche auf irgendeine Art in Verbindung mit der Grotte gestanden sein müssen. Der Boden ist mit Gips wie mit einem weichen Teppich bedeckt.

Eine Höhlenführung dauert etwa 1 St. Anschließend werden wir uns die glattgeschliffenen Felsmauern der Noth ansehen, durch die Tunnels hinaufwandern in den oberen Gamsgraben mit seinen spärlichen Ansiedlungen (Gh.). Der Gamsbach in der Goß ist bekannt als Fundstelle von versteinerten Schnecken. Sie sind nicht so groß wie die versteinerten Ammonshörner, die man im Waaggraben bei Hieflau gefunden hat; trotzdem macht es auch dem Laien Freude, eine solche versteinerte Trophäe für das Privatmuseum nach Hause zu bringen.

Je nach der Wanderfreude können wir den Gamsgraben bis in den Talschluß durchwandern und uns an dem stillen, von Waldbergen umstandenen Hochtal erfreuen; das wäre ein Halbtagsausflug, die Krausgrotte inbegriffen. Oder wir wandern nach einem markierten Weg, am Eingang der Noth abzweigend, sanft ansteigend durch den Gamsforst zum Kandlbauer (831 m) und nach Gams zurück, was im ganzen rd. 3 St. in Anspruch nehmen wird. Der bezeichnete Übergang von Gams über den Goßsattel geht durch die Noth, durch den Gamsforst, meistens durch herrlichen Hochwald, an verstreuten Bauerngehöften und Almen vorbei in den Goßgraben und auf den 1332 m hohen Sattel „Auf der Goß" mit Wegkapelle. Wenn wir einen noch schöneren Blick auf Gesäuseberge und Hochschwab haben wollen, wandern wir einem bezeichneten Steig nach über den Lurgkogel zur Gegalalm und auf den Kleinen Buchberg (1451 m), hin und zurück zum Sattel 1 St. Der Weg senkt sich jenseits steiler bergab, an den zerrissenen Lurgmauern vorbei in den waldumrauschten, felsumstellten Kessel von Hinterwildalpen (784 m), etwa 4 St. ab Gams. Hinterwildalpen ist wie Wildalpen, das wir von dort in 1½ St. Straßenwanderung erreichen, ein kleiner, aber begehrter Urlaubsort, vor allem für Wiener, die dorthin bessere Verkehrsverbindungen haben als etwa die Grazer. Von der Wildalpener Gegend — der ganze Hochschwab hieß im Mittelalter noch „Die Wildalpen" oder einfach „Gamsgebirg" — schrieb der Reiseschriftsteller von Sartori um 1800:

„Ich habe Österreich ob und unter der Enns gesehen, ich kenne Salzburg und Berchtesgaden, ich war in Kärnten und in einem Theile von Ungarn, aber ein Thal, das den Character des Wilden und Gräßlichen so an sich trägt wie dieses, habe ich nirgends gefunden."

NACH GÖSTLING
Kerzenmandl
(1246)
SALZA
SALZA
Akogl
(1280)
NACH
MARIAZELL
GAMS
(500)
DIE NOTH
(951)
(717)
GAMSGRABEN
WILDALPEN
(607)
STEINWAND
KRAUSGROTTE
GAMS
FORST
ENNS
KANDLBAUER
GOSZ-SATTEL
(1332)
HINTERWILDALPEN
(784)
LAINBACH
SCHWABELTAL
JAGDSTRASSE
G.H. „DIE WAHRHEIT"
HIEFLAU
(517)
NACH
EISENERZ
HOCHSCHWAB

Nun, so gräßlich ist die Umgebung von Wildalpen nicht mehr, schließlich liegt der Ort mit seiner auffallenden Kirche an einer Bundesstraße und hat Durchzugsverkehr. Wildalpen war einstmals Wallfahrtsort. Die Pfarrkirche ist der hl. Barbara geweiht, wird aber im Volksmund noch heute „Maria im Tale" genannt. Der Pfarrhof ist an die Kirche angebaut, daher ergibt sich der Eindruck von Größe. Fresken von Lederwasch und eine Pietà von Stammel, als Kopie vorhanden, machen unter anderem das Bauwerk sehenswert. Durch den Bau der zweiten Wiener Hochquellenleitung zu Beginn unseres Jahrhunderts, die eine Unsumme von 100 Millionen Kronen verschlungen hat und heute noch das eiskalte Hochschwabwasser auf einer 180 km langen Strecke nach Wien bringt, ist Leben ins Tal gekommen. Die Bauten der Hochquellenleitung, von denen man einst sagte, sie überträfen alles Ähnliche auf der Welt, sind auch heute noch der Bewunderung wert wie auch das ungestüme Hochschwabwasser, von dem das meiste zwar gebändigt und gefaßt ist, von dem aber um Wildalpen immer noch genug zu sehen und zu hören ist. Die einsamen Täler bei Wildalpen, wie das Hopfgarten- und das Holzapfeltal und andere, sind allerdings noch immer so weitab liegend und abgeschieden, als sei man am Rande oder am Ende der Welt.

Für motorisierte Wanderer: nach Hieflau (517 m), einem ehemaligen Eisenindustrieort und wichtigen Bahnknotenpunkt (Endpunkt der Präbichlbahn) in malerischer Lage am Ausgang des Gesäuses, entweder über die Gesäusestraße von Admont oder die Präbichlstraße (19 Prozent). Von Hieflau bis Gams zahlreiche Engstellen und Kurven, 17 bis 22 Prozent Steigung. Vorsicht bei der Abzweigung Lainbach — Mooslandl: eine fast rechtwinklige, noch dazu steil ansteigende Kurve! Es empfiehlt sich ohnedies, dort ein wenig Rast zumindest zum Schauen einzuschalten: an der linken Seite der Kurve steht ein interessanter Bau, das Gh. Busenlechner, ein altes Gewerkenhaus mit schmiedeeisernen Gittern und einem Uhrturm. Von der Straßenkurve hinter dem Haus erzählt man in der Gegend heute noch unheimliche Geschichten: in diesem Engpaß lauerte man auf das fahrende Volk; vor allem Bettler wurden „zusammengefangen" und zur Arbeit in den Eisenwerken gepreßt. Damit man sie nicht sehen und sie auch nicht entweichen konnten, wurde ein unterirdischer Gang am Ennsufer angelegt, durch den sie zur Arbeit getrieben wurden ... Nun, heutzutage ist die Kurve beim Busenlechner nur mehr bei Autofahrern verrufen!

Bei Lainbach beginnt auch das Schwabeltal, eines der ursprünglichsten Hochschwabtäler. Es ist durch eine Jagdstraße erschlossen, die aber nicht öffentlich befahrbar ist. Umso schöner das Wandern in dem fast ebenen Talboden, in den die wilden Nordabstürze der Kalten Mauer hineinschauen; wenn wir nicht gerade zur Jagdzeit von Mitte September bis Mitte Oktober dort auftauchen, sind wir gerngesehene Gäste, auch im Gh. „Die Wahrheit", das am Ende der Straße mitten im „wilden Forst" liegt (hin und zurück ab Lainbach etwa 4 St. bequemster Wanderung!).

Motorisierte Wanderer können von Gams natürlich weiter ausschwärmen, Großreifling, Landl, St. Gallen besuchen, das Salzatal erkunden und die Touren auf die Goß von Hinterwildalpen aus oder aus dem obersten Gamsgraben machen.

Rückkehr zum Ausgangspunkt: von Wildalpen oder Hinterwildalpen mit Fahrzeug oder Postautobus durch das Salzatal nach Gams

Höhenunterschiede: Gams (550 m) — Die Noth (600 m) — Krausgrotte (700 m) — Gamsforst-Gehöft Kandlbauer (831 m) — Goßsattel (1332 m) — Kleiner Buchberg (1451 m) — Hinterwildalpen (784 m) — Wildalpen (607 m)

Gehzeiten: Gams — Die Noth — Krausgrotte etwa 40 Min., Abstieg von der Grotte zur Straße 5 bis 10 Min., zur Abzweigung Gamsforst 1/4 St., Gamsforst — Goßsattel 2 1/4 St., Goßsattel — Hinterwildalpen 3/4 St.; zusammen etwa 4 St. Hinterwildalpen — Wildalpen mit Postautobus, zu Fuß etwa 1 1/4 St.; im ganzen 5 1/2 St.

Günstigste Zeit: Aufenthalt in den Talorten auch im Winter möglich und schön, für kleinere Bergtouren ab Mitte Mai, für den Goßsattel ab Ende Mai; bis Ende Oktober für Touren bzw. November für Ortsaufenthalte. Jagdzeit (15. 9. bis 15. 10.) einkalkulieren!

Orientierung: einfach; bezeichnete Wege, besiedeltes Gebiet (Jagd und Forstwirtschaft). Der einsamste Teil ist der Goßgraben (die Gegend heißt diesseits und jenseits des Goßsattels Goßgraben!), doch ist dieser wegen seiner grabenartigen Geländeform eindeutig zu finden

Karten: Freytag-Berndt-Touristenwanderkarten 1 : 100.000, Bl. 6, Ennstaler Alpen. Für anschließende Hochschwabwanderung Blatt 4, Hochschwab

Besonderes: für Kinder ab 10 Jahren geeignet

19

IN DIE UNBEKANNTE STEIERMARK

Oppenberg, das vergessene Dorf

In einen der unbekanntesten Teile der Steiermark führt unsere Fahrt nach Oppenberg, dem vergessenen Bergdorf in 1000 m Seehöhe. Auch die Tallandschaften um Oppenberg sind noch nicht überlaufen: Lassing bei Liezen, hinter dem Mitterberg versteckt; Selzthal, der Bahnknotenpunkt an der Gesäusebahn, als Durchzugsort lange verkannt, aber als beherrschender Mittelpunkt einer vielseitigen Urlaubslandschaft noch entdeckungsfähig; Burg Strechau, die „feste Burg" des Protestantismus in der Steiermark, auf schmalem Felsgrat hoch über dem Tal ein Wahrzeichen des Paltentales; Rottenmann, Stadt seit 700 Jahren, einst wichtige Anlage an der Römerstraße von Virunum nach Ovilava, bedeutender Platz des Warenumschlages, Mautstelle und Salzlager — heute eine der hübschesten steirischen Kleinstädte mit Industriewerk.

Hoch über diesen Tälern und weit hinten im wildesten Teil der Rottenmanner Tauern verborgen liegt Oppenberg. Seit langem schon durch eine Fahrstraße mit Rottenmann, seit neuerer Zeit auch durch den Güterweg im Gullinggraben mit Aigen im Ennstal verbunden, kann man es doch nicht als erschlossen im heutigen Sinne bezeichnen. Die Straße, so tief hinein ins Gebirge sie auch weiterführen mag, wurde für den Holztransport gebaut und endet am Zusammenfluß der Schwarzen Gulling und des Plientenbaches als Sackgasse. Noch verbindet kein planmäßiger Kraftwagenverkehr Oppenberg mit der Außenwelt. Es gab bis vor zehn Jahren in Oppenberg noch keinen elektrischen Strom.

Auch die Fahrstraße wurde in früheren Zeiten nicht schneefrei gehalten, so daß das Dorf im Winter von der Welt abgeschnitten war. In der Oppenberger Einschichtschule erfährt man, daß noch im vorigen Jahrhundert die Wolfsplage die Schüler vom Schulbesuch abhielt; und daß auch heutzutage noch große Schwierigkeiten beim Gang zur Schule zu überwinden sind — so ist für manche Schüler aus den hintersten Grabenwinkeln der Schulweg hin und zurück eine gute Halbtagstour! Einfachheit und Ursprünglichkeit in gutem Sinne ist im Oppenberger Raum noch zu Hause; ein geschenkter Apfel kann einem Bergbauernkind noch Freude bereiten. Doch ist die Abwanderung in wärmere, verdienstreiche Gefilde natürlich wie überall bei den Bergbauern wohl das größte Problem der Bevölkerung.

Auf jeden Fall kann uns Städtern ein Besuch in solcher Einschicht nur gut tun. Zu sehen, in welcher Einfachheit manche unserer Zeitgenossen heute noch hausen müssen, ist immer lehrreich. Der schöne landschaftliche Rahmen der Umgebung wird diesen Menschen kaum bewußt; nur der Besucher kann ihn richtig würdigen, weil er ihn nicht als Alltagsbild erlebt.

Oppenberg ist am Treffpunkt zweier Täler außergewöhnlich interessant angelegt. Das Dorf ist hoch über der Schlucht des Gullingbaches auf einer Art Schwelle zwischen den Tälern erbaut. Die Pfarrkirche Mariä Geburt ist nicht Mittelpunkt des Ortes, sondern liegt seitab an einer Lehne des Baches. Die mehrfach umgestaltete Kirche zeigt noch Anklänge an den ursprünglich romanischen Bau und viele sehenswürdige Einzelheiten; berühmt ist der Oppenberger Anbetungsschrein von Erasmus Grasser aus dem 15. Jh. Einen ganz besonderen Blick haben wir vom Dorf auf den Grimming; er scheint fremd in dieser Landschaft des Urgebirges, in die er mit seinen hell leuchtenden Felsen förmlich einbricht; von der Oppenberger Schwelle gesehen, steht er da, als sei er der einzige Berg auf dieser Welt. Auch die Tauernumgebung von Oppenberg besteht aus ungewöhnlichen, jedenfalls ungenannten, ja nicht einmal dem Namen nach bekannten Zweitausendern: dem felsbuckeligen Gratkamm vom Schüttkogel über den Etlalmspitz und die Reiterkoppe zum Hochschwung (2199 m), dem weiteren Kammverlauf über mehrere „Zinken" (Seitnerzinken, Schrattnerzinken), was im steirischen Volksmund immer Felsabstürze andeutet, zur Großen Windlucke (1859 m) und über die Hintere Gollingspitze (2045 m) — nicht zu verwechseln mit dem Hochgolling; Golling bedeutet „Galgen" — zu den Gipfeln des Plannerkessels bis zum Hochgrössen (2116 m). Dieser einsame Berg, von Touristen kaum jemals betreten, ist bekannt als Fundort von hellem Serpentin; die Fundstätten sind jedoch kaum mehr auszumachen und die Ausbeute soll nicht nennenswert sein. Ein einfacher Waldberg ist der Blosen (1721 m), und doch ein bedeutender Berg: der nördlichste Hochgipfel des Tauernzuges. Von der freien Gipfelkuppe mit einem kleinen Hochmoor bietet sich eine unerwartet weitreichende Fernsicht vom Ötscher bis zum Wiesbachhorn. Der Steig zum Blosen ist aus Jagdgründen nicht markiert.

Ein namhafter Grazer Bergsteiger, Dr. Ottokar Blaschek, hat die Umgebung von Oppenberg einmal mit Salzburger Wintersportorten verglichen und gemeint, es könnte bei richtiger Erschließung ein zweites Saalbach werden. Doch dazu müßte Oppenberg erst einmal einen Kolumbus finden, der es entdeckt!

Der Wegverlauf

Ausgangspunkt: Selzthal (634 m), mit Bahn oder auf Bundesstraßen durch das Paltental, das Ennstal über Liezen oder das Gesäuse über Admont erreichbar. Katholische Kirche von 1890, im neugotischen Stil erbaut, der an belgische gotische Kirchen er-

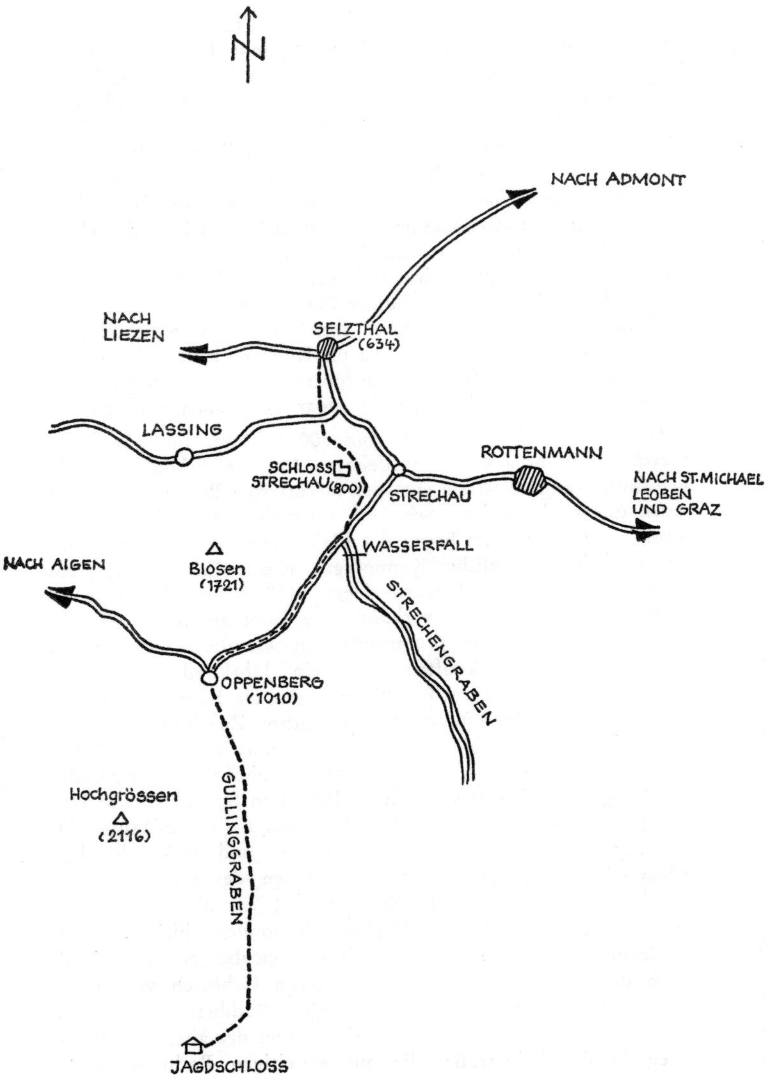

N
NACH ADMONT
NACH
LIEZEN
SELZTHAL
(634)
LASSING
ROTTENMANN
SCHLOSS
STRECHAU (800)
STRECHAU
NACH ST. MICHAEL
LEOBEN
UND GRAZ
WASSERFALL
NACH AIGEN
Biosen
(1721)
STRECHENGRABEN
OPPENBERG
(1010)
Hochgrössen
(2116)
GULLINGGRABEN
JAGDSCHLOSS

innern soll. Protestantisches Bethaus mit Pfarrhof. Talherberge des TV „Die Naturfreunde“ als Stützpunkt für Bergwanderer empfehlenswert. Vom Bahnhof Selzthal wandern wir zur Brücke über den Paltenbach und an dessen rechtem Ufer auf markiertem Fahrweg nach Süden. Die Straße nach Lassing überquerend, kommen wir in den Hauswald und zum „Heiligen Brünnel“ mit Kapelle. Das Wasser soll heilkräftig und aus den Tränen der Jungfrau Agnes von Rottenmann entstanden sein. Das schöne und mildtätige Rottenmanner Bürgermädchen, später „Engel des Paltentales“ genannt, hatte der Sage nach auf der Burg Strechau viel Leid erlitten. Der Reihe nach verliebten sich der Schloßherr, seine beiden Söhne und ein junger Bursch aus Rottenmann in das unglückliche Mädchen und taten ihr Gewalt an. Kein Wunder, daß Agnes ihr Leben als Nonne im Kloster zu Göß beschlossen hat, von wo sie ein Sohn des Burgherrn, ihr hartnäckigster Verehrer, vergeblich zu befreien, ja sogar zu rauben versuchte. —

Durch Wald kommen wir zur 800 m hoch liegenden Burg Strechau mit ihren weit ausgedehnten Anlagen. Schon im 11. Jh. erwähnt, war und ist sie eine der mächtigsten Burgen der Steiermark mit wechselvollem Schicksal. Oftmals verpfändet und verkauft, war sie u. a. im Besitz der Habsburger, einmal kaiserliches, dann wieder herzogliches Kammergut. Kaiser Friedrich III. verlagerte während des Ungarnkrieges 1480 seine Schätze in die Bergfeste, Maximilian I. verkaufte die Burg an die Grafen von Hardegg, die sie der protestantischen Familie Hofmann von Grünbüchl weiterverkauften. Fast ein Jahrhundert lang war Strechau im Besitz dieses Geschlechtes, das die Burg ausbaute und zu einem Hort des Protestantismus machte. Zur Zeit der Gegenreformation wurde sie an das Stift Admont verkauft und noch prächtiger erneuert. Der Renaissancearkadenhof von Burg Strechau wird sogar mit jenem von Schloß Porcia in Spittal an der Drau verglichen. Heute ist das Schloß Privatbesitz (Theresianum). Der markierte Weg führt am Schloß vorbei und senkt sich beim Elektrizitätswerk Klamm in den Graben des von Oppenberg herabkommenden Rohrachbaches, etwa 1 St. ab Selzthal. Wir steigen nicht ganz in den Graben ab, sondern bleiben an der Tallehne und wandern auf dem alten Oppenberger Fahrweg, der noch deutlich kenntlich ist, an mehreren Gehöften vorbei über dem tief eingegrabenen, klammartigen Bachbett anfangs steil bergan. Nach 1 St. ab dem E-Werk mündet der alte Oppenberger Weg in die Fahrstraße, die am jenseitigen Bachufer bergauf führt. Der Rohrachbach ist hier ganz zahm geworden, die Hauptmasse des Wassers bringt der Wildbach aus dem Strechengraben, der sich mit einem Wasserfall in den Rohrachbach ergießt. An Bildstöcken vorbei geht es nun in sanftem Anstieg zu einem Sattel (1058 m) und etwas absteigend nach Oppenberg (1010 m), zwei Gh., etwa 3/4 St.

Als Wanderung wird ein Besuch des Hinteren Gullinggrabens empfohlen; auf dem Güterweg fast eben dem Gullingbach entlang in 2 St. zum Jagdschloß an der Mündung des Plientenbaches in die Schwarze Gulling (1159 m). Den Rückweg können wir an der rechten Talseite auf einem Fahrweg nehmen, auf dem wir durch Bergbauernhöfe (die hier meistens „Lehen" heißen) in der gleichen Zeit nach Oppenberg zurückwandern.

Rückkehr zum Ausgangspunkt: von Oppenberg auf einem Güterweg in rd. 3 St. längs des Gullingbaches nach Aigen und (evtl. mit Autobus) über Döllach und Lassing nach Selzthal zurück. Lassing (776 m) ist eine nette kleine Sommerfrische mit Badesee, einem Marmor- und einem Talkum-(Federweiß-)Werk, einer bekannten spätgotischen Kirche und schönen alten Bauernhäusern.

Variante: Rückweg auf der Oppenberger Straße nach Strechhof, etwa 2 St. Unterwegs Abstecher in den Strechengraben zur Rechten (mit Wasserfall des Strechaubaches). Der Strechengraben ist zwar mit einer Fahrstraße bis in den Talschluß erschlossen, aber mit Schranken gesperrt. Schöne Fußwanderungen für Bergsteiger möglich, u. a. über den Perwurz-Polster nach Hohentauern (Tageswanderung). Von Strechhof am Fuß des Burgberges auf der Straße oder besser auf Nebenweg, beim E-Werk Klamm abzweigend, in 1/2 St. nach Rottenmann (674 m). Die Stadt Rottenmann erinnert in ihrer befestigten Anlage, mit den noch bestehenden Teilen der alten Ringmauer und der gotischen Durchfahrt am Südtor (Birgtor) und dem hohen viereckigen Kirchturm etwas an die Stadt Judenburg. Sehenswert u. a. die spätgotische Hallenkirche (Stadtpfarrkirche), die noch schönere Spitalskirche mit einem berühmten spätgotischen Betstuhl und die noch ältere St.-Georgs-Kirche in St. Georgen mit Flügelaltar. Am Straßenplatz mehrere Bürgerhäuser aus dem 15., 16. und 17. Jh.

Höhenunterschiede: Selzthal (634 m) — Burg Strechau (800 m) — Oppenberg (1010 m) — Jagdschloß (1159 m) — Oppenberg (1010 m) — Lassing (778 m); oder: Oppenberg (1010 m) — Rottenmann (674 m)

Gehzeiten: Selzthal — Burg Strechau 1 St., Burg Strechau — Oppenberg 1 3/4 St., Oppenberg — Jagdschloß 2 St., Jagdschloß — Oppenberg 2 St., Oppenberg — Rottenmann 2 1/2 St.; zusammen 9 1/2 St., ohne Wanderung zum Jagdschloß 5 1/2 St., Abstieg Oppenberg — Gulling — Döllach 3 St.

Günstigste Zeit: von Mai bis November. Jagdzeiten (15. 9. bis 15. 10.) beachten!

Orientierung: ganz unschwierig, großteils Straßen und Fahrwege

Karten: Freytag-Berndt-Touristenwanderkarten 1 : 100.000, Bl. 6, Ennstaler Alpen; für Gulling — Aigen im Ennstal, Blatt 20, Schladminger Tauern

Besonderes: für Kinder ab 8 Jahren geeignet

20

DER BERGSTURZ IM SUNK

Durch den Sunk zur Edelrautehütte

Die Paßstraße über den Triebener Tauern war schon zu Römerzeiten bekannt und ein vielbenützter Übergang aus dem Murtal ins Ennstal. Ad Pontem (Scheifling-Niederwölz), Viscellis (Unterzeiring) und Tatursanis (St. Johann am Tauern) hießen die Stationen an dem schmalen Fahrweg, der durch dichten Wald und unwirtliche Felsenöde entlang der malachitgrünen Mur, der brausenden Pölsen und des wilden Tauern- und Triebenbaches hinüber- und hinunterführte nach Surontio, in die Gegend des heutigen Trieben. Der Scheitelpunkt der Paßstraße liegt 1265 m hoch und heißt heute Hohentauern. Um die Pfarrkirche St. Bartholomä mit schönen Schnitzwerken von Joseph Thaddäus Stammel, von denen besonders die Gruppe des hl. Joachim und der hl. Anna gerühmt wird, hat sich im Laufe der Jahrhunderte ein Kirchweiler gebildet. Bergbauernhöfe und Jagdhäuser, davon eines gar für den eifrigen Waidmann Kaiser Maximilian I. erbaut, ein „Tauernhaus" als Unterkunft für Wanderer und Paßfahrer, in neuerer Zeit auch Gasthöfe, Lifte, Schutzhütten und Wochenendhäuser prägten und prägen das Gesicht des Bergdorfes Hohentauern, das von einer großartigen Landschaft umgeben ist. Läge es in der Schweiz oder in den französischen oder italienischen Alpen, es wäre gewiß weithin bekannt. Aber es ist ja nur ein steirisches Bergdörfl!

Weiträumig, mit großzügigen Kämmen und Graten begrenzen die stillen Tauerngipfel Bruderkogel und Geierkogel im Südwesten und Südosten die Paßlandschaft, dazwischen ist die schmale Furche des Pölsentales gezogen. Nördlich von Hohentauern erhebt sich der steilflankige Triebenstein, das Wahrzeichen des Tales, ein interessantes Einsprengsel aus lichtem Kalkgestein inmitten der Kristallinberge des Pölsensteinzuges. Genau im Westen von Hohentauern steht als steiler Grasberg mit hundert Rinnen, Rippen und Gräben, Wasserläufen und Lawinengängen der Große Hengst, ein Vorgipfel der Pölsensteingruppe. Hoch darüber und weit dahinter steht der Hauptgipfel des Gebietes, der Große Pölsenstein, einer der markantesten Berge der Niederen Tauern: schön an Formen und Farben, reich an seltenen Pflanzen und bunten Steinen. In farbenfrohen Berggewässern spiegelt sich die edle Zirbe, wohl der schönste Baum der Alpen, ein beliebter Statist für Bergfotografen, die in der Pölsensteingruppe ganz in ihrem Element sind.

Ist doch der Ausblick zu den hellen Kalkfelsen des „Kleinen Gesäuses", wie man die Gruppe des Admonter Reichensteins, Kalblings und Sparafelds nennt, von nirgendwo interessanter als aus dem dunklen Urgebirge um den Pölsenstein! Es verschlägt einem fast den Atem, wenn man nach längerem einförmigen und aussichtslosen Aufstieg wie mit einem Schlag die seltsam aufgereckten Schwurfinger des Reichensteins und die breiten Wandblöcke von Sparafeld und Kalbling vor sich sieht, gehoben und getragen vom waldigen Grün der Vorberge. Ein dankbares, immer wieder fotografiertes Motiv!

Der Pölsenstein, mit 2449 m auch einer der höchsten Punkte weit und breit, trug lange den unschönen Namen „Bösenstein". Der Wiener Bergsteiger und Tauernforscher Anton Faschinka, wohl der beste Kenner der Niederen Tauern, hat als erster darauf hingewiesen, daß der prächtige Gipfel kein böser Stein ist, sondern seinen Namen von der Pölsen bezieht, dem Ursprungstal des Pölsbaches zu seinen Füßen. Kurz vor dem Tod Anton Faschinkas wurde die Ehrenrettung des Pölsensteins in die alpine Literatur und Kartographie übernommen; das hat dem unermüdlichen Wanderer und Bergnamenforscher noch viel Freude bereitet.

Das Tal der Pölsen ist, wie so viele Gräben und Täler des Gebietes, ein gehütetes Jagdrevier. Die strenge Hut durch Jäger und Jagdherren hat hier wie in allen Teilen der Steiermark dem Wanderer vielleicht ein wenig Beschränkung auferlegt, letzten Endes aber bewirkt, daß dem Gebiet die erfreuliche Ursprünglichkeit bewahrt blieb. Trotz heute modern ausgebauter Paßstraße, trotz der Nähe des Magnesitwerkes und Graphitbergbaues im Sunk, trotz der neuen Mautstraße von Hohentauern zur Edelrautehütte ist das Bergland von Hohentauern ein „altes" Wanderland geblieben: alt nur der Tradition nach, aber auf moderne, erleichterte Art zu erwandern!

Die Paßstraße über den Triebener Tauern hatte knapp vor Trieben eine neuralgische Stelle: den sog. Wolfsgraben, ein etwa 2 km langes, steiles Straßenstück mit einer Steigung bis zu 24 Prozent, auf dem sich manchmal Schreckensszenen des Straßenverkehrs abspielten. Da mußten schwere Kraftwagen bergauf geschoben werden, manche Autofahrer schafften die Steigung nur im Retourgang; nach jedem Unwetter waren Wasserrinnen auf der Sandstraße ein zusätzliches Hindernis. Auch der ungestüme Triebenbach richtete fast in jedem Frühjahr Überschwemmungen an. Eine kostspielige, für damalige Zeiten großartige und wirksame Wildbachverbauung hat die Wasser gezähmt. Die oftmals „abgerissene" Straße am Westufer des Baches wurde aufgelassen. Heute führt am Ostufer eine moderne Hangstraße mit einer Höchststeigung von 16 Prozent empor. Wir benützen sie für unsere Wanderung Sunk — Edelrautehütte — Hauseck bis zur Autobushaltestelle Sunk. Wollen wir die ganze Tour zu Fuß machen, steigen wir längs der alten

Straße auf — sie ist für Fußgänger steil genug! Wir müssen dann allerdings noch 1 St. mehr für die Wanderung veranschlagen.

Der Sunk ist eine schmale Schlucht, zwischen hohen Felswänden eingetieft, gebildet von den Abstürzen des Triebenkogels und des Lärchkogels (1544 m). Die Umgebung ist geologisch sehr interessant; zwischen Urgebirgsmugel mit Kristallingestein, das u. a. durch silbrigen Schiefer auffällt, ist eine Kalkzone eingeschaltet, zu der Trieben- und Lärchkogel gehören. Eine Wanderung durch den Sunk wird vor allem bei Kindern Interesse erwecken: kaum sind wir von der Paßstraße in den engen Graben abgezweigt, der durchwegs markiert ist, fällt unser Blick auch schon auf Graphitsteine am Boden. Ich kenne niemanden, der da nicht einen solchen glänzenden, weichen Stein aufgehoben und mitgenommen hätte, sei er nun Kind oder Erwachsener! Am Graphitwerk und einer kleinen Ansiedlung vorbei führt der Weg bergauf und wird zum schmäleren, bereits vergrasten Pfad. Früher eine wichtige Verbindung für Fußgänger nach Hohentauern oder zur Edelrautehütte, wird er heute nur mehr selten benützt. Und doch wäre gerade dieser Weg geeignet, etwa als Lehrwanderweg gekennzeichnet zu werden! Kaum haben wir den Graphitbergbau aus den Augen verloren, fesseln die Wände und Felskulissen des Lärchkogels unseren Blick. Dann wieder ist der Pfad geschickt durch den Blockwall eines gewaltigen Bergsturzes gelegt, der unsere Aufmerksamkeit in Bann hält. Hat uns das labyrinthische Blockwerk in freiere Gegenden entlassen, so stehen wir staunend an einem klaren Wasser, das Teiche bildet und plötzlich unter den Steinen im Bergsturz verschwindet; es ist der Bach, der tiefer unten im Sunk wieder zum Vorschein kommt!

Doch nicht nur das Gewässer ist sehenswert in seiner durchscheinenden Klarheit; an seinen Ufern finden wir auch, wie am Weg, seltene Steine. Es sind Pinolite, den nahen Magnesitlagerstätten zugehörig. Grau- und weißmeliert ist dieses Material, dessen weiße Bestandteile wie Pignolikörner aussehen, daher der Name. Am Magnesitbergbau vorbei und durch die anschließende Siedlung kommen wir zum bequemen Waldweg zur Edelrautehütte, der so gut angelegt ist, daß man die 500 m Steigung kaum spürt. Dieser Weg ist nach der Erbauung der vielbefahrenen Mautstraße zur Edelrautehütte erst richtig genußvoll geworden. Man wird ihn besonders an heißen Tagen zu schätzen wissen: im dichten Wald herrscht angenehme Kühle, Wasser ist an vielen Stellen in Form von Bründln oder nahe fließenden Bächen vorhanden; für ein kurzes Stück benützen bzw. überqueren wir die breite Fahrstraße, so daß uns der Ausflugsverkehr nicht lästig wird.

Den Rückweg nehmen wir am besten über Hohentauern, um den sehenswerten Ort kennenzulernen, und planen die Wanderung als Tagestour. Noch lohnender ist es natürlich, einige Tage in dem Gebiet zu verbringen; als Unterkünfte für Wanderer und Bergsteiger wären dazu das Heinrich-Kern-Haus des TVN (1200 m) in der Nähe der Maut an der Bergstraße oder die Edelrautehütte (1725 m) geeignet. An die Tagestour durch den Sunk zur Edelrautehütte können wir ohne weiteres noch die kleine Bergwanderung zum Hauseck anschließen. Diese Rückfallkuppe des Pölsensteins wurde so benannt, weil sie sich unmittelbar hinter der Schutzhütte aufschwingt und sozusagen zum Haus gehört. Bleiben wir länger in dem Gebiet, so können wir an empfehlenswerten kleineren Touren unternehmen: einen Besuch beim Großen Scheibelsee; eine Wanderung zur Kotalm (auf Jagdstraße) und evtl. weglos, aber leicht auf den Kleinen und Großen Rüben (1836 und 2085 m), aber bitte nicht zur Jagdzeit! Bergwanderer können auch den Großen Hengst (2154 m) ersteigen. Das ist eine noch einfache markierte Tour, doch ist der Gipfelaufbau steil und ein wenig Trittsicherheit erforderlich.

Der Wegverlauf

Ausgangspunkt: Trieben (708 m) im Paltental. Schnellzugsstation der Strecke St. Michael — Selzthal. Mit Postautobus auf der neuen Straße oder zu Fuß auf der alten Straße (1 St.) zur Haltestelle Sunk. Dort rechts abzweigend zum Bach hinab, der auf einer Brücke überquert wird, und durch das enge Felstal des Sunks am Graphitbergbau vorbei; erst wenig, dann stärker steigend, zuerst auf Fahrweg, dann auf Steig am Fuß des Lärchkogels bergauf. Auf dem durchwegs markierten Weg durch die chaotische Blocklandschaft eines alten Bergsturzes, am Magnesitwerk vorbei, durch eine Bergarbeitersiedlung in südwestlicher Richtung am Waldrand bergauf und im Wald querend zum bezeichneten Weg, der von Hohentauern herführt. Durch Wald, höher oben 1 km Straßenwanderung, zum großen Parkplatz und weiter zur nahen Edelrautehütte der ÖAV-Sektion Wien (1725 Meter), ganzjährig bewirtschaftet, 3 St. ab Haltestelle Sunk. Von der Edelrautehütte, den Abfluß des Kleinen Scheibelsees überquerend, auf unbezeichnetem, aber deutlichem Steig über den grasigen Südostkamm des Hausecks zu dessen Höhe (1900 m). Herrlicher Aussichtsplatz mit besonders schönem Blick auf die nahen Gesäuseberge. Die Wanderung auf das Hauseck ist in 1 St. hin und zurück leicht zu machen.

Für motorisierte Wanderer: Anfahrt auf der Triebener Tauernstraße von Judenburg oder Trieben, höchste Steigung von Trieben her 16 Prozent, von Judenburg 14 Prozent. Im Ort Hohentauern abzweigen und auf einer Mautstraße von 5½ km Länge (Höchststeigung 14 Prozent) zum Parkplatz, etwa 5 Min. von der Edelrautehütte entfernt

Rückkehr zum Ausgangspunkt: auf Fußweg oder Straße von der Edelrautehütte nach Hohentauern (1265 m) hinab, 1½ St. Hohentauern ist Autobusstation der Linie Trieben — Judenburg

Höhenunterschiede: Trieben (708 m) — Sunk (1000—1200 m) — Magnesitwerk (1200 m) — Edelrautehütte (1725 m) — Hauseck (1900 m) — Edelrautehütte (1725 m) — Hohentauern (1265 m)

Gehzeiten: Trieben — Haltestelle Sunk 1 St., Sunk — Magnesitwerk 1½ St., Magnesitwerk — Edelrautehütte 1½ St., Hauseck

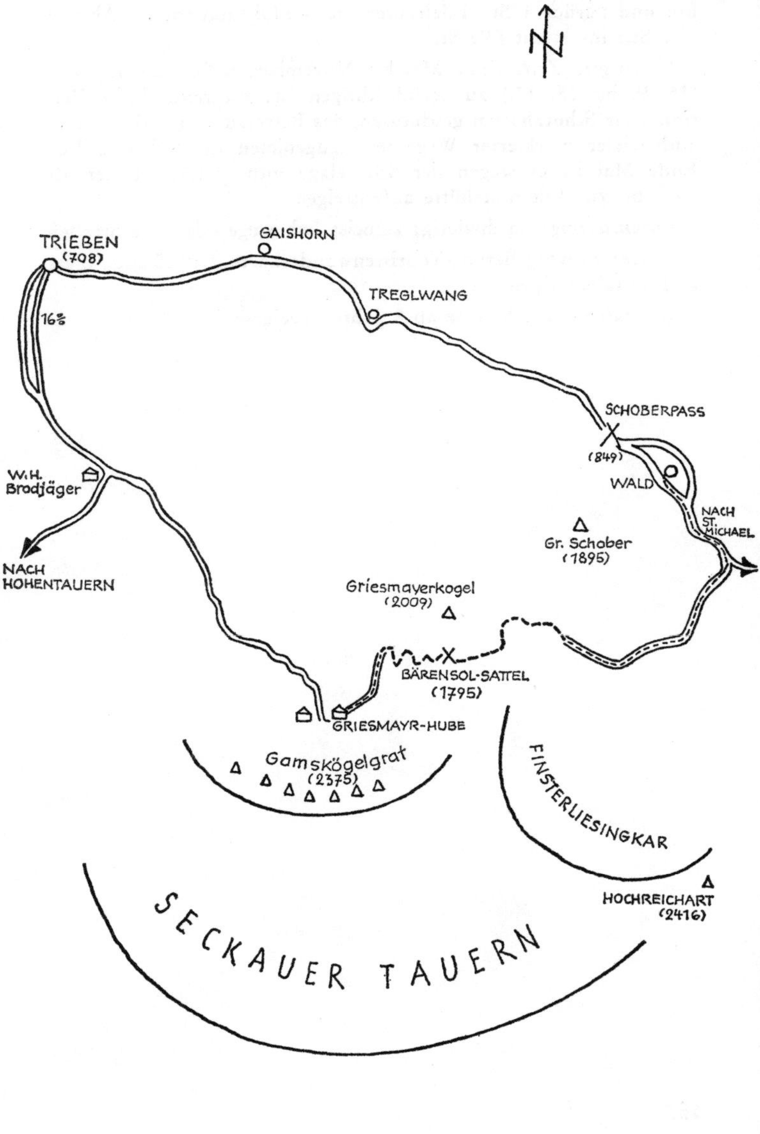

TRIEBEN
(708)
GAISHORN
TREGLWANG
16%
SCHOBERPASS
(849)
WALD
NACH
ST.
MICHAEL
W.H.
Brodjäger
NACH
HOHENTAUERN
Gr. Schober
(1895)
Griesmayerkogel
(2009)
BÄRENSOL-SATTEL
(1795)
GRIESMAYR-HUBE
Gamskögelgrat
(2375)
FINSTERLIESINGKAR
HOCHREICHART
(2416)
SECKAUER TAUERN

hin und zurück 1 St., Edelrautehütte — Hohentauern im Abstieg $1^1/_2$ St.; insgesamt $6^1/_2$ St.

Günstigste Zeit: Ende Mai bis November, wobei die Jagdzeit (15. 9. bis 15. 10.) zu berücksichtigen ist; während dieser Zeit sind viele Schutzhütten geschlossen, das Betreten unmarkierter und auch vieler markierter Wege in Jagdgebieten ist verboten. Vor Ende Mai ist es wegen der Schneelage nicht ratsam, höher als evtl. bis zur Edelrautehütte aufzusteigen

Orientierung: unschwierig; zumeist Fahrwege oder alte Straßen

Karte: Freytag-Berndt-Touristenwanderkarte 1 : 100.000, Blatt 6, Ennstaler Alpen

Besonderes: für Kinder ab 8 Jahren geeignet

21

IM ZAUBER DES TRIEBENTALES

Über den Bärensohlsattel nach Wald

Selbst in der noch so ursprünglichen steirischen Landschaft, wo es allerorten unentdeckte oder versunkene Schätze für den Fremdenverkehr zu heben gibt, ist das Triebental ein Sonderfall. Es gehört zu jenen Bergbereichen, die ich „die unmarkierten Gebiete der Alpen“ nennen möchte. Selbstverständlich ist es wie alle diese Landschaften seit alters Jagdgebiet und nur durch die Belange der Jagd so urtümlich geblieben. Im Triebental, das von etwa 30 hervorragend schönen Zweitausendern und manchem niedrigeren Gipfel umrahmt wird, haben wir aber nicht nur ein wald- und wildreiches, stilles Jagdrevier vor uns, das gelegentlich von Bergsteigern und Kletterern betreten wird, sondern auch eine — fast möchte man sagen paradoxerweise — sehr gut besuchte Gegend! Das Triebental lebt vom Zauber der Gegensätze: da stehen Gipfel, die jahrelang kein Bergsteiger betritt, nahe an der Fahrstraße. Da ist im weiten Bogen zwischen dem Knaudachtörl und dem Schaunitztörl, in dem sich zehn Klettergipfel erheben, nur ein einziger markierter Weg zu finden. Da ist in einer Landschaft, die von Kennern mit dem Zillertal verglichen wird — der Gamsköglgrat im Talschluß hat edelsten Klettergranit! —, wohl die besagte gute Fahrstraße vorhanden, doch keine größere Unterkunft, und die spärlichen Häuser im Triebental sind oft kilometerweit voneinander entfernt. Da horstet noch der Adler im Gemäuer des Kettentalkogels, nur ein paar Kilometer von der Autostraße entfernt, und abends, wenn der motorisierte Spuk verschwunden ist, äsen Hirsch und Reh im Talgrund.

Da gibt es ein Jagdhaus, in dem prominente Jagdgäste, z. B. ein deutscher Staatsminister, auf Besuch sind; nicht weit davon steht als „einsame Hütte" neben dem Wh. Braun (dem einzigen Wirtshaus im Triebental!) die Triebentalhütte der Akademischen Sektion Graz des ÖAV, eine Selbstversorgerhütte, die nur zu hohen Feiertagen zur Gänze belegt ist. Die Bergerhuben, gut 20 Jahre lang ab 1946 als Gasthaus geführt, nach dem frühen Tod der Wirtin Frieda Berger aber geschlossen, war der alpinistische Mittelpunkt des Triebentales. Die Bergerhuben war mehr als ein Wirtshaus, in dem man ausgezeichnet verpflegt war, und Frieda Berger, die Seele dieses Hauses, war mehr als eine gute Wirtin. Jedem Besucher der Bergerhuben wird die rasche, intelligente Frau mit dem markanten Gesicht einer Ramsauer Bergbäuerin und der Aufgeschlossenheit der Ramsauerin, die klaglos ein Unmaß an Arbeit verrichtete, unvergeßlich sein. Heutzutage gibt es nur ein paar Privatzimmer für Stammgäste im dünnbesiedelten Triebental, das Wh. Braun ist zu klein für richtigen Urlaubsbetrieb — das Triebental hat, mit einem Wort, den Anschluß an den Fremdenverkehrsstrom noch nicht gefunden. Was kein Nachteil ist: wir brauchen die unmarkierten Gebiete der Alpen. Wir brauchen sie sogar sehr.

Einer der wenigen bezeichneten Wege im Triebental und der beste Wanderweg in diesem sonst sehr unwegsamen und alpinen Gebiet ist der Weg über den Bärensohlsattel in den Liesinggraben und nach Wald am Schoberpaß. Man kann ihn und wenigstens eine erste Ahnung vom Zauber des Triebentals in einer Tageswanderung gewinnen. Dabei bleibt auch Zeit, am Ausgangspunkt der Wanderung den hübschen Markt Trieben und am Endpunkt das Bergdorf Wald auf der Höhe des Schoberpasses zu besichtigen. Wer Wander- und Badefreuden miteinander verbinden will, wird die Tour in umgekehrter Richtung machen: in Trieben befindet sich seit 1970 ein Hallenschwimmbad.

Trieben, das römische Surontio, war in alten Zeiten ein wichtiger Knotenpunkt. Die Römerstraße durch die (heutige) Steiermark, über Poetovium (Pettau) — Flavia Solva (Leibnitz) — die Grazer Gegend — Übelbachtal — St. Michael traf bei Surontio mit der Hauptverbindung von Aquileja über Virunum nach Ovilava (Wels) zusammen. Auf diesen Römerwegen wurde mehr ausgeführt als eingeführt: Salz, norisches Eisen, Harz, Holz und Schafwolle tauschte man aus, vornehmlich gegen Wein und Töpferindustrieware (terra sigillata). Es ist interessant, zu wissen, daß die künftige Pyhrnautobahn im großen und ganzen dieser alten Salz-Wein-Straße durch die Steiermark folgen wird. Heute ist der Markt Trieben genauso wie Wald am Schoberpaß eine quicklebendige, aufstrebende Sommer- und Winterfrische, industriell bekannt geworden durch die große Magnesitindustrie. Die Filialkirche zum hl. Andreas wird schon um 1160 genannt und ist ein kleines gotisches Bauwerk, in manchen Details später umgebaut, doch immer noch sehr sehenswert. — Am Ende unserer Bergwanderung erkunden wir das Bergdorf Wald am Schoberpaß, das in einem Vorort (Unterwald) eine evangelische Kirche besitzt, im Ort selbst die katholische Pfarrkirche St. Kunigund. Das Paltental war ja einst eine Hochburg des Protestantismus in der Steiermark, Burg Strechau sein starker Hort, dessen Einfluß auch noch über die Wasser- und Wetterscheide des Schoberpasses ins Liesingtal hinüberreichte. In der katholischen Pfarrkirche, einem gotischen Bau des 15. Jh.s, sind u. a. Fresken von Johann Lederwasch zu besichtigen.

Der Wegverlauf

Ausgangspunkt: Trieben, Postamt (wenige Schritte vom Bahnhof entfernt). Wir fahren mit dem Postautobus der Linie Trieben

— Judenburg bis zum Gh. Brodjäger an der Tauernstraße. Dort zweigt zur Linken das Triebental mit einer Fahrstraße ab, auf der wir 7 bis 8 km in den Talschluß wandern. Die Straße ist befahren, doch nicht so, daß man nicht noch genußreich wandern könnte! Nach etwa 3 km Wanderung im anfangs ziemlich einförmigen Graben, längs des Triebenbaches, der ein starkes und bei Hochwasser sehr gefährliches Gewässer ist, öffnet sich das Tal zu einer kleinen Lichtung. Zur Linken sehen wir nahe am Bach den dunkelbraun gebeizten, anheimelnden Holzbau der Triebentalhütte, zur Rechten ein behäbiges Bauernhaus, das Wh. Braun. In der Nähe befindet sich das kleine Schulhaus Triebental, eine der berühmtesten Einschichtschulen des Landes Steiermark. Über dieser kleinen Häusergruppe erhebt sich ein mächtiger Berg: der Große Griesstein (2338 m), der Beherrscher des vorderen Triebentales. Mit seinen riesenhaften Ausmaßen wirkt er wie ein kleines Gebirge; wie Fangarme greifen seine langgestreckten Grate in die Gräben und Täler hinab. Kein bezeichneter Pfad führt auf seinen Gipfel, nur ein Steig zieht in seinen Hängen vom Triebner Törl zum Knaudachtörl. Verborgene Jagdsteige in den Waldflanken, felsige Wände, dazwischen in undurchdringlicher Krummholzwildnis ein verborgener See wie ein Auge des Berges — das ist der Griesstein, nur dem Jäger und ganz wenigen Bergsteigern bekannt, die auch die Gesetze der Jägerei kennen und respektieren.

Nach der Einschichtschule Triebental ist's auf weite Strecken einsam. Das nächste Gehöft ist der Seyfriedbauer, dort zweigt die Markierung zum Triebner Törl ab. Dann ist wieder Wald zur Rechten, Bach zur Linken, bis uns die Straße auf eine Blöße entläßt, wo das Jagdschloß in Einsamkeit steht, ein munteres Bründl rauscht und stets mindestens ein Jagdhund den Vorbeiwandernden oder -fahrenden verbellt. Nachdem der Griesstein, hoch über uns, den Blicken entschwunden ist, wäre es fast eintönig um die Aussicht geworden, wenn nicht nun — schon früher bei Wegkrümmungen kurzzeitig sichtbar — der Hahnenkamm ins Blickfeld käme. Den Hahnenkamm bilden eine Reihe dunkler Grattürme, wirklich so zerhackt und zerschartet wie der Kamm eines Hahnes. Er wird auch öfters erklettert, ist aber grasig und brüchig, längst nicht so genußreich wie der Gamsköglgrat, dabei wahrscheinlich gefährlicher als dieser — schön nur zum Anschauen. Bei einer Bachbrücke teilt sich die Straße: zur Rechten geht's zur Mödringalm (1500 m), Jagdstraße mit Schranken, links weiter zur jetzt privaten Bergerhuben und zur nahe gelegenen

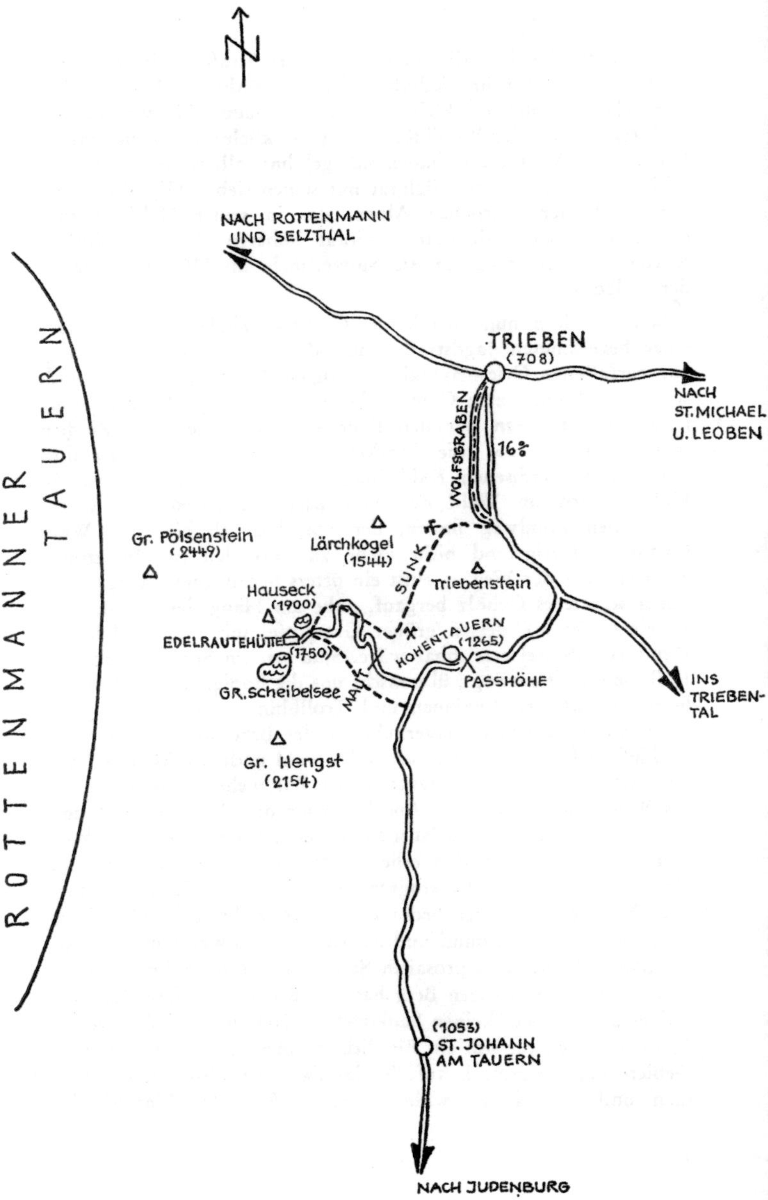

N
NACH ROTTENMANN UND SELZTHAL
TRIEBEN
(708)
NACH ST. MICHAEL U. LEOBEN
WOLFSGRABEN
16%
ROTTENMANNER TAUERN
Gr. Pölsenstein
(2449)
Lärchkogel
(1544)
SUNK
Triebenstein
Hauseck
(1900)
EDELRAUTEHÜTTE
(1750)
HOHENTAUERN
(1265)
PASSHÖHE
MAUT
GR. Scheibelsee
INS TRIEBENTAL
Gr. Hengst
(2154)
(1053)
ST. JOHANN AM TAUERN
NACH JUDENBURG

Griesmayerhube. Die allgemein befahrbare Straße endet hier; ein breiter Fahrweg führt jedoch weiter in Richtung Mödringalm. Wir gehen auf ihm ein kleines Stück nach Süden, bis wir von der nächsten Wiese oder Waldblöße den Gamsköglgrat vor uns haben. Die 2½ St. Wanderung haben sich gelohnt, allein um dieses Anblicks willen! Der Gamsköglgrat mit seinen sieben Gipfeln ist ein Schaustück der steirischen Alpen, das in seiner Wildheit und düsteren Pracht auch unter weitaus höheren Bergen auffallen würde. 2375 m ist die höchste Spitze, mehr als 1100 m höher als der Talboden!

Wir wandern nun zurück zur Griesmayerhube und von dort einer bezeichneten Jagdstraße nach, die wir in sanftem Anstieg zur verfallenen Griesmayeralm verfolgen. Unterwegs gibt es noch schöne Rückblicke zum Gamsköglgrat zu genießen. Bei der Griesmayeralm verlassen wir den Fahrweg und folgen den Zeichen (hier besonders auf die Markierung achten!), einen ziemlich feuchten, verwachsenen Kahlschlag empor, bis wir nach rd. 50 Höhenmetern im Wald den nun wieder besseren, tief eingeschnittenen Hohlweg finden, der von hier ab bis nach Wald hinaus eindeutig und nicht mehr zu verfehlen ist. In großen Kehren zieht der Weg — einst ein öfters begangener Übergang — durch schütteres Gehölz bergauf, nahe am Hang des Griesmayerkogels (2009 m), dessen grüner Grasgipfel mit ½ St. Mehraufwand vom Sattel erreichbar wäre. Sind wir im Spätfrühling oder Frühsommer unterwegs, überrascht uns die üppige Tauernflora mit besonders schönen Enzianen und Trollblumen. Nach etwa 2 St. Anstieg von der Griesmayerhube ist der Bärensohlsattel erreicht. Er hieß in früherer Zeit „Bärensul", wohl nach der kleinen Lacke am Sattel, in der sich heutzutage kein Bär mehr, wohl aber anderes Wild suhlt. Ein freier Ausblick nach drei Himmelsrichtungen ist uns gegönnt, nur nach Norden zu verstellt der Griesmayerkogel den Horizont. Im Süden erhebt sich vor uns ein vielgipfeliger Gratzug, ein echter Tauerngrat, der über den Kerschkernkogel zum höchsten Berg der Seckauer Tauern zieht, dem Geierhaupt (2418 m). Im Volksmund und auch mit dem Zweitnamen auf der Landkarte heißt er ja prosaisch Saukogel; die Bezeichnung Geierhaupt für den wuchtigen Berg hat gewiß ein idealisierender Bergsteiger geprägt, der keinen Saukogel im Tourenbuch haben wollte! Nach Südosten tut sich ein Einblick in eines der geheimnisvollsten Gebiete der Steiermark auf: in das zwischen schroffen Bergkämmen und Felswänden wohlverborgene Kar der Finsterliesing;

umhegtes, behütetes Jagdrevier wie alles Schöne in den steirischen Bergen! Nach Osten hin tauchen einzelne Vertreter aus der Gipfelschar der Kalkalpen auf: vor allem der klotzige Reiting, Sagen- und Wetterberg des Liesingtales.

Unser Weg zieht nun fast eben durch einen grasigen Hang, sinkt aber dann schnell hinab in den Liesinggraben. Schon tauchen die höchsten Gehöfte auf, die fast 1200 m hoch liegen. Auf dem Güterweg, in den unser Bärensohlsteig gemündet ist, sind sie heutzutage mit Fahrzeug leicht erreichbar — früher war es ein fast dreistündiger Aufstieg vom Bahnhof Wald! Dem Güterweg nach, an dem sich eine eigene Flora angesiedelt hat, wandern wir zur Fahrstraße im Liesinggraben hinab und der Liesing entlang nach Unterwald. Nun müssen wir noch 2 km „Straßenhatscher" bis zum Bahnhof Wald in Kauf nehmen. Versüßt wird uns dieser Abschnitt durch die Tatsache, daß nach 1 km die Umfahrungsstraße zur Rechten abzweigt und wir auf der alten Straße durch den Ort zum Bahnhof wandern können.

Rückkehr zum Ausgangspunkt: mit der Bahn von der Schnellzugsstation Wald am Schoberpaß, evtl. auch mit einem fahrplanmäßigen Autobus der Linie Kalwang — Liezen

Für motorisierte Wanderer: Diese fahren ab Brodjäger durch das Triebental, etwa 8 km, fast keine Steigung, und parken bei der Bergerhuben oder der Griesmayerhuben. Die Tour kann dann nur bis zum Bärensohlsattel und zurück unternommen werden, rd. 4 St.; bei gutem Wetter empfiehlt sich eine Besteigung des nahen Griesmayerkogels, 3/4 St. hin und zurück zum Sattel

Höhenunterschiede: Brodjäger (1000 m) — Bergerhuben (1250 Meter) — Bärensohlsattel (1795 m) — Beisteinergehöft (1145 m) — Wald am Schoberpaß (849 m)

Gehzeiten: Brodjäger — Bergerhuben 2 St., Bergerhuben — Bärensohlsattel 2 St., Bärensohlsattel — Wald am Schoberpaß 3 St.; insgesamt 7 St.

Günstigste Zeit: Ende Mai bis Ende Oktober, wobei die Jagdzeit (15. 9. bis 15. 10.) ausgeschlossen ist. Bergausrüstung empfehlenswert! Auf der Strecke von der Griesmayerhuben zum Beisteinergehöft (etwa 3 St.) kein Unterstand!

Orientierung: nicht schwierig, wenn man bei der Griesmayeralm auf die Abzweigung der Markierungszeichen achtet

Karte: Freytag-Berndt-Touristenwanderkarte 1 : 100.000, Blatt 6, Ennstaler Alpen

Besonderes: für Kinder ab 10 Jahren geeignet

22

ZWISCHEN KALKFELS UND URGEBIRG

Von der Kaiserau nach Eisenerz

Zwischen dem hellen, himmelstürmenden Kalkfels der Gesäuseberge und den ernsten, dunklen Urgebirgsmugeln der Eisenerzer Schieferalpen ist eine der schönsten Wanderstrecken unseres Landes markiert: der Weg von der Kaiserau über das Kalblinggatterl, die Flietzenalm, die Mödlinger Hütte, das Johnsbachtal, den Neuburgsattel, das Radmertal und den Radmerhals in die Eisenerzer Ramsau und nach Eisenerz. Man geht dabei an den gewaltigen Südabstürzen des Reichensteinstockes vorbei, überquert eine der gefürchtetsten Wildbachschluchten der Steiermark, den Flietzengraben, am oberen Ende und lernt dann eine der bezauberndsten Bergansichten der Kalkalpen kennen: den Blick von der Mödlinger Hütte zum Admonter Reichenstein. Immer wieder fotografiert und reproduziert, ist dieser Anblick der altersbraunen Schutzhütte auf einem grünen Hügel der Treffneralm vor den bleichen Felsen des Reichensteins, der seine Felsfinger wie eine Schwurhand emporreckt, doch immer wieder neu und faszinierend. Von der Mödlinger Hütte steigen wir auf einem sehr alten Hüttenweg, wo es im Gegensatz zur Straßenlandschaft um die Mödlinger Hütte wohltuend still ist, in das Bergsteigerdorf Johnsbach ab und setzen die Wanderung in die Stille weiter fort durch das innere Johnsbachtal auf den Neuburgsattel und hinab in die Radmer. Haben uns zwischen Johnsbach und dem Neuburgsattel zur Linken die weniger wuchtigen, aber trotzdem felsigen und eigenartigen Ausläufer der Hochtorgruppe des Gesäuses begleitet und zur Rechten die mit Hochalmen bedeckten Seitenkämme des Leobners, so tritt in der Radmer eine der kühnsten Gipfelgestalten der Steiermark ins Blickfeld: der doppelgipfelige, schneidige Lugauer. Eine kleinere Ausgabe des Grimmings könnte man es nennen, dieses gewaltig große Massiv, das von keiner Seite her leicht zu ersteigen ist, nach Süd und Nord mit breiten Wänden abfällt, nach Osten aber mit steiler Kante und, aus östlicher Richtung gesehen, sich zu einem schmalen Felsturm zusammenschnürt, welcher Anblick ihm den Ehrennamen „das steirische Matterhorn" eingetragen hat.

Die südliche Talseite nimmt der nur wenig niedrigere, kaum weniger wuchtig gebaute und felsbesetzte, aber doch nicht so berühmte Zeiritzkampel ein. Seine Vorzüge liegen auf anderem Gebiet: auf diesem mürben, fruchtbaren Boden der Grauwackenzone in den sog. Eisenerzer Schieferalpen konnte sich eine wahre Pracht an Bergblumen entfalten, und so ist der Zeiritzkampel als Blumenberg bekannt. Das Radmertal mit der Einschichtsiedlung Radmer an der Hasel oder Hinterradmer und dem etwas größeren Bergwerksort Radmer an der Stube wurde von einem Kenner ein „einzigartiges Stück steirischen Oberlandes" genannt. Der Bezirksförster, Bergsteiger und Waidmann Hermann Scharfetter, Leoben, der beruflich in den weltfernsten Gräben der Steiermark zu tun hatte, hat die Radmer in einer Studie erstmals im Alpenvereinsjahrbuch 1970 bekanntgemacht:

„Leider nehmen sich die wenigsten Autotouristen und Urlaubsgäste die Zeit, wenn sie das Erzbachtal zwischen Eisenerz und Hieflau durcheilen, einen Abstecher in die Radmer zu machen. Sie wissen nicht, daß sie bereits 2 km nach der Abzweigung von der Eisenbundesstraße eines der schönsten alpinen Bilder der Steiermark sehen können, sie wissen nicht, daß sie wieder 2 km weiter ein Minigesäuse durchfahren, welches an romantischer Wildheit nichts zu wünschen übrigläßt, sich dann aber zu einem freundlichen

Bergtal weitet. Auch können diese Kilometerschlucker nicht wissen, daß sie in Vorderradmer eine Kostbarkeit des Landes in Barock erwartet, wie man sie in einem solchen abgeschiedenen Tal gar nicht erwarten würde."

Durch den tiefen Wald des Finstergrabens wandern wir dann über den Radmerhals hinüber in die lichte Weite der Eisenerzer Ramsau zwischen der wenig begangenen Kaiserschildgruppe, die unheimlich wilde und zerrissene Täler und Gräben umschließt, und dem einfacheren Wildfeld in der erzreichen Grauwackenzone, dem die zwei Vortürme Stadelstein und Schwarzenstein allerdings auch das Gepräge von Bedeutsamkeit geben. Auch hier wieder die Gegensätze: der Kaiserschild aus hellem, je nach Beleuchtung grau oder rosig schimmerndem Kalkgestein, das Wildfeld walddunkel und almenhell, aber immer grün. Durch die stille Talweitung der Ramsau geht es hinaus in das laute Getriebe von Eisenerz, der Stadt, die an einem Berg aus Eisen liegt.

Der Wegverlauf

Ausgangspunkt: Schloß Kaiserau (1120 m); von Trieben (708 Meter), Autobus- und Bahnstation im Paltental, oder von Admont (641 m), Autobus- und Bahnstation im Ennstal, auf der neuen Höhenstraße (mit Maut), die von Trieben über Dietmannsdorf oder Bärndorf und von Admont durch das „Paradies" zur Oberst-Klinke-Hütte der ÖAV-Sektion Admont führt. Da es bis jetzt noch keine fahrplanmäßige Autobusverbindung in die Kaiserau oder zur Klinkehütte gibt, treten wir die Wanderung am besten in Trieben an, von wo wir auf einem bezeichneten Weg am Bahnhof vorbei über das hier sehr breite, moorige Paltental nach Dietmannsdorf kommen. Dietmannsdorf hat ein kleines romanisches, guterhaltenes Kirchlein, dessen schönste Ausstattungsstücke sich in Grazer Museen befinden. Von Dietmannsdorf am Hang des Sonnberges auf markiertem Weg (es ist der alte Hüttenweg zur Klinkehütte) in die Kaiserau, die man „eines der schönsten Hochtäler der Steiermark" genannt hat, rd. 2 St. ab Trieben. Das Wiesental mit dem Blick auf den spitzigen Felskegel des Admonter Kalblings, aber auch mit einem Rückblick bis zum Dach-

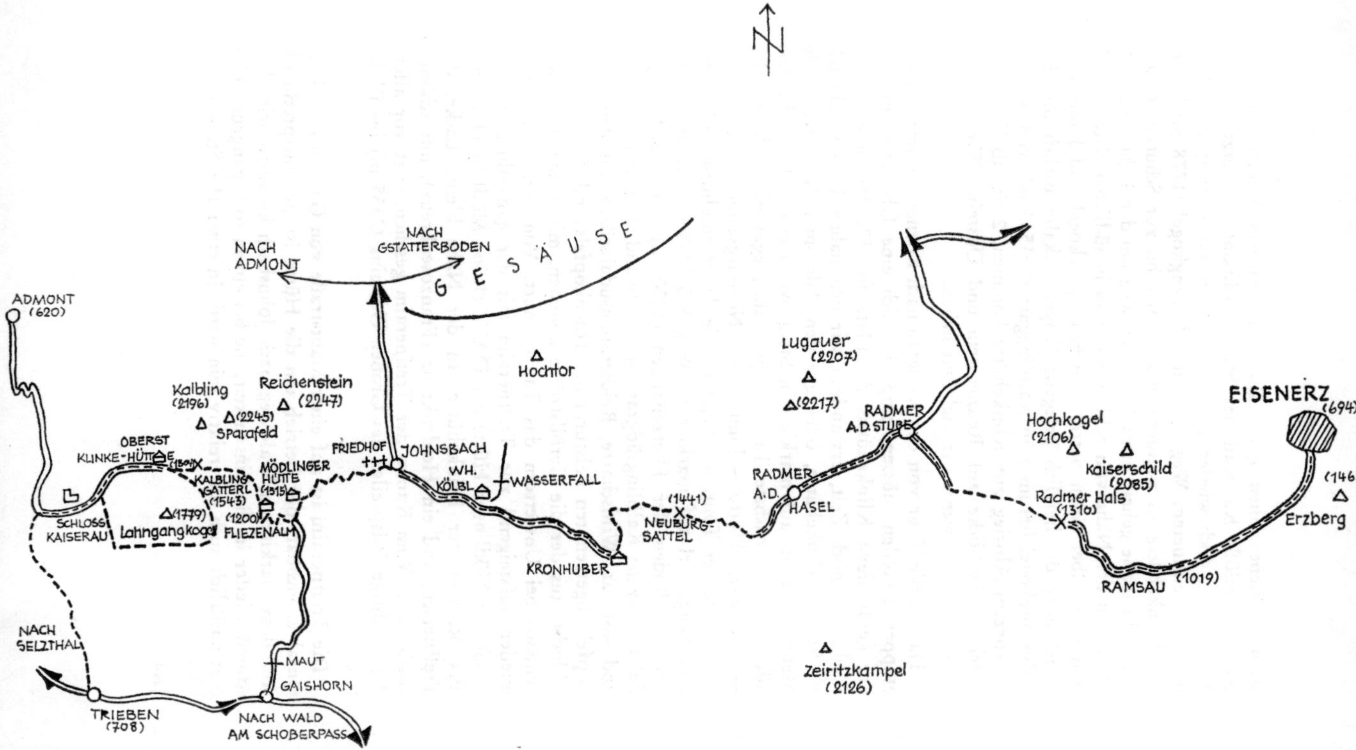
NACH ADMONT
NACH GSTATTERBODEN
GESÄUSE
ADMONT (620)
Hochtor
Lugauer (2207)
(2217)
Kalbling (2196)
Reichenstein (2247)
(2245) Sparafeld
OBERST KLINKE-HÜTTE
FRIEDHOF
JOHNSBACH
MÖDLINGER HÜTTE (1515)
KALBLING GATTERL (1543)
WH. KÖLBL
WASSERFALL
RADMER A.D. STUBE
RADMER A.D. HASEL
EISENERZ (694)
Hochkogel (2106)
Kaiserschild (2085)
Radmer Hals (1310)
(1465)
Erzberg
SCHLOSS KAISERAU
(1779)
Lahngangkogel
(1200) FLIEZENALM
(1441)
NEUBURG-SATTEL
KRONHUBER
RAMSAU (1019)
NACH SELZTHAL
MAUT
GAISHORN
TRIEBEN (708)
NACH WALD AM SCHOBERPASS
Zeiritzkampel (2126)

stein verdient seinen guten Ruf. Auf ebenem Wiesenplan liegt das Almschlößl Kaiserau des Stiftes Admont, im letzten Krieg abgebrannt, doch wieder aufgebaut. Wenn wir es nicht vorziehen, auf unbezeichnetem Weg um den Lahngangkogel (1778 m) herum zur Klinkehütte zu wandern, müssen wir bis zur Schutzhütte auf der Fahrstraße gehen, etwa 1 St. Der Weg um den Lahngangkogel zweigt in der Nähe von Schloß Kaiserau in südlicher Richtung ab und führt über einen Sattel zwischen Eggerkogel und Lahngangkogel über die herrlich gelegene Wagenbänkalm östlich um den Lahngangkogel herum zum Kalblinggatterl (1543 m), von wo wir in kurzem Abstieg zur Klinkehütte kommen, 2 St. ab Kaiserau; herrliche Ausblicke auf Reichenstein und Ödstein! Wir nehmen diesen Anstieg, wenn wir viel Zeit haben.

Da wir die Tour von der Kaiserau nach Eisenerz in drei Tagesetappen einteilen müssen, empfiehlt sich eine Übernachtung auf der geräumigen Klinkehütte, die Platz für 170 Personen bietet. Bleibt uns noch Zeit, erwandern wir den nahen Lahngangkogel, 3/4 St. ab Klinkehütte, oder gar den Admonter Kalbling (2196 Meter) in 2 St. auf markiertem Steig, wozu etwas Trittsicherheit nötig ist. Die nächste Tagesetappe Kalblinggatterl — Flietzenalm — Mödlinger Hütte — Johnsbach — Neuburgsattel — Radmer ist die längste der Tour, wir beginnen sie daher möglichst früh. Vom Kalblinggatterl auf markiertem Weg 300 Höhenmeter absteigend auf den Boden der Flietzenalmen (1200 m) unter großartigen Felsabstürzen: Kalblingsüdgrat und -südwand, Sparafeldsüdwand und -ostgrat, Wildscharte, Reichensteinsüdabstürze mit dem vom Gipfel abgetrennten Felsturm des Totenköpfels und der Flietzenschlucht, aus der die Geröllströme kommen, mit denen der Flietzenbach bei Unwettern das Tal vermurt. Von den Almen steil wieder aufsteigend zur Treffneralm mit der ganzjährig bewirtschafteten Mödlinger Hütte der ÖAV-Sektion Mödling (1525 m), 2 1/4 St. von der Klinkehütte. In der Nähe kleine Lacke, der Treffnersee, und ein Heldenkreuz (Franzosenkreuz), mit schönen Ausblicken. Vom Kamm der Treffneralm gesehen, tritt vor allem der mächtige Felspfeiler des Großen Ödsteins (2355 m) ins Blickfeld.

Die Treffneralm ist auf einer Mautstraße von Gaishorn im Paltental erreichbar, der Betrieb um die Hütte ist dementsprechend. Auf dem markierten Waldweg nach Johnsbach kommen wir aber schnell wieder in die Einsamkeit, die bei einem so begangenen Gebiet natürlich auch nur relativ sein wird. In etwa 1 1/2 St. sind wir in Johnsbach (761 m). Der ehemalige Bergwerksort (der Name Reichenstein weist darauf hin, es ist ein „reicher" Berg) ist neben Gstatterboden das berühmteste Bergdorf im Gesäuse, berühmt auch auf traurige Weise: im vielbesuchten Johnsbacher Bergsteigerfriedhof haben viele Opfer der Gesäuseberge ihre letzte Ruhestätte gefunden. Neben der Barockkirche ist der Pfarrhof, um 1600 erbaut, sehenswert. — Autobusverkehr zur Bahnhaltestelle Johnsbach; zu Fuß (etwa 5 km) 1¼ St.

Haben wir auf der Mödlinger Hütte eine kurze Jausenrast eingeschaltet, so wird uns Johnsbach mit mehreren Gaststätten für die Mittagspause willkommen sein. Übernachtung möglich. Von Johnsbach wandern wir auf der Gemeindestraße ostwärts in ¾ St. über den Sperrbühel zum Kölblwirt (851 m). Dort zweigt zur Linken der markierte Steig zur Heßhütte am Hochtor ab; der Wolfbauerwasserfall wäre in einem Abstecher, ¼ St., zu erreichen. Am rechten Talhang ist die Odelsteinhöhle, ¾ St., die zum Kölblwirt gehört, von wo auch Führungen in diese Tropfsteingrotte veranstaltet werden. Wir bleiben im Tal auf der für öffentlichen Verkehr gesperrten Jagdstraße. Die Erinnerung an das österreichische Kaiserhaus ist in diesen Tälern noch lebendig; von Kaiserin Elisabeth von Österreich weiß man, daß sie nicht nur eine leidenschaftliche Reiterin, sondern auch eine schneidige Bergsteigerin gewesen ist, die u. a. auch den Großen Buchstein im Gesäuse erstiegen hat. Im Jahre 1886 überschritt sie inkognito mit ihrer Tochter Erzherzogin Valerie, von Johnsbach ausgehend, den Neuburgsattel in die Radmer, um dem Jagdherrn Fürst Hohenberg einen Besuch abzustatten.

In angenehmer Wanderung auf der Straße erreichen wir in 1¼ St. ab Kölblwirt die Gehöfte Gschaidegger und Kronhuber, wo die Straße endet und ein bezeichneter Weg auf den Neuburgsattel beginnt; wir hatten ab Johnsbach ständig herrliche Blicke auf den Admonter Reichenstein oder den gewaltigen Ödstein. In 1 St. kommen wir zum 1441 m hohen Neuburgsattel, in weiteren 1¼ St. ist in ziemlich steilem Abstieg längs des bezeichneten Weges am Haselbach Radmer an der Hasel (900 m) erreicht, 3½ bis 4 St. vom Köblwirt.

Radmer an der Hasel besteht heute nur aus wenigen Häusern und dem Schloß Greifenberg, um 1600 erbaut. Wir sind in dieser Einöde ganz im Banne und Bannkreis des Lugauers; der steinige Talboden geht auf einen Bergsturz zurück, der im 16. Jh. vom „Gspitzten Stein", einem Vorgipfel des Lugauers, abbrach und das früher blühende Hinterradmer, eine Bergwerkssiedlung, fast völlig vernichtete. Dort bestanden Untertagbaue, wo über 1000 Bergknappen nach Kupfer gegraben haben sollen. Hermann Scharfetter berichtet davon im Alpenvereinsjahrbuch 1970 und erwähnt auch, daß dort im Jahre 1635 der erste bergmännische Sprengschuß mit Pulver in den Alpenländern gefallen ist. Von Hinterradmer gelangen wir längs der Fahrstraße in 1 St. (unterwegs Gh., Übernachtung möglich) nach Radmer an der Stube oder Vorderradmer (702 m).

Vorderradmer, teils im Tal, teils auf der Anhöhe gelegen, bietet mit der prachtvollen Barockkirche, dem „Kleinen Erzberg“ mit den hellrötlichen Stufen und den Felswänden des Lugauers dahinter einen eigenartig schönen Anblick. Die Erzlager, es handelt sich um Spateisenstein, der reiner und ergiebiger sein soll als die Erze am Eisenerzer Erzberg, wurden erst Anfang des 18. Jh.s entdeckt. Der Bergbau wurde seither einige Male eingestellt und wieder aufgenommen und ist heute neben der Forstwirtschaft die wichtigste Einkommensquelle der Bewohner des Radmertales. Die Kirche wurde den „wilden“ Radmerern, die protestantisch geworden waren, in der Zeit der Gegenreformation als Geschenk dafür erbaut, daß sie wieder zum Katholizismus übertraten. Außer der Kirche sind sehenswert ein Gewerkschaftshaus (ehemaliges Jagdschlößl Ferdinands II.) und das Jagdschloß Franz Josefs I.

Die Radmer war seit eh und je kaiserliches Jagdgebiet. Schon Kaiser Maximilian I. kannte das „lustig jaid“ in der Radmer. Die Straße aus dem Erzbachtal nach Radmer wurde für den Kaiser erbaut und Kaiserstraße benannt, und rundum im Gebirg „kaisert“ es an allen Orten: da heißt ein besonders schöner Platz am Stanglkogel Kaisertisch, und gleich zwei Gipfel und eine ganze Berggruppe haben kaiserliche Namen — Kaiserschild und Kaiserwart!

In Vorderradmer werden wir nach dem „strengen“ Bergtag vom Kalblinggatterl her übernachten müssen. Soll die Tour dort unterbrochen werden, wandern wir auf der Kaiserstraße in 1½ St. zur Bahnhaltestelle Radmer der Präbichlbahn, wobei wir durch die romantische Felsenenge Zwischenmäuern kommen. Es gibt auch Autobusverbindung von Radmer nach Eisenerz oder Hieflau. Anderntags wandern wir von Radmer auf bezeichnetem Fahrweg in den wirklich finsterwaldigen Finstergraben, wo bei einer Kapelle nach ½ St. der steilere Karrenweg zum Radmerhals (1310 m) ansetzt. In 1½ St. ist dieser uralte Übergang von Eisenerz ins Radmertal erreicht. Wir haben nun die Kaiserschildgruppe im Norden vor uns; der Kaiserschild (2085 m) ist nicht der höchste und auch nicht der wildeste Berg dort. Höher und wilder noch ist der steile Hochkogel (2106 m). Vom Radmerhals nach Osten hinab beginnt eine feine Jagdstraße, die wir bergab wandern in die hellen Talböden der Eisenerzer Ramsau. Trotz der wilden Wände im Bärenloch, das von den Abstürzen des Hochkogels und des Kaiserschilds gebildet wird, ist diese Gegend viel freundlicher als das vorher durchwanderte Finstertal! An einigen Almen und Gasthäusern vorbei gehen wir, das Gefälle von 600 Höhenmetern kaum vermerkend, in 2 St. nach Eisenerz hinaus, das wir über Krumpenthal erreichen.

Höhenunterschiede:

1. Tag: Trieben (708 m) — Kaiserau (1120 m) — Klinkehütte (1504 m)

2. Tag: Klinkehütte (1504 m) — Kalblinggatterl (1543 m) — Flietzenalm (1200 m) — Mödlinger Hütte (1525 m) — Johnsbach (761 m) — Neuburgsattel (1441 m) — Hinterradmer (900 m) — Vorderradmer (702 m)

3. Tag: Vorderradmer (702 m) — Radmerhals (1310 m) — Eisenerz (694 m)

Gehzeiten:

1. Tag: Trieben — Klinkehütte 3 bis 4 St.

2. Tag: Klinkehütte — Mödlinger Hütte 2¼ St., Mödlinger Hütte — Johnsbach 1½ St., Johnsbach — Neuburgsattel — Hinterradmer etwa 4 St., Vorderradmer 1 St.; zusammen 9 St.

3. Tag: Vorderradmer — Radmerhals 2 St., Radmerhals — Eisenerz 2 St.; zusammen 4 St.

Günstigste Zeit: von Anfang Juni bis November. Jagdzeiten (15. 9. bis 15. 10.) beachten!

Besonderes: Bergschuhe nötig; für Kinder ab 10 Jahren geeignet

Orientierung: einfach; markierte Wege bzw. Straßen

Karte: Freytag-Berndt-Touristenwanderkarte 1 : 100.000, Blatt 6, Ennstaler Alpen

23

DER STEIRISCHE BERG

Eisenerz und der Erzberg

Kein anderer Berg hatte je so viel Bedeutung für die Steiermark und kaum einer wird jemals so viel für sie bedeuten wie der Erzberg bei Eisenerz. Ein fast 1500 m hoher Berg, der schlicht und einfach Erzberg heißt, eine Stadt, die sich einfach Eisenerz nennt, sie haben viele Jahrhunderte lang das wirtschaftliche Schicksal des Landes, ja sogar ganz Österreichs mitbestimmt. 90 Prozent des österreichischen Erzes kommen vom Erzberg. Der Berg — kein Freizeitberg, sondern ein Alltagsberg — hat auch das Gesicht der Landschaft geprägt: durch die Stadt, die sich um den Berg herum entwickelt hat, aber auch durch die Riesentreppen des Tagbaues, die wie an einer Pyramide zum Gipfel führen. Wenn es eine Schönheit der Technik gibt — am steirischen Erzberg ist sie zu empfinden. Viel dazu beitragen mögen wohl die Farben des Berges: gelb, rötlich, rot- und dunkelbraun, bis ins Blaue und Graue schimmernd, wie es bei eisenhältigem Gestein eben ist. Der Maler Prof. Herbert Boeckl, dem wir die modernen Fresken im Seckauer Dom verdanken, hat einmal ein Bild des Erzberges gemalt, farbenglühend, wie von innen her leuchtend, so wie er sich dem Beschauer von den höheren Bergen der Umgebung darbieten mag.

Was wohl die alten Römer sagen würden, die die „Eisenwurzen" in der Steiermark wohl kannten und zu nutzen verstanden, wenn sie statt ihrer Schmelzöfen auf der Feistawiese den modernen Betrieb am Erzberg sehen könnten? Wenn sie wüßten, daß täglich etwa 55.000 t Gestein gefördert werden, daß derzeit 2400 Arbeiter am Berg beschäftigt sind, dazu nur 380 Angestellte; daß es 80 km gebahnte Straßen am Erzberg gibt, daß der früher 1532 m hohe Gipfel im Lauf der Jahrhunderte 64 m an Höhe eingebüßt hat und nur mehr 1468 m hoch ist; daß oft mehr als 400 kg Sprengstoff für ein Bohrloch nötig sind, daß der größte der Bagger 303.000 kg wiegt, daß ein Reifen für einen der Schwerlastkraftwagen 60.000 Schilling kostet und der Treibstoffverbrauch am Erzberg im Monat 380.000 l beträgt?

Wenn wir Eisenerz besuchen, so wird unser Hauptinteresse zuerst wohl nicht den Freizeitbergen der Stadt gelten, obzwar sie in Mengen vorhanden sind, wie Eisenerzer Reichenstein, Stadelstein, Schwarzenstein, Wildfeld, Kaiserschild, Pfaffenstein, Griesmauer, Polster, Rössel usw.; darunter schöne Zweitausender mit interessantem Gesteinswechsel von der erzführenden Grauwackenzone der Eisenerzer Alpen zu den Kalken des Kaiserschilds und der Hochschwabgruppe. Doch sie sind, zumindest bei einem ersten Besuch von Eisenerz, nur wie Kulissen um das eigentliche Schauspiel des Erzberges und seiner Stadt. Die Bergdirektion Eisenerz der Österreichischen Alpine Montangesellschaft hat dem großen Interesse am Erzberg Rechnung getragen und veranstaltet derzeit vom 2. Mai bis zum 15. Oktober zweimal täglich Erzbergführungen, um 10 und 14.30 Uhr. Eine Anmeldung ist im allgemeinen nicht nötig, doch Anmeldungen von Gruppen sind erwünscht. Die Führungen werden mit betriebseigenen Autobussen gemacht und dauern rd. 1½ St. Dabei wird der Erzberg zwar nicht bis zur Spitze, aber bis zu einem Aussichtspunkt etwa in dreiviertel Höhe befahren. Die Führungen werden von geschultem Personal besorgt, das geschichtliche, geologische und technische Erklärungen gibt. Es darf fotografiert werden, und von dieser Erlaubnis wird bei den wunderschönen Fotomotiven —

die Riesenbaustufen des Berges, jede an die 24 m hoch, sind besonders fotogen als Vorder- oder Hintergrund — fleißig Gebrauch gemacht. In der Führungsgebühr ist auch ein Besuch des Bergmuseums inbegriffen. Auch das Eisenerzer Heimatmuseum hat sehr reichhaltige Sammlungen.

Eisenerz, die sehr lebendige Bergwerks- und Industriestadt, hat trotz all der fortschrittlichen Technik rundum ein mittelalterliches Gepräge behalten. Das Wahrzeichen der Stadt ist der Schichtturm aus dem Jahr 1580 mit der Schichtglocke, die zur Arbeit rief. Auf dem Tabor erhebt sich eine Festungskirche, die größte Kirchenburg der Steiermark. Solche befestigten Kirchen wurden gegen Türkeneinfälle erbaut. Das Alte Rathaus, zwei Kapellen und manche Profanbauten aus dem 16. bis 18. Jh. sind erhalten geblieben.

Wenn wir auf der Fahrt von oder nach Eisenerz auch Vordernberg besuchen, so lernen wir auch die Urzelle des ganzen Eisenbetriebes kennen. Vordernberg ist älter als Eisenerz, und von dort aus, „vor dem Berg" — womit der Trennriegel des Präbichls (1225 m) gemeint war — hat man früher das „Innerberger Erz" abgebaut und verhüttet. In Vordernberg spürt man noch diese große Vergangenheit; dort wurde auch die erste Montanistische Hochschule gegründet. Zwei alte Radwerke wurden als Museen ausgestaltet. Eine Anzahl stattlicher Gewerkenhäuser aus dem 17. und 18. Jh. ist noch erhalten. Sehenswert auch das Alte Rathaus und die Laurentiuskirche sowie der schmiedeeiserne Brunnen aus dem Jahr 1668.

Die alten Eisenorte werden sich uns am stimmungsvollsten zeigen, wenn wir sie von der Präbichlbahn aus besuchen. Die Präbichlbahn ist eine der wenigen Zahnradbahnen, die noch in Betrieb sind und soll auch in absehbarer Zeit aufgelassen werden. Der Verband der Eisenbahnfreunde hat sich bereits alter Lokomotiven angenommen und auch ein

Eisenbahnmuseum in Vordernberg eingerichtet. Die Fahrt mit der Präbichlbahn, zuerst durch das Vordernberger Tal mit dem freundlichen Trofaiach am Fuß des Reitingmassivs, dann mit den schroffen Felsen der Bergermauer bei Vordernberg zur Linken, die bis auf den Talgrund reichen, den Felskronen der Leobner Mauer und Griesmauer zur Rechten, dann über die Bergschwelle des Präbichls mit dem Eisenerzer Reichenstein und dem Pfaffenstein, schließlich in einem Tunnel durch den Erzberg und fast um den Berg herum, ist mit ständig wechselnden Ausblicken, mit dem Wechsel von Viadukten und Tunnels auch als Bahnreise ein Erlebnis. Der Zug bummelt durch die Landschaft oder schnauft den steilen Präbichl hinan — von Leoben (532 m) werden bis zur Paßhöhe 700 m Höhenunterschied überwunden, nach Eisenerz hinab auf kürzester Strecke 500 m! In Vordernberg steigen wir am besten aus, machen einen Bummel durch den Markt und fahren erst mit dem nächsten Zug nach Eisenerz weiter. Sollte es uns doch nach einer Wanderung gelüsten, so wandern wir von Eisenerz über das Urlauberkreuz (871 m) und die Prossau zum Leopoldsteinersee, wobei wir auf einem alten Wallfahrerweg gehen. Schöne Rückblicke auf den Erzberg und Tiefblicke zum dunkelblauen See, der sich auch zum Baden eignet; 1¼ St. ab Eisenerz. Die „Eisenerzer Wallfahrt" geht seit 200 Jahren über die Eisenerzer Höhe (1543 m), einen Übergang, der schon den Römern bekannt war, wobei man über Wildalpen nach Mariazell kommt. Die Wallfahrt wird zum Dank für die Errettung von einem großen Brand veranstaltet, der beinahe die Stadt zerstört hätte. 1970 nahmen noch 80 Personen daran teil. So ist auch noch in unserer Zeit in den Städten der Steiermark manch schöner Brauch lebendig, der in das Bild paßt, das wir uns von Eisenerz und seinem steirischen Berg gemacht haben.

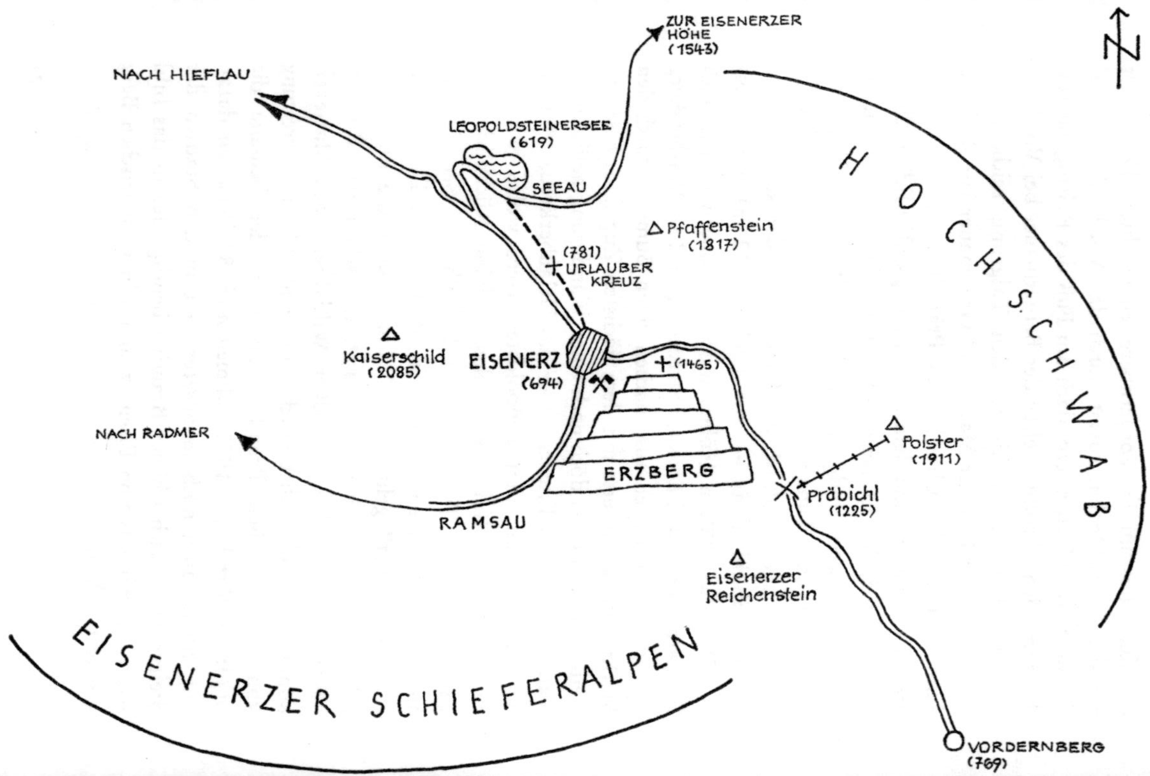
N
ZUR EISENERZER HÖHE (1543)
NACH HIEFLAU
LEOPOLDSTEINERSEE (619)
SEEAU
HOCHSCHWAB
Pfaffenstein (1817)
(781) URLAUBER KREUZ
Kaiserschild (2085)
EISENERZ (694)
(1465)
NACH RADMER
ERZBERG
Polster (1911)
Präbichl (1225)
RAMSAU
Eisenerzer Reichenstein
EISENERZER SCHIEFERALPEN
VORDERNBERG (769)

Der Wegverlauf

Ausgangspunkt für eine Erzbergführung: Eisenerz (694 m), mit der Präbichlbahn von Leoben oder von Hieflau zu erreichen. Die Führungen gehen vom Haus Trofengbachgasse 13 aus (ehemaliger Hugo-Stinnes-Aufzug). Bei Gewitter finden keine Führungen statt. Da man sich bei den Führungen doch mehr im Freien und in rd. 1000 m Höhe aufhält, ist es angebracht, etwas wärmere Kleidung, auch festes Schuhwerk mitzunehmen. Für Kinder ist eine Erzbergführung immer ein besonderes Erlebnis. Säckchen für Steine mitnehmen — es gibt bei jeder Führung unentgeltlich ein paar interessante erzhältige Brocken für die Sammlung!

Günstigste Zeit: Anfang Mai bis Mitte Oktober für Führungen; Eisenerz und Vordernberg wie auch der Präbichl ganzjährig, sehr schöne Wintersport- und Wandergebiete! Sessellift vom Präbichl zum Polster (1800 m), verschiedene Schlepplifte

Karte: Freytag-Berndt-Touristenwanderkarte 1 : 100.000, Blatt 6, Ennstaler Alpen

24

ZUR GRÖSSTEN ALM DER STEIERMARK

Bodenbauer — Sackwiesensee — Sonnschienalm — Tragöß

Die Sonnschienalm im Hochschwab mit ihrem freundlichen, einladenden Namen ist die größte Alm der Steiermark. Es ist keine einzelne Alm, sondern eine große Almenfläche, zu der man meistens auch noch die Sackwiesenalm, die Häuselalm, die Senkbodenalm, die Hörndlbodenalm, die Bernsbodenalm, die Androtalm, die Kulmalm, die Fowieshalt, die Sonnsteinhalt und die Pfaffingalm rechnet, also eine ganze Versammlung von Almen. Nicht mehr alle sind bestoßen, manche Hütten sind bereits verfallen — in der Steiermark hat ja wie in allen Teilen der Alpen das große Almensterben schon seit drei Jahrzehnten eingesetzt. Strukturveränderungen der bäuerlichen Wirtschaft, aber auch soziologische Probleme spielen da hinein: junge Leute, wie sie sich am besten für die schwere Arbeit auf der Alm eignen, haben kein Interesse mehr an dem geringen Verdienst und vor allem an der fehlenden Freizeit. Daß das Almleben ein freies und selbständiges war, bei aller Härte des Alltags, ist heute kaum mehr bekannt. Die junge, fesche Sennerin, Anziehungspunkt für Senner und Halter, Jäger und Touristen, ist heutzutage schon ausgestorben. Was würden wohl jene Touristen der ausklingenden Biedermeierzeit sagen, die den Hochschwab um die Mitte des vorigen Jahrhunderts besuchten und dann darüber berichteten, wie es ihrer Zeit entsprach? Da lesen wir von „harmlos herumhüpfenden Gemsen“ oder von „singend und jodelnd nach Futter suchenden Sennerinnen“! Übrigens waren manchem dieser Almgeher schon damals die Sennerinnen zu wenig jung und zu wenig hübsch! Was würden diese Feinschmecker erst in unserer Zeit auszustellen haben, da nur mehr ältere Leute die Almen bewirtschaften, die meist schon vierzig, fünfzig oder gar sechzig Jahre lang das Almleben gewohnt sind!

Die vielen frei gewordenen Almhütten werden entweder dem Verfall preisgegeben oder, wenn sie in gutem Zustand sind, für Jagdzwecke oder als private Wochenendunterkünfte vermietet. Die Almen aber bleiben — als großes, in der Steiermark fast unerschöpfliches Wandergebiet, in dem man nach Herzenslust herumstreifen kann.

Wir beginnen unsere Almwanderung in Kapfenberg, der „Böhlerstadt". Die Stahlwerke der Gebrüder Böhler haben den Markt zu einem bedeutenden Industriezentrum Österreichs und zu einer jungen, lebendigen Stadt gemacht, die durch ihre kulturellen Bestrebungen aufhorchen ließ und stets bedeutende Sportler, vor allem Kletterer, hervorgebracht hat. Einer älteren Innenstadt mit einem Rathaus aus der späten Renaissance und manch altem Bürgerhaus steht ein neuer Stadtteil mit Hochhäusern und typischen Randsiedlungen des Industriegebietes gegenüber. Kapfenberg hat ein modernes Hallenschwimmbad, es war eines der ersten in der Steiermark. Die Burgruine Oberkapfenberg, ein Wahrzeichen des Mürztales, ist zu einer vielbesuchten Burgtaverne mit Straßenauffahrt ausgebaut worden.

Wenn wir uns von Kapfenberg kommend dem Hochschwab nähern, so fällt uns im engen, romantischen und wenig besiedelten Thörlgraben der ursteirische Gegensatz zwischen der Industriestadt und dem einschichtigen Wald- und Bergland ihrer Umgebung besonders auf. Nur spärlich und nur im Bereich der Werksiedlungen Hansenhütte und Margaretenhütte, die zu den Penggschen Eisenwerken und Drahtziehereien gehören, sind die Häuser an den Rand der Mariazeller Straße gebaut. Dazwischen beherrschen auf weite Sicht der oft felsige Wald, der breite Thörlbach und die Schienen der Schmalspurbahn Kapfenberg — Au — Seewiesen auf engstem Raum das Gelände. Die Seewiesener Bahn war in früheren Jahrzehnten eine gute Verbindung von Kapfenberg in das Hochschwabgebiet, heißgeliebt von allen Kindern und auch von den Bergsteigern. Zahlreich waren die Anekdoten, die man sich über die „Gamstramway" erzählte: daß man während der Fahrt aussteigen, geruhsam Blumen pflücken und wieder in den fahrenden Zug steigen konnte; daß gelegentlich Gemsen zustiegen und dergleichen mehr. Daß aber einmal einem Bergsteiger der „Äpfelbrocker", wie die Steirer gerne zu ihren Hüten sagen, aus dem Fenster der fahrenden Gamstramway fiel, daß er hinaussprang, den Hut holte und ohne Anstrengung wieder den Zug bestieg — das ist verbürgt. Schade, daß die liebe kleine Bummelbahn heute nur mehr dem Werksverkehr dient!

Knapp vor Thörl ist der Waldgraben auf besondere Weise verengt. Eine steile, helle Felskante ist da mitten hineingestellt in den Zusammenfluß dreier Täler: des St. Ilgner Tales, des Fölzgrabens und des Stübminggrabens. Sie bildet eine natürliche Sperre und schützt das alte „Törlein" an der Straße nach Mariazell, von dem das heutige Thörl seinen Namen hat. Abt Schachner von St. Lambrecht erbaute im 15. Jh. auf dem Felsen die Burg Schachenstein, welche heute eine guterhaltene Ruine ist. Sie gilt als die letzte Höhenburg der Steiermark. Das Törlein war eine Anfang des 14. Jh.s kunstvoll angelegte Straßensperre und Wehranlage der Aflenzer — auch heute noch ist die Durchfahrt verblüffend schmal. Die überragende Lage der Burg und die geschickt gebaute Sperre an einem wichtigen Verkehrsweg blieben nicht unbemerkt und sollen viel zur Blüte der Thörler Hammerwerke beigetragen haben; man beeilte sich, die so gut verteidigten Thörler und Aflenzer mit Privilegien zu versehen. Seit dem 18. Jh. sind die Hammerwerke und heutigen Eisenwerke im Besitz der Gewerkenfamilie Pengg von Auheim aus altem steirischem „Eisenadel".

Im Halbrund des Turmes, der vom Bollwerk des Törleins übriggeblieben ist, wurde eine Barbarakapelle erbaut, in der Bilder des Hofmalers Ritter v. Mölk (1776) zu sehen sind. Die Straßenkapelle an der südlichen Ortseinfahrt von Thörl zeigt gotische Holzschnitzereien einer Kreuzgruppe. Wenige Kilometer von Thörl entfernt liegt am Fuß der Bürgeralpe (1500 m) der bekannte steirische Luftkurort Aflenz-Kurort mit berühmtem Propsteigebäude, spätgotischem Karner und eindrucksvoller Pfarrkirche.

Bei Thörl beginnt das Tal von St. Ilgen, im Talschluß Buchberg genannt. Es ist ein frischgrüner Graben mit einem raschen Bach und wenigen verstreut liegenden Gehöften. Die Mitte des Tales beherrscht das Bergdorf St. Ilgen mit der Filialkirche zum hl. Ägydius, einer geräumigen Saalkirche. Knapp vor St. Ilgen schließen wir zum ersten Mal Bekanntschaft mit den Hochschwabfelsen — ganz kurz zeigt sich im Vorbeifahren die Gruppe der Festbeilsteine, als felsiger Wall vor die Hauptmasse des Gebirges gesetzt.

Die Nähe des Gebirges ist nicht zu übersehen: auf der vielbefahrenen Straße zum Großgasthof Bodenbauer in Buchberg überqueren wir die sog. Karlschütt, die oft mit Unmassen von Geröll verschüttete Mündung des Karlgrabens, der vom fast 2100 m hohen Karlhochkogel herunterzieht. Gegen den Talschluß zu ist der Graben von St. Ilgen fast unbewohnt: auf der 6 km langen Strecke zwischen der Inneren Zwain bei St. Ilgen und dem Bodenbauer besteht eine einzige kleine Ansiedlung beim Festljagdhaus.

Fast jede Schilderung der Hochschwabberge aus alter Zeit über die „rauheste Wildniß der Steyermark", wie man sie nannte, vermerkt die Tatsache, daß in diesem Gebirge die Felswände bis auf den Talboden hinabreichen. So schildert uns ein Anonymus J. E. v. B. in seiner „Skizze einiger Bemerkungen und Empfindungen auf einer Unterhaltungsreise durch einen Theil der Obersteyermark", Triest 1814, den Charakter der Landschaft:

„Die Berge, die dieses Thal umgeben, verflächen sich hier nicht, wie sonst alle Gebirge, sondern sie gehen beynahe senkrecht bis zum Boden. Felsenstücke von 1000 und mehr Zentner, die von den überhängenden Bergen herabstürzten, liegen umher und vermehren das Schauerliche dieser einzigen Gegend . . ."

Obwohl der Hochschwabfahrer von heute in der Umgebung des Bodenbauers kaum etwas Schauerliches, eher Liebliches sieht, wird dieser altüberlieferte Eindruck, daß die Hochschwabwände bis zum Boden herabreichen, doch immer wieder neu empfunden. Und dazu auch noch der Begriff der „parkähnlichen Täler" des Hochschwabs, der schon im Hochschwabführer von 1922 geprägt worden ist und Berechtigung hat. So haben wir im vielbesuchten Talgrund von Buchberg, der tagsüber von Autofahrern wimmelt, nachts aber in Stille versinkt, den Inbegriff der Hochschwablandschaft vor uns: steilste Randabstürze gewaltiger Hochflächenberge und ebene, auffallend tief gelegene Täler, die mit ihren gepflegten Jagdstraßen manchesmal wirklich einem Park gleichen.

Der Frühling ist im Hochschwab von einzigartiger Schönheit. Blühende Schneerosen überziehen die Berghänge wie mit Schnee, unterbrochen von den fliederfarbenen Blüten des Seidelbasts und den kleinen Glöckchentrauben der Frühlingsheide. Und die bis ins Tal hinabgreifenden Felsen sind auch ebensoweit mit der Blume des Hochschwabs bedeckt: mit dem Petergstamm, der betäubend duftenden gelben Aurikel. Doch auch der Sommer im Hochschwab ist schön — vor allem der Frühsommer um Johanni. Die Bergwiesen gleichen dann bunten Teppichen, durchwirkt von gelben Margeriten und blauen Glockenblumen, rot und bläulich durchsetzt von hochgewachsenen Knabenkräutern und überschäumt vom Rosa des wilden Kümmels, einer der schönsten Pflanzen dieser Gegend. Zu dieser Jahreszeit, da die Felswände auch schon kräftig die Sonnenwärme widerstrahlen, werden wir den Weg vom Bodenbauer durch den schattigen Buchenwald des „Sackwaldes“ bergauf steigen, auf der 1500 m hohen Häuselalm die frische Bergluft atmen, die Zeit der Mittagshitze am kleinen Sackwiesensee verträumen oder auch ein erfrischendes Bad im Wasser nehmen, das nicht tief und für einen Bergsee erstaunlich warm ist. Am frühen Nachmittag werden wir hinüberwandern zur Sonnschienalm, auf dem vielfach gewundenen Pfad, der alle Winkel der Karstlandschaft getreulich ausgeht. Im geräumigen Schutzhaus der ÖAV-Sektion „Voisthaler“ (die „Voisthaler“ sind die Hausherren am Hochschwab, haben das Gebirge erschlossen und betreuen es heute noch) können wir Station machen und nächtigen, wenn wir einen längeren Aufenthalt planen oder am nächsten Tag den Großen Ebenstein ersteigen wollen. Haben wir die Sonnschienwanderung nur für einen Tag geplant, so bleibt genug Zeit, um noch am späten Nachmittag durch die kühle Tragösser Klamm abzusteigen, zwischen 700 m hohen Felswänden — die an einer Stelle nur wenige Meter Abstand voneinander haben — hindurchzuwandern nach Tragöß-Oberort, einem der schönstgelegenen Bergdörfer der Steiermark. Für Tragöß, einen der ältesten Urlaubsorte unseres Landes, müssen wir uns auf jeden Fall einen Tag Zeit nehmen: schon deswegen, um den Grünen See zu besuchen.

Gäbe es sieben Weltwunder der Steiermark, so müßte der Grüne See eines davon sein — so bekannt und umlagert ist er an Schönwettersonntagen und auch zu anderen Zeiten, bis in den Spätherbst hinein, selbst wenn das blitzgrüne Wasser nur mehr in Form von spärlichen Lacken vorhanden ist.

Der Grüne See ist im Gegensatz zum 650 m höher gelegenen, viel wärmeren, trüben Sackwiesensee ein eiskaltes, glasklares Wasser. Es ist nur seine unwahrscheinliche Farbe, die die Besucher von weit her anlockt.

Tragöß-Oberort hat zu besichtigen: eine schöne Pfarrkirche romanischen Ursprungs, die mehrfach umgestaltet wurde (dort geschah der grausige Tragösser Pfarrermord, den Peter Rosegger in seinem „Gottsucher" geschildert hat), einen stimmungsvollen Bergfriedhof mit schmiedeeisernen Grabkreuzen, eine spätgotische Kapelle, die auf den Grundmauern eines romanischen Karners errichtet ist, einen Pfarrhof mit Befestigungsmauer, dessen Ursprünge auf spätgotische Zeiten zurückgehen, und einen Bildstock am Kreuzteich mit bemerkenswerter Schnitzarbeit (1630). Haben wir länger Zeit, so lassen wir uns einen Besuch der Nikolauskirche in Pichl bei Tragöß nicht entgehen, das wir in etwa einstündiger Wanderung auf Seitenwegen oder auf der Straße nach Bruck an der Mur (4 km) erreichen. Die gotische Filialkirche zeigt wertvolle Einzelheiten. Wir brauchen uns bei unseren Kunstwanderungen in der Steiermark aber nicht nur auf das zu beschränken, was im Kunstführer steht oder uns sonst genannt wird; auf eigene Faust zu forschen, macht viel Freude. In der Tragösser Gegend finden wir den einen oder anderen alten, guterhaltenen Bauernhof, in Pichl z. B. ein Bürgerhaus mit schöner Kratzputzverzierung.

Wenn wir auch auf der Heimfahrt noch etwas Zeit zum Betrachten erübrigen können, unterbrechen wir die Fahrt durchs Lamingtal in St. Katharein an der Laming, einem Kirchdorf in des Wortes wahrster Bedeutung: St. Katharein hat nicht nur eine Pfarrkirche, sondern die Filialkirche zum hl. Alexius gleich daneben, beide sind von Bedeutung, die gotische Pfarrkirche u. a. durch ihren hohen Turm, die Alexiuskirche durch ihre dekorative Bemalung des Netzgewölbes. Auch sonst muß das Lamingtal eine sehr fromme

Gegend gewesen sein: Wegkreuze, Bildstöcke, Kapellen säumen Wege und Straßen in großer Zahl. Bei St. Katharein gibt es sogar einen Kirchkogel, auf dem mitten in der Einschicht eine Kapelle steht.

Der Wegverlauf

Ausgangspunkt: Von Kapfenberg (502 m), das man mit der Bahn (Schnellzugsstation) oder auf der Bundesstraße erreicht, mit einem Autobuskurs der Steiermärkischen Landesbahnen nach Thörl und weiter nach Autobusanschluß zum Gh. Bodenbauer (877 m). Auf bezeichneter Jagdstraße etwa 1 km eben in den Talschluß, der von den glatten Wandabstürzen des Zinkens (1926 m) und dem felsigen Buchbergkogel (1705 m) gebildet wird. Dann zur Linken abbiegend auf markiertem Weg durch dichten Wald, die Fortsetzung der früher erwähnten Jagdstraße querend (nicht auf der Jagdstraße weitergehen) und in gleichmäßiger Steigung, zuletzt durch eine Blockwildnis mit Krummholz und Almrosen, auf die freien Wiesen einer kleinen Alm, der Häuselalm (1528 Meter) mit Quelle; Gh. Häuselalm im Sommer bewirtschaftet; 1¾ St. ab Bodenbauer.

Absteigend kommen wir in ¼ St. zum Sackwiesensee (1418 m), er liegt also mehr als 100 m tiefer als die Häuselalm.

Die Umgebung des kleinen, moorigen Sackwiesensees ist eher ernst zu nennen. Krummholzinseln verdunkeln die Landschaft; die steile Seemauer (1777 m) schließt den Horizont ab. Schütterer Bergfichtenbewuchs und einzelne Lärchen aber bringen, wie fast überall am Hochschwab, doch etwas Freundliches in das Bild. An den Seeufern gibt es einladende Rastplätze.

Vom Sackwiesensee wandern wir über grasige Böden, durch Mulden, über einen kleinen Sattel und über unübersichtliches, welliges Rasengelände zur Sonnschienhütte der ÖAV-Sektion „Voisthaler", einem sehr geräumigen und auch stets sehr besuchten Schutzhaus. Während der Jagdzeit (15. 9. bis 15. 10. jeden Jahres) ist es geschlossen. Die Sonnschienalm hat in der von Tragöß heraufziehenden sog. „Russenstraße" (sie wurde von kriegsgefangenen Russen im ersten Weltkrieg erbaut) eine Art von Zufahrt. Auf der Russenstraße, die selten (und nur mit Ausnahmegenehmigung) befahren wird, läßt sich's gut wandern; sie ist im Abschnitt für den motorisierten Wanderer näher beschrieben. Die Alm wird auch gerne von Einheimischen besucht, besonders zur Zeit der Almrosenblüte unternehmen oft ganze Gruppen eine „Almrauschpartie"; von den vielen kleineren Almhütten sind manche an Private vermietet, so daß immer Leben auf der Alm herrscht.

Wenn wir uns länger auf der Sonnschienalm aufhalten, so wäre eine Besteigung des Großen Ebensteins (2123 m) gegeben. Auf einem markierten Steiglein, das sich durch gewundene Felsgräben und kleine Krummholzwälder windet, kommen wir zum Spitzkogel, 3/4 St., halten uns dann rechts den Zeichen nach über grasigen Boden auf den Kleinen Ebenstein (1944 m), von dort über eine Flachstelle bis an den Fuß des Großen Ebensteins, der über Rasen und Schotter, zuletzt recht steil, aber unschwierig über Schrofen erklommen wird, etwa 1 St. vom Spitzkogel. Die Aussicht vom Ebenstein gilt mit Recht als die reichhaltigste im Hochschwab, schöner noch als der Ausblick vom Hauptgipfel. Das mag wohl an den nächstgelegenen, besonders kühn geformten Bergen liegen: die Schaufelwand (2014 m) gleicht wirklich der hochgezückten Schneide einer Schaufel, obwohl ihr Name von den „Schafeln" kommt, die sie über die steile Westseite mit Klettergewandtheit erklimmen; der Brandstein (2003 m), von der Sonnschien gesehen die abenteuerliche Gestalt eines felsigen Drachenrückens, schiebt sich in der Sicht vom Ebenstein ähnlich schmalschneidig zusammen wie die Schaufelwand. Schließlich haben wir die gewaltigste Wand der westlichen Hochschwabgruppe, die massige, über 600 m hohe Griessteinwestwand unmittelbar vor uns, und zu unseren Füßen den riesengroßen Schafwald, einen richtigen, fast undurchdringlichen Urwald aus Krummholz und Fichten.

Auch wenn man den Ebenstein nicht ersteigen will, so hat eine Wanderung auf den markierten Wegen der Sonnschienhochfläche, etwa zum Schafhalssattel (mit besonders schönem Anblick von Schaufelwand, Griesstein, Brandstein und Schafwald), ihre eigenen Reize. Zum Schafhalssattel (1554 m) brauchen wir von der Sonnschienhütte 1 1/4 St. Der Ebenstein selbst bietet den merkwürdigen Anblick eines Tafelberges; bei Schneelage hat dieses Bergland — wie das Hochschwabplateau überhaupt — etwas Arktisches.

Zum Abstieg von der Sonnschienalm nehmen wir am besten den Steig durch die Klamm. Vom Schutzhaus geht es auf markiertem Weg eine Weile auf der Hochfläche (mit Rückblick auf den Ebenstein); nach etwa 1/2 St. wird nach einer Mulde der Nordkamm der Pribitz (eines feinen Jagdberges über dem Grünen

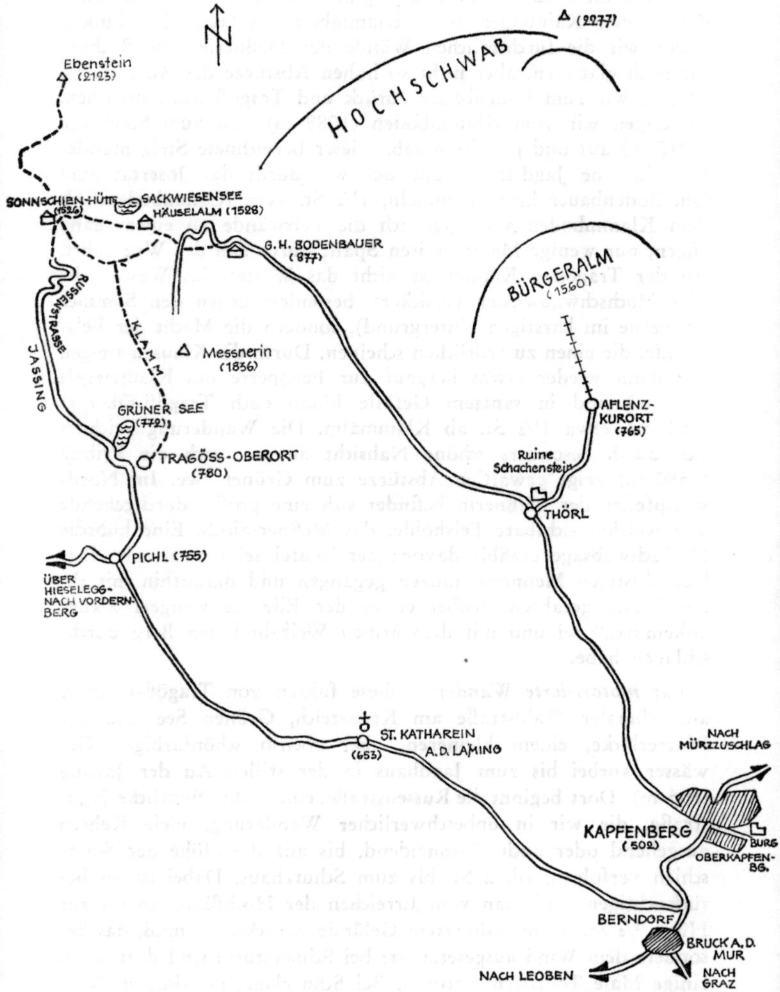
HOCHSCHWAB
(2277)
Ebenstein
(2123)
SONNSCHIEN-HÜTTE
(1526)
SACKWIESENSEE
HÄUSELALM (1528)
G.H. BODENBAUER
(877)
BÜRGERALM
(1560)
RUSSENSTRASSE
JASSING
KLAMM
Messnerin
(1836)
GRÜNER SEE
(772)
TRAGÖSS-OBERORT
(780)
AFLENZ-
KURORT
(765)
Ruine
Schachenstein
THÖRL
PICHL (755)
ÜBER
HIESELEGG-
NACH VORDERN-
BERG
ST. KATHAREIN
A.D. LAMING
(653)
NACH
MÜRZZUSCHLAG
KAPFENBERG
(502)
BURG
OBERKAPFEN-
BG.
BERNDORF
BRUCK A.D.
MUR
NACH LEOBEN
NACH
GRAZ

See) gequert; durch Krummholz und Wald ziemlich steil bergab zur Klammalm, $^3/_4$ St., und über einen herrlichen Almboden, wie es solche im Hochschwab häufig gibt (man nennt sie auch „Böden“), den Kainboden oder Klammboden talaus. Zur Linken haben wir die fürchterlichen Wände der Meßnerin, zur Rechten die noch glatteren, aber nicht so hohen Abstürze des Achensteins. Wollen wir zum Bodenbauer zurück und Tragöß nicht besuchen, so steigen wir vom Klammboden (1089 m) steil zum Scheidegg (1217 m) auf und jenseits hinab. Dieser bezeichnete Steig mündet bald in eine Jagdstraße, auf der wir durch das Josertal zum Gh. Bodenbauer hinausbummeln, $1^1/_2$ St. vom Klammboden. Ab dem Klammboden verengen sich die Felswände zu einem ganz engen, nur wenige Meter breiten Spalt, durch den der Weg führt. An der Tragösser Klamm ist nicht das Wasser das Wesentliche (das Hochschwabwasser versickert, besonders gegen den Sommer zu, gerne im karstigen Untergrund), sondern die Macht der Felswände, die einen zu erdrücken scheinen. Durch die Klausen steigen wir dann wieder etwas bergauf zur Felssperre des Klausriegels (961 m) und in sanftem Gefälle hinab nach Tragöß-Oberort (780 m), etwa $1^1/_2$ St. ab Klammalm. Die Wanderung zeichnet sich durch besonders schöne Nahsicht aus — auch die Pribitz (1580 m) zeigt gewaltige Abstürze zum Grünen See. Im Nordwestpfeiler der Meßnerin befindet sich eine große, durchgehende und weithin sichtbare Felshöhle, das Meßnerinloch. Eine hübsche Hochschwabsage erzählt davon: der Teufel sei einmal mit einer lebenslustigen Meßnerin tanzen gegangen und daraufhin mit ihr zur Hölle gefahren, wobei er in der Eile „a wengerl z'kurz ankemman“ sei und mit dem armen Weibsbild den Berg durchschlagen habe.

Für motorisierte Wanderer: diese fahren von Tragöß-Oberort auf schmaler Waldstraße am Kreuzteich, Grünen See und der Pfarrerlacke, einem kleineren, aber ebenso schönfarbigen Gewässer vorbei bis zum Jagdhaus in der stillen Au der Jassing (895 m). Dort beginnt die Russenstraße, eine nicht öffentliche Jagdstraße, die wir in unbeschwerlicher Wanderung, viele Kehren ausgehend oder auch abschneidend, bis auf die Höhe der Sonnschien verfolgen, rd. 2 St. bis zum Schutzhaus. Dabei ist zu berücksichtigen, daß man vom Erreichen der Hochfläche an bis zur Hütte $^1/_2$ St. in ungeschütztem Gelände zurücklegen muß, das besonders dem Wind ausgesetzt ist; bei Schneesturm sind dort schon einige Male Touristen erfroren. Bei Schneelage, unsichtigem Wetter oder Sturm ist der Hochschwab überhaupt sehr gefährlich, das muß auch bei leichten Wanderungen bedacht werden.

Will der Motorwanderer nicht wieder über die Russenstraße zurück, so läßt er das Fahrzeug von vornherein in Tragöß, wandert zu Fuß in die Jassing (1½ St. ab Tragöß) und zur Sonnschienalm, steigt über die Tragösser Klamm ab, wie vorhin beschrieben, und hat so eine lohnende Rundtour gemacht.

Tragöß-Oberort ist auf Fahrstraße von Bruck an der Mur oder Kapfenberg zu erreichen, aber auch über das Hieselegg von Vordernberg her (20 Prozent Steigung, schlechte Straße)

Rückkehr zum Ausgangspunkt: von Tragöß durch das Lamingtal mit Autobus nach Berndorf bei Bruck an der Mur und mit Obus (Städteverbindung) oder Autobus nach Kapfenberg oder Bruck an der Mur

Höhenunterschiede: Bodenbauer (877 m) — Häuselalm (1528 Meter) — Sonnschienalm (1525 m) — Klammboden (1089 m) — Tragöß (780 m)

Gehzeiten: Bodenbauer — Häuselalm 1¾ St., Häuselalm — Sonnschienalm 1 St., Sonnschienalm — Tragöß etwa 2½ St.; zusammen etwa 5½ St.

Günstigste Zeit: Ende Mai bis November, wobei die Jagdzeiten (15. 9. bis 15. 10.) ausgenommen sind. Bergschuhe, Regenkleidung notwendig! Bei ungünstigem Wetter lieber auf die Tour verzichten!

Orientierung: einfach. Besonders das Teilstück Bodenbauer — Häuselam vielbegangen. Auch die Sonnschienalm wird viel besucht. Der Klammweg nach Tragöß ist eindeutig; auf der Russenstraße ist ein Verirren überhaupt unmöglich

Karte: Freytag-Berndt-Touristenwanderkarte 1 : 100.000, Blatt 4, Hochschwab

Besonderes: für Kinder ab 10 Jahren geeignet

25

HIMMLISCHER WEG DURCH DIE HÖLL

Der schönste Wanderweg der nördlichen Steiermark

Auf dem Straßensattel des über 1000 m hohen Kastenriegels zwischen Weichselboden und Wegscheid im Hochschwabgebirge hat die Forstverwaltung Wegscheid eine Art von Gipfelbuch hinterlegt. Das ist ein Kuriosum: der Kastenriegel ist nämlich kein Berg und auch kein Gipfel, sondern nur eine Paßhöhe, die den Hochschwab mit einem seiner Vorgebirge, den Zeller Staritzen, verbindet. Die Wanderer aber, welche das Felsbollwerk des Kastenriegels auf der Jagdstraße von Weichselboden oder Wegscheid her erwandern, nehmen diesen höchsten Punkt ihres Wanderweges wohl alle gerne als Höhepunkt oder Gipfel und tragen sich in das Büchlein ein. Im schattigen Buchenwald stehen dort neben einem liebevoll betreuten Bildstöckl Tisch und Bank und laden zur Rast ein. Einer dieser Wanderer hat — wohl für alle begeisterten Besucher dieses Gebietes — im Paßbüchl vermerkt:

„Mir geht nicht ein, warum diese himmlische Gegend ausgerechnet Hölle genannt wird!" Vom Standpunkt des Wanderers hat er recht: die Jagdstraße „In der Höll" oder „Durch die Höll" könnte eher der siebente Himmel aller Wanderwege heißen, und ihre Umgebung kann man nur als himmlisch schön bezeichnen. Aber nicht die Wanderer und Bergsteiger haben die Fluren und Berge benannt. Die Einheimischen waren es, die dort ihren Alltag verleben müssen, wo der flüchtige Besucher nur ein Sonntagsgesicht der Landschaft sieht (und sehen will). Doch wer es versteht, aus den Zügen einer Landschaft ihr Schicksal und das ihrer Bewohner zu lesen, der weiß, warum es in der schmalen Talspalte zwischen dem grandiosen Nordabsturz des Hochschwabs und den niedrigeren, aber immer noch schroffen Südwänden der Zeller Staritzen seit alters „In der Höll" heißt. Gegenden, die der Volksmund mit „höllischen" Beinamen versehen hat, finden wir in allen Teilen der Alpen: es sind unwirtliche, unfruchtbare, weltabgeschiedene Schluchten und Gräben, Felswände und Abstürze, in denen sehr wohl der Leibhaftige sein Unwesen treiben mochte mit dem Höllenlärm von Steinschlag und Felssturz, von Lahn und Mur.

Und an einem schwülen Hochsommertag des Jahres 1916 war auch wirklich die Hölle los am Kastenriegel: ein fürchterliches Unwetter ging über dem Hochschwab nieder und zerstörte ein Stück der Straße mit allen Brücken und sonstigen Befestigungen. Das war mitten im ersten Weltkrieg; die Straße konnte damals nicht gleich wieder repariert werden und ist bis heute unterbrochen geblieben. Aus welchem Grund immer diese Jagdstraße durch die Höll — seinerzeit vom „Steirischen Prinzen" Erzherzog Johann erbaut — nicht erneuert worden ist, mag den Wanderer nur mäßig interessieren. Sie führt durch das Jagdgebiet der Grafen von Meran, und vielleicht ist gerade dank dieser Unterbrechung ein noch sehr urweltliches Stück Gebirge in voller Ursprünglichkeit erhalten geblieben. Dafür kann man heutzutage nur dankbar sein!

Wie Herr Rudolf Knoll aus Wegscheid, wohl der beste Kenner des Gebietes, zu berichten weiß, wurden vor dem ersten Weltkrieg viele Fiakerrundfahrten von Mariazell aus über Gußwerk, Wegscheid, Kastenriegel, Weichselboden, durch das Salzatal und nach Gußwerk und Mariazell zurück unternommen. Auf dem Kastenriegel befand sich zu dieser Zeit auch eine kleine Jausenstation. Nach Berichten Knolls bestand in der Hinteren Höll auch eine Fundstelle von Kaolin (Weißerde). Dieses Rohmaterial wurde im Frühjahr unter Schotter- und Erdschichten herausgestochen, bis zum Herbst eingelagert und dann per Bahn nach Meißen in die Porzellanmanufaktur gesandt. Auch dieser kleine Betrieb soll wegen der zerstörten Straße aufgelassen worden sein; Spuren der Schürfung sind in der Hinteren Höll noch zu sehen.

Nun, heutzutage könnte weder ein Fiaker noch ein Motorfahrzeug in die Jagdstraße einbiegen, die völlig eben in Weichselboden beginnt. Nur Fußgänger können den Schranken passieren, der sie vom Fahrverkehr abschließt. Wie schön ist das: auf einer Straße dahinzuschlendern, die so gut gebaut und angelegt, mit feinem weißen Sand bedeckt ist, völlig ungestört von vorbeisausenden Fahrzeugen! Man merkt es gleich: das ist eine Straße von Tradition, etwas verschieden von so manchen modernen, breiten, aber lehmigen Waldstraßen und Güterwegen! Von hohen Fichtenbäumen begleitet, gleicht die Höllstraße, an der sich auch Anlagen der zweiten Wiener Hochquellenleitung befinden, eher einer Allee in einer Parklandschaft als einem Fahrweg. In der Vorderen Höll zeigen sich die höchsten Felswände des Hochschwabs: die 600 m hohe Schneekarmauer, die mit dem benachbarten Felsturm des Heuschobers erst vor 20 Jahren für den Alpinismus entdeckt und erstmalig bestiegen wurde. Jägern waren Wände und Gipfel wohl schon bekannt; aber Jagd und Bergsteigerei ist zweierlei! Beim Jagdhaus in der Höll öffnen sich die beiden „Ringe“, zwei sonderbare, übereinander gelagerte und in den Fels gewundene Kare. Die Abstürze des Unteren Ringes sind 1000 m hoch, die des Oberen Ringes an die 500; ein bewachsener Boden trennt beide und ist Standort großer Gamsrudel. Die beiden Ringe sind weglos und zudem streng gehütetes Jagdrevier; sie werden nur gelegentlich von Kletterern besucht, die meistens von der Hochfläche des Hochschwabs aus einsteigen. Die beiden Ringe sind ein Schaustück der Kalkalpen; im ganzen großen Alpenbogen ist wenig Ähnliches bekannt.

Zwischen der Vorderen und der Hinteren Höll baut sich der Seesteinsattel auf; nicht allzu steil — wir befinden uns ja im siebten Himmel des Wanderns! Unmerkliche Steigungen und kaum spürbares Gefälle, schattiger Wald, weicher Sand- und Wiesenboden und ein großartiger Aufblick zu den Bergen machen diesen himmlischen Höllenweg zur idealen Wanderung. Hie und da kreuzt auch ein Tier — Reh oder Gams — unseren Weg. Die Hintere Höll, friedlicher in der Stimmung, ausgeglichener in der Form der Landschaft, bringt noch eine Steigerung des Wandergenusses, die man kaum für möglich gehalten hätte. Durch ihre stillen, unbewohnten Auen geht man wie auf Teppichen über feinen Sand und Gras. So mag man sich die Gefilde der Seligen denken ...

Nach den stillen Auen der Hinteren Höll türmt sich die Trennwand des Kastenriegels auf, doch in gemächlichem Steigen überwindet man auch dieses kleine Hindernis aus mürbem Fels. Der knorrige Dippelwandgrat und Flurnamen wie die „Roßhöll" erinnern uns daran, daß sich über uns der unbekannteste und wildeste Teil des Hochschwabs erhebt, aber im Abstieg vom Kastenriegel geht es langsam zu Ende mit der Wildheit der Felsen und auch mit der Einsamkeit. Wiesen- und almengrün schauen die Mariazeller Waldberge vom Talausgang herein, die ersten Bauernhäuser tauchen auf und eine köstliche Quelle bringt Leben nach der Wasserarmut der Höll, die als Einzugsgebiet der Hochquellenleitung ja fast wasserlos ist. Klar und eisig ist dieses Hochschwabwasser, das uns begleitet bis in den Ort Wegscheid, der nur eine kleine Häusergruppe ist, aber Bedeutung hat als Straßenknotenpunkt zwischen Seeberg und Mariazell und der Bergstraße zum Niederalpl.

Der Wegverlauf

Ausgangspunkt: Weichselboden, eine kleine, von Felsen umgebene, aber beliebte Sommerfrische am blaugrünen Wildwasser des Salzaflusses (677 m). Mit Postauto oder Pkw auf der Bundesstraße durch das Salzatal von Gußwerk oder Großreifling her erreichbar. Im Salzatal ist die Nähe von Mariazell, dem größten Wallfahrtsort Mitteleuropas, spürbar, und man sollte sich einen Besuch von Mariazell nicht entgehen lassen. — In Weichselboden überquert man die Salzabrücke und wandert auf der Jagdstraße, an einem Jagdhaus zur Linken vorbei, in die Vordere Höll (772 Meter), etwa 1 St. (Jagdhaus In der Höll). Weiter (blaue Markierung) an einer Kapelle vorbei und auf abkürzendem Pfad auf den Seesteinsattel (934 m), 1/2 St. Jenseits fast eben durch die Hintere Höll und auf Steig (Straße verschüttet!) zum Kastenriegel (1081 m), 3/4 St. Dann nach blauer Markierung durch das Rammertal hinaus nach Wegscheid (813 m), 1 3/4 St. Am ganzen Weg befindet sich keine Gaststätte!

Abzweigungen bzw. Varianten: vom Kastenriegel nach roter Markierung zur Graualm (1500 m), ziemlich steil, und weiter nach gelben Farbzeichen über die Mitterboden- und Leitenalm zum Schloß Brandhof an der Seebergstraße, etwa 3 St. ab Kastenriegel; schönes Almgelände, keine Gaststätte. Ab Brandhof Autobusverbindung auf den Seeberg oder nach Gußwerk. — Ein stiller Waldweg führt, rot bezeichnet, über den Pretalsattel (993 m) und Brunngraben in 3 St. ins Salzatal bei Gußwerk-Gleißnerhof. Vom Kastenriegel zieht auch ein unbezeichneter Weg (Forststraße und Pfad) zur Höhe der Zeller Staritzen (1619 m); diese sollten jedoch nur von erfahrenen Bergwanderern begangen werden, die sich im unwegsamen Gelände zurechtfinden. Keine Gaststätte! Abstieg durch das Türntal nach Wegscheid, rd. 4 St., unbezeichnet, ab Kastenriegel.

Rückkehr zum Ausgangspunkt: ab Wegscheid Autobusverbindung über Gußwerk nach Weichselboden. Sehr lohnend ist auch die Rückkehr auf demselben Weg (Tagestour Weichselboden — Wegscheid — Weichselboden)

Für Autofahrer: Hier heißt es, wirklich Urlaub vom Auto zu nehmen und mit dem Autobus zurückzufahren.

Höhenunterschiede: Weichselboden (677 m) — Jagdhaus In der Höll (722 m) — Seesteinsattel (934 m) — Kastenriegel (1081 m) — Wegscheid (813 m)

Das Umschlagbild
zeigt einen Durchblick von den Gesäusebergen (Kaiserau) zu den Haller Mauern in der Obersteiermark

Die laufende Numerierung der Wanderungen auf den Vorsatzkarten entspricht dem Buchinhalt wie folgt:

45 Geheimtip Bauernkogel (nicht 49)

46 Wo Ginster und Silberling blühen (nicht 45)

47 In die steirischen Westalpen (nicht 50)

48 Auf hohen Almen II (nicht 46)

49 Land der sanften Berge (nicht 47)

50 Der Steirische Nord-Süd-Weitwanderweg (nicht 48)

Liselotte Buchenauer

Wandern in der Steiermark

Beachten Sie bitte
die ergänzenden Hinweise
auf der Rückseite

N
NACH MARIAZELL
GUSSWERK
(739)
OLEISSNER HOF
NACH NIEDERALPL
SALZA
ZELLER STARITZEN
PRETAL
(993)
WEGSCHEID
(813)
WEICHSEL-BODEN
(677)
(1619)
(1081)
KÄSTENRIEGEL
RAMMERTAL
(934)
SEESTEINSATTEL
VORDERE HÖLL
(772)
HINTERE HÖLL
J.H.
GRAUALM
(1500)
GOLLRAD
NACH WILDALPEN
UNTERER RING
OBERER RING
HOCHSCHWAB
SCHLOSS BRANDHOF
Seeberg
(1254)
NACH AFLENZ
U. KAPFENBERG

Gehzeiten: Weichselboden — Jagdhaus In der Höll 1 St., In der Höll — Seesteinsattel 1/2 St., Seesteinsattel — Kastenriegel 3/4 St., Kastenriegel — Rammertal — Wegscheid 1 1/2 bis 1 3/4 St.; zusammen etwa 4 St.

Günstigste Zeit: Ende Mai bis Mitte September; ab dann bis Mitte Oktober im Hochschwabgebiet Wegsperre wegen der Jagd. Bei günstigem Wetter kann der Weg jedoch noch bis in den Spätherbst hinein begangen werden

Orientierung: sehr einfach, da fast immer Straße mit Abkürzungswegen

Karten: Freytag-Berndt-Touristenwanderkarte 1 : 100.000, Blatt 4, Hochschwab; Österreichische Karte 1 : 50.000, Blatt Hochschwab

Besonderes: auch für Kinder ab 10 Jahren geeignet

Wo die Berge einsam sind: Hochkogel und Kaiserschild

Jagdstraßen, Bergwälder, Klettergipfel: Hochschwab, Stangenwand

26

KLEINER BERG GANZ GROSS

Auf die Niederung bei Leoben

Es klingt paradox, wenn ein Berg oder eine ganze Reihe von Bergen „Niederung“ genannt werden. Nun, diesen Namen gibt es auch nur im Volksmund, auf den Landkarten heißt die Senke zwischen dem Traidersberg (987 m) und dem Sonnberg (929 m) Niedering, womit eben ein Einschnitt bezeichnet werden sollte. Neben den schon genannten Erhebungen sind es noch fünf andere, benannte und unbenannte, die das Hochland der Niederung gebildet haben: der Galgenberg (789 m), der Punkt „An Kogel“ (779 m), der Aichberg, die Kote 977 m und der Schafberg (919 m). Dieses fast quadratisch umrissene Stückchen Bergwelt ist deutlich umgrenzt: von der Liesing, der Mur, dem Vordernberger Bach und dem Veitscher Graben, in dem seit kurzem der Trabocher Stausee aufgestaut wurde. Organisch gesehen, müßte man auch noch die anschließenden Kogel und Waldhöhen, den Tannkogel (922 m), den Veitscher Wald (849 m) und den Reitererwald (958 m) sowie den Hessenberg (741 m) dazurechnen. Man kann sagen, daß die Niederung der kleine Hausberg der Leobner ist, der große Hausberg ist ja die gegenüberliegende Mugel, ein vielbesuchtes Ziel für die große Sonntagswanderung, so wie die Niederung für die kleine Wochenendwanderung gut ist.

Die Niederung ist sehr gut markiert, es gibt auch zwei Gasthäuser „droben“ und mehrere öffentliche Bergstraßen. Man kann eine Wanderung auf die Niederung mit manch anderer lohnenden Beschäftigung verbinden, z. B. mit einem Bad im Trabocher Stausee oder mit einer „Kunstwanderung“ oder „Kunstfahrt“ rund um den Berg, die in dieser Gegend besonders ergiebig sein wird: können wir doch im Bereich der Niederung Leoben, St. Michael, Traboch, Seiz und Kammern, Trofaiach, St. Peter-Freienstein und Donawitz mit bedeutenden Bauwerken und Kunstschätzen besichtigen! Zu diesem Zweck wird es günstig sein, trotz der Kleinheit der Tour mindestens eineinhalb Tage dafür freizuhalten.

Leoben, Sitz der weltbekannten Montanistischen Hochschule und einer Berg- und Hüttenschule, ist die zweitgrößte Stadt der Steiermark. Ein bekanntes und beliebtes Freibad mit temperiertem Wasser und die vielgerühmte „Gösser Milch“ aus der nahen Bierbrauerei Göß sorgen u. a. dafür, daß man sich als Gast in Leoben wohlfühlen kann. Die Bezirkshauptstadt hat ihren mittelalterlichen Stadtkern mit Mauern und Türmen gut zu bewahren gewußt, ihr Wahrzeichen ist der Schwammerlturm an einer ehemaligen Mautstelle. Drei Kirchen (die Stadtpfarr-, die Jakobikirche und die Kirche Maria Waasen), aber auch mancher guterhaltene Profanbau mit Arkadenhof sind für den Stadtbummler sehenswert. In der früheren landesfürstlichen Burg ist ein Heimatmuseum eingerichtet. Leoben, die tausendjährige Stadt, hatte größte Bedeutung als Warenumschlagplatz an der alten Eisenstraße. Ein Eisenprivileg legte den Grund zu großer Wohlhabenheit, die immer wieder durch die mittelalterlichen Landplagen — Türkenbelagerung und Pest, Feuersnot und Heuschreckeneinfall — gestört wurde. Zuletzt kamen gar die Franzosen unter Bonaparte. 1797 wurde der „Friede von Leoben“ geschlossen, mit dem die kleine steirische Stadt sogar in die große Weltgeschichte einging. Und 1809 wurde sogar in der Nähe, bei St. Michael ob Leoben, eine entscheidende Schlacht gegen die Franzosen geschlagen — und verloren. Nach zehnstündigem Gefecht wurden die Österreicher mit den Befehlshabern Jellacic und

Esterhazy von General Beauharnais nach Leoben zurückgeworfen. Rührend sind die Berichte, die man über das Verhalten der Zivilbevölkerung hört — die Bewohner von St. Michael versorgten und pflegten alle Verwundeten, Freund wie Feind, in aufopfernder Weise.

Auch das nahe Göß ist eine der ältesten Ansiedlungen der Steiermark. Dort wurde um 1000 n. Chr. das erste steirische Kloster, ein Benediktinerinnen-Nonnenstift, gegründet. Die Gösser Stiftskirche hat besondere kunstgeschichtliche Bedeutung. Sie hat frühromanische Einzelheiten; das Langhaus gilt als das wichtigste Werk der Spätgotik und die Bischofskapelle als der älteste frühgotische Bau im Steirischen. Gut erhalten ist auch noch die Gösser Ringmauer mit mehreren Türmen.

Donawitz, die Schwesterstadt von Leoben, das Zentrum der steirischen Eisenindustrie, ist eine zweckbestimmte Industriestadt und hat daher keine mittelalterlichen Bauten mehr. Im Werksgelände der Österreichischen Alpine Montangesellschaft ist noch der eine oder andere alte Eisenhammer übriggeblieben. Sehr interessant aber ist die neuzeitliche Pfarrkirche, 1954 fertiggestellt, mit ihrem 50 m hohen Turm. Es galt damals als vielbesprochenes Experiment, daß die beiden Architekten Karl Lebwohl, Graz, und Dipl.-Ing. Kurt Weber-Mzell die Kirche um ein Stahlgerüst bauen ließen, welches die Firma Waagner-Biró AG in Graz lieferte. Im Dehio-Handbuch Steiermark ist diesem modernen Kirchenbau, der sich gut in das Donawitzer Industriegelände einfügt, eine Dreiviertelseite gewidmet. Die Beschreibung schließt mit den Worten: „Die Hauptformen von Ellipse und Parabel, die sich in Spannung halten, erwecken die Illusion einer geschlossenen Tonne, die sich im Chor unräumlich auflöst; die Gegensätze von Stahl und Glas werden durch die im Chor zentralisierte Lichtwirkung aufgehoben. Im ganzen ein bedeutender Versuch, neue Formen des Sakralbaues zu finden.“ Beim Abstieg von der Niederung nach Leoben sehen wir unmittelbar auf die Kirche hinab und können sie mit wenig Zeitaufwand besuchen.

St. Peter-Freienstein liegt an der Straße von Donawitz nach Trofaiach; eine der Varianten des Niederungweges beginnt (oder endet) in St. Peter. Das nette Dorf hat gleich zwei Kirchen, beide sind sehenswert; die Marienwallfahrtskirche auf hochragendem Felsen ist aber auffälliger. Sie wurde im 17. Jh. an Stelle der mittelalterlichen Burg Freyenstein errichtet, von welcher noch das Torgebäude und ein mächtiger Turm erhalten sind.

Trofaiach hat eine besonders abwechslungsreiche Umgebung. Vom Hügelland der Niederung über Voralpenberge in geheimnisvollen Jagdrevieren, wie den Thalerkogel, schwingt sich das Bergland ins Alpine, ja fast Hochalpine auf: die zackige Bergermauer leitet hinüber zum Eisenerzer Reichenstein, einem frei stehenden Bergklotz. Auch der leichteste Pfad auf diesen Bergen verlangt schon Schwindelfreiheit, und rundherum ist Klettergelände. Der elegante Felsturm des Rauchkoppen im Gößgraben ist einer der interessantesten Kletterberge der Steiermark mit kurzen Führen aller Schwierigkeitsgrade in zumeist festem Fels. Gegenüber erhebt sich der düstere Riesenbau des Reitingmassivs, das mit beachtlichen Wänden und finsteren Schluchten zum Gößgraben absetzt. Nach Süden hin, zur Niederung, zeigt sich der Reiting weitaus freundlicher mit steilen, aber grünen Bergwiesen und dichten Wäldern.

Die Dreifaltigkeitskirche in Trofaiach ist eine spätgotische Hallenkirche, deren Besuch man nicht versäumen sollte. Das Haus Trofaiach Nr. 61 zeigt einen Laubenhof aus dem 16. Jh.; am Rathaus befindet sich eine spätgotische Statue des hl. Florian. Die Schlösser Stibichhofen, Oberdorf, Möll und der Schloßbauer in Treffning haben Trofaiach den

Ehrennamen „Schlössermarkt“ eingetragen. Schloß Stibichhofen gehörte um 1680 einem berühmten Steirer: dem „Pestarzt“ Johann Adam von Lebenwaldt, einem sehr vielseitigen Mann, der uns u. a. eine der frühesten Beschreibungen einer Bergtour geliefert hat. Doch war er, wie eben zu seiner Zeit üblich, noch kein Bergsteiger im heutigen Sinne und unternahm die Hochschwabwanderung nur der Botanik wegen. Sein ortsansässiger junger Führer zeigte überhaupt kein Interesse für die Berge und machte, daß er schleunigst wieder heimkam; beide Einstellungen sind typisch für die Zeit von damals.

Trofaiach bietet dem Wanderer außer guten Gasthöfen auch noch eine „alpine“ Unterkunft eigener Art: die ÖAV-Sektion Trofaiach hat in Trofaiach kleine, vermietbare Sommerhäuschen erbaut, die als nette Touristenherberge und guter Stützpunkt dienen können. Auskünfte erteilt die Initiatorin dieser Alpenvereinsherberge, Frau Grete Klinger, Trofaiach; schriftliche Anmeldung empfehlenswert.

In Kammern ist eine spätgotische Kirche mit romanischen Elementen der Beachtung wert; in 1000 m Seehöhe, am Fuß des Reitings, liegen die noch teilweise erhaltene Ruine Kammerstein und die bis auf den Bergfried zerstörte Stammfeste der Ehrenfelser, Burgruine Ehrenfels. Besonders Kammerstein war ein mächtiges Bauwerk mit Vorburg und Hauptburg.

Seiz, ein kleiner Weiler im Liesingtal, kann auf eine gotische St.-Ulrichs-Kirche mit romanischer Sakristei hinweisen. In der Nähe, zwischen der Häusergruppe Liesing und Traboch-Timmersdorf, befindet sich der Flugplatz Leoben-Timmersdorf. Traboch hat durch den Flugplatz, aber auch den nahen Trabocher See in den letzten Jahren an Bedeutung gewonnen. In der Nikolauskirche fällt ein besonders schöner Altaraufsatz aus Göß (1654) auf.

St. Michael in der Obersteiermark ist ein bedeutender Bahn- und auch Straßenknotenpunkt. Hier zweigen Bahn und Straße ins Liesing- und Paltental von der Kärntner Strecke ab, und bald wird die Pyhrnautobahn von St. Michael aus durch den jetzt noch stillen und unbekannten Lainsachgraben geführt werden. St. Michael war und ist immer Durchzugsort gewesen; das ist schade. Denn es hat eine so hübsche Gebirgsaussicht — den Durchfahrenden ist der verblüffende Anblick des Reiting- und Reichensteinmassivs bekannt! —, und es wäre ein so guter, zentraler Ausgangsort für ungemein lohnende Wanderungen in die Niederen Tauern, zum Gleinalpenzug, aber auch in die schon genannten Trofaiacher Berge. Von den beiden Kirchen ist besonders das kleine Walpurgiskirchlein erwähnenswert. Die Schilderung seiner Kunstschätze und baulichen Eigentümlichkeiten nimmt im Dehio eine halbe Seite ein, die Glasgemälde aus dem 13. Jh. sind sogar mit dem Sternchen für Objekte von besonderer Bedeutung versehen. Fünf dieser frühgotischen Glasgemälde sind im 19. Jh. dem Germanischen Museum in Nürnberg übergeben worden. Das Kirchlein, welches neben der Gösser Bischofskapelle und der Lechkirche in Graz das früheste Werk der steirischen Gotik sein soll, weist neben vielen anderen bewundernswerten Details auch gotische Fresken auf. Es wird nachts mit Scheinwerfern beleuchtet.

Der Wegverlauf

Ausgangspunkt: Bahnhof Göß bei Leoben. Eine Bahnübersetzung überschreitend, biegen wir in die Dorfstraße (Stadtteil Leitendorf-Leoben) ein und verfolgen sie bis zum Naturfreundeweg, der sogar mit einer Straßentafel gekennzeichnet ist. Dieser Naturfreundeweg wurde 1922 vom Mitglied des Leobner TV „Die Naturfreunde", Franz Pichler, erbaut. Der Weg ist nicht bezeichnet, aber dennoch nicht zu verfehlen. Bei einer Tafel „Privatgrund", unterzeichnet mit „Steir. Magnesitindustrie AG",

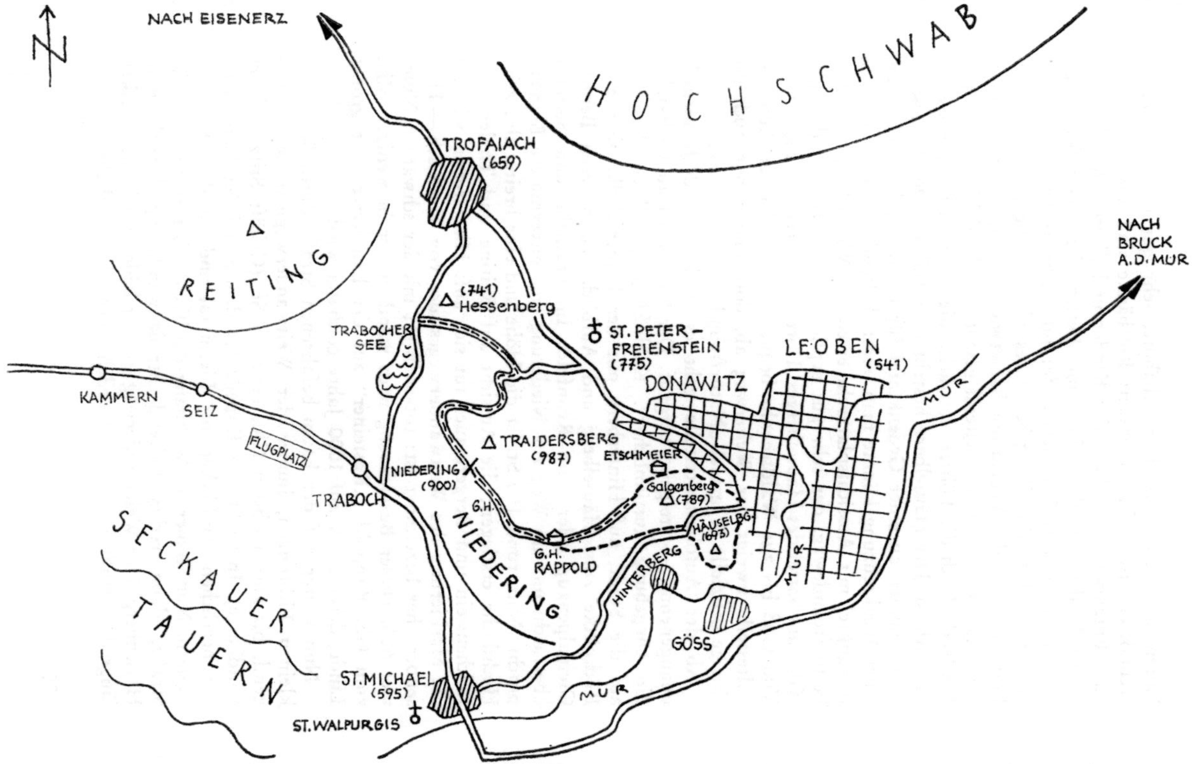
N
NACH EISENERZ
HOCHSCHWAB
TROFAIACH
(659)
REITING
NACH
BRUCK
A.D.MUR
(741)
Hessenberg
TRABOCHER
SEE
ST. PETER –
FREIENSTEIN
(775)
LEOBEN
(541)
DONAWITZ
KAMMERN
SEIZ
FLUGPLATZ
TRAIDERSBERG
(987)
ETSCHMEIER
NIEDERING
(900)
Galgenberg
(789)
TRABOCH
G.H.
HÄUSELBG.
(693)
NIEDERING
G.H.
RAPPOLD
HINTERBERG
MUR
SECKAUER
TAUERN
GÖSS
ST.MICHAEL
(595)
MUR
ST.WALPURGIS

halten wir uns rechts. Der gebahnte, sehr gut betreute Naturfreundeweg ist leicht zu finden: Rastbänke sind aufgestellt, und zum Entzücken vor allem der Kinder und älteren Wanderer an vielen Stellen Vogelhäuschen und Futterstellen. Der Steig vermittelt uns reinste Wanderfreude: nur sacht ansteigend, windet er sich um den Häuselberg herum, es gibt Tiefblicke auf das Murknie bei Göß, die Vegetation hat etwas Halbalpines, wie einmal ein Begeher des Steiges treffend gesagt hat. Vielleicht wird dieser Eindruck durch die Föhren verstärkt, die auf dem felsigen Gelände wachsen. Der Häuselberg besteht zum Teil aus Dolomitgestein. Wir kommen an einer Gedenktafel für Franz Pichler vorbei. Bei einer Wegkreuzung könnte man, rechts haltend, den 600 m hohen Berggipfel mit Aussichtsplatzerln erreichen. Wir folgen aber dem Naturfreundeweg, der sehr gut gepflegt ist, bis zur Waldschenke (Gh.) am Sattel des Häuselberges. Dort überqueren wir die Straße. Von Göß bis zur Waldschenke bequem 1 St. Bei einer Autobushaltestelle zweigt der Weiterweg ab, dort finden wir auch die einzige offizielle Wegtafel „Naturfreundesteig Niederung".

Ab der Autobushaltestelle geht es stärker — doch niemals unangenehm! — steigend bergauf. Der Steig wird auch schmäler, die Umgebung „urtümlicher". Kahlschläge gewähren Ausblicke auf die Stadt, auf Hinterberg mit der Papierfabrik, aber auch Rückblicke zum Häuselberg und Aufblicke zu höheren Bergen: Gleinalpenzug oder zum Rennfeld. Im Frühjahr und Sommer überrascht uns am Weg zur Niederung eine unvermutete Blumenpracht. Nach rund 1½ St. ist die Höhe und eine breite, almartige Hochfläche erstiegen; die Aussicht auf Reiting und Thalerkogel, Reichenstein und Bergermauer tut sich auf. Hier treffen wir auf die Markierung des Weitwanderweges, der von Trofaiach — Hessenberg her bezeichnet ist: rot-weiß-rot mit der schwarzen Nummer 605. Dieser Bezeichnung nach wandern wir in wenigen Min. zum Gh. Rappold („Rasteiner" auf der Landkarte) mit großer Linde, deren Alter auf 1000 Jahre geschätzt wird.

Nun weiter auf der kaum befahrenen Straße durch Wald mit kleinen Lichtungen, immer der Weitwanderwegmarkierung folgend, bis zum nächsten Gh., etwa ½ St. (Gehöft Stitz auf der Landkarte). In ¼ St. zur Kapelle auf dem Sattel der Niederung, mit herrlichen Ausblicken ins Liesingtal und zu den Niederen Tauern. Nun immer im Westhang des Traidersberges auf schmaler Straße, dann rechts haltend Straßenwanderung bergab nach Hessenberg. Der Weitwanderweg ist hier leider auf lange Strecken längs der Straße bezeichnet worden, vermutlich weil die früheren markierten Hohlwege, wie an so vielen Orten der Steiermark, nicht mehr gepflegt werden können und aufgelassen werden sollen. Unterwegs kommen wir an einem kleinen Skilift am Nordhang des Traidersberges vorbei. In Hessenberg befindet sich ein großes Umspannwerk, das in einer Überlandleitung Strom über die Berge bis ins weststeirische Kohlenrevier leitet. Die großen Transformatoren sind geradezu ein Wahrzeichen auf den Bergen von der Niederung bis über den Gleinalpenzug geworden; der höchstgelegene davon befindet sich am Eibelkogel in fast 1800 m Seehöhe.

Von der Kapelle auf der Niederung bis nach Hessenberg und St. Peter-Freienstein (Autobushaltestelle der Linie Leoben — Eisenerz, Bahnstation der Präbichlbahn) sind etwa 2 St. zu rechnen.

Varianten: a) ein lohnender Weg führt vom Gh. Rappold über das Etschmaiergehöft nach Leoben. Wir halten uns den Zeichen des Weitwanderweges nach zuerst auf der Straße, dann nach etwa $^1/_2$ km rechts abzweigend auf Fahrweg (Abzweigung war 1970 nicht gut kenntlich), auf dem wir bergab zum Etschmaier („Bauer auf der Höhe“ auf der Landkarte) gelangen, es ist das Haus Niederung Nr. 10. Dort halten wir uns rechts (durch eine Gartentür) und wandern, zuletzt steiler bergab, am Hang des Galgenberges entlang nach Leoben, mit ständig schönen Ausblicken zum mächtigen Reiting, aber auch auf die Industriestadt Donawitz, die sich zu unseren Füßen ausbreitet. Etwa 1 St. ab Gh. Rappold.

b) Wer vom Traidersberg nicht nach Hessenberg — St. Peter-Freienstein, die Straßenwanderung vermeiden oder den Stausee kennenlernen will, halte sich dort, wo sich der Weitwanderweg (in der Nähe des Skilifts) bergab senkt, nach einer alten Markierung in der bisherigen Richtung weiter. Auf einem ziemlich verfallenden Hohlweg gelangt man in $^1/_2$ St. bei einem Bildstock am Trabocher See zur Straße Traboch — Edling — Trofaiach.

Ein weiterer (Karren-)Weg mit alter Markierung führt von der Niederungkapelle am Osthang des Traidersberges nach St. Peter, eine Bezeichnung vom Stitz nach St. Michael, eine andere vom Niederungsattel nach Traboch, je 1 St.

Für motorisierte Wanderer: Die Niederung ist auf mehreren gut befahrbaren Bergstraßen, davon zwei über Donawitz, erreichbar. Das Wegstück ab Gh. Rappold bis Hessenberg ist eine durchwegs öffentlich befahrbare, allerdings nicht sehr frequentierte Straße.

Rückkehr zum Ausgangspunkt: von St. Peter-Freienstein mit Bahn oder Autobus nach Leoben. Bei Abstieg über den Etschmaier mit wenigen Schritten zur Kerpelystraße und zum Bahnhof Göß

Höhenunterschiede: Leoben (541 m) — Waldschenke am Häuselberg (603 m) — Gh. Rappold (900 m) — Niederungsattel (900 Meter) — Hessenberg (700 m) — St. Peter-Freienstein (600 m)

Gehzeiten: Naturfreundeweg Häuselberg ab Leoben-Göß 1 St., Häuselberg — Gh. Rappold 1 1/2 St., Gh. Rappold — Stitz 1/2 St., Niederungsattel 1/4 St., Niederung — St. Peter-Freienstein 2 St.; zusammen 5 St.

Günstigste Zeit: während des ganzen Jahres, außer bei ungünstiger Schneelage. Sehr schön zum Skiwandern, aber nicht auf dem beschriebenen Naturfreundesteig!

Orientierung: ganz leicht, vielbegangene Wege und Straßen, besiedelte Gegend

Karte: Freytag-Berndt-Touristenwanderkarte 1 : 100.000, Blatt 4, Hochschwab

27

WILDE GRÄBEN — ZAHME HIRSCHE

Zum Wildpark von Mautern

Der Markt Mautern ist die „Hauptstadt" des freundlichen Liesingtales. Zwischen den Ausläufern der Seckauer Tauern, den Vorkämmen der Eisenerzer Schieferalpen und den Felsspornen des Reitingmassivs gelegen, ist die mittelalterliche Mautstelle der Stadt Leoben heute eine besuchte Sommer- und Winterfrische. Früher wie fast alle größeren Orte des Liesingtales durch enge Ortsdurchfahrt bekannt, liegt es jetzt abseits der vielbefahrenen Bundesstraße und doch von der Umfahrung her leicht erreichbar. Man könnte Mautern einen Ort der Mitte nennen — mitten im Liesingtal, mitten in den Bergen, als Mitte einer vielseitigen Urlaubslandschaft besonders gut gelegener Ausgangsort für Wanderungen und Bergtouren. Und wenn man eine Landkarte der Steiermark zur Hand nimmt und die geographische Mitte des Landes etwa um Leoben sucht, so fällt Mautern noch mit in diesen Mittelpunkt.

Vor einigen Jahren wurde mit der Errichtung eines Sesselliftes am Nordhang des Mitterberges — auch hier eine Mitte! — die zweite Saison für Mautern eingeführt und vielbefahrene, fast nordseitig gerichtete Skipisten geschaffen. Bald danach wurde an eben diesen Hängen über die Sommersaison (von Anfang Mai bis Anfang November) der Wildpark Mautern vom ortsansässigen Prinzen Reuß eröffnet. In einem umzäunten Freigelände werden u. a. Hirsche und Damwild, Hochlandrinder, Mufflons und Schwarzwild gehegt. In einem neu eingerichteten „Kinderwildpark" sind u. a. Shetlandponies das Entzücken der

Kinder. Mit dem Sessellift schwebt man zuerst über dem Wildpark bis in eine Seehöhe von etwa 1050 m und kann dann auf angelegtem Steig entlang dem Gehege und abwärts wandern, auf diese Weise dreierlei Freuden erlebend — Tierschau, Naturgenuß und Wanderfreude.

Der Sessellift verhilft uns auch dazu, eine sehr schöne Bergwanderung von einem ziemlich hohen Ausgangspunkt anzutreten. Von der Bergstation weg führt ein markierter Steig hoch durch den Wald hinauf, an der Alpsteigeralm vorbei, erreicht erst in 1700 m Höhe die Waldgrenze und zieht dann durch dichtbewachsene Almrosen- und Heidelbeerhänge auf den bequem zu begehenden Almenhang des Bremsteins (1869 m).

Eine besonders schöne Rundsicht lohnt die Mühen des Aufstiegs, der in ziemlich steilem Gelände vor sich geht, aber ein zügiges Bergaufgehen erlaubt. Auf dem freien, luftigen Rücken des Gebirges ist jede Mühe vergessen. Wir sehen hinüber in den felsigen Gotstalkessel des Seckauer Zinkens (2398 m), zu den zierlichen Felstürmchen des Hefenbrechers — wo mag wohl der merkwürdige Name herstammen? Über dem Liesingtal erhebt sich der massige Bau des Edelweißberges Zeiritzkampel, über die reichlich vorhandenen niedrigen Sättel der Eisenerzer Schieferalpen schauen die Felsrücken einzelner Gesäuseberge und des Kaiserschilds herüber; der „steirische Arlberg", das Wildfeld, einer der schönsten Skitourenberge der Steiermark, zeigt sich im Sommer harmlos grün, und die breite Westwand des Herrschers unter den Bergen des Liesingtales, des Reitingstockes, schließt das Bild ab.

Wollen wir nicht denselben Weg zurückgehen — was bei gutem Wetter ohne weiteres möglich ist, nur bei Gewitter werden wir trachten, möglichst schnell vom Bergkamm des Bremsteins zum Lift hinabzukommen —, so ergibt sich ein Abstieg in den bachdurchrauschten Hagenbachgraben wie von selbst. Wir können dabei die Überschrift dieses Kapitels ins Gegenteil verkehrt erleben — zahme Gräben, Hirsche in freier Wildbahn. Der Hagenbachgraben ist nämlich ein „zahmer", erschlossener Berggraben, was man nicht von allen Gräben und Schluchten der Seckauer Tauern sagen kann. Wir werden uns dort genau an die Markierungen halten, um nicht unversehens in einer solchen unerschlossenen, von Wildwassern vermurten weglosen und an manchen Stellen gar felsigen Schlucht zu landen.

Der Wegverlauf

Ausgangspunkt: Mautern (695 m), an der Bahnlinie St. Michael — Selzthal liegende Schnellzugsstation; oder von der Bundesstraße von Leoben oder Selzthal her abzweigend. Sehenswürdigkeiten: gotische Pfarrkirche, Redemptoristenkloster im Renaissancestil

Zur Sessellift-Talstation etwa 1/2 St. von Mautern in südlicher Richtung (auch Zufahrt). Mit dem Lift zur Bergstation (1050 m) und auf bezeichnetem Steig ziemlich steil durch Wald in 2 St. auf den Bremstein. Abstieg ein kurzes Stück weglos, aber unschwierig über breite Hänge nach Süden ins Freudental und dann auf unmarkiertem, aber breitem Almweg in nordwestlicher Richtung ins Gotstal, wo bei einem Wegkreuz der Weg Gotstal — Maiersteg — Seckauer Zinken einmündet. An einem Jagdhaus vorbei in den Hagenbachgraben und auf Fahrweg talaus zum Straßenschranken und nach Liesingau, 3 St. ab Bremstein

Rückkehr zum Ausgangspunkt: mit Autobus ab Liesingau nach Mautern, etwa 4 km. Wenn wir etwas Zeit erübrigen, ist ein Besuch des nahen Ortes Kalwang angebracht. Sehenswerte Pfarrkirche mit Holzschnitzereien (berühmte Krippe) von Stammel und Sebastianskirche am Sonnenberg über dem Ort

Höhenunterschiede: Mautern (695 m) — Sessellift-Bergstation (1050 m) — Bremstein (1869 m) — Hagenbachgraben (1000 m) — Liesingau (800 m) — (Kalwang [753 m])

Besonderes: Bergschuhe, Wind- und Wetterschutz unerläßlich! Bei unsichtigem Wetter oder drohendem Wettersturz den Abstieg in den Hagenbachgraben unterlassen und zum Sessellift absteigen!

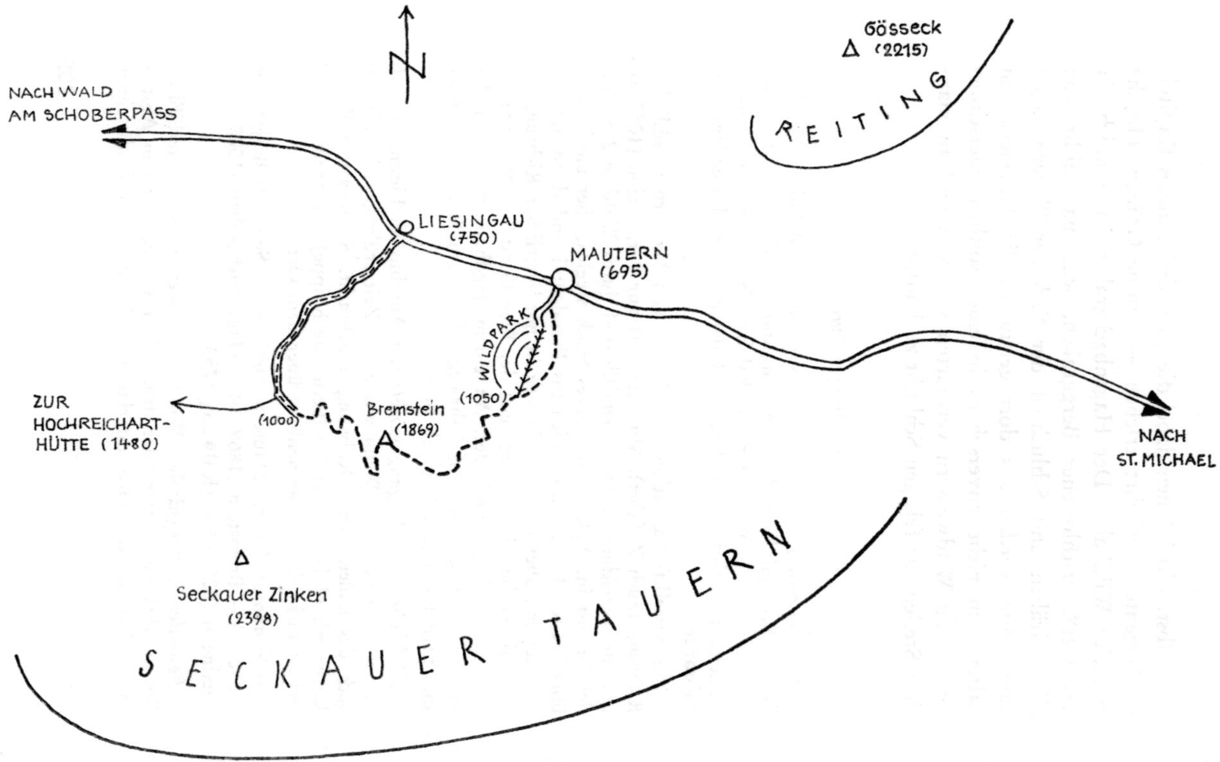

NACH WALD
AM SCHOBERPASS
Gösseck
(2215)
REITING
LIESINGAU
(750)
MAUTERN
(695)
WILDPARK
(1050)
ZUR
HOCHREICHART-
HÜTTE (1480)
(1000)
Bremstein
(1869)
NACH
ST. MICHAEL
Seckauer Zinken
(2398)
SECKAUER TAUERN

Gehzeiten: Sessellift — Bremstein 2 St., Bremstein — Hagenbachgraben $1^1/_2$ St., Hagenbachgraben — Liesingau $1^1/_2$ St.; zusammen 5 St. Abstieg auf demselben Weg Bremstein — Sessellift $1^1/_2$ St.

Günstigste Zeit: für den Tierpark Mautern ab Mai, für den Bremstein ab Anfang oder Mitte Juni bis Anfang November. Schöne Bergflora: in den Gräben um Mautern Narzissenblüte (im Juni), auf den Bergkämmen Speik; vereinzelte Zirben; sehr schöner Hochwald

Orientierung: bei Einhaltung der markierten Wege unschwierig. Nur ein kurzes Stück ab Bremstein bis Punkt 1710 m der Landkarte (Freudental) weglos, dann breiter Almweg bis zur markierten Straße im Hagenbachgraben

Karte: Freytag-Berndt-Touristenwanderkarte 1 : 100.000, Blatt 6, Ennstaler Alpen

Besonderes: für Kinder ab 12 Jahren geeignet

28

HELLE KIRCHEN — DUNKLE BERGE

Um den Dom im Gebirge

Auf dem breiten, fruchtbaren Aichfeld, das allseits von hohen Bergen umringt und beschützt ist, konnte sich schon frühzeitig Kulturland entwickeln. Und die abgelegenen Seitentäler und Hochebenen am Berg eigneten sich vorzüglich, um Stätten der Meditation und Erbauung für fromme Mönche zu errichten. So wurde schon im Jahre 1140 in St. Marein bei Knittelfeld ein Augustiner-Chorherrenstift gegründet, zwei Jahre später aber nach Seckau, höher an den Abhang der Seckauer Tauern und weiter hinein in die Stille verlegt. Dort ragt heute noch der „Dom im Gebirge" auf, eine romanische Basilika von seltener Schönheit, Strenge und Stilreinheit, einzigartig in der Steiermark und in einem Atemzug mit dem Dom zu Gurk zu nennen, mit dem ihn auch die Stilmerkmale verbinden.

Nehmen wir die Bezirksstadt Knittelfeld als Ausgangsort für den Dom zu Seckau, so dürfen wir die vielen hellen Kirchen im Land rundum nicht übersehen, die so wie der Dom vor die dunklen Berge der Tauern gelagert sind: St. Marein mit romanischer Sakristei und spätgotischer Kirche, die kunstgeschichtlich als ungewöhnlich reich ausgeführt betrachtet wird; St. Martha ob Marein mit Hochaltar aus der Judenburger Werkstatt, St. Margarethen bei Knittelfeld mit romanischen und spätgotischen Einzelheiten; die spätgotische Kirche von St. Lorenzen unter Knittelfeld, die Kirche von Kobenz, romanischen Ursprungs mit spätgotischen Fresken; die romanische Kirche von Feistritz bei Knittelfeld mit ihrem spätgotischen Christophorusfresko;

Wie lange noch? Altes Bauernhaus bei Kleinlobming

Das schönste spätgotische Bürgerhaus Österreichs (Kornmesserhaus, Bruck an der Mur)

St. Benedikten mit der großen Pestkerze; den Kalvarienberg und die Kalvarienkirche vom Tremmelberg (1190 m), dem Hochland von Seckau vorgelagert und den schönsten Blick auf Domkirche und Tauernberge freigebend; und im noch etwas weltfernen, zwischen Bergen verborgenen Tal des Gaalbaches das Kirchlein von Gaal mit romanischen Elementen. Knittelfeld selbst, rührige Industriestadt, zu allen Zeiten dem Wandern und Bergsteigen aufgeschlossen, wurde nach dem Krieg alpinistisch nicht nur durch eine Reihe guter Bergsteiger, sondern auch durch die Knittelfelder Drei-Tage-Wanderungen bekannt, die nun schon eine feststehende Einrichtung sind und viele wanderfreudige Fremde in das Gebiet gebracht haben. Das Industriegebiet des Aichfeldes wurde Knittelfeld im Jahre 1945 fast zum Verhängnis: im Bombenhagel wurden zwei Kirchen, das Rathaus und ein großer Teil der Häuser zerstört. Von der dreischiffigen spätgotischen Knittelfelder Hallenkirche konnte wertvolle Einrichtung gerettet werden. Heute sind Stadtpfarrkirche und Stadt wieder neu aufgebaut.

Wenn wir Seckau besuchen, so finden wir im Wald- und Berggelände Wanderungen in Hülle und Fülle, auf gut bezeichneten und betreuten Wegen und Pfaden. Die Wanderung aber, die sich am besten in den Stil der Landschaft fügt, müßte zum Bergkirchlein Maria Schnee führen, das hell leuchtend, weit ins Land blickend und von weit her zu sehen inmitten der dunkleren Berge steht.

Der Wegverlauf

Ausgangspunkt: Von Knittelfeld (645 m), Schnellzugsstation der Bahnlinie Wien — Bruck an der Mur — Klagenfurt, mit Autobus oder Pkw nach Seckau (842 m), 10 km. Außer dem Dom, den wir am besten kennenlernen, wenn wir uns einer Führung anschließen, sind die Bischofskapelle (mit Marienkrönung), die Sakramentskapelle (mit Alabastermadonna aus dem

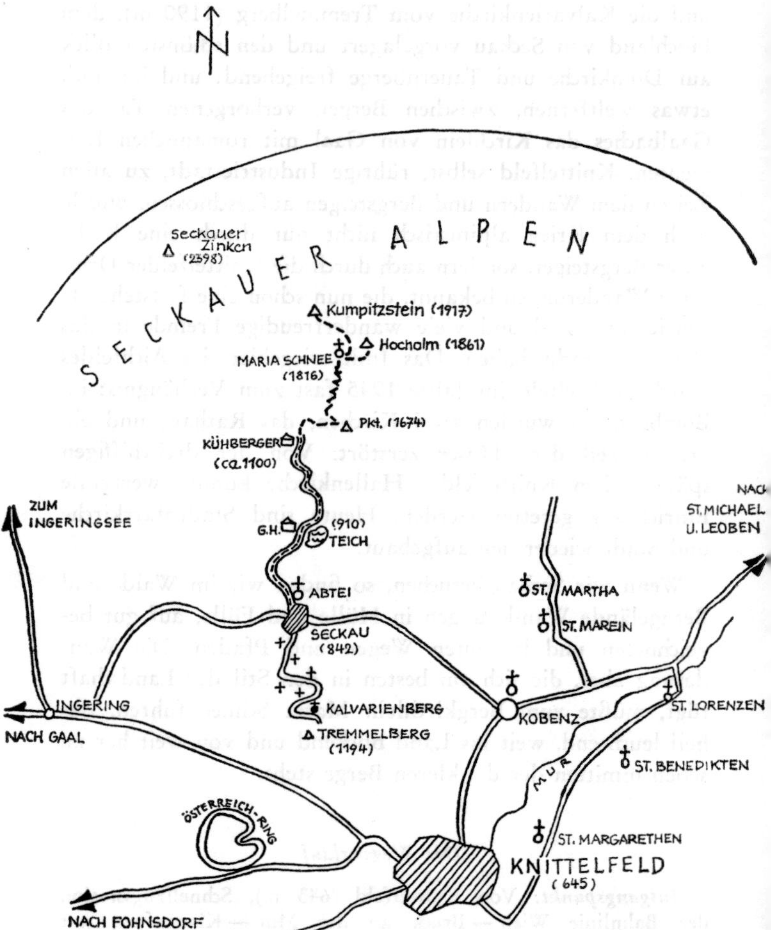
N
SECKAUER ALPEN
Seckauer Zinken (2398)
Kumpitzstein (1917)
Hocholm (1861)
MARIA SCHNEE (1816)
Pkt. (1674)
KÜHBERGER (ca.1100)
ZUM INGERINGSEE
G.H.
(910) TEICH
ABTEI
SECKAU (842)
KALVARIENBERG
TREMMELBERG (1194)
INGERING
NACH GAAL
NAC
ST. MICHAEL U. LEOBEN
ST. MARTHA
ST. MAREIN
KOBENZ
ST. LORENZEN
ST. BENEDIKTEN
MUR
ST. MARGARETHEN
ÖSTERREICH-RING
KNITTELFELD (645)
NACH FOHNSDORF
NACH JUDENBURG

13. Jh.), das Mausoleum Karls II. (Spätrenaissance), die Südturmkapelle, die Engelkapelle (mit dem Fresko „Apokalyptische Visionen" des zeitgenössischen Malers Prof. Herbert Boeckl, Wien), der Karner und das Stiftsgebäude mit Kreuzgang und Arkadenhof kunstgeschichtlich äußerst interessant. Im Markt sehenswert: spätgotische Luciakapelle, Pestsäule und Färberkreuz, das Gebäude des Hofwirts.

Nach Maria Schnee (1816 m), Bergkapelle am Hang der Seckauer Hochalm (1861 m): Anfahrt mit Pkw, an einem kleinen Badeteich vorbei, zum Gehöft Kühberger (1100 m). Von dort auf markiertem Weg zuerst durch einen Graben in nördlicher Richtung, dann stärker steigend nach Osten zu den Grafenhütten und an einer Vorkuppe der Hochalm (1674 m) auf sanfter verlaufendem Weg zur Bergkapelle (1816 m), etwa 2 St. ab Kühberger. In 1/2 St. nordwestlich zum Kumpitzstein (1971 m), einer Felskuppe mit Gipfelkreuz, von dort herrlicher Blick auf die Kalkalpen bis zum Gesäuse, besonders interessant der Felsrücken des Lugauers; nach Südwesten Blick zum Zirbitzkogel, nach Süden auf die Stub-, Pack- und Gleinalpe. Abstieg auf demselben Weg, 2 St. bis zum Kühberger. (Ohne Fahrzeugbenützung von Seckau zum Kühberger 1 St. auf markiertem Güterweg.)

Rückkehr zum Ausgangspunkt: mit Autobus oder Pkw nach Knittelfeld

Höhenunterschiede: Seckau (842 m) — Kühberger (1100 m) — Maria Schnee (1816 m) — Kumpitzstein (1971 m) — Kühberger (1100 m) — Seckau (842 m)

Gehzeiten: Seckau — Kühberger 1 St., Kühberger — Maria Schnee 2 St., Maria Schnee — Kumpitzstein 1/2 St., Kumpitzstein — Maria Schnee 1/4 St., Maria Schnee — Kühberger 1 3/4 St., Kühberger — Seckau 1 St.; zusammen mit Pkw 4 1/2 St., zu Fuß 6 1/2 bis 7 St.

Günstigste Zeit: ab Mitte Mai (die Südhänge der Seckauer Tauern apern frühzeitig aus) bis November. Jagdzeiten beachten! Im Bereich des Stiftes Seckau Jagdsperren (15. 9. bis 15. 10.)

Besonderes: Bergschuhe, Regen- und Wetterschutz angebracht; für Kinder ab 10 Jahren geeignet

Im Sommer jeden Sonntag Messe in Maria Schnee

Orientierung: leicht; markierte Wege und Bergstraßen

Karte: Freytag-Berndt-Touristenwanderkarte 1 : 100.000, Blatt 21, Seetaler Alpen und Murtal

29

„...DIE KNAPPEN TRIEBEN ÜBERMUT..."

Zum Schaubergwerk Oberzeiring und auf den Rosenkogel

Zahlreich sind die Sagen über versunkene und ertrunkene Bergwerke, über eingestürzte Gruben und Stollen, kurz, über Bergwerkskatastrophen in den Alpenländern, die ehemals blühende Orte und Erzlager vernichtet oder dem Verfall preisgegeben haben. Auch vom größten Bergwerk der Steiermark, dem Silberbergbau von Oberzeiring, gibt es eine solche Sage. Es muß ein Riesenbetrieb gewesen sein, der dort noch im 14. Jh. bestand. Doch die Bergknappen in den Silbergruben waren durch den Reichtum, den sie aus der Erde hoben und auch selbst durch ihre Arbeit erworben hatten, hochfahrend und übermütig geworden. Sie schoben mit goldenen Kugeln nach silbernen Kegeln, was als großer Frevel angesehen wurde. Um sie zu warnen, erschien einige Male ein Venedigermännlein, wie sie in Sagen über den Bergsegen gebieten, und rief:

„Es geht nit gut, es geht nit gut,
die Knappen treiben Übermut!"

Doch das Männlein erntete nur Hohngelächter und wurde verjagt, und der roheste der Knappen riß einer jungen Mutter das Kind vom Arm, schnitt ihm den Kopf ab und benützte ihn als Kegelkugel. Die Strafe für diese Freveltat war fürchterlich: der Berg bebte, die Gruben stürzten ein, Wasser brach aus dem Berg und 1400 Bergknappen versanken mit dem Silberbergwerk von Oberzeiring in die Tiefe.

Als geschichtliches Datum dieser größten Grubenkatastrophe, von der man je gehört hatte, wird das Jahr 1362 genannt, und auch die 1400 Toten soll es dabei gegeben haben. Daß die Knappen von Oberzeiring übermütig geworden sind, wird auch auf Wahrheit beruhen: hatten sie doch Privilegien wie an keinem anderen Ort des Bergbaues, und Herzog Albrecht veranlaßte, daß die Bergordnung von Oberzeiring für das steirische Bergrecht bestimmend wurde.

Immer wieder, auch noch in jüngster Zeit, versuchte man die Zeiringer Silbergruben auszupumpen und in Betrieb zu nehmen. Heute ist ein kleiner Teil der Stollen entsprechend abgesichert und als Schaubergwerk eingerichtet, wo Führungen veranstaltet werden. Die Luft in den aufgelassenen Stollen soll besonders gut gegen Krankheiten der Atemwege sein, weswegen auch in dieser Hinsicht Versuche gemacht werden.

Eine Besichtigung des Schaubergwerkes kann man sehr gut mit einer Bergwanderung verbinden. Das Gebiet des Lachtales, auf Fahrstraßen von Oberzeiring leicht erreichbar, bietet sich von selbst für Sommer- und Wintertouren an. Eine andere Möglichkeit, die hier beschrieben wird, wäre eine Tour auf den kaum bekannten Rosenkogel (1921 m). Damit hätte man Gelegenheit, außer dem Gebiet von Oberzeiring noch eine der nicht überlaufenen Gegenden unserer Heimat zu begehen. Die großräumige spätgotische Hallenkirche von St. Oswald bei Zeiring (St. Oswald ob Möderbrugg) und der Pfarrhof dort mit Gemälden des Kremser Schmidt wären eine Station der Besinnung auf dem Weg zum Berg.

Der Wegverlauf

Ausgangspunkt: Judenburg (703 m), Schnellzugsstation der Strecke Wien — Bruck an der Mur — Klagenfurt. Von dort mit Autobus oder Pkw über den Pölshals nach Oberzeiring (930 m).

Auf dem Weg dorthin (oder auf einem Umweg) zur Besichtigung empfohlen: das Kohlenbergbaugebiet von Fohnsdorf; die ursprünglich romanische Kirche hat spätgotische und Renaissancedetails; der Industrieort Pöls ob Judenburg (790 m) mit einer hervorragend schönen Kirche, an der die ursprüngliche Form einer romanischen Basilika trotz späterer Umbauten sehr schön bewahrt wurde, außerdem eine gotische Lichtsäule und ein spätgotischer Karner im Ort. Am Fuß des Straßensattels zwischen Judenburg und Pöls, dem Pölshals, Schloß Sauerbrunn (Thalheim) mit bekannter Mineralwassererzeugung (Thalheimer Schloßbrunn).

Unterzeiring, an der Abzweigung der Straße nach Oberzeiring, ist kunstgeschichtlich fast bedeutsamer als dieses. Die 1074 gegründete Propstei hat ihr altertümliches Erscheinungsbild gut erhalten; angeschlossen die interessante St.-Agatha-Kapelle. In Oberzeiring, einer hübschen Sommer- und Winterfrische, ist außer dem Schaubergwerk die Elisabethkirche (ehemals Knappenkirche) mit Freskenzyklus besonders sehenswert.

Von Unterzeiring 2 km Straßenfahrt oder -wanderung nach St. Oswald (991 m). Von dort auf neu angelegter Fahrstraße (die in den Gaalgraben hinüberführt) zum Sommertörl (1653 m), 2 St., und auf bezeichnetem Steig in $^{3}/_{4}$ St. auf den Rosenkogel (1921 m) mit baumfreiem Gipfel und Lorettokapelle am Osthang. Sehr schöne Ausblicke in den einsamen Gaalgraben, in das Tauerntal und auf die Niederen Tauern. Auf dem bezeichneten Weg zurück zum Sommertörl, doch nicht zu den Sommerhütten hinüber, sondern in südlicher Richtung auf einem Steig etwas aufsteigend zur freien Almkuppe der Willingalm (1721 m), 1 St. ab Rosenkogel. Weiter südlich absteigend zu den Willinghütten (Kloasnerhütte, Selbstversorgerhütte des TV „Die Naturfreunde“) und auf einem Güterweg nach Unterzeiring hinab, 2 St.

Rückkehr zum Ausgangspunkt: mit Autobus oder Pkw nach Judenburg

Variante für Motorisierte: von Unterzeiring auf der Tauernstraße nach Möderbrugg (frühere Hammerwerke) und ins Pusterwaldtal, oder beim Zistlwirtshaus abbiegend ins Bretsteintal. Beide Täler bis zum Talschluß befahrbar, auch Autobusverbindung. In beiden Orten, Pusterwald und Bretstein (ruhigen, abgelegenen Sommerfrischen), schöne spätgotische Kirchen

Höhenunterschiede: Unterzeiring (962 m) — St. Oswald (991 Meter) — Sommertörl (1653 m) — Rosenkogel (1921 m) — Lo-

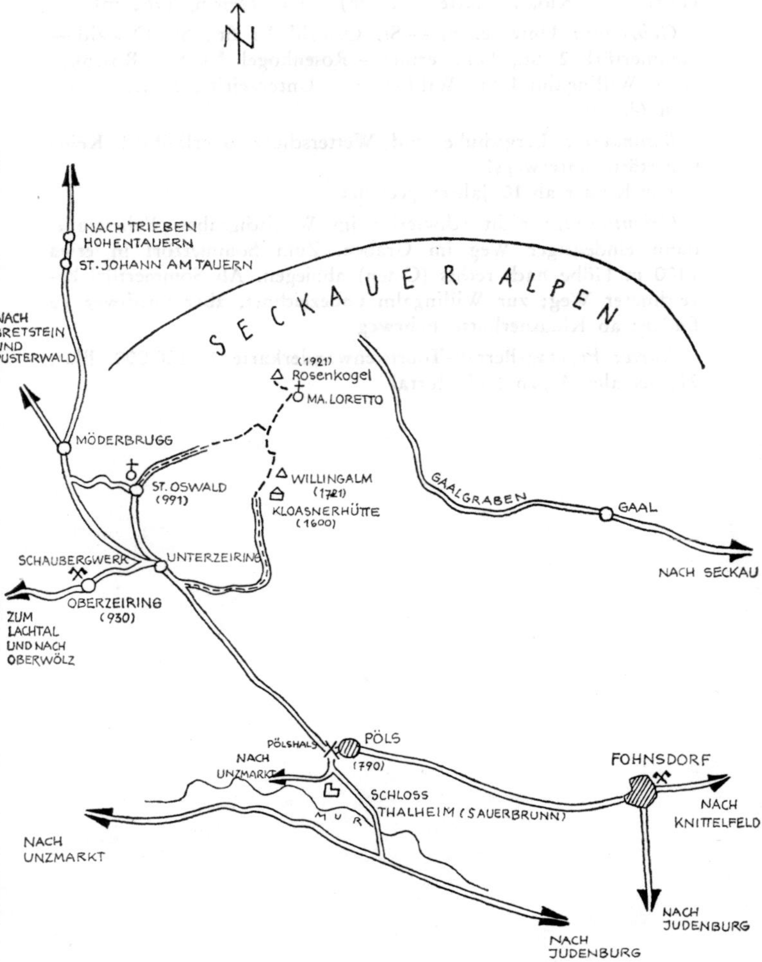
N
NACH TRIEBEN
HOHENTAUERN
ST. JOHANN AM TAUERN
NACH BRETSTEIN UND PUSTERWALD
SECKAUER ALPEN
(1921) Rosenkogel
MA. LORETTO
MÖDERBRUGG
ST. OSWALD (991)
WILLINGALM (1721)
KLOASNERHÜTTE (1600)
GAALGRABEN
GAAL
NACH SECKAU
SCHAUBERGWERK
UNTERZEIRING
OBERZEIRING (930)
ZUM LACHTAL UND NACH OBERWÖLZ
PÖLSHALS
PÖLS (790)
NACH UNZMARKT
FOHNSDORF
SCHLOSS THALHEIM (SAUERBRUNN)
MUR
NACH KNITTELFELD
NACH UNZMARKT
NACH JUDENBURG
NACH JUDENBURG

rettokapelle (1819 m) — Sommertörl (1653 m) — Willingalm (1721 m) — Kloasnerhütte (1600 m) — Unterzeiring (962 m)

Gehzeiten: Unterzeiring — St. Oswald 1/2 St., St. Oswald — Sommertörl 2 St., Sommertörl — Rosenkogel 3/4 St., Rosenkogel — Willingalm 1 St., Willingalm — Unterzeiring 2 St.; zusammen 6 1/2 St.

Besonderes: Bergschuhe und Wetterschutz unerläßlich! Keine Gaststätte unterwegs!

Für Kinder ab 10 Jahren geeignet

Orientierung: nicht schwierig; im Wenischgraben Fahrstraße, dann eindeutiger Weg im Graben. Zum Sommertörl in etwa 1400 m Höhe nach rechts (Osten) abbiegen. Ab Sommertörl bezeichneter Weg; zur Willingalm unbezeichnet, aber unschwer zu finden; ab Kloasnerhütte Fahrweg

Karte: Freytag-Berndt-Touristenwanderkarte 1 : 100.000, Blatt 21, Seetaler Alpen und Murtal

30

IN DIE WEIHNACHTSGEGEND

St. Lambrecht — Steirisch Laßnitz

Das Gebiet südlich und östlich der Murauer Alpen nenne ich die Weihnachtsgegend, und ich finde, das ist eine so treffende Bezeichnung für diese versteckte Landschaft von Wunder und Geheimnis, daß man ihr den Titel auch offiziell verleihen sollte. Es ist das Bergland des Grattingergrabens, daneben der versteckte Winkel von Steirisch Laßnitz — dort, wo die Kärntner Grenze gegen die Steiermark solche Rösselsprünge macht, daß man froh sein kann, daß sie nur die Grenze eines österreichischen Bundeslandes ist! Zur Weihnachtsgegend gehört aber auch der von Bergen umfriedete Kessel von St. Lambrecht. Rund 1600 m hoch sind diese Waldmugel, in den Matten der Kuhalpe fast bis auf 1800 m ansteigend, auf der felsigen, höhlenreichen Grebenzen fast 1900 m erreichend. Es ist ein stilles Waldland — auch heute noch still; inmitten der Wälder ruhen Kirchen, Klöster und Kalvarienberge. Stift St. Lambrecht ist der Mittelpunkt der Weihnachtsgegend und die Heimat des merkwürdigen Paradeisspieles.

Das Paradeisspiel ist aus mittelalterlichen Kult- und Mysterienspielen hervorgegangen und zeigt auch Spuren des Jesuitentheaters. Die Texte sind mündlich überliefert, wurden um die Mitte des 18. Jh.s aufgezeichnet, und nach diesem — handgeschriebenen! — Text wird auch gespielt. Es besteht ziemliche Not an Spielern, da die bäuerliche Jugend aus diesem Winkel hinter den Wäldern, wo es wenig Möglichkeiten des Verdienstes gibt, nur zu gerne abwandert. Andererseits herrscht schon große Nachfrage nach den Eintrittskarten, und der schöne, neue Gemeindesaal im ehemaligen Pfarrdorf von St. Lambrecht, Steirisch Laßnitz, faßt bei weitem nicht alle Besucher, die nun oft schon aus weiter Ferne zu den Spielen kommen. Die Theaterrunde der Landjugend, die aus beiden Laßnitz kommt, dem steirischen und dem kärntnerischen, spielt jährlich als eine Art Probe ein bis zwei Stücke, um die Jugend für die großen Aufführungen zu schulen, die da sind: „Das Spiel von den sieben Hauptsünden", „Das Schäferspiel", „Das Genovevaspiel" und „Das Paradeis- und Hirtenspiel". Das Paradeisspiel wird derzeit nur alle zehn Jahre aufgeführt, zwischen Weihnachten und dem Dreikönigstag, das Genovevaspiel gelegentlich zu Ostern.

Lesen wir, was Dr. Luitgard Knoll von einem Besuch des Paradeisspieles zur Weihnachtszeit schreibt: „Haben wir uns die Eintrittskarten und einen Platz gesichert, so stapfen wir vielleicht noch durch das winterliche Dorf zur Kirche, in der neben der alten Bauernkrippe mit dem eben geborenen Erlöser der große Gekreuzigte an der Wand seine Arme wie auf einer Lebensrune hebt, nicht wie gewöhnlich ausbreitet; Arme, die übrigens mit einem Gelenk versehen sind, um Christus ins Grab legen zu können — ein in der großen Gotikausstellung zu Krems gezeigtes Prachtstück alter Kunst.

Dann bereitet uns im Gemeindesaal eine kurze Einführung auf das jeweilige Spiel vor. Daß es sich hier nicht um Theater im hergebrachten Sinn handelt und man daher auch keine Kulissen und kaum Requisiten benötigt, bemerken wir beim Spiel von selbst: sowohl der Apfelbaum im Paradies als auch die Krippe zu Christi Geburt oder ein einfacher Stuhl als Herodes' Thron vermitteln genug Atmosphäre neben dem großartigen Spiel der Einheimischen. Schon wenn der Soldat, steifbeinig hin und her schreitend, den Prolog skandiert, weiß man, daß hier etwas Besonderes gespielt wird, ja geschieht, dem man sich nicht entziehen kann. Die oft mit alten Liedern und Wechselgesängen durchzogene Handlung hält einen drei Stunden lang gefangen. Und wenn die versammelten Spieler zum Schluß singen: ‚Habt's ins nix für unguat, vielleicht kemma neama z'samm', so ist wohl jeder ergriffen, und keiner kann sich dabei einer Besinnung auf die letzten Werte entziehen, die ihm, teils zartpoetisch, teils drastisch vor Augen geführt werden. Kein Wunder, daß die Spieler bereits für Verdienste um die Volksbildung ausgezeichnet wurden . . ."

Auf dem Weg nach oder von Steirisch Laßnitz ist es geradezu Verpflichtung, daß wir uns St. Lambrecht ansehen. Die Benediktinerabtei, um 1100 gegründet, hatte besonders im 15. und 17. Jh. größte Bedeutung als Kunst- und Kulturmittelpunkt der Obersteiermark, wobei besonders enge Bindungen an Neumarkt und Judenburg bestanden. Aber auch Mariazell und die Aflenzer Gegend gehörten zum Ausstrahlungsbereich von St. Lambrecht. Das Eisen- und Gußwerk bei Mariazell wurde 1742 von einem St. Lambrechter Abt begründet; das Stift hatte also nicht nur Einfluß auf Geistliches und Geistiges, sondern auch auf das Wirtschaftsleben. Heute ist beides in St. Lambrecht getrennt — das wirtschaftliche Gesicht des Ortes und der Umgebung bestimmt die nahe Dynamitfabrik, das kulturelle nach wie vor das Stift.

An interessanten Baulichkeiten im Ort St. Lambrecht, der sich auch durch ein ansprechendes altes Ortsbild auszeichnet, sind zu erwähnen: die Stiftskirche mit zwei zum Teil noch romanischen Türmen, sie gilt als die größte gotische Hallenkirche der Steiermark. Der eigenartige romanische Karner mit gotischem Portal ist sogar neben dem gewaltigen Bauwerk der Kirche sehenswert; er diente noch im 13. Jh. als Pfarrkirche. Das Benediktinerstift ist in seiner heutigen Gestalt als stilreinster Stiftsbau Österreichs von der Meisterhand Domenico Sciassias im Stil der italienischen Spätrenaissance erbaut. Zahlreiche Sammlungen von Bildern und

Skulpturen, aber auch ein naturhistorisches Kabinett mit einer bekannten Vogelsammlung (über 2000 Präparate) und das vom berühmten Volkskundler P. Romuald Pramberger eingerichtete Heimatmuseum sind für Gäste geöffnet.

Kommen wir im Sommer nach St. Lambrecht, so werden wir gerne die eine oder andere Wanderung auf die Umgebungsberge „einbauen". Besonders empfehlenswert ist ein Gang über den Kleinen Tauern und die Karchau ins Murtal. Die Weihnachtsgegend ist aber auch im Winter besonders schön. St. Lambrecht hat in der Grebenzen einen herrlichen Skiberg und mehrere Skiliftanlagen. Steirisch Laßnitz aber ist ein unberührtes Skitourengebiet ohne Lift, wie man es heute nur mehr selten finden kann.

Der Wegverlauf
für eine Sommerwanderung über den Kleinen Tauern

Ausgangspunkt: Mariahof (957 m), Haltestelle Mariahof-St. Lambrecht an der Bahnlinie Bruck an der Mur — Klagenfurt. Mariahof, rd. $^3/_4$ St. von der Bahnstation in östlicher Richtung gelegen, lohnt einen kleinen Abstecher. Funde aus keltischer und römischer Zeit haben die Gegend bekannt gemacht. Zwei Kirchen im Ort, die Marienkirche und die romanische St.-Nikolaus-Kapelle. Es war übrigens ein Steirer aus Hoferdorf bei Mariahof, der den sibirischen Bergbau erschlossen hat. Der Bauernsohn Benedikt Franz Johann Hermann, 1754 in Hoferdorf geboren, zeichnete sich als Montanist, Wissenschaftler, Staatsrat und Generalbergintendant am russischen Zarenhof aus, hat sich nicht nur um den Bergbau, sondern auch um die Errichtung von Stahlwerken verdient gemacht und ist 1815 in Petersburg hochgeehrt gestorben.

Ein anderer verdienter Sohn dieses kargen Bodens entstammt einem noch viel höher gelegenen Bergbauernhof. Am Weg zum Kleinen Tauern kommen wir daran vorbei. Es ist der Seebauer, 1300 m hoch gelegen. Der jetzige Grazer Sonderschuldirektor Lois Steiner ist ein profilierter Chorleiter, sein bekannter St. Veiter Kinderchor hat u. a. dem Papst vorgesungen. Der Seebauernhof am „Kloa Tauern" ist sein Heimathaus, von seiner sangesfreudi-

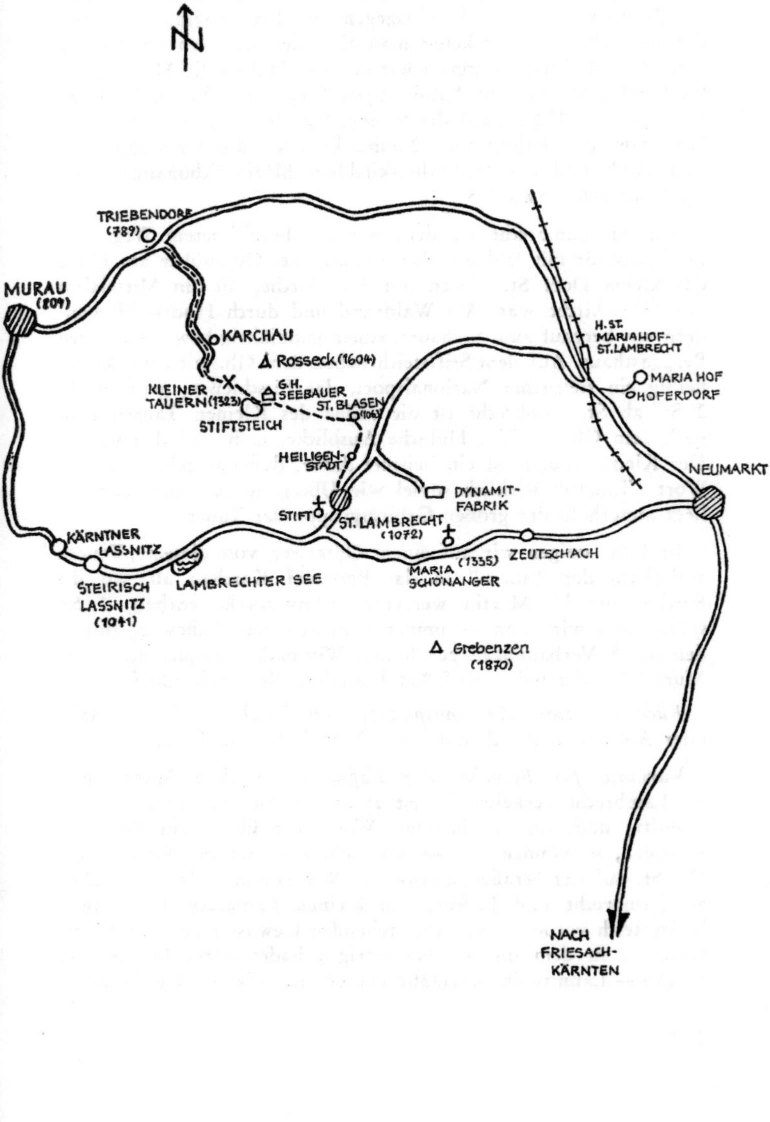
N
TRIEBENDORF
(789)
MURAU
(809)
KARCHAU
Rosseck (1604)
KLEINER
TAUERN (1323)
G.H.
SEEBAUER
STIFTSTEICH
ST. BLASEN
(1063)
HEILIGEN-
STADT
STIFT
ST. LAMBRECHT
(1072)
DYNAMIT-
FABRIK
H. ST.
MARIAHOF-
ST. LAMBRECHT
MARIA HOF
HOFERDORF
NEUMARKT
KÄRNTNER
LASSNITZ
STEIRISCH
LASSNITZ
(1041)
LAMBRECHTER SEE
MARIA
SCHÖNANGER
(1335)
ZEUTSCHACH
Grebenzen
(1870)
NACH
FRIESACH-
KÄRNTEN

gen Familie und besonders von der Mutter konnte Lois Steiner, der auch als Operntenor aufgetreten ist, viele wertvolle Volkslieder sammeln und vor dem Vergessen bewahren. Die Sangesfreude muß in der Weihnachtsgegend zu Hause sein, denn auch die Steirisch Laßnitzer kennt man als „die singenden Laßnitzer". Nach St. Lambrecht kommen wir von der Haltestelle Mariahof — St. Lambrecht mit dem Autobus; der Weg wird aber auch oft zu Fuß gemacht, 1½ St. auf der Straße. Sehr lohnend wäre auch der Weg von der Bahnstation Neumarkt über die Grasluppteiche, Zeutschach und das Wallfahrtskirchlein Maria Schönanger nach St. Lambrecht, etwa 3 St.

Von St. Lambrecht wandern wir auf bezeichnetem Weg nach Heiligenstadt mit frühgotischer Filialkirche. Gegenüber am Hang das kleine Dorf St. Blasen mit Filialkirche, die im Mittelalter Wallfahrtskirche war. Am Waldrand und durch Hochwald wandern wir bergauf zum Seebauer, einem ganzjährig bewirtschafteten Berggasthaus. Auf dem Stiftsteich neben dem Gh. wird im Winter fleißig ein steirischer Nationalsport, das Eisschießen, gepflegt. In 2 St. ab St. Lambrecht ist die Höhe des Kleinen Tauern bald nach dem Gh. erreicht. Hübsche Ausblicke, z. B. auf den Greim. Der Kleine Tauern ist ein Beispiel dafür, daß das geheimnisvolle Wort „Tauern" wirklich soviel wie Übergang bedeutet, denn er liegt außerhalb der großen Gebirgsgruppe der Tauern.

In 1 St. steigen wir auf einem Güterweg von diesem „Tauern außerhalb der Tauern" in das Bergdorf Karchau ab, wo die Kirche zum hl. Martin wertvolle Schnitzwerke enthält. 1 St. später sind wir dann — immer noch auf dem Fahrweg, zuletzt den durch Verbauungen gezähmten Wildbach überquerend — im Murtal bei der Bahn- und Autobushaltestelle Triebendorf.

Rückkehr zum Ausgangspunkt: von Triebendorf mit Bahn oder Autobus nach Scheifling und Mariahof — St. Lambrecht

Variante für Besucher der Laßnitz: Zwischen Murau und St. Lambrecht verkehrt derzeit zwar ein Autobus über Steirisch Laßnitz, doch nur wochentags. Wenn wir über kein Fahrzeug verfügen, so können wir — was sehr oft gemacht wird — die 1½ St. auf der Straße zurücklegen. Wir kommen dabei zwischen St. Lambrecht und Laßnitz am kleinen Lambrechter See oder Weirerteich vorbei — wie alle stehenden Gewässer dort ein Stiftsteich —, in dem im Sommer eifrig gebadet wird. Die Strecke Murau — Laßnitz ist ungefähr ebensolang wie St. Lambrecht —

Laßnitz. Sind wir mit Fahrzeug unterwegs, so haben wir ab Murau drei berüchtigte Engstellen zu durchfahren.

Höhenunterschiede: St. Lambrecht (1062 m) — Kleiner Tauern (1323 m) — Triebendorf (769 m)

Gehzeiten: St. Lambrecht — Kleiner Tauern 2 St., Kleiner Tauern — Karchau 1 St., Karchau — Triebendorf 1 St.

Günstigste Jahreszeit: Mai bis November

Orientierung: einfach, markierte Wege bzw. Güterwege und Forststraßen

Karten: Freytag-Berndt-Touristenwanderkarten 1 : 100.000, Bl. 20, Schladminger Tauern, Blatt 21, Seetaler Alpen

Besonderes: für Kinder ab 8 Jahren geeignet

31

DIE STILLEN KÖNIGREICHE

St. Anna am Lavantegg — Zirbitzkogel

Der Kärntner Dichter Josef Friedrich Perkonig, der wie kaum ein anderer Berglandschaften schildern konnte, hat sie die stillen Königreiche genannt, die weiten, zirbengesäumten Kare um den Zirbitzkogel. Und es sind kleine Reiche, jedes für sich, in dem der Bergwanderer König sein kann. Im Nordteil der Seetaler Alpen ist es allerdings mit der Stille schon vorbei. Da wurde auf der Schmelz ein Truppenübungsplatz eingerichtet, den man auf einer Fahrstraße erreichen kann. Der Touristenverkehr geht dennoch wenig behindert weiter; Übungen der Truppen werden verlautbart und wirken sich nicht so aus, daß man bei den Bergwanderungen zu sehr gestört wäre.

Schöner, königlicher geblieben sind naturgemäß das übungsfreie Gebiet vom Winterleitensee zur Linderalm und zum Lindersee, der Gipfel des Zirbitzkogels (2396 m) selbst, die unvergleichliche Almlandschaft der Rothaide, der Lavantsee, Fuchskogel, Wildsee, die Weite Alpe und ihre Ausläufer bis zum Klippitztörl und die ganze Westabdachung nach Neumarkt hinab; auch der touristisch kaum bekannte waldige Nordteil und die östlichen Vorberge mit St. Wolfgang am Mönchegg. So gesehen ist es nur ein verschwindend kleiner Teil des Gebirges, in dem die Einsamkeit verlorenging; es war das leichtest zugängliche und am besten erschlossene Stück.

Im einsamen Gebiet der Seetaler Alpen von riesenhafter Ausdehnung ist Stille. Und eine Weite liegt darüber, die einen immer wieder von neuem ergreift. In flachen Riesenstufen oder endlos scheinenden Hängen von gleichmäßiger Neigung steigen die Kare und Kämme zu den breiten Gipfeln an. Hie und da ist, wie um die Wirkung der Weite noch zu heben und zu unterstreichen, eine Felsgruppe auf kahlen Kamm gesetzt, eine Wand aus dunklem Stein um einen See gezogen. Und wären die hohen Urgebirgsblöcke nicht und nicht die kleinen Versammlungen malerischer Zirben, man verlöre sich selbst in diesem unendlich scheinenden Bergland.

Am Zirbitzkogel ist man dem Himmel noch näher als sonst in den Bergen. Ein früher Morgen am Zirbitzkogel, so um Ende Oktober, wenn der mondweiße Reif auf dem krausen Berggras liegt und im ersten, stumpfen Frühlicht schimmert — das kann eine so unwirkliche Stimmung ergeben, daß man meint, nicht mehr von dieser Welt zu sein. Erst im Gleichmaß des Höherwanderns — das man am Zirbitzkogel in einem naturgegebenen Gelände genießen kann wie kaum anderswo — kehrt man wieder auf den geliebten, harten Boden des Gebirges zurück.

Der Zirbitzkogel ist bekannt durch seine Bestände an Zirben, wie man sie in solcher Ausdehnung und Pracht in Österreich nirgendwo anders findet. Es sind richtige kleine Wälder, die dieser aussterbende schönste Baum der Alpen in den Seetaler Alpen bildet. Über den berühmten Arvenwald von Tamangur in der Schweiz wurde viel geschrieben, sogar ein ganzes Buch. Die Zirben vom Zirbitzkogel wären ähnlicher Würdigung wert!

Die Zirbe steht in allen Teilen, also auch als Holz, am Zirbitzkogel wie überall in der Steiermark unter strengstem Naturschutz. Der Name des höchsten Gipfels der Seetaler Alpen soll vom Zirbenbewuchs herrühren. Doch gibt es alte Landkarten der Steiermark, auf denen er seltsamerweise noch nicht Zirbitz, sondern Fürwizkogel heißt! Es kann ohne weiteres sein, daß er in alter Zeit nach dem Bauern benannt wurde, dem die höchsten Weiden gehörten, wie dies auch am Hochschwab in der Steiermark der Fall war; dort hieß der Almbesitzer Schwab, am Zirbitzkogel kann es ein Fürwiz gewesen sein. In späterer Zeit hat man dann nach poetischeren Bezeichnungen gesucht und die naheliegenden Zirben dazu gefunden.

Der Zirbitzkogel hat viele interessante Eigenschaften: dazu gehören vor allem die Bergblumen und Alpenpflanzen. Nach den Zirben sind es die Alpenrosen, die eine Sommerwanderung in diesem Gebiet unvergeßlich machen. In der Winterleiten wächst u. a. der Sumpftarant und auf der Weiten Alm kann man auch in unserer Zeit noch Speiksammlern zusehen, die die betäubend duftenden Wurzeln dieses zarten Pflänzchens ausgraben. Einst ein begehrter Duftspender für Speikseife, hat die Wurzel der valeriana celtica heutzutage, im Zeitalter der französischen Parfüms, viel von ihrer Beliebtheit verloren. Doch die Bergbauern und auch manche Städter in der Steiermark verwenden den „Mottenspeik" immer noch gerne als Duftstoff, die ganze Pflanze mit den Wurzeln als Mottenschutz.

Die Seetaler Alpen sind ein gletschergeformtes Bergland und mit ihren Karen, Karwänden und Bergseen geradezu das Muster einer Glaziallandschaft. Der Zirbitzkogel ist also auch deswegen ein „Heimatkundeberg"! In seiner Nähe endete eine Zunge des großen Murgletschers, einige Kilometer von Judenburg entfernt, und an seiner Westseite nagte in der Eiszeit die Hauptmasse dieses Eisstromes an seinen Flanken, über den Neumarkter Sattel bis ins kärntnerische Görtschitztal fließend.

Die ganzen Seetaler Alpen mit dem Zirbitzkogel haben aber nicht nur Eigenschaften, sondern auch Eigenheiten. Jene beiden, die sich auf den Bergwanderer auswirken können, sind Wind und Nebel. Der Kamm des Zirbitzkogels, an vielen Stellen weit über 2000 m ansteigend, ist jedem Wetter ausgesetzt wie kaum ein zweiter Berg der Steiermark. Auf den baumfreien Bergkämmen weht auch noch am heißesten Tag des Jahres ein Almlüfterl. Und der Nebel am Zirbitzkogel ist gefürchtet wie kaum anderswo, selbst bei den besten Kennern des Geländes. Die Gleichförmigkeit der Wege und Almmatten, die das Gebiet auszeichnet, ist bei unsichtigem Wetter eine Erschwernis sondergleichen. Wir müssen bei der Tourenplanung und Ausrüstung an diese Eigenheiten des Gebirges denken.

Rund um den Zirbitzkogel breitet sich uraltes Kulturland. Wollten wir es kennenlernen in allen seinen Teilen, so wäre eine Woche Talurlaub im Banne des mächtigen Berges kaum ausreichend. So soll hier nur in Stichworten darauf hingewiesen werden, was uns am Weg zum Zirbitzkogel erwartet. Kommen wir von Graz über Knittelfeld und das Aichfeld auf der Bundesstraße oder mit der Bahn, so haben wir nach der Industriestadt Zeltweg (mit Flughafen und Autorennbahn „Österreichring") am Fuß des Zirbitzkogels das alte Kunst- und Handelszentrum Judenburg vor uns. Judenburg war im Mittelalter eine der bedeutendsten Städte der Steiermark, eine Siedlung von auffallender Geschlossenheit an einer Römerstraße. Judenburg war eine reiche Stadt: die von den Herzögen von Österreich im 14. Jh. geprägten Goldstücke (Florine) hießen urkundlich „Judenburger". Der riesenhafte, 72 m hohe, frei stehende Kirchturm der Stadtpfarrkirche, gleichzeitig Stadtturm, ist das Wahrzeichen von Judenburg. Interessanter noch als die Stadtpfarrkirche ist die ehemalige Spitalkirche; in beiden Gotteshäusern finden wir, wie in der engeren und weiteren Umgebung der Stadt bis weit hinauf ins obere Murtal, bemerkenswerte Arbeiten der „Judenburger Schule" des 18. Jh.s, vornehmlich von den in den letzten Jahren wiederentdeckten Meistern Balthasar Prandstetter und Johann Nischlwitzer. Eine Reihe ehemaliger Klöster und alter Burgen sind in und um Judenburg sehenswert wie auch alte Ritter- und Bürgerhäuser, die zum Teil noch romanische und gotische Hallen und Höfe haben.

Fahren wir von Judenburg zum Obdacher Sattel, von wo wir die Tour auf den Zirbitzkogel unternehmen wollen, so dürfen wir nicht versäumen, dem spätgotischen Hallenbau der Wallfahrtskirche von Maria Buch einen Besuch abzustatten. Der kleine Weiler über dem fruchtbaren Murboden ist mehr als 1000 Jahre alt und in neuerer Zeit bekannt geworden durch den Maria-Bucher-Marmor, einen begehrten Baustoff, der u. a. zum Verputzen dient. Bei Weißkirchen treffen wir auf die Straße von Zeltweg her. Im Markt Weißkirchen sind schöne alte Bürgerhäuser zu bemerken; die St.-Veits-Kirche bestand schon um das Jahr 1000. Weißkirchen war als Ort einer Abtei vorgesehen, diese wurde aber dann in St. Lambrecht errichtet. Interessant auch das nahe Dorf Baumkirchen mit spätgotischer Filialkirche und die Maximilianskapelle am Berg, ein romanisches Bauwerk. Dem Granitzenbach entlang, der aus dem Winterleitensee kommt, führen Straße und Bahn (mit der man auch sehr gemütlich ins Lavanttal bummeln kann) in einen engen Graben, wo wir bald rechter Hand zur Ruine Eppenstein aufblicken. Eppenstein war die Burg der Eppensteiner, Markgrafen und Herzoge von Kärnten; sie liegt auf einem über 200 m hohen, allseits steil abfallenden Felsen und gilt als die interessanteste Burgruine der Steiermark. Im nahen Dörfchen Kathal die Katharinenkirche mit unvollständigem gotischen Flügelaltar.

Der Markt Obdach mit seinem noch bestehenden Torturm und einigen alten Bürgerhäusern bietet ein einheitliches, geschlossenes und anheimelndes Ortsbild. Zwei Kirchen, die Pfarrkirche und die Spitalkirche, sind wie die Mariensäule aus dem 17. Jh. und das aus gleicher Zeit stammende Schloß Rosenbach einer Betrachtung wert. Vom Obdacher Sattel (954 m) fahren wir auf steiler, aber gut gepflegter

Bergstraße nach St. Anna am Lavantegg (1291 m), der höchstgelegenen Pfarrgemeinde der Steiermark (Autobusverkehr ab Obdach). Die Pfarrkirche ist mit Werken der Judenburger Schule ausgestattet.

Wollen wir das Wichtigste rund um den Zirbitzkogel sehen, so wäre der etwa sechsstündige Übergang von St. Anna am Lavantegg über das Gh. Bärenthaler zur Zanitzenhöhe (1760 m) mit Abstieg unmittelbar nach St. Margarethen gegeben. Der Bärenthaler liegt an einem alten Saumpfad vom Lavanttal ins Neumarkter Gebiet; die Wanderung ist weniger anstrengend, aber langwierig und führt durch wenig besiedeltes Gebiet. Wir kommen unmittelbar an die Stätte des alten Noreia Tauriscorum, mit Ausgrabungen aus dem 2. Jh. v. Chr. Man vermutet dort das historische Schlachtfeld von Noreia, auf dem 113 v. Chr. die Römer von den Zimbern und Teutonen vernichtend geschlagen wurden; mit diesem Sieg traten die Germanen zum ersten Mal in das Blickfeld der Weltgeschichte. Von den Ausgrabungen ist wenig zu sehen, wohl aber gibt es auch in diesem Gebiet bemerkenswerte kirchliche Bauten: die spätgotische Kirche von St. Margarethen; oder das nahe St. Jakob am Jakobsberg mit Flügelaltar, in fast 1200 m Höhe am Westhang des Zirbitzkogels gelegen. Bei Mühlen (wo wir vielleicht übernachten können) das gotische Kirchlein St. Helen, von wo wir den einstündigen Fußweg nach St. Veit in der Gegend nicht scheuen dürfen. Die Pfarrkirche hat noch romanische Einzelheiten (Fenster) und ein Altarbild von Lederwasch; noch interessanter ist vielleicht der rundgebaute, romanische Karner, dessen ursprüngliche Form rein bewahrt geblieben ist. In der Nähe die ehemaligen Schlösser Pichlhof und Velden.

Judenburg ist die Bezirksstadt am Zirbitzkogel, Obdach die Sommer- und Winterfrische im Osten und Neumarkt ihr Gegenstück im Westen. Neumarkt (830 m) ist besonders bekannt als Luftkurort. Unbedingt ansehen sollte man sich in Neumarkt den spätgotischen Karner im Friedhof, auch die auf einen Felsen gebaute Burg Forchtenstein sowie den romanischen Karner und die Pfarrkirche in St. Marein mit mächtigem romanischen Turm. Das nahe Dorf Perchau am Perchauer Sattel, der höchsten Stelle der alten Italienerstraße, war schon vor mehr als 1000 Jahren bekannt. Der Furtnerteich, etwa 1 St. von Neumarkt entfernt, ist ein beliebter warmer Badesee. Noch im Bannkreis des Zirbitzkogels liegen Scheifling (mit schöner Pfarrkirche, romanische und frühgotische Details, holzgeschnitzte Vesperbildgruppe) und Greith, bekannt durch Funde aus prähistorischer und römischer Zeit. Das Bergdorf liegt 1071 m hoch an einem ehemaligen römischen Saumweg von Hüttenberg, der „Eisenstraße" oder „Welsche Straße" genannt wurde. Greith ist auf einer Hochebene herrlich gelegen und bietet einerseits schönen Ausblick auf den Zirbitzkogel, anderseits sogar Sicht bis zum Triglav. Wer den Zirbitzkogel von Neumarkt erwandern will, fährt am besten (mit Pkw) nach Greith und See und von dort auf der Bergstraße zur Kulmer Hütte (1822 m), von wo der Gipfel des Berges auf bezeichnetem Steig in steilem Anstieg in 1½ St. erreichbar ist.

Der Wegverlauf

Ausgangspunkt: St. Anna am Lavantegg. Die Fahrstraße führt von der Ortschaft St. Anna am Lavantegg zur Waldheimhütte und zur Kaserhütte, zwei gemütlichen Berggasthäusern (1613 m), doch nehmen wir den Fußweg von St. Anna durch den herrlichen Kaserwald. Kaum spürbar ist die Steigung auf dem breiten Almfahrweg, wir können kräftig ausschreiten und sind dann bei den Gh. überrascht, doch mehr als 300 Höhenmeter geschafft zu haben (1 bis 1½ St. von St. Anna). Auf beiden Hütten Übernachtung möglich. Nun auf bezeichnetem, breitem Almweg in gleichmäßiger Steigung in 1½ St. auf den Almkamm der Rothaide (2182 m)

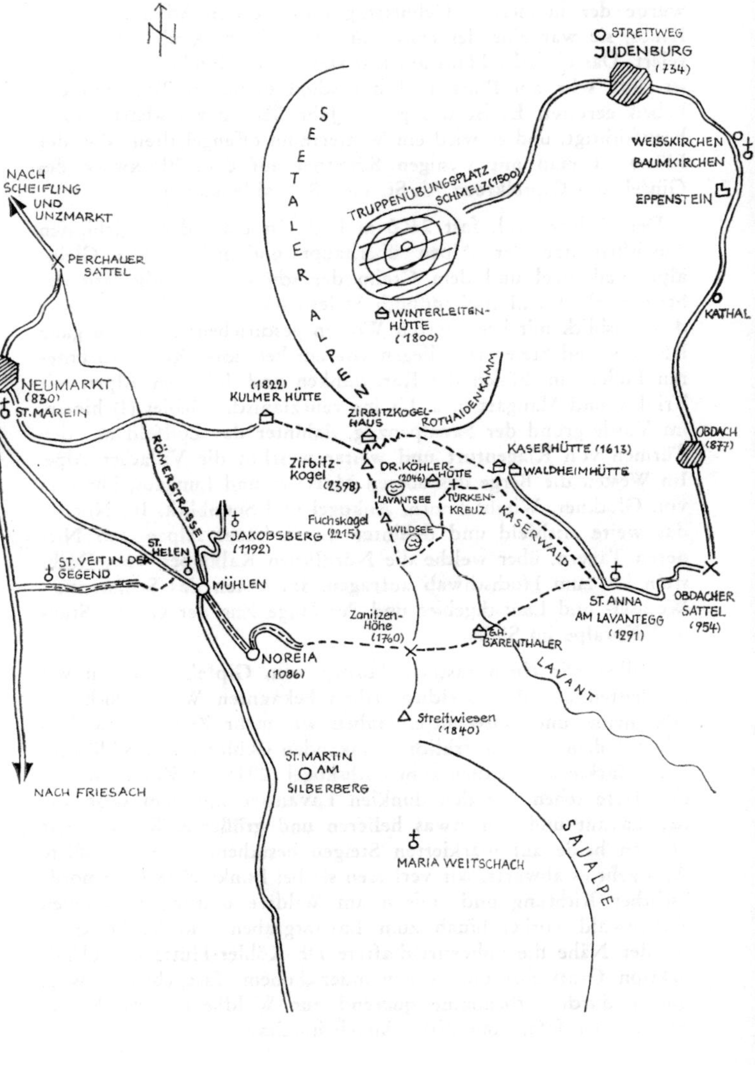

STRETTWEG
JUDENBURG
(734)
WEISSKIRCHEN
BAUMKIRCHEN
EPPENSTEIN
KATHAL
OBDACH
(877)
SEETALER ALPEN
TRUPPENÜBUNGSPLATZ
SCHMELZ (1500)
WINTERLEITEN-
HÜTTE
(1800)
ROTHAIDENKAMM
NACH
SCHEIFLING
UND
UNZMARKT
PERCHAUER
SATTEL
NEUMARKT
(830)
ST. MAREIN
(1822)
KULMER HÜTTE
ZIRBITZKOGEL-
HAUS
Zirbitz-
Kogel
(2398)
DR. KÖHLER-
(2046)
HÜTTE
KASERHÜTTE (1613)
WALDHEIMHÜTTE
LAVANTSEE
TÜRKEN-
KREUZ
KASERWALD
Fuchskogel
(2215)
WILDSEE
RÖMERSTRASSE
JAKOBSBERG
(1192)
ST.
HELEN
ST. VEIT IN DER
GEGEND
MÜHLEN
ST. ANNA
AM LAVANTEGG
(1291)
OBDACHER
SATTEL
(954)
Zanitzen-
Höhe
(1760)
NOREIA
(1086)
G.H.
BÄRENTHALER
LAVANT
Streitwiesen
(1840)
ST. MARTIN
AM
SILBERBERG
NACH FRIESACH
SAUALPE
MARIA WEITSCHACH

und steil zum Zirbitzkogelschutzhaus des ÖTK (2376 m). 1970 wurde der hundertste Geburtstag dieser ersten Schutzhütte des Klubs, sie war eine der ersten in der Steiermark überhaupt, gefeiert. Das einfache Haus am fast ständig windumbrausten Gipfel ist dort sehr am Platz und hat schon manchem Touristen das Leben gerettet. Es ist das ganze Jahr über bewirtschaftet bzw. beaufsichtigt, und es wird ein Winterraum offengehalten. Von der Hütte ist man mit wenigen Schritten auf dem Blockwerk des Gipfels mit Gipfelkreuz, 3/4 St. vom Rothaidenkamm.

Der Zirbitzkogel, fast 2400 m hoch, ist einer der ergiebigsten Aussichtsplätze der Alpen überhaupt und neben dem Gleinalpenspeikkogel und dem Greim der schönste Aussichtsberg der Steiermark. Im „Reisehandbuch Steiermark" von 1914 wird über den Ausblick mit begeisterten Worten geschrieben: „Nahezu ganz Kärnten und Steiermark liegen wie ein herrliches Relief zu unseren Füßen: im Süden die Karawanken und Julischen Alpen mit Triglav und Mangart u. a. bis ins venezianische Gebiet (!) hinein, im Vordergrund der Saualpenzug, dahinter das Zollfeld mit den Türmen von Klagenfurt und weiter westlich die Villacher Alpe. Im Westen die Berge des oberen Murtales und Lungaus, überragt von Glockner, Wiesbachhorn, Ankogel und Sonnblick. Im Norden das weite Aichfeld und dahinter die Seckauer Alpen und Niederen Tauern, über welche die Nördlichen Kalkalpen vom Dachstein bis zum Hochschwab aufragen. Im Osten das Semmering-, Wechsel- und Lantschgebiet und der lange Zug der Glein-, Stub- und Koralpe im Süden."

Wollen wir einen raschen Abstieg vom Gipfel, so gehen wir am besten auf dem gleichen, schon bekannten Weg zurück zur Waldheim- und Kaserhütte. Haben wir mehr Zeit, so wandern wir auf dem nur unmerklich absinkenden Gebirgskamm südöstlich nach Markierungszeichen zum Fuchskogel (2215 m). Zur Linken in der Tiefe sehen wir den dunklen Lavantsee mit dem Ursprung der Lavant und den etwas helleren und größeren Wildsee; wir können beide auf markierten Steigen besuchen. Über die Weite Alm geht es abwärts, wir verlassen sie bei Punkt 2088 m in nordöstlicher Richtung und steigen am Wildsee und einem schönen Zirbenwald vorbei hinab zum Lavantgraben und Türkenkreuz (in der Nähe die unbewirtschaftete Dr.-Köhler-Hütte der ÖAV-Sektion Gratwein) und auf wunderschönem, fast ebenem Weg, immer durch Zirbenhaine querend zur Waldheim- und Kaserhütte, etwa 3 St. vom Zirbitzkogelschutzhaus.

Von Judenburg ausgehend über St. Wolfgang, die Rothaidenhütte, das Türkenkreuz, die Streitwiesen (1840 m) und über St. Martin am Silberberg wird auch heute noch alle paar Jahre eine Wallfahrt nach Maria Waitschach in Kärnten unternommen, an der sich auch junge Menschen zahlreich beteiligen. Die Wallfahrt geht auf ein altes Gelöbnis zu Zeiten der Türkennot zurück.

Rückkehr zum Ausgangspunkt: zu Fuß etwa 1 St. auf markiertem Waldweg nach St. Anna am Lavantegg

Höhenunterschiede: St. Anna (1291 m) — Waldheim- oder Kaserhütte (1612 m) — Zirbitzkogel (2396 m) — Fuchskogel (2215 Meter) — Kaser- oder Waldheimhütte (1612 m) — St. Anna (1291 m)

Gehzeiten: St. Anna — Kaserhüte 1½ St., Kaserhütte — Zirbitzkogel 2¼ St., Zirbitzkogel — Fuchskogel — Kaserhütte 3 St., Kaserhütte — St. Anna 1 St.; zusammen 8 St.

Besonderes: Bergschuhe, Wind- und Regenschutz unerläßlich für Kinder ab 10 Jahren geeignet

Orientierung: bei guter Sicht unschwierig; gut markiert. Bei Nebel gefährlich, die Tour dann besser unterlassen

Günstigste Zeit: ab Mitte Juni; besonders schön zur Alpenrosenzeit ab Ende Juni. Auch im Herbst schön (bis Ende Oktober). Herrliches alpines Wintertourengebiet; der Zirbitzkogel war einer der ersten Gipfel der Alpen, der mit Skiern erstiegen wurde

Karte: Freytag-Berndt-Touristenwanderkarte 1 : 100.000. Blatt 21, Seetaler Alpen und Murtal

32

AUF HOHEN ALMEN I

Diebsweg — Pöllerkogel — Frohnleiten

Der Diebsweg ist ein uralter Übergang von Frohnleiten nach Leoben über einen fast 1200 m hohen Sattel zwischen der Brucker Hochalpe (1643 m) und der Gleinalpe (1997 m) an der niedrigsten Stelle dieses Zuges von hochgelegenen Almen. Man nannte ihn Diebsweg, weil dort allerhand lichtscheues Gesindel über die Berge entwich, um der Kontrolle in den Tälern zu entgehen, wo auf dem Weg über Bruck an der Mur nach Leoben mancherlei Mautstellen zu passieren waren. Und man ersparte sich bei dem unmittelbaren Alpenübergang an die 30 km Straßenwanderung im Murtal! Aus den mittelalterlichen Zeiten des Diebsweges ist nichts Wesentliches überliefert. Wohl aber wurde während der Franzosenkriege ein echtes Husarenstück viel belacht: als die Franzosen 1809 in Leoben lagen, schlichen österreichische Husaren von Frohnleiten über den Diebsweg in die Stadt und nahmen die französische Besatzung gefangen!

Im helleren Licht unserer heutigen Zeit hat der Diebsweg seine Schrecken verloren. Weiß schäumt der Gamsbach durch den engen, steilwandigen Graben, von beiden Seiten fließen ihm Wildbäche mit Wasserfällen zu, lichter Buchenwald säumt den Weg und in den felsigen „Wandeln“ können wir feiste Waldgemsen beobachten. Im Mai mag man gar den einen oder anderen hellgelb blühenden Ginsterbusch am Weg sehen, auch hochstämmige blaue Lupinen und vereinzelte Narzissen gehören zur Spätfrühlingsflora des Gebietes. Höher oben im Almgelände leuchtet das dunkle Blau des stengellosen Enzians. Der Diebsweg wäre das rechte Ziel für eine Pfingstwanderung.

Trotz breiter Jagdstraßen durch den Gamsgraben, trotz sanfter Almkuppen, trotz des herrschaftlichen Jagdschlosses mitten im Wald haben wir im Gelände der Brucker Hochalpe und ihrer Nebenkämme immer das Gefühl, im alpinen Bereich zu sein. Und das, obwohl der höchste Punkt unserer Wanderung nur knapp über 1500 m liegt und der Wald fast über der Kammhöhe zusammenschlägt. Aber die Hochalpe, im Westen und Norden sanfter gestaltet, zeigt sich im Ost- und Südabfall erstaunlich wild. Da gibt es Gräben, wo in 1000 m Seehöhe nach schneereichen Wintern die Lawinenreste bis in den Juni hinein liegenbleiben. Diese Gräben sind eigentlich besser Schluchten zu nennen, die Ausläufer der flachen Almmugel hoch droben stürzen in felsigen Wänden, ja sogar Graten mit beträchtlichen Höhenunterschieden in die Steilwälder ab. Eine unbewohnte Gegend, in der man das Gruseln lernen kann, wenn man sich im Spätfrühling in einer der wüsten Schluchten versteigt. Daß wir dort auf einer breiten, weißen (fast ist man versucht, zu sagen: fröhlichen) Jagdstraße einer Markierung nachgehend vorbeiwandern und dann auf weichem Almboden ein Stück des Weitwanderweges dahinbummeln können, macht den großen Reiz dieses Berglandes der Gegensätze aus. Und — man hat den Eindruck, eine besondere Wanderung gemacht, fast etwas Alpines geleistet zu haben! Umso mehr, als wir uns zwischen der gutbesuchten Brucker Hochalpe und der noch mehr bewanderten Gleinalpe am Diebsweg und am Pöllerkogel in einem kleinen Niemandsland bewegen.

Der Wegverlauf

Ausgangspunkt: Frohnleiten (434 m), mit Bahn oder Autobus erreichbar, 33 km von Graz entfernt; Schnellzugsstation an der

Südbahn. Wir unternehmen die Tour am besten mit eigenem Fahrzeug, da wir uns damit einige Kilometer Grabenwanderung ersparen können. Der Markt Frohnleiten ist vielgerühmt wegen der hübschen Ortsansicht, die sich dem Beschauer vom linken Murufer aus zeigt. In der Pfarrkirche Mariä Himmelfahrt befinden sich Hochaltarfiguren von Veit Königer und Bilder und Fresken von J. A. Ritter v. Mölk.

Auf derselben Murterrasse wie Frohnleiten liegt auch das viel ältere Adriach, das große Vergangenheit hat: es war einst römische Poststation, und im Mittelalter hielten die mächtigen Markgrafen und Herzoge von Eppenstein dort hof. Sehr sehenswert ist die frühgotische Georgskirche von Adriach.

Wenn uns noch ein wenig Zeit bleibt, werden wir der Burgruine Pfannberg bei Frohnleiten einen kurzen Besuch abstatten. Der mächtige siebeneckige Bergfried ist noch erhalten. Die Burg war einst im Besitz des Minnesängers Hugo von Montfort. In der Nähe von Pfannberg und Frohnleiten befindet sich der Mayr-Melnhofsche Alpengarten Frohnleiten. Wir werden uns einen Besuch dieses Gartens für einen halben Tag vormerken. Er wurde vom Besitzer freundlicherweise zur allgemeinen Besichtigung freigegeben und ist eines der Schaustücke der Steiermark. Tausende von Arten alpiner und auch außeralpiner Pflanzen wurden dort in einem günstigen natürlichen Gelände angesiedelt und sind das Entzücken der vielen Bewunderer.

Rund 4 km südlich von Frohnleiten fällt wohl jedem — ob er mit der Bahn oder auf der Straße fährt — auf hohem Felsen am rechten Murufer das weithin sichtbare Schloß Rabenstein auf. Die Burg Rabenstein, seit dem 12. Jh. bekannt, bestand aus einem oberen und einem unteren Haus, über den Hof führte die alte Straße durch das Murtal. Das obere Haus ist jetzt Ruine, das untere wurde um 1670 von den damaligen Besitzern, den Grafen von Trauttmansdorff, umgebaut. Die dabei entstandenen Räume dienen heutzutage als wirkungsvoller Hintergrund für die alljährlich im Sommer abgehaltenen, öffentlich zugänglichen „Serenaden auf Schloß Rabenstein". Der kleinere Saal wird Fischer von Erlach als Jugendwerk zugeschrieben, beide Säle werden mit ähnlichen im Schloß Eggenberg verglichen.

Für Badelustige sei das bekannte Frohnleitner Freibad mit vorgewärmtem Wasser erwähnt, es befindet sich im Gelände der Papierfabrik Schweizer bei Rothleiten.

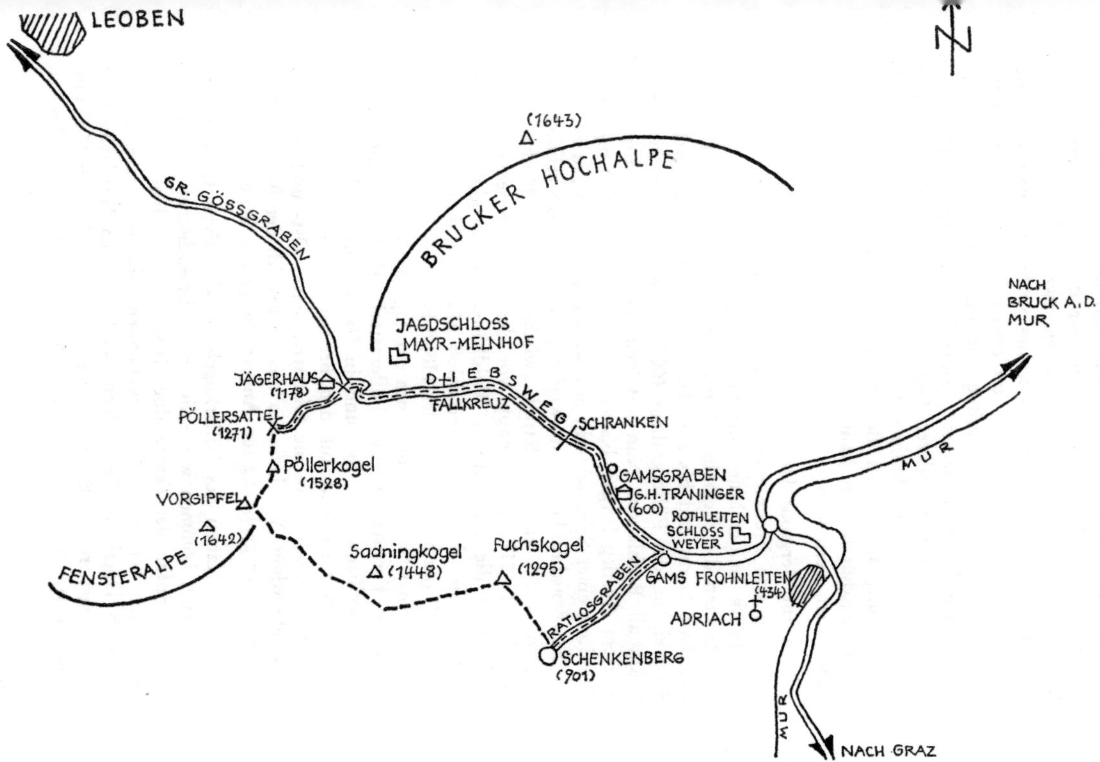
LEOBEN
N
(1643)
BRUCKER HOCHALPE
GR. GÖSSGRABEN
JAGDSCHLOSS
MAYR-MELNHOF
NACH
BRUCK A. D.
MUR
JÄGERHAUS
(1178)
DIEBSWEG
FALLKREUZ
SCHRANKEN
PÖLLERSATTEL
(1271)
Pöllerkogel
(1528)
VORGIPFEL
GAMSGRABEN
G.H. TRANINGER
(600)
ROTHLEITEN
SCHLOSS
WEYER
MUR
(1642)
FENSTERALPE
Sadningkogel
(1448)
Fuchskogel
(1295)
RATLOSGRABEN
GAMS
FROHNLEITEN
(434)
ADRIACH
SCHENKENBERG
(901)
MUR
NACH GRAZ

Auch ohne Bergtour hätten wir also in und um Frohnleiten genug zu tun. Wir werden, wenn wir den Alpengarten Frohnleiten in unser Programm einbeziehen, zwei volle Tage in diesem schönsten Teil des mittleren Murtales verbringen und am besten so planen, daß die Bergtour am ersten Tag gemacht wird und Besichtigungen und Badeausflug für den nächsten Tag bleiben. Frohnleiten hätte in seiner waldreichen, gebirgigen Umgebung auch noch manchen anderen Gipfel, der eine Ersteigung lohnen würde, so z. B. den felsigen Gschwendtberg oder den einsamen Hochtrötsch; auch einen Besuch der Semriacher Lurgrotte oder der Bärenschützklamm kann man gut mit einem Aufenthalt in Frohnleiten verbinden.

Nun zur Bergtour Diebsweg — Pöllerkogel — Frohnleiten: mit Fahrzeug von Frohnleiten nach Rothleiten an der Bundesstraße nach Bruck an der Mur, dort links in den Gamsgraben abbiegen. Zur Rechten die ehemalige Wasserburg Schloß Weyer. Durch die Ortschaft Gams und bis zum Gh. Traninger (Kreuzwirt) an der Abzweigung des Pöllergrabens (600 m), wo geparkt wird, etwa 4 km ab Rothleiten. Nun auf dem Diebsweg (Jagdstraße), in sanftem Anstieg bergan bis zum sog. Fallkreuz (900 m) an der Mündung einer Seitenschlucht mit Wasserfall, 1¼ St.; in der Nähe der Straßenschranken. Nun weiter in wenig beschwerlichem Anstieg in 1 St. auf den Sattel zwischen Brucker Hochalpe und Pöllerkogel (1178 m). Knapp vor der Paßhöhe sehen wir zur Rechten in die zerklüfteten Waldhänge der Brucker Hochalpe, ganz nahe ist das große Jagdschloß Mayr-Melnhof. Der frühere „Almwirt" (auch „Wirt auf der Höh" benannt) ist jetzt aufgelassen, an seiner Stelle befindet sich ein Jägerhaus. Nun durch Wald auf einer Forststraße zum Pöllersattel (1271 m), entlang des jungen Gößbaches, ½ St., und in ¾ St. auf markiertem Weg etwas stärker steigend auf den breiten Kamm des Pöllerkogels (1528 m). Ausblicke in die Obersteiermark, Ost- und Südsteiermark sehr schön. Wir befinden uns im Bereich der Brucker Hochalpe, eines der großartigsten Aussichtsberge der Steiermark.

Auf dem Kamm des Pöllerkogels in schwachem Gefälle bergabwandernd, kommen wir zum steilen, bewachsenen Aufschwung eines Vorgipfels der Fensteralpe (1642 m). Vor diesem Steilstück folgen wir den nach links weisenden Markierungszeichen (es waren ab Jägerhaus die Marken des Steirischen Nord-Süd-Weitwanderweges, rot-weiß-rot mit der schwarzen Nummer 505) ohne nennenswerte Steigung. Bei der Abzweigung nach rechts zur

Fensteralm gehen wir vorbei und weiter in sachtem Bergab am Sadningkogel (1446 m) vorüber zu einer Almwiese zwischen Thomaskogel und Fuchskogel, 1 1/2 St. ab Pöllerkogel. Dies ist wohl der schönste Teil des Weges über Almwiesen und durch dichte, kühle Wälder. Liegen auf den Bergkämmen noch Schneereste, wie es dort oft noch Ende Mai der Fall ist, können wir besonders am Pöllerkogel haushohe Kammwächten sehen, die aber harmlos sind, da der Wald fast bis zur Berghöhe geht. Links abbiegend, wandern wir nun nach Markierungsspuren (mehrere „Übersteigeln") ohne bemerkenswerte Steigung auf den Fuchskogel (1295 m), etwa 3/4 St. Der Fuchskogel ist ein sehr „alpiner" Berg mit hohen Baumschöpfen, Felsblöcken und dichtem Bewuchs. Den Markierungsspuren folgend, steigen wir in 3/4 St. in südöstlicher Richtung nach Schenkenberg (901 m) ab, einer kleinen Siedlung um Gasthaus, Kapelle und Einschichtschule. Auf markiertem Weg wandern wir dann durch den Ratlos- oder Egestgraben nach Gams und zum Fahrzeug zurück, etwa 1 1/2 St.

Variante für motorisierte Wanderer: Vom Gh. Traninger bis zum Schranken am Diebsweg fahren, dann Aufstieg wie beschrieben über den ehemaligen Almwirt zum Pöllerkogel; zurück auf unbezeichneten Wegen über den Wurzeckkogel (1415 m) und Adamsattel (1295 m) zum Almwirt und der Straße nach zum Fahrzeug, rd. 4 1/2 St.

Rückkehr zum Ausgangspunkt: mit Fahrzeug vom Gh. Traninger (oder vom Schranken) nach Gams und Frohnleiten

Höhenunterschiede: Gh. Traninger (600 m) — Sattel beim ehemaligen Almwirt (1178 m) — Pöllersattel (1271 m) — Pöllerkogel (1528 m) — Sadningkogel (1446 m) — Fuchskogel (1295 m) — Schenkenberg (901 m) — Gh. Traninger (600 m)

Gehzeiten: Gh. Traninger — Fallkreuz 1 1/4 St., Fallkreuz — Sattel 1 St., Sattel — Pöllersattel 1/2 St., Pöllersattel — Pöllerkogel 3/4 St., Pöllerkogel — Sadningkogel 1 1/2 St., Sadningkogel — Fuchskogel 3/4 St., Fuchskogel — Schenkenberg 3/4 St., Schenkenberg — Gams — Gh. Traninger 1 1/2 St.; zusammen etwa 8 St., also Ganztagstour

Günstigste Zeit: Anfang Mai bis Ende Oktober; Jagdzeit (15. 9. bis 15. 10.) beachten!

Besonderes: Bergschuhe, Wind- und Wetterschutz empfohlen. Bis nach Schenkenberg kein Gh. am Weg!

Für Kinder ab 10 Jahren geeignet; Variante ab 8 Jahren

Orientierung: bis Sadningkogel unschwierig, da Straße und Markierung; vom Sadningkogel über den Fuchskogel bis Schenkenberg ist auf die Markierung zu achten; von Schenkenberg bis Gams — Gh. Traninger wieder eindeutig

Karte: Freytag-Berndt-Touristenwanderkarte 1 : 100.000, Blatt 13, Grazer Bergland

33

EINE WANDERUNG IM ALTEN STIL

Auf das Rennfeld

Rennfeld wurde der 1638 m hohe Gipfel bei Bruck an der Mur nicht von den Wanderern genannt. Doch war er schon in der Ritterzeit ein Berg, auf dem „gerannt" wurde — bei Turnieren, die man auf der flachen Gipfelkuppe abhielt. Und die Turner von heute, die an den Bergturnfesten auf dem Rennfeld teilnehmen, mögen sich vielleicht als Nachfahren jener alten Rittersleut' fühlen, die dort oben gegeneinander kämpften. Für alle, Ritter wie Turner, eine respektable Leistung. Denn das Rennfeld ist zwar schon mit Straßen bestens erschlossen, doch bis auf den Gipfel führt keine, und man muß auf jeden Fall ein gutes Stück zu Fuß gehen. Die Ritter sprengten wahrscheinlich hoch zu Roß die flachen Gräben hinauf, die heute von Straßen durchzogen sind.

Das Rennfeld war schon zu Anfang unseres Jahrhunderts geliebter Wanderberg. Sonst hätte man wohl nicht auf dem Gipfel eines verhältnismäßig niedrigen Berges eine eigene Schutzhütte erbaut. Das Ottokar-Kernstock-Haus, neu erbaut in den Jahren 1950/51, war auch nach dem letzten Krieg noch so sehr besucht, daß man zu den 40 Schlafplätzen in der Schutzhütte noch eine eigene Jugendherberge mit einem Matratzenlager schuf. Heute haben sich die Zeiten wieder etwas geändert. Der Berg ist jetzt so leicht erreichbar, daß eine Übernachtung kaum mehr nötig ist; die Jugendherberge ist mehr oder minder verwaist, und das Schutzhaus dient als Tagesstützpunkt. Schade — denn die grandiosen Schauspiele eines Sonnenauf- oder -unterganges auf dem allein stehenden Berg mit seiner umfassenden Rundsicht, die nächtlichen Tiefblicke auf die beleuchteten Städte Bruck an der Mur oder Kapfenberg entgehen einem.

Wir wollen das Rennfeld — es ist auch vielen schönen Bergblumen Heimat — aber nicht mit dem Auto erwandern, sondern eine Überschreitung im alten Stil machen und dabei den Berg möglichst ganz erfassen. Möglichst ganz: denn das Rennfeld ist eigentlich kein Einzelberg, sondern ein Gebirge mit so vielen Schluchten, Gräben, Winkeln und Seitenkämmen, daß ein Wandertag dort oben gar nichts bedeutet. Und jeder, der ein Gespür für „besondere" Berge hat, kommt immer wieder zum Rennfeld. Denn so einfach es sich gibt — am Rennfeld ist mehr dran, als man vermuten würde. Das Rennfeld hat nicht nur viele unbekannte Winkel, sondern auch viele bemerkenswerte Eigenschaften.

Der Wegverlauf

Ausgangspunkt: Bruck an der Mur (487 m) ist eine der wichtigsten steirischen Städte. Sie wird vor allem von Touristen unterschätzt, die sie nur als Ausgangsort für Bergtouren kennen und rasch durcheilen, um bald am Berg zu sein. Die Rennfeldtour gibt uns hoffentlich Gelegenheit, ein wenig in Bruck an der Mur herumzustreifen. Die Stadt am großen Murknie und an der Mündung der Mürz ist sogar auf der Ptolemäischen Weltkarte als Poedicum genannt. Im Mittelalter hieß es Muorizakimundi, was ungefähr Mürzgemünd bedeutet. Bruck ist eine Stadt der Kirchen, was man auch auf den ersten Blick nicht sehen kann. Sieben davon bestehen noch, davon sind die Kirchen Maria im Walde, die Stadtpfarrkirche und die Nikolauskirche in Pischk (Kirche der Murflößer) sowie die Ruprechtskirche besonders interessant. In Bruck steht aber auch das schönste spätgotische Bürgerhaus Österreichs, das Haus des Pankraz Kornmeß am Hauptplatz, wo auch der schmiedeeiserne Brunnen, um 1600 geschaffen, ein hervorragendes Kunstwerk darstellt.

Haben wir uns in Bruck nur um die wichtigsten Kunstdenkmäler umgesehen, so wird uns klar, daß ein ganzer Tag nicht ausreichen würde, um die Schönheiten dieser Stadt richtig zu würdi-

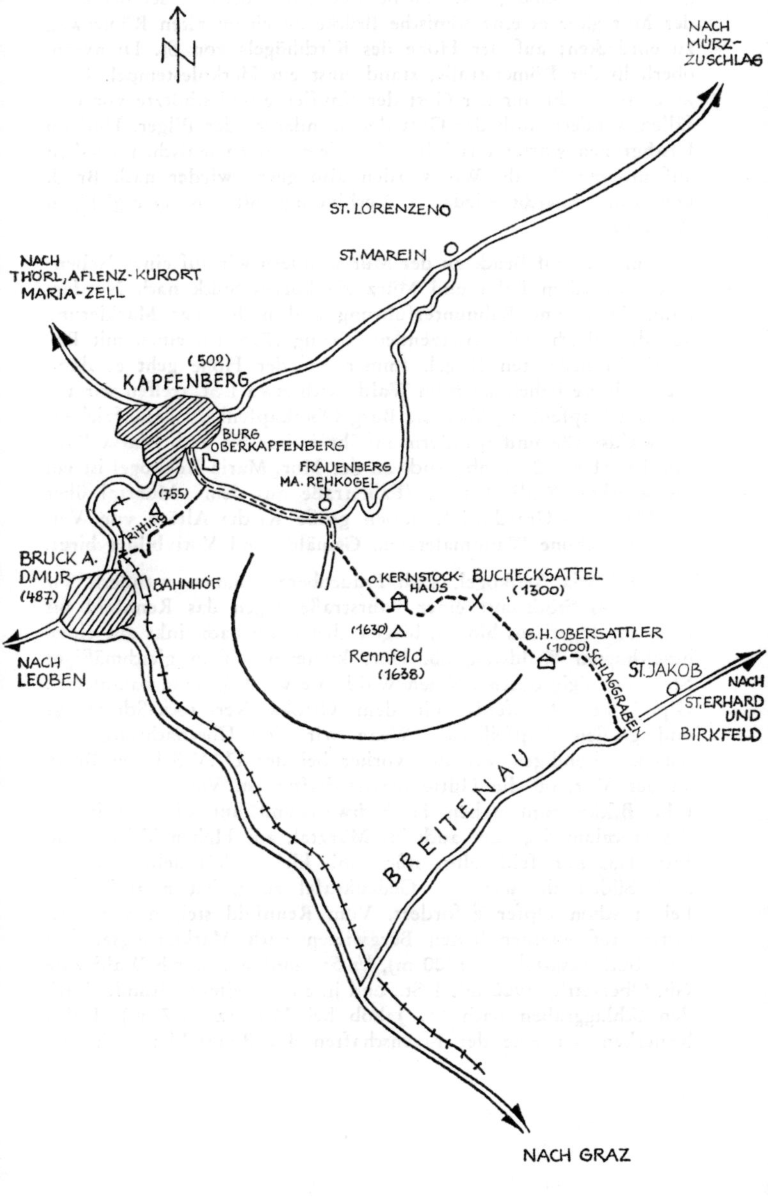
NACH
MÜRZ-
ZUSCHLAG
ST. LORENZEN
ST. MAREIN
NACH
THÖRL, AFLENZ-KURORT
MARIA-ZELL
(502)
KAPFENBERG
BURG
OBERKAPFENBERG
FRAUENBERG
MA. REHKOGEL
(755)
Ritting
BRUCK A.
D. MUR
(487)
BAHNHÖF
O. KERNSTOCK-
HAUS
BUCHECKSATTEL
(1300)
(1630)
Rennfeld
(1638)
G. H. OBERSATTLER
(1000)
SCHLAGGRABEN
ST. JAKOB
NACH
ST. ERHARD
UND
BIRKFELD
NACH
LEOBEN
BREITENAU
NACH GRAZ

gen: der Schloßberg wäre zu besuchen; in Oberdorf bei Bruck an der Mur gäbe es eine römische Brücke an einem alten Römerweg zu entdecken; auf der Höhe des Kirchhügels von St. Dionysen, oberhalb der Römerstraße, stand einst ein Herkulestempel. Herkules war nicht nur der Gott der Kaufleute und schützte vor Unfällen, sondern auch der Gott der Wanderer oder Pilger. Und im Utschgraben wartet das Ulrichskirchlein mit romanischen Fresken auf unseren Besuch. Wir werden also gerne wieder nach Bruck kommen, vielleicht wieder in Verbindung mit dem so ergiebigen Rennfeld.

Vom Bahnhof Bruck an der Mur wandern wir auf einer Nebenstraße zwischen Bahn und Mürz ein kurzes Stück nach Norden, dann durch eine Bahnunterführung und nach einer Markierung auf den gleich steil ansetzenden Ritting (735 m), einen mit Buchenwald bedeckten Kogel. Immer auf der Höhe geht es dann über mehrere Erhebungen im Wald; nach etwa 1 St. treffen wir auf die von Kapfenberg über die Burg Oberkapfenberg heraufziehende Waldstraße und wandern auf ihr weiter bis nach Maria Rehkogel (941 m), 2 St. ab Bruck an der Mur. Maria Rehkogel ist ein vielbesuchter Wallfahrtsort (Fahrstraße aus dem Mürztal über St. Marein — Graschnitz), dessen große Kirche Altäre von Veit Königer, schöne Wandmalereien, Gemälde und Votivbilder birgt.

Von Maria Rehkogel, auch Frauenberg genannt, wandern wir ein kurzes Stück auf einer Fahrstraße gegen das Rennfeld bis über das Jägerhaus hinaus, biegen aber dann nach links auf einen bezeichneten Waldsteig ab. Dort kommen wir in gleichmäßiger Steigung zügig durch schönen Wald in etwa 2 St. zum baumfreien Gipfel des Rennfelds mit dem Ottokar-Kernstock-Schutzhaus und großem Gipfelkreuz. Wenn wir eine Übernachtung vorhaben, erkundigen wir uns vorher bei der ÖAV-Sektion Bruck an der Mur, ob die Hütte bewirtschaftet ist. Vom Gipfel herrliche Blicke zum nahen Hochschwab und auf die Nordwand des Hochlantschs, aber auch ins Mürztal, zur Hohen Veitsch und Rax. Das Rennfeld selbst stürzt mit kleinen Wandeln sehr steil nach Süden ab; wie eine Gedenktafel zeigt, haben auch diese Felsen schon Opfer gefordert. Vom Rennfeld steigen wir nach Osten auf wunderschönen Bergwiesen nach Markierungszeichen zum Buchecksattel ab (1300 m), 1/2 St., und steil durch Wald zum Gh. Obersattler (900 m), 1 St., und in einer weiteren Stunde durch den Schlaggraben nach St. Jakob bei Mixnitz (607 m). Dabei bemerken wir eine der Eigenschaften des Rennfelds: es ist ein sehr gefährlicher Berg für jene, die in seinem Bannkreis leben müssen. Bei Hochwasser scheint sich der ganze Berg aufzulösen; das mürbe, sandige Gestein ist besonders abrutschgefährdet und hat schon in Minutenschnelle ganze Gräben des Rennfelds verwüstet. Frisch ausgeschobene Forststraßen verwandeln sich bei Gewittern in puddingartige Flächen, auf denen es nicht ganz geheuer zu gehen ist — man fühlt sich in Gefahr, plötzlich im Lehm zu versinken! Das schöne Tal am Fuß des Rennfelds, die Breitenau, hatte und hat bei Hochwasser unendlich viel zu leiden, und der Schlaggraben, durch den wir abwärtswandern, ist mit Wildbachverbauungen gespickt wie auch die meisten anderen Gräben des Gebirges.

Das Rennfeld ist also ein Berg, der zum Beobachten, Nachdenken und Mitfühlen anregt. Reinen Genuß schenkt es uns aber in der Naturbetrachtung — an versteckten Plätzen blühen dort Narzissen hoch am Berg und nur wenig später die Feuerlilien. So sind Schönheit und Gefahr wie überall am Berg nahe beieinander.

Höhenunterschiede: Bruck an der Mur (487 m) — Maria Rehkogel (941 m) — Rennfeld (1638 m) — Buchecksattel (1300 m) — Gh. Obersattler (900 m) — St. Jakob bei Mixnitz (607 m)

Rückkehr zum Ausgangspunkt: mit Autobus nach Bruck an der Mur

Gehzeiten: Bruck an der Mur — Maria Rehkogel 2 St., Maria Rehkogel — Rennfeld 2 St., Rennfeld — Buchecksattel 3/4 St., Buchecksattel — Gh. Obersattler 1 St., Gh. Obersattler — St. Jakob bei Mixnitz 1 St.; zusammen etwa 7 St.

Günstigste Zeit: ab Mai bis November, besonders schön ab Mitte Mai und im Juni zur Blütezeit

Orientierung: alle Wege markiert, bis zum Ottokar-Kernstock-Schutzhaus ganz leicht, zum Buchecksattel und Gh. Obersattler auf die Markierung achten! Schlaggraben wieder leicht

Karte: Freytag-Berndt-Touristenwanderkarte 1 : 100.000, Blatt 4, Hochschwab

Besonderes: für Kinder ab 10 Jahren geeignet

34

STILLE BERGE IM VORLAND

Von der Großen Scheibe zum Semmering

Die Ausläufer der hohen Gebirge der Steiermark sind das schönste Wanderland, das man sich denken kann. Im steirischen Oberland, am Oberlauf der Mur, sind die einzelnen Kogel so hoch, daß man sie nicht gut mehr als „Vorland" bezeichnen kann. Auch haben sie wenig Zusammenhang untereinander, man muß tief ins Tal hinab, um von einem zum andern zu kommen. Manche dieser Berge sind auch zu groß und haben zu viel Eigenpersönlichkeit, als daß man sie in einer Wanderung zusammenkoppeln könnte. Im Vorland des Hochschwabs, der Hohen Veitsch und der Raxalpe ist dies anders. Da reiht sich etwa von Leoben an bis hinauf zum Semmering Waldbuckel an Waldbuckel, ein sanft geschwungener Kamm an den andern. Auch sie sind von Tälern und Gräben unterbrochen, doch ist der Abstieg und Wiederaufstieg nicht so zeitraubend und störend wie im Oberland. Im Gegenteil, diese Unterbrechungsstellen teilen die Tour auf natürliche Art in einzelne Abschnitte, so daß eine Gesamtüberschreitung dieser Vorberge an Mur und Mürz ein wenig anstrengendes, alle Mühen lohnendes Unternehmen ist. Eine solche große Wanderung vom Traidersberg bei Leoben über Kletschachkogel, Floning, Zebereralpe bis Troiseck, Hocheck — Roßkogel — Hohe Scheibe bis zum Pinkenkogel würde etwa 5 Tage in Anspruch nehmen, bei bequemer Einteilung eine Woche und würde allein der Luftlinie nach über eine Strecke von 80 km führen. In Wirklichkeit machen die vielfach gewundenen und des Geländes wegen oft verzwickt und verwinkelt geführten Wanderwege aneinandergereiht natürlich eine viel größere Strecke aus, schätzungsweise an die 150 km!

Diese große Tour, die auch mit Skiern möglich ist und sportliche Züge ins Skiwandern brächte, wird im 2. Band dieses Werkes, dem „Bergwanderbuch Steiermark" eingehend beschrieben sein. Hier soll nur mit einem der schönsten Teilstücke, dem Weg von der Großen Scheibe über den Drahtekogel, die Kampalpe, die Ochnerhöhe und dasZiereck zum Pinkenkogel, Gusto gemacht werden auf Weiteres! Diese großzügige Wanderung über mehrere Gipfel ist, hat man erst einmal die Höhe des Kammes erreicht, der an mehreren Stellen über 1500 m hoch ansteigt, kaum anstrengend, verlangt aber wegen der Länge des Weges doch vollen Einsatz und — einen ganzen, guten Wandertag! Es wäre daher zweckmäßig, die Tour auf 2 oder wenigstens 1½ Tage zu verteilen. Damit hätte man auch Gelegenheit geschaffen, sich die Bezirksstadt Mürzzuschlag ein wenig „zu Gemüte zu führen". Sie ist es wert, daß man sich mit ihr näher beschäftigt — nicht nur wegen des Wintersportmuseums! Wer am Wintersport interessiert ist, wird sich natürlich in erster Linie eine Besichtigung dieses Museums nicht entgehen lassen, es ist einmalig. Mürzzuschlag war ja nicht die Wiege des Skisports, wohl aber seine Kinderstube, und von hier aus hat der Ski die Welt erobert. Was Schruf und Kleinoscheg als einsame Pioniere auf den Übungswiesen um die Stadt lernten und lehrten, hat sich mittlerweile zum Sport entwickelt, den nicht nur Millionen ausüben, sondern der auch weitere Millionen begeistert. In Theodor Hüttenegger hat das Wintersportmuseum einen Leiter, wie man sich keinen besseren wünschen könnte. Hüttenegger ist aber nicht nur Ski- und Wintersportfachmann. Er führt eine vorzügliche Feder, hat kürzlich eine Geschichte des Skilaufs herausgegeben und 1949 einen „Wintersportführer durch das

Mürztal", der stilistisch auf einsamer Höhe steht, heute aber leider vergriffen ist.

Die heutige Bezirksstadt Mürzzuschlag ist an der Mündung des Fröschnitzbaches in die noch junge, hellgrüne Mürz erbaut. Peter Rosegger nannte diese Stelle einst: „Dort, wo sich die Mürz zur großen Weltstraße schlägt." Die erste historische Erwähnung des Marktes verdanken wir ausgerechnet dem Minnesänger Ulrich von Lichtenstein, der 1236 „in hohem muote hinz Murczuslage" geritten ist. Der Markt ist aber schon Jahrhunderte vorher bedeutend gewesen und besaß u. a. ein Eisenprivileg und Maut- und Zollfreiheit für den Weinhandel. Kaiser Friedrich III. hatte dieses Vorrecht seinen Mürzzuschlagern verschafft, weil sie in der Fehde mit dem Baumkircher treu zum Kaiser gehalten hatten. Der reiche, durch Handel blühende Markt mußte im Mittelalter und bis in die Neuzeit hinein Schwerstes erdulden: Türken, Madjaren und Franzosen hausten fürchterlich im Mürztal, und auch von der Pest und den Heuschreckenschwärmen blieb der Markt nicht verschont. Später erholte sich Mürzzuschlag zu neuer Blüte, nicht zuletzt dank seiner Eisenindustrie.

Leider ist die alte Stadtmauer von Mürzzuschlag nicht mehr erhalten, von ihren fünf Türmen ist nur mehr einer zu sehen. Vom mittelalterlichen Bau der Pfarrkirche St. Kunigund, die später im Zopfstil umgebaut wurde, ist nur mehr ein gotischer Turm erhalten sowie ein Renaissance-Seitenaltar. Sehenswert sind noch die Heiliggeistkapelle von 1679, das Bürgerspital (1730), das ehemalige Franziskanerkloster (1648) in der Wiener Straße sowie mehrere Bürger- bzw. Hammerherrenhäuser, z. B. Haus Wiener Straße 2 und 28 bis 30.

Wanderer, die mit der Semmeringbahn in die Steiermark kommen, können unsere Tour fast besser vom Semmering aus angehen. Das hat u. a. den Vorteil, daß der Ausgangspunkt um fast 300 m höher liegt als Mürzzuschlag und die Steigung bis zum höchsten Punkt, dem Drahtekogel, auf eine so weite Strecke kaum zu spüren ist. Sie steigen nach Mürzzuschlag ab und können einen Stadtbummel anschließen. Für die Fahrt auf der berühmten Semmeringstrecke von Wien her in die Grüne Mark mag auch heute noch gelten, was im „Hand- und Reisebuch Steiermark“ 1914 darüber gesagt worden ist: „Während auf den neuen Alpenbahnen der Gebirgswall in einem einzigen Riesentunnel durchbrochen wird und somit auf den landschaftlich meist schönen Strecken des Gebirges der Zug im Dunkel ewiger Nacht dahinbraust, umzieht die Semmeringbahn von Payerbach an in riesigen Schlingen den mächtigen Gebirgswall, immer neue, herrliche Landschaftsbilder entrollend. Der Wechsel wilder Felsenbilder, kecker Burgen, finsterer Waldschlünde und freundlicher Täler, in die wir tief hinabblicken ... lassen diese älteste Gebirgsbahn der Erde auch heute noch als unvergleichlich erscheinen. Auch der modernste Techniker wird sich in voller Bewunderung vor dem Schöpfer dieser Bahn, Oberingenieur Karl Ritter v. Ghega, neigen, der den Riesenbau unter den schwierigsten Verhältnissen 1848 bis 1853 vollführt und so das Deutsche mit dem Adriatischen Meer verbunden hat ...“ Diesem hohen Lob ist auch für unsere Zeit nichts hinzuzufügen, außer daß eine Fahrt auf der Semmeringbahn in jeder Richtung bestens empfohlen werden kann — die Paßstraße ist längst nicht so romantisch!

Der Wegverlauf

Ausgangspunkt: Mürzzuschlag (672 m), Schnellzugsstation an der Südbahnstrecke. Vom Bahnhof wandern wir rechter Hand durch die Unterführung und in ziemlich gerader Linie durch die Hangsiedlung bis zur Schule der Gemeindebediensteten. Dort beginnt ein bezeichneter Weg, der mehrmals die Kehren der Forststraße schneidet, so daß man in gleichmäßiger Steigung an Höhe gewinnt. Nach etwa $1^1/_2$ St. kommt man nach einer weiten Rechtskehre der Straße zu einer Abzweigung: nach rechts führt eine Bezeichnung über den Beralpelstall unmittelbar zum Drahtekogel, nach links der markierte Weg zur Scheibenhütte, den wir nehmen. Kurz nach der Abzweigung ein neuer Holzschlag (1970), dem Markierungszeichen zum Opfer gefallen sind. Die Markierung ist am linken Rand des Schlages zu suchen und weist an dessen oberem Ende nach rechts in einen moosigen Hohlweg (nicht linker Hand der provisorischen Forststraße folgen!). Einwandfrei bezeichnet, zieht der Weg dann durch Hochwald und Weiden zur Scheibenhütte der ÖAV-Sektion Mürzzuschlag, $^1/_2$ St. Knapp dahinter das Gipfelkreuz der Großen Scheibe (1473 m); von einem freien Holzschlag bieten sich schöne Blicke auf Schneealpe, Raxalpe und die Mürztaler Berge mit dem Mürztal. Ein Sonnenaufgang oder -untergang auf diesem Berg ist ein anhaltendes Erlebnis. Die Scheibenhütte ist unbewirtschaftet, aber an Wochenenden bewartet und eignet sich bestens zur Übernachtung, wenn man die Höhenwanderung nicht in einem Zug machen will. Hüttenwart ist derzeit Herr Kaspar Gruber, Mürzzuschlag, mit dem man sich bei beabsichtigtem Aufenthalt in Verbindung setzen kann. Leider ist die nächste Wasserstelle weit entfernt, und die Scheibenhütte wird mit Zisternenwasser versorgt.

Um auf markiertem Weg zum Drahtekogel zu gelangen, müßten wir nun wieder zur Abzweigung zurück und über den malerisch gelegenen Beralpelstall recht steil aufsteigen. Es gibt aber einen unbezeichneten Verbindungsweg, der leider nur in umgekehrter Richtung mit einer Tafel gekennzeichnet ist. Der Pfad ist in der Landkarte eingezeichnet und erspart den Abstieg und Wiederaufstieg zum und vom Beralpelstall. Durch prächtigen Hochwald, der nur selten Ausblicke freigibt, führt nun der Weg weiter bis zur Kampalpe. Unterwegs ergeben sich mehrmals Möglichkeiten, auf bezeichneten Wegen ins Raxtal, zum Preiner Gscheid und nach Prein abzusteigen. Der Anstieg zum Drahtekogel bringt eine kurze, aber die unangenehmste Steigung der Tour mit sich, doch lohnt die Wanderung im Hochwald diese Mühen tausendfach. Der Drahtekogel ist wirklich „gedreht“, der Weg führt über das schöne, hufeisenförmige Halbrund des Gipfelkammes zum Wanzenbühel und zur Kampalpe, zwischendurch immer wieder an Höhe verlierend und Wiederaufstiege bedingend. Nach rd. 3 St. ab Scheibenhütte ist der Gipfel der Kampalpe (1535 m) erreicht, wir haben etwa die Hälfte der Wanderung hinter uns. Das Ge-

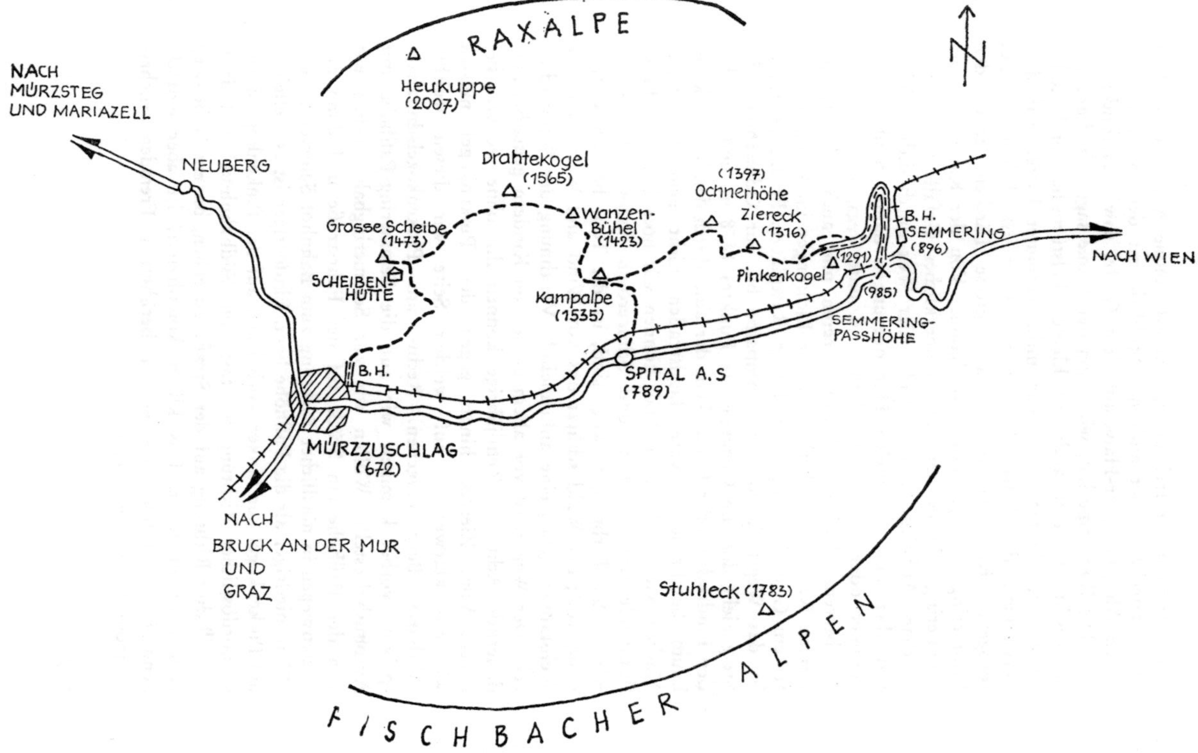
RAXALPE
Heukuppe
(2007)
NACH
MÜRZSTEG
UND MARIAZELL
NEUBERG
Drahtekogel
(1565)
(1397)
Ochnerhöhe
Grosse Scheibe
(1473)
Wanzen-
Bühel
(1423)
Ziereck
(1316)
B. H.
SEMMERING
(896)
NACH WIEN
SCHEIBEN-
HÜTTE
Kampalpe
(1535)
Pinkenkagel
(1291)
(985)
SEMMERING-
PASSHÖHE
B. H.
SPITAL A. S
(789)
MÜRZZUSCHLAG
(672)
NACH
BRUCK AN DER MUR
UND
GRAZ
Stuhleck (1783)
FISCHBACHER ALPEN

lände ist nunmehr frei, es ergeben sich schöne Ausblicke auf Rax und Schneeberg, aber auch das Stuhleck mit dem weithin sichtbaren Alois-Günther-Haus auf dem Gipfel sowie Tiefblicke ins Tal. Die Kampalpe hat, wie schon der Name sagt, Almcharakter, überrascht uns aber auch mit kleinen Felstürmchen und steilen Abstürzen, die man dort gar nicht vermutet hätte. Auf dem Bergkamm, der jedem Wetter ausgesetzt ist, behaupten sich fotogene „Kampfbäume", zumeist große Lärchen, gegen den Semmering zu aber auch Ahornbäume. Von der Kampalpe zum Semmering gibt es nur ganz unmerkliches Gefälle bzw. kaum spürbare Aufstiege. Zumeist führt der Weg durch dichten Wald fast eben und mit vielen Hangquerungen dahin. Sind wir im Sommer oder gegen den Herbst zu unterwegs, so finden wir Himbeeren, Heidel- und Preiselbeeren und auch Pilze in den großen Wäldern. Zauberhaft schöne Lichtungen im Wald, der von feinem Gras durchzogen ist, bieten Rastplätze. Besonders hübsch ist das Wegstück von der Kampalpe bis zur Ochnerhöhe; der Steig zieht dort im Gehänge des Punktes 1478 m, und man hat den Eindruck großer Einsamkeit, der auch durch den Tiefblick auf kaum befahrene, private Jagdstraßen nicht gemindert wird. Machen wir die Tour im Mai, können wir noch blühende Frühlingsheide (erica carnea) und Schneerosen finden. Sogar wenn wir im Spätherbst unterwegs sind, ist die Tour besonders stimmungsvoll; der Wald schützt uns vor Wind und Wetter und die Weißtannen geben eine anheimelnde Vorahnung der Weihnachtszeit. Der Weg wird vor allem gerne von Kindern gemacht; ausdauernde Acht- bis Zehnjährige können ihn ohne weiteres begehen. Vom Ziereck hinab gegen den Pinkenkogel müssen wir uns klarwerden, auf welcher Seite wir diesen weithin sichtbaren Berg umgehen. Rechts am Pinkenkogelschutzhaus (privat) vorbei kommen wir auf die Semmering-Paßhöhe mit Autobushaltestelle. Wollen wir zur Semmeringbahn, gehen wir von der Paßhöhe ein Stück auf der Fahrstraße und dann auf Nebenwegen in nördlicher Richtung zum Bahnhof Semmering, der 100 m niedriger als die Paßhöhe liegt. Eindeutiger ist es vielleicht, am Pinkenkogel zur Linken vorbei und auf der Pinkenkogelstraße in nordöstlicher Richtung bis fast zum Südbahnhotel und dann in südlicher Richtung auf der Straße zu gehen, bis ein Nebenweg zum Bahnhof weist. Das klingt kompliziert, ist aber einfach, denn Hinweistafeln gibt es im berühmten Fremdenverkehrszentrum Semmering genug.

Für motorisierte Wanderer: Diese parken das Fahrzeug in Mürzzuschlag und machen die Tour evtl. nur bis zum Drahtekogel oder steigen über die Kampalpe nach Spital am Semmering ab (zwei steile, bezeichnete Wege). Von Spital am Semmering mit der Bahn (eine Station!) nach Mürzzuschlag zurück. Motorwanderer können auch die ganze Überschreitung zum Semmering machen und müßten dann die kurze Strecke bis Mürzzuschlag mit der Bahn zurückfahren. Wer mit dem Fahrzeug vom Semmering kommt, fährt die Pinkenkogelstraße bis zur Abzweigung des bezeichneten Weges zur Kampalpe und hat die Möglichkeit, in der Nähe zu parken. Dann ist es sinnvoll, die Wanderung nur bis zur Kampalpe und zurück zu machen, 5 bis 6 St., äußerst lohnend! Am Rückweg in der Nähe des Pinkenkogels gut auf die Markierungen achten, damit man zum Fahrzeug zurückfindet.

Rückkehr zum Ausgangspunkt: mit der Bahn von Semmering nach Mürzzuschlag

Höhenunterschiede: Bahnhof Mürzzuschlag (672 m) — Scheibenhütte (1473 m) — Drahtekogel (1565 m) — Wanzenbühel (1535 Meter) — Kampalpe (1534 m) — Ochnerhöhe (1397 m) — Ziereck (1316 m) — Pinkenkogel (1291 m) — Semmering-Paßhöhe (985 m) — Bahnhof Semmering (896 m)

Gehzeiten: Mürzzuschlag — Scheibenhütte 2 bis 2½ St., Scheibenhütte — Drahtekogel — Kampalpe 3 St., Kampalpe — Semmering 3 St.; insgesamt 8 bis 9 St.

Günstigste Zeit: Mai bis November, die Jagdzeit (15. 9. bis 15. 10.) ausgenommen. Verpflegung, besonders Getränke, mitnehmen, auf dem Kamm herrscht Wassermangel! Kein Unterstand unterwegs! Keine Gaststätte!

Orientierung: unschwierig, nur im Bereich der Scheibenhütte und des Pinkenkogels Aufmerksamkeit nötig: sonst ist der Weg eindeutig und auch sehr gut bezeichnet und kenntlich

Karte: Freytag-Berndt-Touristenwanderkarte 1 : 100.000, Blatt 2, Schneeberg, Raxalpe und Semmeringgebiet

35

WALDWALLFAHRT NACH MARIAZELL

Durch die Steiermark führt so mancher historischer Wallfahrerweg nach Mariazell, dem berühmtesten Wallfahrtsort Mitteleuropas. Wir finden auf den Landkarten einige Hinweise auf solche Pfade, welche die steirischen Berge an niedrigen Stellen überqueren. An den Bergriegeln, die Mariazell umgeben, gibt es Flurnamen wie: Zeller Kreuz, Zeller Steig, Mariazeller Steig, Zeller Bauer und Zeller Graben. Andere Pilgerwege wieder sind nicht namentlich zu erkennen, wohl aber in der Überlieferung des Volkes haftengeblieben. So weiß man von einem Übergang aus dem Mürztal durch die Veitsch mit Überquerung der Rotsohln. Dieser Bergpaß ist 1431 m hoch und gewiß einer der höchsten Punkte, die je bei Wallfahrten nach Mariazell betreten worden sind. Die Rotsohln ist auch heute noch einsam, und in den Orten am Hochschwab und an der Veitsch kennen die Kinder noch immer eine merkwürdige Bezeichnung für den Teufel. So hörte ich noch vor wenigen Jahren in Palbersdorf einen Buben zum andern sagen: „Wannst net brav bist, holt di der Rotzuller!“ Gemeint war der „Rotsohler“, der Krampus! Eine Pilgerfahrt über die Rotsohln muß also nicht nur eine entbehrungsreiche, sondern auch erschreckende Angelegenheit gewesen sein. Peter Rosegger schreibt noch von einer solchen Wanderung durch die Veitsch nach Mariazell, auf der er allerhand „Erschröckliches“ erlebte.

Eine Pilgerfahrt durch die Steiermark in alten Zeiten war eine sehr anstrengende Unternehmung. Die Gläubigen kamen oft schon weit her: in langen Tagesmärschen aus der ungarischen Tiefebene oder aus dem Burgenland, bevor sie den steirischen Gebirgswall erreichten. Was Wunder, daß die Wallfahrerwege im unwirtlichen Bergland sehr geschickt und nach der Linie des geringsten Widerstandes angelegt sind! Aus diesen günstig geführten Steigen hat sich später sogar mancher markierte Wanderpfad entwickelt, der nicht immer nach Mariazell führen mußte.

Wer wenig Zeit hatte, fuhr auch wohl in die Nähe des Gnadenortes und wanderte wenigstens ein Stück zu Fuß. Solche Fahrer pflegten z. B. nach Au-Seewiesen zu fahren und gingen von dort auf der Seebergstraße über den Seebergpaß. Heutzutage sind viele Pilger mit dem Fahrzeug nach Mariazell unterwegs. Wie fern sind die Zeiten, da man noch auf steilen Fußwegen „wallte“ und vielleicht gar noch einen Stein in den Schuh tat, um Opfer, Schmerz und Buße besonders zu spüren!

Dennoch sind auch in unserer Welt von heute die Wallfahrer, die zu Fuß zum österreichischen Nationalheiligtum pilgern, noch nicht ausgestorben, ja es gibt sie sogar in Mengen; das Interesse an solchen Pilgerfahrten ist besonders in großen Städten und bei Wanderfreudigen eingehender, als man erwarten könnte. Es gibt in Wien begeisterte Wanderpilger, die von der Bundeshauptstadt durch die Berge nach Mariazell wallfahren, es gibt aber auch manche, die durch das steirische Alpenvorland nach Mariazell wandern. Dabei sollte man es weder mit den „Autopilgern“ noch mit den Asketen halten, sondern einen goldenen Mittelweg wählen, der nicht zu hoch in die Berge, aber auch nicht zu tief auf den Straßen dahin führt. Dabei sollten altbekannte Wallfahrerwege begangen oder wenigstens berührt werden. Eine solche Waldwallfahrt nach Mariazell könnte etwa durch die Wälder der Fischbacher Alpen, einen Teil der Waldheimat, die Vorberge der jungen Mürz und durch die kaum bekannten, charaktervollen Mariazeller Berge führen.

Man kann dabei besonders gut die Waldheimat Peter Roseggers kennenlernen oder die Bekanntschaft mit ihr auffrischen — unsere Pilgerfahrt nach Mariazell könnte auch eine „Wallfahrt zur Waldheimat" im Sinn des bekannten Dichters der Steiermark, Paul Anton Keller, sein, der ein schönes Buch gleichen Titels geschrieben hat. Wer sehr gut bei Fuß ist, wird dabei von Fischbach bis Mariazell etwa 4 Tage brauchen. Besser und lohnender ist es natürlich, 5 Tage oder eine Woche einzuplanen. Je mehr Zeit wir haben, umso mehr Schönes und Interessantes können wir in die Wanderroute einbeziehen.

Im allgemeinen wird man eine solche Waldwallfahrt außerhalb der großen Urlaubszeit antreten; im Sommer ist die Quartierfrage ein Problem, und auch die Sonne meint es in diesen niedrigen Lagen oft zu gut. Wir können auch im Mai oder Juni schon tüchtig in die Hitze kommen, ebenso im September, der in der Steiermark oft noch sehr warm ist. Ganz besonders günstig erscheinen mir für eine solche Wallfahrt die letzten Tage der „Frauendreißiger". Sie beginnen am Großen Frauentag, dem 15. August, und enden am 12. September, dem Fest von Mariä Namen. Nach dem 12. September beginnt um die Mitte des Monats wieder eine ungünstigere Zeit, die Jagdzeit in den Mariazeller Bergen. Doch wenn wir einige Tage vor dem 12. September mit der Wallfahrt beginnen, kommen wir noch in die Zeit, da man die Marienheiligtümer besuchen soll, haben wenig Probleme mit der Unterkunft, weil die Haupturlaubszeit dann schon vorbei ist, und noch keine Schwierigkeiten mit der Jagdzeit.

Der Wegverlauf

Ausgangspunkt: die Schanz, der fast 1200 m hohe Straßensattel zwischen Birkfeld und Kindberg. Die Schanz wird von planmäßigen Autobuskursen befahren, auf der Paßhöhe befindet

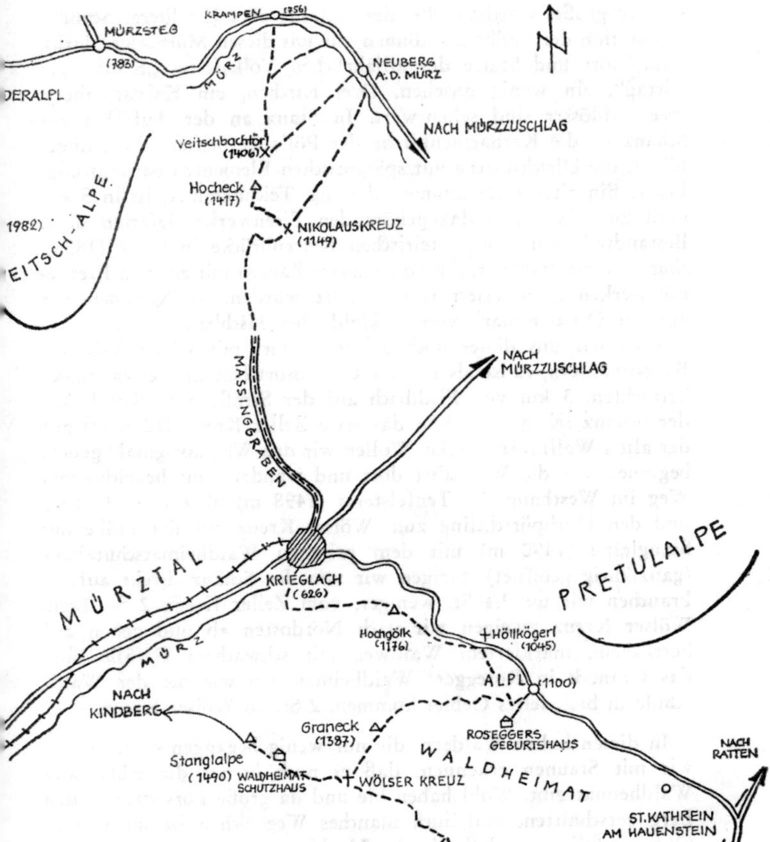
KRAMPEN
(756)
MÜRZSTEG
(783)
MÜRZ
NEUBERG
A.D. MÜRZ
DERALPL
NACH MÜRZZUSCHLAG
Veitschbachtörl
(1406)
Hocheck
(1417)
1982)
EITSCH-ALPE
NIKOLAUSKREUZ
(1149)
MASSINGGRABEN
NACH
MÜRZZUSCHLAG
PRETULALPE
MÜRZTAL
KRIEGLACH
(626)
Hochgölk
(1176)
Höllkögerl
(1045)
MÜRZ
ALPL
(1100)
NACH
KINDBERG
Graneck
(1387)
ROSEGGERS
GEBURTSHAUS
Stanglalpe
(1490)
WALDHEIMAT
SCHUTZHAUS
WÖLSER KREUZ
WALDHEIMAT
NACH
RATTEN
ST. KATHREIN
AM HAUENSTEIN
TEUFELSTEIN
(1498)
NACH
STANZ
UND
KINDBERG
ALPENGASTH.
(1169)
AUF DER SCHANZ
(1226)
ZELLER KREUZ
H. ST.
FISCHBACH
(1010)
FISCHBACHER
ALPEN
NACH
BIRKFELD
NACH
BIRKFELD

sich ein großes Gasthaus. Bei der Anfahrt über Kindberg (Schnellzugsstation der Südbahn) können wir uns diesen Mürztaler Markt, Urlaubsort und Stätte des alljährlichen Volksfestes „Kindberger Kirtag“, ein wenig ansehen. Drei Kirchen, ein Kalvarienberg, zwei Schlösser sind sehenswert. In Stanz an der Auffahrt zur Schanz ist die Katharinenkirche der Pöllauer Stiftskirche nachgebildet, die Ulrichskirche mit spätgotischen Elementen ist ursprünglicher. Ein alter Eisenhammer, der sog. Teichhammer, ist in Stanz noch zu sehen. Die dazugehörenden Eisenwerke lieferten u. a. Bestandteile zur ersten steirischen Kettenbrücke in Graz (1836), aber auch Schiffsanker, die von Stanzer Bauern mit eigenen Pferdefuhrwerken nach Triest transportiert wurden. — Kommen wir aus der Oststeiermark von Birkfeld über Fischbach (1010 m), so werden wir uns dieses hoch gelegene Dorf mit seinen hübschen Bauernhäusern, es ist als ruhiger Urlaubsort bekannt, etwas näher betrachten. 3 km von Fischbach auf der Straße zum Sattel Auf der Schanz sehen wir schon das erste Zeller Kreuz (1226 m) auf der alten Wallfahrerstrecke. Wollen wir den Weg „original“ gehen, beginnen wir die Wallfahrt dort und wandern auf bezeichnetem Weg im Westhang des Teufelsteins (1498 m) über den Heuberg und den Hochpürschtling zum Wölser Kreuz auf der Höhe der Stanglalpe (1490 m) mit dem privaten Waldheimatschutzhaus (ganzjährig geöffnet). Steigen wir von der Schanz direkt auf, so brauchen wir um ½ St. weniger, vom Zeller Kreuz 2 St. Beim Wölser Kreuz zweigen wir nach Nordosten ab und gehen auf herrlichem, markiertem Waldweg mit schwachem Gefälle über das Graneck in Roseggers Waldheimat, wo wir bei der Waldschule in besiedeltes Gebiet kommen, 2 St. ab Wölser Kreuz.

In diesen hohen Wäldern, die nur wenig begangen sind, dürfen wir mit Staunen erkennen, daß es noch immer die echte, alte Waldheimat gibt. Wohl haben hie und da große Forststraßen den Berg zerschnitten, und auch manches Wegzeichen ist ihnen zum Opfer gefallen, so daß wir der Markierung erhöhtes Augenmerk schenken müssen. Doch vermögen diese Straßen der Wälderstille wenig anzuhaben: auch das Kreischen der Motorsäge ist nicht immer und überall zu hören, genausowenig wie der Lärm von der Paßstraße, die über das Alpl führt. Und das Rauschen der hohen Fichten im Almenwind ist heute noch genauso tröstlich wie zu Roseggers Zeiten, wenn wir seiner bedürfen — auch wenn wir auf unsere modernere Art zu den Bergen und in die Wälder kommen!

Das Alpl mit seinen Raststätten haben wir in einer Halbtagswanderung erreicht und sind dabei auf der Stanglalpe zum Teil sogar auf dem alten Zeller Weg der Wallfahrer gegangen. Leider können wir ihn nicht bis ins Tal und weiter verfolgen: er mündet nämlich in Mitterdorf-Veitsch an einer Hauptstraße, und nach der Rotsohln hätten wir auf der Seebergstraße wieder allzuviel Straßenwanderung. Doch mag uns ein Besuch bei Roseggers Geburtshaus entschädigen, ½ St. von der Waldschule, und wenn wir im weiteren Verlauf der Wanderung noch über die kaum bekannten, aber bezeichneten Waldpfade des Hochgölk ins Mürztal absteigen, kommen wir an einer weiteren Gedächtnisstätte vorbei: bei der Gölkkapelle, wo Rosegger sich gerne aufgehalten hat. Vom Hochgölk (1176 m) Ausblicke zum Hochschwab. Eine andere Möglichkeit: der Freßnitzgraben, auf markiertem Fahrweg talaus zu wandern, an alten Mühlen und schließlich an der „Postmühle" vorbei, welches Gh. Rosegger mit Freunden oft besucht hat.

Im Markt Krieglach (626 m) übernachten wir und erholen uns von der acht- bis neunstündigen Wanderung, die so gut in Etappen eingeteilt ist, daß sie kaum anstrengend war. Auch sind die Höhenunterschiede im Aufstieg minimal, im Abstieg kaum zu spüren. Der nächste Wandertag gibt uns Gelegenheit, Roseggers einfaches Grab auf dem Krieglacher Friedhof und die spätgotische Hallenkirche zu besuchen, bevor wir den Weiterweg beginnen, der uns eine interessante, etwa fünfstündige Tour beschert. Vom Krieglacher Bahnhof geht es auf bezeichneter Straße in die Massing, eine enge Waldschlucht, wo wir auf Schritt und Tritt auf literarhistorischem Boden wandeln. Im Schulhaus in der Massing z. B. beschloß Rosegger, sein berühmtes Buch „Der Waldschulmeister" zu schreiben. An alten Mühlen vorbei kommen wir zum Arzeggergehöft und zum Nikolauskreuz (1149 m) und überqueren dann das Hocheck (1417 m) mit der Hocheckalm. Gute Aussicht auf Veitsch, Rax und Schneealpe. Vom Veitschbachtörl auf verschiedenen Wegen (alle markiert) nach Krampen oder Neuberg an der Mürz absteigen. Sollte das Wetter umschlagen, lassen wir das Hocheck aus und steigen gleich vom Nikolauskreuz durch den Arzbachgraben ins Mürztal ab. Trotz der Kürze ist diese Etappe nicht zu unterschätzen: keine Bergunterkunft am Weg!

Wir übernachten am besten in Neuberg an der Mürz (732 m) oder Krampen und versäumen nicht, die herrliche gotische Hallenkirche von Neuberg mit dem schönsten Kreuzgang der Steiermark aufzusuchen. Wenn wir einen Tag erübrigen können und einmal richtig auf einer unbefahrenen Waldstraße wandern wollen, gehen wir auf der für den allgemeinen Verkehr gesperrten Kaiserstraße, der Jagdstraße Kaiser Franz Josefs, in 4 St. auf die verborgen liegende Hinteralm (1500 m), mehrere gut bewirtschaftete Schutzhütten, Übernachtung möglich. Wir sind im Bereich der Schneealpe, eines mächtigen, wenig begangenen Bergmassivs, das zu Unrecht im Schatten von Rax und Schneeberg steht. Wir können von der Hinteralpe — es ist eines der lieblichsten Almgebiete der Steiermark — durch den Alplgraben nach Scheiterboden oder über den Hochriegel in die Frein absteigen, 1½ bis 2 St., und hätten damit die Straßenwanderung zur Gänze erspart oder nur das interessante Stück durch die Felsschlucht „Totes Weib" zu gehen.

Haben wir für die Hinteralpe keine Zeit, so müssen wir einige Straßenkilometer in Kauf nehmen: ab Neuberg an der Mürz (im Ort Hallenbad) mit Autobus über Mürzsteg nach Niederalpl. Die Straße bleibt uns auf keinem Wallfahrtsweg nach Mariazell ganz erspart. Haben wir keinen günstigen Autobusanschluß, so lohnt es sich auch, einmal eine Straßenstrecke entlang der jungen Mürz zu Fuß zu gehen. Das schmale Flußtal mit romantischen Felsbildungen über den hellen Wassern — „bergfrisch" hat sie einmal jemand treffend genannt — ist auch heute noch sehenswert, die Straße nicht allzusehr befahren. Die Bewohner des schwachbesiedelten Tales haben sich eine erfreuliche Ursprünglichkeit und ein erstaunliches Traditionsbewußtsein bewahrt. Man kann dort ältere Frauen treffen, die noch begeistert vom „alten Kaiser" erzählen, dem sie auf seinen Fahrten durch das Tal einen Blumenstrauß überreichen durften. Kaiser Franz Josef hielt sich gerne im Jagdschloß Mürzsteg auf. Dort wurde auch, was wenig bekannt ist, im Jahre 1903 das sog. „Mürzsteger Abkommen" von Österreich mit Rußland vereinbart, wobei es in der hohen Politik jener Jahre um die Ordnung in Mazedonien ging.

Sind wir von der Hinteralpe in die Frein gewandert, brauchen wir nur über den Freinsattel ins Halltal abzusteigen und über den Kreuzberg nach Mariazell zu wandern, was einen halben Tag in Anspruch nimmt. Alpinistisch interessanter aber ist der historische Wallfahrersteig von der Ortschaft Niederalpl (Gh.) zum Buchalpenkreuz, nach Schöneben und über die Mooshuben nach Mariazell, wofür wir uns einen Tag Zeit nehmen müssen. Der noch markierte, sehr steil beginnende Steig geht vom Buchalpengraben aus, in 2 St. ist durch steilen Wald das Buchalpenkreuz

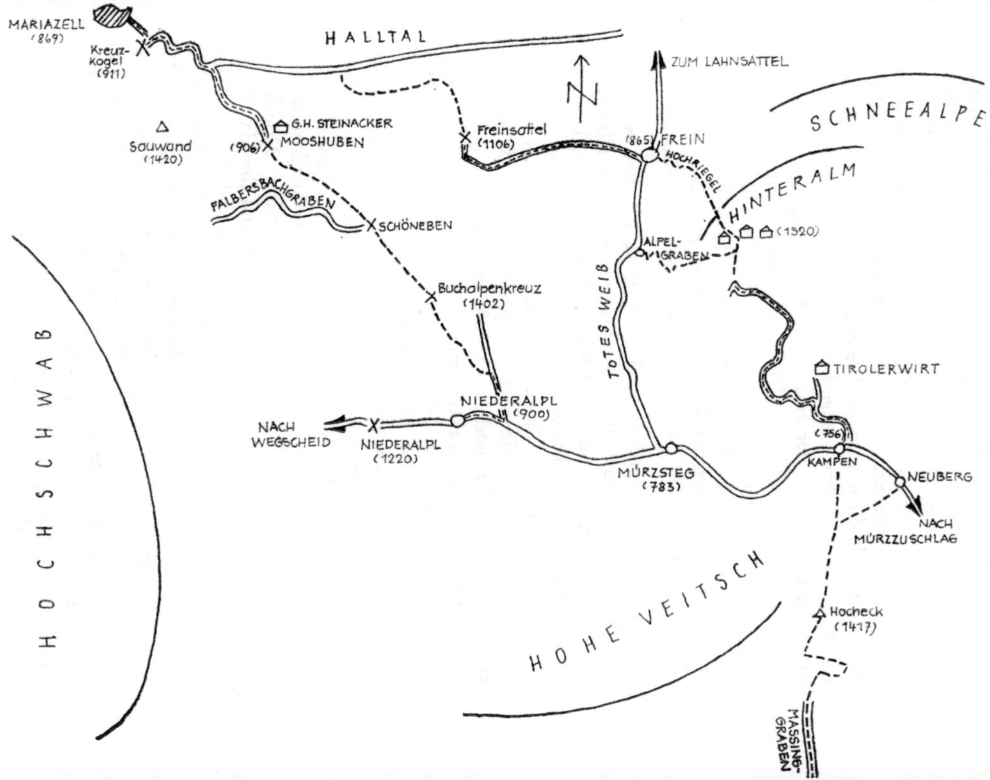

MARIAZELL (869)
Kreuz-Kogel (911)
HALLTAL
ZUM LAHNSATTEL
SCHNEEALPE
Sauwand (1420)
G.H. STEINACKER
(906) MOOSHUBEN
Freinsattel (1106)
(865) FREIN
HOCHRIEGEL
HINTERALM
(1520)
FALBERSBACHGRABEN
SCHÖNEBEN
ALPEL-GRABEN
TOTES WEIB
Buchalpenkreuz (1402)
TIROLERWIRT
NIEDERALPL (900)
NACH WEGSCHEID
NIEDERALPL (1220)
(756)
KAMPEN
MÜRZSTEG (783)
NEUBERG
NACH MÜRZZUSCHLAG
HOCHSCHWAB
HOHE VEITSCH
Hocheck (1417)
MASSING-GRABEN

(mit Blick auf das noch weit entfernte Mariazell!) erreicht. Wir befinden uns zwischen Tonion (1700 m) und Königskogel (1574 Meter), zwei einsamen Bergen in einem sorgsam behüteten Jagdrevier. In $^3/_4$ St. steigen wir zum ehemaligen Wh. Schöneben (1106 m) ab, wo wir auf die Markierung des Steirischen Nord-Süd-Weitwanderweges treffen (Weg Nr. 405), der in Mariazell seinen Anfang nimmt. Wir folgen ihr durch den Falbersbachgraben zur Mooshuben, einer schönen grünen Hochebene zwischen Sauwand und Hohem Student, $1^1/_2$ St., Gh. Evtl. können wir auch den etwa 100 m höher ziehenden markierten historischen Wallfahrersteig einschlagen, der eine kleine Gegensteigung erspart (am Hang der Turmmauer). Von der Mooshuben auf einem Fahrweg bequem hinab zu einer Brücke am Fuß des Kreuzberges und dessen kurzen Steilhang (die Straße abkürzend, Fußwege) bergauf zur Wiener Neustädter Straße, mit schönem Anblick von Mariazell (869 m), rd. $1^1/_2$ St.; etwa 6 St. ab Ortschaft Niederalpl.

Wir haben an diesem letzten Wallfahrtstag auf dem winzigen, verwachsenen Steig zum Buchalpenkreuz gewiß die allerletzten Sünden abgebüßt, aber auch viel Bergesschönheit erlebt. Die nahe Hohe Veitsch, ein prächtiger Hochflächenberg von fast 2000 m Höhe, stand im ersten Teil der Wanderung im Blickfeld; im zweiten waren es die eigenartigen Waldberge des Mariazeller Berglandes, die weder hoch noch bekannt oder irgendwie bedeutend sind, aber Charakter zeigen mit merkwürdiger Form oder Felsabbrüchen. Die letzte Etappe war auch eine Art „Durststrecke“ — bis zur Mooshuben kein Gasthaus! In Mariazell, wo wir immer noch frische grüne Berge rundum und einen farbenfreudigen, kühlen Badesee, den Erlaufsee, finden, ist jede Anstrengung der Wallfahrt vergessen: Wir haben unser Ziel erreicht, die Magna Mater Austriae. Das Gnadenbild aus spätromanischer Zeit soll ein dankbarer Aflenzer Mönch im Jahre 1157 errichtet haben, als er sich verirrte und ihm das Wunder geschah, daß sich der Fels vor ihm spaltete und ihn ins Freie entließ. Die Stätte des Wunders wurde bald zum Gnadenort und nach dem Aufenthalt des Ungarnkönigs Ludwig im Jahre 1370 auch „hoffähig“. Ludwig ließ eine herrliche spätgotische Kirche erbauen, die zum Teil noch erhalten ist. Der geniale Baumeister Domenico Sciassia baute an den gotischen Mittelturm zwei barocke Seitentürme, was ein fremdartiges, aber trotzdem in den Maßen gut ausgewogenes Bild ergibt. Zu den besinnlichen Erlebnissen der Wallfahrt über die Berge gesellt sich in der einmaligen Stimmung der Wallfahrtskirche und des Gnadenortes gewiß auch noch die erwünschte innerliche Einkehr.

Rückkehr: Autobusverbindung nach Graz, bis viermal täglich

Höhenunterschiede: Fischbach (1010 m) oder Kindberg (555 m) — Schanz (1169 m) — Wölser Kreuz (1398 m) — Alpl, Roseggers Waldheimat (1200 m) — Hochgölk (1128 m) — Krieglach (612 m) — Nikolauskreuz (1149 m) — Hocheck (1417 m) — Neuberg (732 m) — (Krampen — Hinteralm [1500 m]) — Frein (900 m) — Buchalpenkreuz (1400 m) — Schöneben (1106 m) — Mooshuben (906 m) — Kreuzberg (911 m) — Mariazell (869 m)

Gehzeiten: 1. Tag: Schanz oder Fischbach — Zeller Kreuz — Stanglalpe — Wölser Kreuz 1½ bis 2 St., Wölser Kreuz — Alpl 2 St., Alpl — Gölk — Krieglach etwa 4 St.; 2. Tag: Krieglach — Hocheck — Neuberg 5 St.; Variante Neuberg — Krampen — Kaiserstraße — Hinteralm 4 St., Hinteralm — Scheiterboden 1 St., Hinteralm — Frein 1½ St.; zusammen 5 bis 5½ St.; 3. Tag: Neuberg — Autobus bis Ortschaft Niederalpl — Buchalpenkreuz 2 St., Buchalpenkreuz — Mooshuben 2¼ St., Mooshuben — Mariazell 1½ St., zusammen etwa 6 St. Variante: Frein — Freinsattel — Halltal — Mariazell 4 St.

Günstigste Zeit: Mai, Juni, September, evtl. auch Oktober, Jagdzeiten (15. 9. bis 15. 10.) beachten! Auch interessante Skitour; mit Ausnahme des waldigen Hochecks lauter ehemals bekannte Skirouten und Abfahrten bzw. -wanderungen. Die Strecke Ort Niederalpl — Buchalpenkreuz müßte über Niederalpl-Sattel — Wetterin — Herrenboden umgangen werden

Karten: Freytag-Berndt-Touristenwanderkarte 1 : 100.000, Bl. 42, Oststeiermark; 4, Hochschwab und 3, Mariazell und Ötscher

Besonderes: für Kinder ab 12 Jahren geeignet

36

MIT FAHRZEUG UND WANDERSCHUH

Motorisierte Streifzüge durch die Oststeiermark

Die Oststeiermark, der Obstgarten des Steirerlandes, ist — was sich noch viel zu wenig herumgesprochen hat — ein ganz wunderschönes Wanderland. Wald- und Forststraßen, die auch im Winter gepflegt sind, kommen dort dem Wunsch des Wanderers von heute entgegen, möglichst hoch an den Berg heranfahren zu können. Die Straßen wurden nicht für den Wanderer gebaut, sondern werden von ihm nur als willkommenes Mittel zum Zweck benützt. Die ganze Fülle der östlichen Steiermark an Vor- und Mittelgebirgswanderungen hier auszubreiten, wäre ein Unterfangen, eines eigenen Buches würdig. Hier sollen nur die wichtigsten Berge und Straßenzüge stichwortartig genannt werden. Wanderungen in der Oststeiermark kann man, ja müßte man sogar mit Kunstfahrten verbinden. Besonders ergiebig ist da der Talkessel von Pöllau, die Gegend um Stift Vorau und Hartberg. Die Gebiete von Weiz und das Joglland wurden hier ausgeklammert, da sie in eigenen Kapiteln beschrieben sind, die nördliche Oststeiermark mit der „Waldheimat" kommt in der „Waldwallfahrt nach Mariazell" zu Worte.

Straßenzüge und Wegverlauf

1. (Graz) — Weiz — Anger — Birkfeld: Graz — Anger 45 km, Anger — Birkfeld 8 km; als Tagestour von Graz aus ohneweiters zu machen. Landschaftlich besonders schöne Fahrstrecke in Nähe der schmalspurigen Lokalbahn Weiz — Birkfeld. Bemerkenswerte Viadukte, die sich besonders im engen Feistritztal gut in die Landschaft fügen. Anger (479 m) ist altbekannte Sommerfrische mit zwei Kirchen, von denen eine ursprünglich ro-

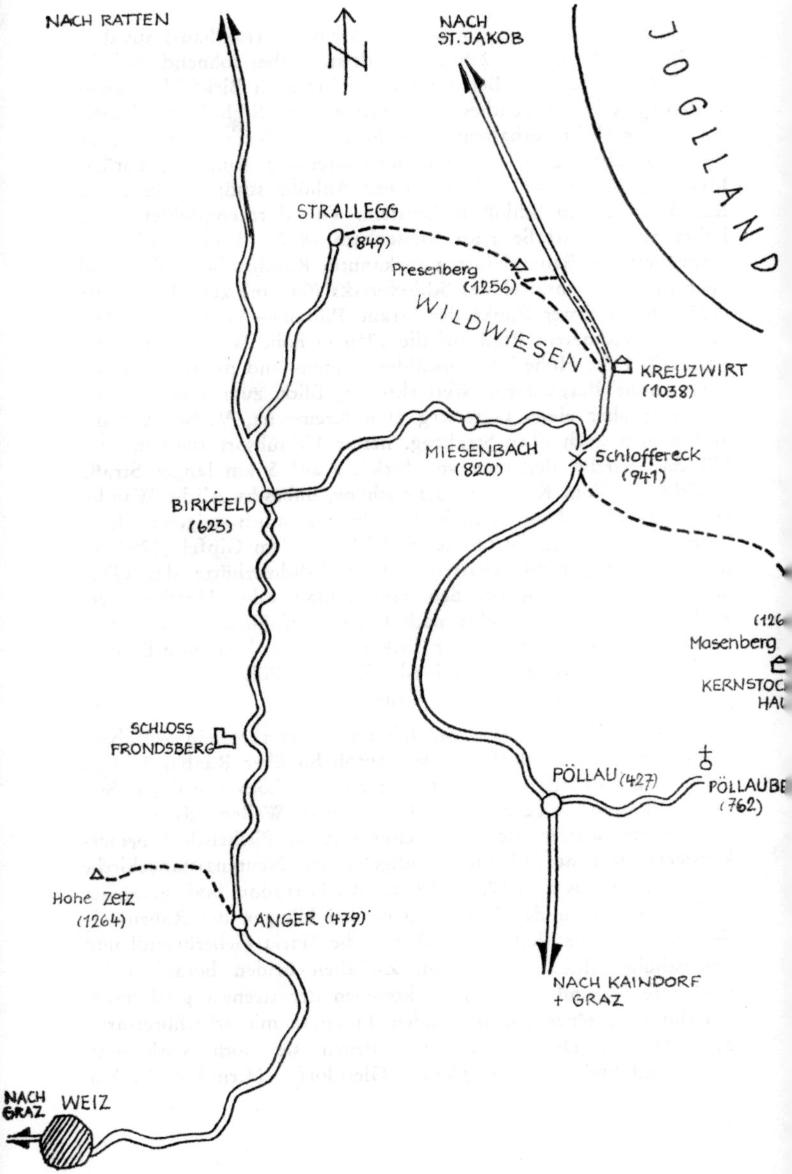
NACH RATTEN
NACH ST. JAKOB
JOGLLAND
STRALLEGG
(849)
Presenberg
(1256)
WILDWIESEN
KREUZWIRT
(1038)
MIESENBACH
(820)
Schloffereck
(941)
BIRKFELD
(623)
Masenberg
KERNSTOC
HAU
SCHLOSS
FRONDSBERG
PÖLLAU (427)
PÖLLAUBE
(762)
Hohe Zetz
(1264)
ANGER (479)
NACH KAINDORF
+ GRAZ
NACH GRAZ
WEIZ

manisch, die andere spätgotisch war. Steinpeiß (Freihaus) aus dem 16. Jh. Wanderung: in 2 St., ziemlich steil, aber lohnend, auf die Hohe Zetz (1264 m). Bei der Weiterfahrt nach Birkfeld in einer Schleife des Feistritzbaches in herrlicher Lage Schloß Frondsberg, ein unverfälscht erhaltener steirischer Adelssitz; der heutige Renaissancebau geht auf eine mittelalterliche Ringburg zurück. Birkfeld, Markt (623 m), auf einer Anhöhe schön gelegen, mit Barockkirche und Schloß Birkenstein. Von dort empfehlenswerte Fahrt auf Bergstraße nach Miesenbach (820 m) mit noch sehr ursprünglichen Bauernhäusern (bekanntes Rauchstubengebiet) und über den Straßensattel des Schlofferecks (941 m) zum Kreuzwirt (1038 m), höchster Punkt der Straße Pöllau — Vorau. Von dort auf unbezeichnetem Pfad auf die 1256 m hohe Wildwiesen (Presenberg), 1 St. Hohe Tannenwälder, beeren- und pilzreich, besonders schöne Bergwiesen. Wetterkreuze, Blick zum Hochwechsel; Rückweg über einen Güterweg zum Kreuzwirt, 3/4 St. Auf die Wildwiesen auch über Strallegg, netter Urlaubsort (849 m) mit hübscher Kirche, den man von Birkfeld auf 5 km langer Straße erreicht. — Vom Kreuzwirt sehr schöne, unbeschwerliche Wanderung zum Masenberg, etwa 3 St., zuletzt ziemlich steigend. Herrliche Ausblicke auf die Oststeiermark! Auf dem Gipfel (1262 m) die ganzjährig bewirtschaftete Kernstock-Schutzhütte des ÖTK Wien. Auch auf Bergstraßen von Pöllau oder Hartberg erreichbar. — Zur Rückfahrt nach Graz empfohlen: Kreuzwirt — Schlofferreck — Pöllau (schöner Talkessel, große, berühmte Barockkirche und gotische Wallfahrtskirche am Pöllauberg) — Kaindorf — Wechselbundesstraße — Graz.

2. (Graz) — Gleisdorf — St. Johann bei Herberstein — Rabenwald: Graz — Gleisdorf auf der Autobahn über Raaba, 25 km. Die hübsche oststeirische Stadt liegt genauso hoch wie Graz. Seit einigen Jahren vielbesuchtes großes Freibad (Wellenbad) mit vorgewärmtem Wasser. Bei der Weiterfahrt ist Pischelsdorf bemerkenswert, mit auffallender, hochgelegener Neurenaissancekirche und Häusern aus dem 17. bis 19. Jh. Bei Hirnsdorf hoch gelegenes Weinbaugebiet an den klimatisch milden Hängen des Rabenwaldes. In der Nähe kleine Wallfahrtskirche Maria Fieberbründl und Sportschule Schloß Schielleiten. Zwischen beiden botanisch interessante Gegend, einziges Vorkommen der strengst geschützten Schachblume, einer rot blühenden Lilienart mit schachbrettartigem Muster. Die Wiesen, auf denen sie noch vorkommt, vom Land Steiermark angekauft. Gleisdorf — Hirnsdorf 18 km,

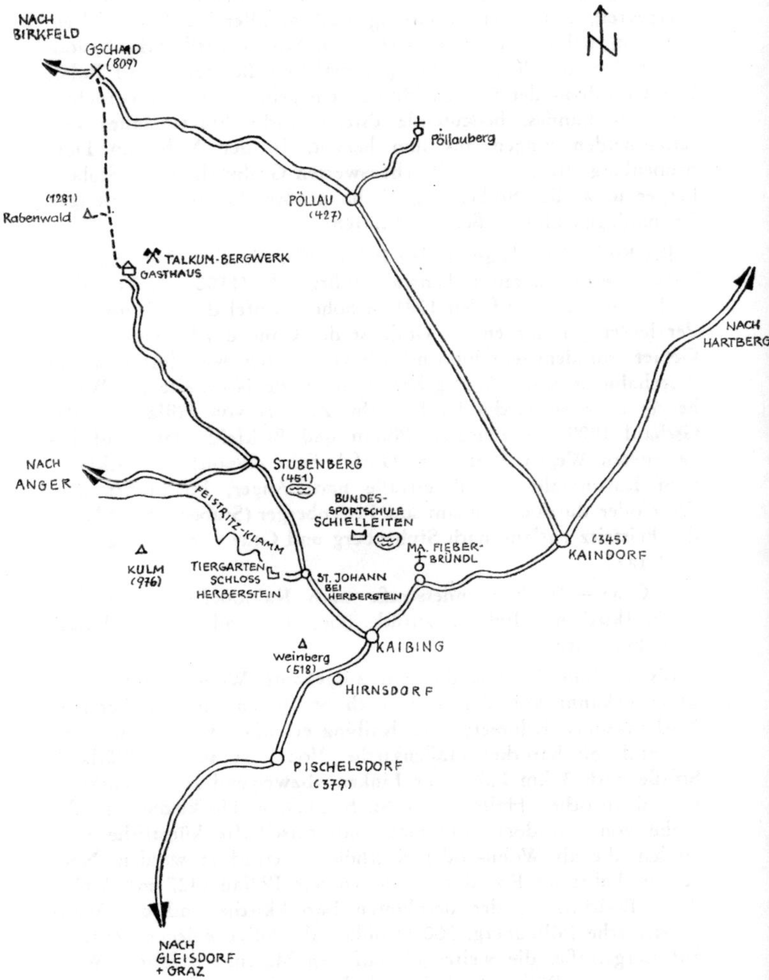

NACH BIRKFELD
GSCHAID (809)
Pöllauberg
PÖLLAU (427)
(1281) Rabenwald
TALKUM-BERGWERK
GASTHAUS
NACH HARTBERG
NACH ANGER
STUBENBERG (451)
FEISTRITZ-KLAMM
BUNDES-SPORTSCHULE SCHIELLEITEN
(345) KAINDORF
MA. FIEBER-BRÜNDL
KULM (976)
TIERGARTEN SCHLOSS HERBERSTEIN
ST. JOHANN BEI HERBERSTEIN
KAIBING
Weinberg (518)
HIRNSDORF
PISCHELSDORF (379)
NACH GLEISDORF + GRAZ

von dort 3 km nach St. Johann bei Herberstein mit Renaissancekirche und dem vielbesuchten Schloß Herberstein mit Tiergarten, auf einem dreiseitig steil abfallenden Granitfelsen, der vom wilden Bergfluß Feistritz umflossen wird. Schloß noch mit Teilen aus dem 13. Jh., guterhaltener Bergfried und Palas. Das Geschlecht der Grafen Herberstein gehörte zu den vornehmsten des Landes, bedeutende österreichische Staatsmänner und Kriegshelden gingen aus ihm hervor. In der Nähe im Dorf Stubenberg Pfarrkirche mit sehenswerten Grabmälern der Stubenberger u. a. Bei Stubenberg 45 ha großer Badesee mit riesigen Grünanlagen und großen Gaststätten.

Bei Stubenberg beginnt eine Fahrstraße, die über Rubland zum Talkumbergwerk am Rabenwald führt, Gh. (1100 m). Von dort zu Fuß in 3/4 St. auf den 1281 m hohen Gipfel des Rabenwaldes, der leider verwachsen ist. Doch ist der Gang durch urwaldhaftes Gebiet trotzdem sehr lohnend. Bis vor kurzem war dort noch der Auerhahn heimisch. Wenig begangen ist die Nordseite des Waldberges über die Gschaider Kögerln, Zufahrt von Pöllau auf das Gschaid (809 m) zwischen Pöllau und Birkfeld, dann auf bezeichneten Wegen 2 St. zum Gipfel. Sehr einsam! — Rückfahrt vom Rabenwald auf Bergstraße nach Anger, Heimfahrt über Weiz oder durch die romantische Freienberger (Stubenberg-)Klamm der Feistritz entlang nach Stubenberg und Graz zurück. Tagestour ab Graz!

3. Graz — Wechselbundesstraße nach Kaindorf — St. Stephan in Hofkirchen — Pöllau, zurück über Flattendorf — Schildbach nach Hartberg.

Bis Kaibing ist uns die neu ausgebaute Wechselbundesstraße schon bekannt von der Tour nach St. Johann bei Herberstein. Nach wenigen Kilometern ab Kaibing erreichen wir Kaindorf im Safental mit barocker Hallenkirche. Von dort auf der Pöllauer Straße nach 3 km Fahrt zur Linken abzweigend zur bemerkenswerten gotischen Hallenkirche St. Stephan in Hofkirchen. In der Nähe von Kaindorf fand man auch rätselhafte künstliche Erdhöhlen, die als Wohn- oder Kulthöhlen betrachtet werden. Nach 12 km Fahrt ab Kaindorf erreichen wir Pöllau (427 m). Unbedingt Besichtigung der berühmten Barockkirche und der Wallfahrtskirche Pöllauberg, 300 m höher als Pöllau gelegen (Zufahrt auf Bergstraße, die weiter bis auf den Masenberg führt). Wanderungen von Pöllau: Gschaid — Rabenwald, Schloffereck—Kreuzwirt — Wildwiesen oder Kreuzwirt — Masenberg wie erwähnt.

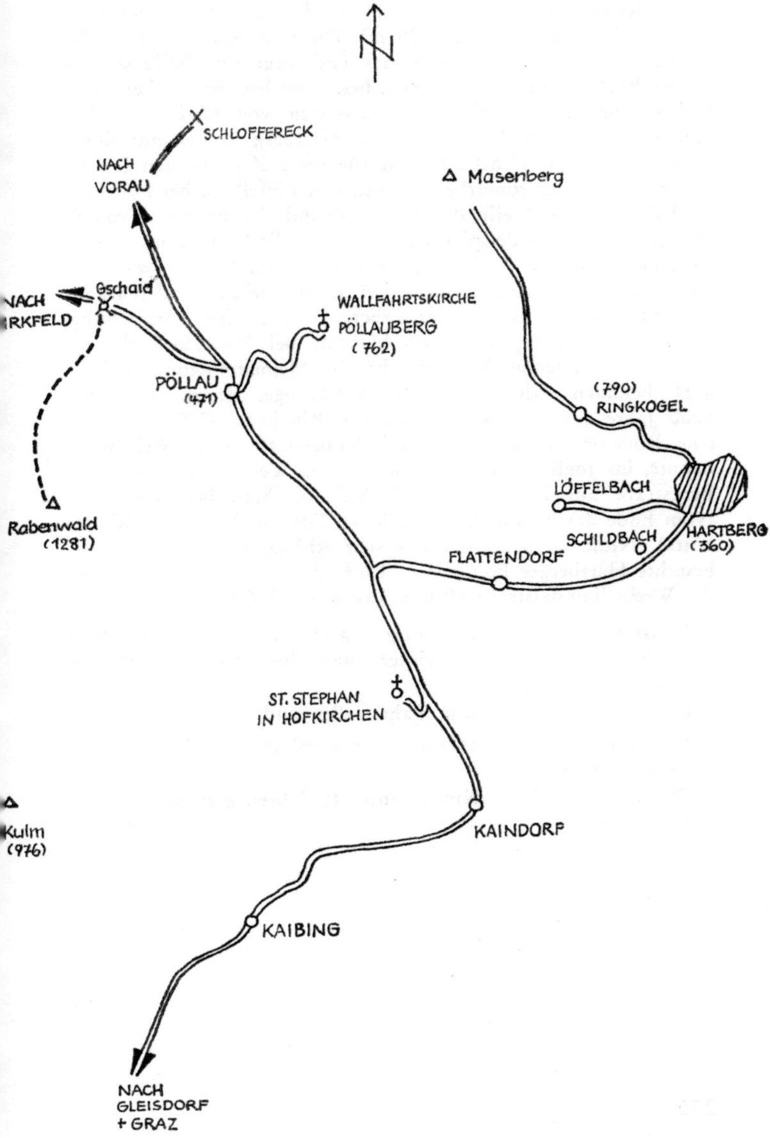
SCHLOFFERECK
NACH
VORAU
Masenberg
NACH
RKFELD
Gschaid
WALLFAHRTSKIRCHE
PÖLLAUBERG
(762)
PÖLLAU
(471)
(790)
RINGKOGEL
LÖFFELBACH
HARTBERG
(360)
SCHILDBACH
FLATTENDORF
Rabenwald
(1281)
ST. STEPHAN
IN HOFKIRCHEN
Kulm
(976)
KAINDORF
KAIBING
NACH
GLEISDORF
+ GRAZ

Den Rückweg nehmen wir über Flattendorf und Schildbach nach der Bezirksstadt Hartberg (329 m). Die Grenzstadt ist eine der ältesten Siedlungen der Steiermark und birgt eine Fülle sehenswerter Bauten und Befestigungen, besonders besucht der berühmte frühgotische Karner, einer der schönsten von Österreich. Die nähere und weitere Umgebung von Hartberg ist bekannt durch Funde aus vorgeschichtlicher und römischer Zeit. In den letzten Jahren wurde der römische Landsitz von Löffelbach bei Hartberg entdeckt, an einer Stelle, die im Volksmund „Versunkenes Schloß" hieß — ein schönes Beispiel dafür, wie sich die Erinnerung an vergangene Zeiten im Volk fast zwei Jahrtausende lang wach erhalten kann! Am Kulm, einem sehr aussichtsreichen und markant geformten oststeirischen Wanderberg, wurde eine vorgeschichtliche Höhensiedlung und erst kürzlich bei Hirnsdorf ein römischer Gebäudekomplex entdeckt. Im Heimatmuseum Pischelsdorf befinden sich neolithische Werkzeuge, deren Alter auf 5000 Jahre geschätzt wird. Über den Ringkogel (790 m) führte eine Römerstraße, die man auch Sämerstraße oder Weinstraße nannte, ins Joglland. Längs dieses uralten Weges zieht heute eine Bergstraße, auf der wir bis in die Nähe des Masenberges kommen (vom Ende der Straße etwa 1/2 St. zu Fuß zur Kernstock-Schutzhütte). Nicht zu vergessen das sehr schöne, von Grazern gern besuchte Hartberger Freibad! — Rückfahrt Hartberg — Graz auf der Wechselbundesstraße 60 km. Tagestour ab Graz!

Günstigste Zeit: ganzjährig; auch für Winterwanderer sehr lohnend. Im Hochwinter und bei hoher Schneelage Schneeketten erforderlich

Orientierung: ganz leicht, Fahrstraßen und markierte Wege

Karte: Freytag-Berndt-Touristenwanderkarte 1 : 100.000, Blatt 42, Oststeiermark

Besonderes: auch für Kinder unter 10 Jahren geeignet

37

AUF BERGSTRASSEN DURCH DAS JOGLLAND

Der äußerste Osten der Steiermark, das Joglland, ist ein merkwürdiges Bergland. Große Bergkämme umhegen fast kreisförmig ein Geäder von Tälern. Das Joglland liegt wie ein Nest in den Bergen, nach Norden geschützt, dem Süden zugewandt. Ein streitbarer Mensch mag in der umschließenden Form der Berge vielleicht auch eine Faust erkennen. Und in Notzeiten war es auch immer, als erhöben die Berge im Joglland selbst ihre Faust zur Abwehr. Erst den letzten Kriegswochen des Jahres 1945 war es vorbehalten, auch dieses Bergesbollwerk aufzubrechen und zu verwüsten. Doch ist darauf eine ungeahnte Blüte und Erschließung des bis dahin unwegsamen und unwirtlichen Landes in den Bergen gefolgt.

Kaiserin Maria Theresia selbst soll den sonderbaren Namen „Joglland“ gefunden haben, als sie bei Mönichwald den Erstbesten auf der Straße nach seinem Namen fragte. Der erschrak gar sehr vor der kaiserlichen Prunkkarosse und stotterte: „I, i hoaß Jogl!“ (Jogl = Jakob). Auch bei der Weiterfahrt nach St. Jakob im Walde, Wenigzell, Strallegg, Miesenbach und Rettenegg nannte man der Kaiserin immer wieder den gleichen Namen. Einer meinte sogar verwundert: „Jo, wia sullt i denn sist hoaßen als Jogl?“ Die hohe Frau soll in Wien dann berichtet haben, in der Steiermark gäbe es ein neues Land, das Joglland! Im Joglland konnte sich, bedingt durch seine Weltabgeschiedenheit, manche Kunst und Kultur entwickeln. Zuerst die Sakralkunst: fromme Mönche waren die ersten, die das Joglland rodeten und besiedelten. Namen wie Mönichwald und Wenigzell deuten das an. Um die Mitte des 12. Jh.s gründete Markgraf Ottokar III. von

Steyr das Stift Vorau. Es wurde bald ein Kulturzentrum der Steiermark. Die herrliche Stiftskirche erfuhr mancherlei Umbauten und zeigt sich heute in barocker Form und reichgeschmückt. In der Sakristei befindet sich die berühmte Darstellung des Jüngsten Gerichts von Hackhofer. Johannes Cyriacus Hackhofer, ein bekannter Barockmaler, hat in der Vorauer Gegend an vielen Orten gewirkt. Vielgerühmt ist auch die Vorauer Stiftsbibliothek mit über 25.000 Druckwerken, darunter wertvollsten alten Handschriften. Unter ihnen befindet sich eine erste Weltchronik von Schedel in Deutsch und Latein. Albrecht Dürers Lehrer Wohlgemuth hat sie mit Bildern versehen.

Wie Vorau ist auch die Festenburg am Hang des Hochwechsels ein Schaustück des Joglandes. Dort wirkte als Pfarrherr Ottokar Kernstock. Die düstere, heute bald 800 Jahre alte Burg war für ihn ein Ort der Besinnung. Kernstock schrieb auch Gedichte, die zu seiner Zeit viel gelesen wurden. Manches davon erscheint uns heutzutage zu romantisch. Sehr gut aber hat Kernstock die „Seele“ des Joglandes erfaßt. Was er im vorigen Jahrhundert darüber schrieb, ist als Lesebuchvers einigen Generationen unseres Jahrhunderts ins Herz gegangen. Es hat in manchem Gültigkeit auch noch für unsere Zeit:

„Schmale Kost, ein Kleid von Loden, harte Arbeit immerzu —
Wechselgau, Waldheimatboden, o wie arm, wie arm bist Du!
Doch so mancher, der vom bösen Weltgeist elend ward und krank,
ist auf immerdar genesen, wenn er Deine Quellen trank.
Nicht mit allen Reichskleinoden tauscht er Deine Bergesruh —
Wechselgau, Waldheimatboden, o wie reich, wie reich bist Du!“

Wenn die Oststeier der Garten der Steiermark genannt wird, so könnte man das Joglland den steirischen Forstgarten nennen. Wald und wieder Wald, unerschöpflich scheinende Wälder bedecken die Hänge. Dieser Wald war in alten Zeiten ein Schutzmantel für das Land, wohl aber auch eine Art von Hemmschuh für seine wirtschaftliche Entwicklung. Heute ist es umgekehrt. Der Wald hat sich nach dem Krieg geradezu als Mittel für die Erschließung erwiesen und viel Geld ins Land gebracht. Und um des Waldes willen, für den Transport des geschlagenen Holzes, sind alle die Forststraßen und Güterwege entstanden, die heute das Joglland bis in die größten Höhen durchziehen. Alle diese Straßen sind wie offene Türen in einem bisher verschlossenen Haus. Da geht es hinein in das Herz des Gebirges. Etwa den düsteren Schwarzenbach entlang, an der hochgebauten Festenburg vorbei nach Hinterberg, das hinter den Bergen liegt. Oder das luftige Bergsträßchen von Thalberg bei Dechantskirchen nach St. Lorenzen am Wechsel. Und die Höhenstraße bis auf den Gipfel des Hochwechsels! Zwei Zufahrten, eine von Mönichwald, die andere von Waldbach, treffen sich auf dem Südkamm des Berges. Die Straße ist sonnseitig gelegen und apert schon frühzeitig aus. An dieser Bergstraße steht auch das Denkmal für den deutschen Generaloberst Eduard Dietl, der dort am 23. Juni 1944 mit dem Flugzeug abgestürzt ist. Die gefürchteten Fallwinde des Wechselgebietes wurden neun Offizieren zum Verhängnis. Nur Bordfunker und Mechaniker überlebten das Unglück.

Berge sind die natürlichen Grenzen des Jogllandes, und wir lernen es am besten von seinen Bergen her kennen. Ein Bogen durchwegs markierter Höhenwege, den man nur zweimal zu einer Übernachtung unterbrechen müßte, zieht da vom Masenberg zum Hochwechsel. Zum Teil sind es auch bequeme, flache Waldstraßen, so wenig befahren, daß man noch unbehelligt auf ihnen wandern könnte!

Sie ziehen durch hohe Bergwälder, von deren Reiz man nur im Wandern einen Begriff bekommen kann. Es sind „nahrhafte“ Gegenden, im zarten Waldgras wachsen Beeren und Pilze, und in den oft felsgespickten Hangwäldern birgt sich allerlei Wild; wer Glück hat, kann auch in besonders stillen Bereichen noch dem großen oder kleinen Hahn (Auer- und Birkhahn) begegnen.

Von Hartberg (360 m) steigt der Bergrahmen des Joglandes am Masenberg bis auf 1262 m an, zieht durchschnittlich 1000 m hoch zur Hinterleiten (Kreuzwirt), erhebt sich in der Wildwiesen wieder auf 1256 m, läuft über die Bergfluren Toter Mann (1062 m), Schneeberger Himmel, Krauser Schöckel (1132 m) zum Straßensattel des Reißeneggs (1035 m), fällt zum Sattel „Auf der Halt“ auf 982 m ab, steigt aber jenseits zum Eckberg scharf auf 1214 m an, zieht eine Weile unschlüssig über ein paar fast gleich hohe Mugel zum Blasenkogel (1313 m), um dann über den Herrenstein (1446 m) ununterbrochen gleichmäßig anzusteigen über die Große Steinwand (1636 m) zum Gipfel des Hochwechsels (1743 m). Vom Niederwechsel (1449 m) wieder stark fallend zum Irrbühel (1428 m) und zum Hilmtor (1022 m), geht es bergab über besiedelte Hänge bis nach Rohrbach an der Lafnitz (425 m), wo sich der Kreis um das Joglland mit einem Aufstieg über Grafendorf und Sallegg, ein volkskundlich besonders ergiebiges Gebiet, zum Masenberg schließen würde.

Auf dem Hochwechsel steht das ganzjährig bewirtschaftete Wetterkoglerhaus der ÖAV-Sektion Österreichischer Gebirgsverein. Der Gebirgszug des Wechsels ist der östlichste Eckpfeiler der Alpen, in beherrschender Lage am Rand der Pannonischen Tiefebene. Dementsprechend ist die Aussicht, die bei klarem Wetter vom Plattensee bis zu den Steiner Alpen, vom Dobratsch zum Dachstein, vom Ötscher bis zu den Kleinen Karpaten reicht. Die baumfreien, wohlgerundeten Mugel des Wechsels mit ihren manchmal steilwandigen Seitenkämmen könnte man am ehesten mit dem Riesengebirge vergleichen. Auch die ähnliche Höhenlage und die klimatischen Verhältnisse mögen an die Schneekoppe erinnern. Durch gute Verkehrsverbindungen (Aspangbahn, Wechselbundesstraße) ist das früher so verschlossene Joglland nun zu allen Jahreszeiten nahegerückt. St. Jakob im Walde, die „Hauptstadt" des Berglandes, aber auch Mönichwald, Waldbach und Wenigzell, vom Feuer des Krieges verheert wie auch Vorau, das beinahe abgebrannt wäre, sind begehrte Orte der Erholung geworden, wo Sommer- und Wintergast gleichermaßen daheim sind.

Der Wegverlauf

Ausgangspunkt: für eine Umwanderung des Jogllandes am besten Hartberg; zu Fuß 3 bis 4 St. auf den Masenberg, Übernachtung am Kernstock-Schutzhaus. Weiter zum Schlofferedk, $2^1/_2$ St., dann auf Waldstraße über die Wetterkreuze zum Reißenegg (unterwegs Abstecher auf die Wildwiesen, 1 St.), 2 bis 3 St., und auf bezeichneten Nebenwegen über die Bergfluren „Auf der Halt" und „Auf der Mauer" und das Kirchenviertel nach St. Jakob im Walde (915 m) zur Übernachtung, etwa $1^1/_2$ St.; zusammen 7 St. Am nächsten Tag Aufstieg über den Blasenkogel und den Herrenstein zum Rabelkreuz und auf Gehweg neben der Fahrstraße auf den Hochwechsel (1743 m), 4 St. Übernachtung am Wetterkoglerhaus oder Abstieg am gleichen Tag über Niederwechsel — Irrbühel — Hilmtor nach Friedberg, Dechantskirchen, St. Lorenzen am Wechsel oder Rohrbach an der Lafnitz, 4 bis 5 St. An diese drei- bis viertägige Tour einen Tag Aufenthalt in Vorau mit Besichtigung des Stiftes anschließen!

Rückkehr zum Ausgangspunkt: mit Autobus nach Hartberg

Gehzeiten: 1. Tag: Hartberg — Masenberg 4 St.; 2. Tag: Masenberg — Kreuzwirt — Reißenegg — St. Jakob im Walde 7 St.; 3. Tag: St. Jakob im Walde — Hochwechsel 4 St.; 4. Tag: Abstieg Hochwechsel — Rohrbach an der Lafnitz 4 bis 5 St.

Günstigste Zeit: Frühjahr ab Mai bis November. Für Winterwanderer bestens geeignet! Viele geräumte Waldstraßen

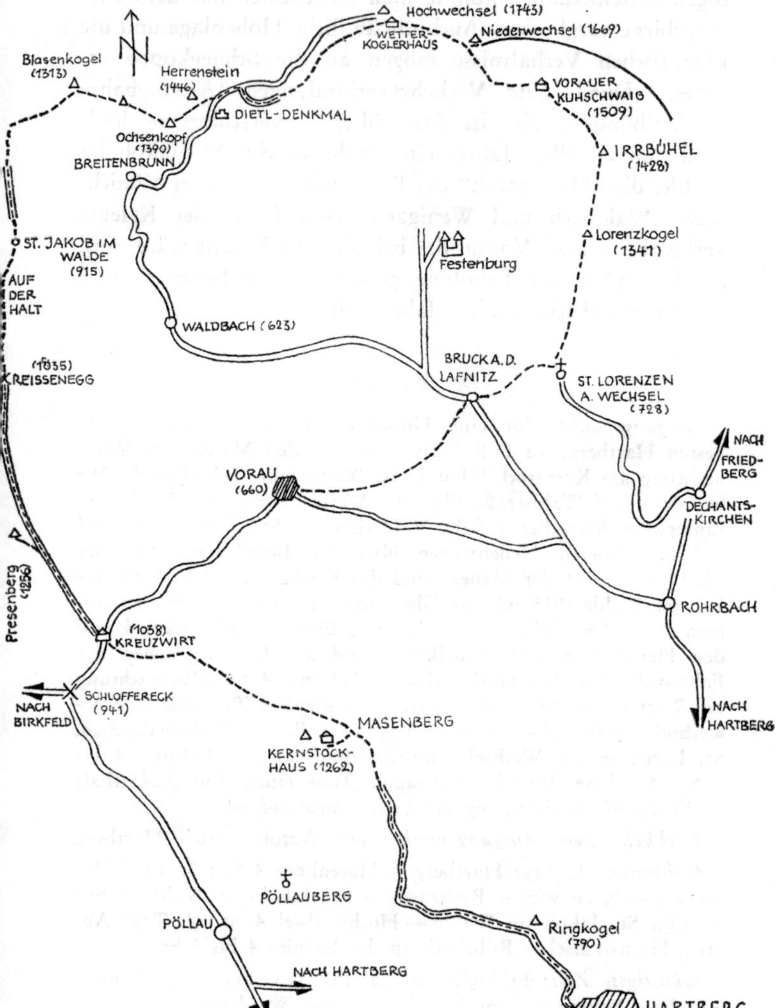
Hochwechsel (1743)
WETTER-KOGLERHAUS
Niederwechsel (1669)
VORAUER KUHSCHWAIG (1509)
Blasenkogel (1313)
Herrenstein (1446)
DIETL-DENKMAL
Ochsenkopf (1390)
BREITENBRUNN
IRRBÜHEL (1428)
Lorenzkogel (1341)
Festenburg
ST. JAKOB IM WALDE (915)
AUF DER HALT
WALDBACH (623)
BRUCK A. D. LAFNITZ
ST. LORENZEN A. WECHSEL (728)
(1035) KREISSENEGG
NACH FRIEDBERG
DECHANTS-KIRCHEN
VORAU (660)
Presenberg (1256)
ROHRBACH
(1038) KREUZWIRT
SCHLOFFERECK (941)
NACH BIRKFELD
NACH HARTBERG
MASENBERG
KERNSTOCK-HAUS (1262)
PÖLLAUBERG
PÖLLAU
Ringkogel (790)
NACH HARTBERG
NACH GRAZ
HARTBERG (360)

Besonderes: bei der Tour auf den Wechsel Bergschuhe angebracht. Regen- und Windschutz unerläßlich! Der Wechsel ist ein frei stehender Berg und jedem Wetter ausgesetzt! Bei Schlechtwetter die Tour lieber abbrechen!

Für Kinder ab 10 Jahren geeignet

Orientierung: nicht schwierig. Jogllandumrundung durchwegs markiert; Straßen und besiedelte Gegend

Karte: Freytag-Berndt-Touristenwanderkarte 1 : 100.000, Blatt 42, Oststeiermark

38

KLAMMEN, HÖHLEN, WANDERWEGE

Durch das Weizer Bergland

Das Weizer Bergland ist von großer Eigenart und Vielfalt. Zwei der schönsten Klammen des Landes — die Weizklamm, mit einer Fahrstraße erschlossen, über der sich Klettergrate aufbauen, und die Raabklamm mit einem der vorbildlichsten Wanderwege der Steiermark — finden wir dort in der Nähe von zwei berühmten Höhlen, der Graselhöhle und dem Katerloch. Das engere Gebiet des Weizer Berglandes wird westlich von der Raab, nördlich von der Teichalpe, im Osten vom Feistritztal und südlich von den waldigen Hügeln um St. Ruprecht an der Raab und Gleisdorf begrenzt. Seit alters gab es in diesem Bereich gute und gut markierte Wanderwege auf Berge, die bis zu 1300 m Höhe ansteigen, der höchste ist der 1288 m hohe Pommesberg in einem sehr vielfältigen und ausgedehnten Bergland, dem auch der 1285 m hohe Patschaberg angehört. Fast jeder dieser Berge ist geradezu das Muster eines Wanderberges, das ganze Bergland ist auch gut für Skifahrer erschlossen. In der Bezirksstadt Weiz, einem Mittelpunkt für Wanderer und Bergsteiger, hatte man seit eh und je viel für das Wandern übrig. Es mochte daran liegen, daß die Werktätigen der „Elinstadt", wie man Weiz auch nennt, gerne ins Freie strebten — sie suchten Entspannung und Erholung in der Umgebung der Stadt, die dazu geradezu einlädt.

Waren die Bestrebungen, das Wandern zu erleichtern, die Bergwelt zu erschließen und die Wege zu verschönern, in Weiz schon vor dem letzten Krieg gang und gäbe, so hat sich das Bemühen in der Nachkriegszeit noch viel mehr verstärkt. Es waren Persönlichkeiten wie der so verdiente Höhlenforscher Hermann Hofer mit seiner Frau Regina, die unter Mithilfe von Ing. Karl Stimpfl die Erschließung des geheimnisvollen Katerloches, das heute wie die nahe Graselhöhle Schauhöhle ist, vollendeten und damit eine unvergängliche Tat setzten. Hermann Hofer und seine Frau verweilten oft viele Tage und Nächte lang allein in der Höhle, die im „Reisehandbuch Steiermark“ noch als „schauerlicher Schlund“ bezeichnet wird. Es waren Männer wie der um die Heimatforschung hochverdiente Weizer Archivalienpfleger Leopold Farnleitner und der Weizer Oberschulrat Franz Pratl, die in unermüdlicher Arbeit die Weizer Landschaft erkundeten und ihr Lob verkündeten. Es waren aber auch ganze Gruppen von Naturbegeisterten, wie die Ortsgruppe Weiz des TV „Die Naturfreunde“, die das Naturfreundehaus Bendlerhöhe erbauten und ausbauten und daraus nicht nur einen Stützpunkt für Wanderer, sondern auch einen für Wissenschaftler gemacht haben. Denn im Verlauf der Heimatforschungen im Bezirk Weiz stellte sich heraus, daß es dort viel mehr Wissenswertes gibt, als man ursprünglich angenommen hatte. Das Gebiet der Raabklamm und des Gollersattels insbesondere galt schon immer als botanisch sehr interessant, mittlerweile hat man herausgefunden, daß das auch für andere Weizer Bereiche gilt. Auch geologische und volkskundliche, zoologische oder geschichtliche Aspekte wurden, teils auf älteren Angaben basierend, teils sogar neu herausgearbeitet. Da jeder denkende Wanderer und Bergsteiger theoretisch oder praktisch mit allen diesen Wissenschaften auf irgendeine Weise Begegnungen hat, unternahm man in Weiz den Versuch, das Erforschte den Wanderern in einem Lehrwanderweg nahezubringen. Der Versuch ist bestens geglückt.

In einen Wanderführer durch die Steiermark gehört auch ein Stück Erschließungsgeschichte. Ich wüßte kein besseres, als den folgenden, von Leopold Farnleitner aus Weiz verfaßten Bericht „Zum Bau des Raabklammweges“, der im Sonderheft „Natur, Landschaft und Mensch“ der Naturfreunde-Landesleitung Steiermark erschienen ist. Farnleitner schreibt darin (auszugsweise):

„Ferdinand Krauß weiß in seiner 1888 gedruckten Wanderung durch vergessene Lande (‚Die nordöstliche Steiermark‘) manch Romantisches über Graselhöhle und Katerloch zu erzählen: nach einem Wanderweg durch die Raabklamm suchte einer vergebens. Der war ehedem nur Einheimischen bekannt, gab es doch Mühlen und Mähwiesen im Talgrund, Köhler bauten ihre Meiler und hatten ihre Hütten, den Gänsbauer gab's und den einen und anderen Häusler, der da lebte. Dann und wann kamen auch Wanderer in diese Klamm. Bis eines Tages der Gedanke, diese wundersame Talschlucht dem touristischen Verkehr zu erschließen, verwirklicht wurde. Es waren Männer des Steirischen Gebirgsvereines aus Graz und Weiz und der bärenstarke Scheiplwirt in Arzberg, die sich zunächst der Sache annahmen und tatkräftige Förderer fanden. Einen Arbeitertouristenverein gab es um diese Zeit in Weiz noch nicht; er wäre auch kaum imstande gewesen, die Mittel für die Erschließung aufzubringen. Ing. Franz Pichler förderte den Bau des zum Buchbauersteg führenden Pfades, der am 4. Oktober 1903 festlich ‚der Touristik übergeben‘ und zum Dank für den Förderer nach dessen Gattin ‚Ernestinensteig‘ genannt wurde. Die Wegstrecke von der Finzenwiese bis nach Arzberg hatte nicht weniger als 15 Überquerungen der Raab. Ein romantischer Wanderweg, der viel begangen wurde. Beim Häusler auf der Lehbauernwiese gab's Erfrischungen, zeitweilig auch in der nach einem weiteren Förderer benannten Hildebrandthöhle. Es müssen geradezu schwärmerische Liebhaber in jenen Jahren am Werk gewesen sein.

Bald kamen auch Sorgen. Zerstörende Hochwasserfluten und Muren erforderten immer wieder neue Mühen. Doch das von Ernst von Coelln verfaßte ‚Buch vom Schöckel' und Aufsätze in der ‚Tagespost' hatten weitere Freunde der Raabklamm geworben. Die krisenerfüllten dreißiger Jahre und die unseligen Jahre des Krieges ließen aber weder Erhaltungs- noch Ausbauarbeiten zu. So war es kein Wunder, daß die Raabklamm unbegehbar wurde oder — wie es in einem Protokoll heißt — nur unter Lebensgefahr durchwatet werden konnte. Sollte sie wieder gangbar gemacht werden, müßte dies ein völlig neues Beginnen sein.

In einer Aussprache des Vertreters des TV ‚Die Naturfreunde' mit dem Bevollmächtigten der Gutsherrschaft Gutenberg kam am 18. April 1946 eine grundsätzliche Einigung über die Wiedergangbarmachung des Wanderweges durch die Raabklamm unter Rücksichtnahme auf Jagd, Fischerei und Forstkulturen zustande. Es verging etliche Zeit, bis das Vorhaben verwirklicht werden konnte. Wiederholte Fühlungnahmen und Begehungen führten zu einer endgültigen Absprache zwischen dem TV ‚Die Naturfreunde' und dem Alpenverein; am 25. März 1949 wurde in Arzberg eine klare Arbeitsteilung abgesprochen: der ÖAV übernahm die Aufgabe des Baues und die Erhaltung der Stege, die ‚Naturfreunde' die Anlage, Erhaltung, Markierung und Beschilderung des Weges. Mit wahrem Feuereifer ging's an die Arbeit. Die Landesregierung griff mit einem Förderungsbeitrag, Straßenbauhof und Betriebe in Weiz mit Werkzeugbeistellung unter die Arme. Eine Reihe von Mitarbeitern des ÖAV machte sich mit Handwerkern an die Errichtung der Stege; an die 25 selbstlose Helfer der ‚Naturfreunde' gingen an den Neubau des Weges. Durch Erfahrungen belehrt, war die Wegführung so gewählt worden, daß statt mit den früheren 16 nunmehr mit bloß 5 Überquerungen der Raab das Auslangen gefunden, Stege sicherer und der Pfad höher angelegt werden mußten. Arbeit in Fülle! Doch auch gemütliche Stunden, wenn alle nach getaner Arbeit im Mondschein oder bei Kerzenlicht frohgestimmt heimzu wanderten! Als dann endlich die letzten Handgriffe getan werden konnten, war ein Sommer voll Mühen, Fleiß und Eifer hingegangen.

Unterwaschungen, Hochwasser, Vermurung und Wetterunbilden nagen fortwährend an Steg und Weg. Der Haselbachsteg mußte völlig neu gebaut, andere erneuert werden, Jahr für Jahr war und ist an der Weganlage Erhaltungsarbeit vonnöten. Möge dies von den Wanderern gewürdigt werden und zum Mithelfen bewegen."

An diesen schlichten Bericht sollten wir öfters denken, wenn wir Wege gehen, die andere für uns geebnet haben.

Die Raabklamm wurde kürzlich unter Naturschutz gestellt. Ein Naturlehrpfad durch die Klamm ist derzeit (1971) in Arbeit und wird im kommenden „Bergwanderbuch Steiermark" beschrieben sein. Fertiggestellt, vorbildlich gestaltet und sehr beliebt aber ist der Thannhausner Wanderweg, der uns eine der interessantesten Gegenden des Weizer Berglandes auf vielerlei Art nahebringt.

Der Wegverlauf des Thannhausner Wanderweges

Lehrwanderweg oder Naturlehrpfad

Ausgangspunkt: Bezirksstadt Weiz (456 m), erreichbar mit Bahn ab Graz oder auf Fahrstraße, 30 km. Sehenswürdigkeiten: Taborkirche, alte Kirchenfestung, 1644 zur heutigen Gestalt umgebaut, mit romanischen und gotischen Elementen. Die Wallfahrtskirche Maria Weizberg, 1776 fertiggestellt, mit Fresken von J. Ritter von Mölk, im Dehio u. a. wie folgt beschrieben: „spätbarocke Halle von heiterer Festlichkeit". Schloß Ratmannsdorf und Schloß Thannhausen (Renaissancebau).

Der Lehrwanderweg beginnt in der Schloßallee in Thannhausen, er ist grün bezeichnet und es fehlt auch nicht an Hinweistafeln. Die einzelnen Beobachtungspunkte hat man durch Nummern oder Wegmarken kenntlich gemacht. Der Lehrwanderweg

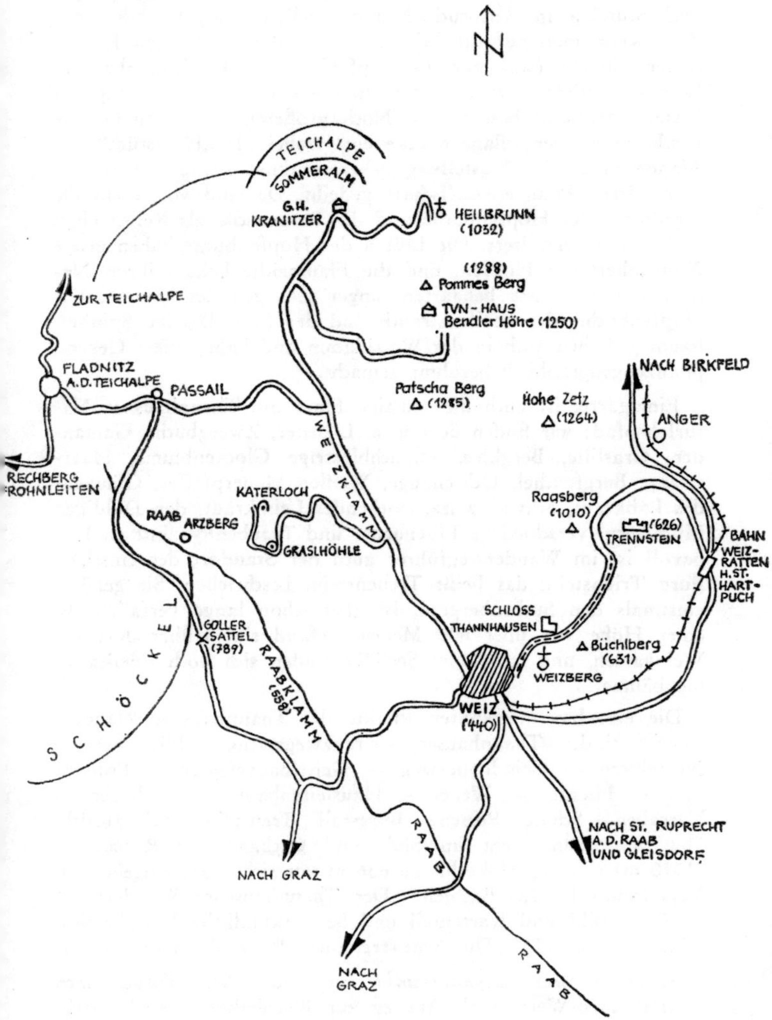
TEICHALPE
SOMMERALM
G.H. KRANITZER
HEILBRUNN (1032)
(1288) Pommes Berg
TVN-HAUS Bendler Höhe (1250)
ZUR TEICHALPE
FLADNITZ A.D. TEICHALPE
PASSAIL
Patscha Berg (1285)
Hohe Zetz (1264)
NACH BIRKFELD
ANGER
RECHBERG
ROHNLEITEN
WEIZKLAMM
KATERLOCH
GRASLHÖHLE
Raasberg (1010)
(626) TRENNSTEIN
BAHN WEIZ-RATTEN H.ST. HART-PUCH
RAAB
ARZBERG
SCHLOSS THANNHAUSEN
Büchlberg (631)
WEIZBERG
GÖLLER SATTEL (789)
RAABKLAMM (558)
SCHÖCKEL
WEIZ (440)
NACH ST. RUPRECHT A.D. RAAB UND GLEISDORF
NACH GRAZ
RAAB
NACH GRAZ
RAAB

ist eine Art von Rundtour, deren Begehung hin und zurück gut drei Stunden in Anspruch nimmt, vielleicht sogar noch mehr Zeit, wenn man auf die Hinweise des Führers in allen Einzelheiten eingeht (was nur zu empfehlen ist). Im Thannhausner Wanderwegführer wird unter anderem die Landformung im Weizer Bergland beschrieben. Noch größeren Raum nimmt die Beschreibung der Pflanzendecke ein, wobei als „Herzstück" des Wanderweges der Nöstelberg gekennzeichnet ist, auf dem eine sehr seltene Pflanzengesellschaft gedeiht. Da sind vor allem die Schwarz- oder Hopfenbuche und die Flaumeiche als Relikt eines früheren Erdzeitalters. Die Blüten der Hopfenbuche haben große Ähnlichkeit mit Hopfen, und die Flaumeiche bekam ihren Namen von den stark behaarten jungen Zweigen des Baumes. Die Hopfenbuche, der Pfeifenstrauch und der Breitblättrige Spindelbaum gedeihen auch in der Weizklamm und haben diese Gegend pflanzengeographisch berühmt gemacht.

Einzigartig ist auch die sonstige Flora am Thannhausner Naturlehrpfad: wir finden dort u. a. Liguster, Zwergbuchs, Gamander, Graslilie, Bergklee, Pfirsichblättrige Glockenblume, Haarstrang, Bergfenchel, Ochsenauge, Weißen Mauerpfeffer, Glänzendes Labkraut, Schwalbwurz, Nickendes Leimkraut, den Doldigen Milchstern, verschiedene Lilienarten und Traubenhyazinthen. Liebevoll ist im Wanderwegführer auch der Standort der einstigen Burg Triunstein, das heißt Treuenstein, beschrieben. Sie gehörte einstmals den Stubenbergern, ist aber schon lange verfallen. In einer Höhe von über 600 Metern befand sich früher dort ein Weingarten, und in 680 m Seehöhe finden sich noch Edelkastanienbäume.

Die einzelnen markanten Punkte des Thannhausner Wanderweges sind: Thannhausen — Kreuzwegstation — Büchelberg — Nöstelberg — Geiselbauerweg — Geiselbauerfelder — Fradenberg — Hierzer — Weber — Hausleitenbauer — Torbauer — Vorraber — Schule Peesen — Burgstall Trenstein und zurück. Die Wanderung geht im Süd- und Osthang des Raasberges (1010 m) in einer Höhe bis zu 636 m vor sich. Zum eingehenden Verständnis ist das Büchlein „Der Thannhausener Wanderweg" (2 Teile, Bild und Kartenteil und heimatkundliche Einführung), erhältlich beim TV „Die Naturfreunde", Weiz, der beste Behelf.

Rückkehr zum Ausgangspunkt: am selben Weg zurück nach Thannhausen-Weiz; evtl. Abstieg zur Eisenbahnhaltestelle Bachl und nach Weiz (2 Stationen)

Höhenunterschiede: Schloß Thannhausen (500 m) — Trenstein (636 m)

Gehzeiten: Thannhausen — Trenstein etwa 1½ St., zurück ebensoviel

Günstigste Zeit: ganzjährig; am schönsten im Mai und Juni und wegen der Laubwälder im Herbst

Orientierung: unschwierig, sehr gut bezeichnet

Karte: Freytag-Berndt-Touristenwanderkarte 1 : 100.000, Blatt 13, Grazer Bergland

Besonderes: auch für Kinder unter 10 Jahren geeignet

39

„DIE DANKBARSTE PARTIE VON MITTELSTEIERMARK"

Durch die Bärenschützklamm

Im „Reise- und Handbuch Steiermark" von 1914 wird eine Wanderung durch die Bärenschützklamm kurz als „dankbarste Partie von Mittelsteiermark" bezeichnet. Sie ist es auch. Zwischen den Felsabstürzen der Roten Wand (1500 Meter) und des Hochlantschs (1722 m) hat der von der Teichalpe kommende Mixnitzbach eine wüste Felsenschlucht ausgewaschen, die wie mit der Axt in den Berg geschlagen erscheint. Durch diese Klamm mit ihren spiegelglatten, himmelhohen Wänden rauscht, tost, springt und fällt der Bach eine Strecke von knapp 2 km mit 400 m Höhenunterschied herab. Der höchste Wasserfall ist an die 40 m hoch. Die Bärenschützklamm wurde schon vor vielen Jahren durch eine großartige Steiganlage des Grazer Alpenklubs erschlossen, die oft von Hochwasser und Steinschlag gefährdet ist und auch schon an manchen Stellen zur Gänze weggerissen war. Während des zweiten Weltkriegs zum Beispiel, als sich niemand fand, um die Leitern auszubessern, mußte man eine Tour durch die Klamm mit Seil und Felshaken als Kletterpartie unternehmen.

Heute wird die Klamm von der ÖAV-Sektion Mixnitz bestens betreut und instand gehalten. Die „dankbarste Partie der Mittelsteiermark" wird besonders zu den Wochenenden von vielen Touristen unternommen, die Bärenschützklamm ist weit über die Grenzen des Landes hinaus bekannt und gilt als eine der interessantesten Klammen der Alpen. Mixnitz, der Talort zur Bärenschützklamm, hat eine besonders ergiebige Umgebung; die Halbtagstour durch die

Klamm läßt sich mit verschiedenen anderen Ausflügen im Mixnitzer Raum bestens verbinden: z. B. mit einer Ersteigung des nahen Hochlantsch, eine Wanderung zur Drachenhöhle oder zu den Steinbock- und Mufflongehegen am Röthelstein; mit einem Besuch im nahen Kirchdorf mit seiner gotischen Kirche mit mächtigem frühgotischem Turm. Im Schwesterort von Kirchdorf, Pernegg, sind die Wallfahrtskirche mit eigenartig geformtem Glockenturm und das um 1580 erbaute Schloß sehenswert. In Kirchdorf gibt es ein nettes Freibad mit vorgewärmtem Wasser.

Die Klammwanderung wird besonders gerne von Kindern gemacht. Ein Geheimtip: an Sonntagen morgens bis vormittags ist die Steiganlage viel begangen. Wer nicht in diesen Trubel geraten will, soll den Aufstieg um die Mittagszeit beginnen — in der Klamm ist es immer kühl — oder, noch besser, über den „Prügelweg“ aufsteigen und am Nachmittag durch die Bärenschützklamm absteigen, was auch weniger anstrengend ist als der Aufstieg.

Der Wegverlauf

Ausgangspunkt: Mixnitz (440 m). Von Graz mit Bahn erreichbar (Schnellzugsstation Mixnitz-Bärenschützklamm); oder auf der Bundesstraße Graz — Bruck an der Mur. Kommen wir mit Fahrzeug, so fahren wir über die Murbrücke und durch den Ort (sehr enge Durchfahrt) etwa 2 km bis zum großen Parkplatz (Gh.). Zu Fuß vom Bahnhof Mixnitz ½ St. Nun auf schattigem Fahrweg in einen Graben, der sich mehr und mehr verengt. Zur Linken ragt der spitzige Harterkogel, zur Rechten haben wir die gewaltigen Abstürze des Röthelsteins (1234 m) und der Roten Wand (1500 m). Der Röthelstein, ein markanter Gipfel des mittleren Murtales, ist mit seinen steilen Westabstürzen eine Art großer Klettergarten für die Grazer Kletterer. Besonders beliebt sind die Routen am Ratengrat, einem westlichen Vorgipfel.

Der Fahrweg steigt schon nach wenigen 100 m ziemlich an: von rechts herab stürzt ein Wasserfall mit weißschäumendem Wasser über moosigen Felsen, der Kaskadenfall. Vor uns sperrt ein großer Felsblock den Weg, es ist der 30 m hohe Kreuzfelsen, so benannt nach einem Kreuz auf seiner Spitze. Weiter ansteigend kommen wir zu einer riesigen Felswand, dem Sperrbichl. Dort zweigt links der Zugang zum Prügelweg ab. Wir halten uns dem Fahrweg nach, der entlang der Felswand zum Eingang in die Klamm führt; knapp vorher erweitert sich der enge Graben zu einer schönen Bergwiese. Das Gebiet des Röthelsteins, der Roten Wand und des Hochlantschs ist bekannt durch seinen Blumenreichtum; an versteckten Plätzen gibt es noch immer, trotz des lebhaften Touristenverkehrs, seltene Bergblumen: Feuerlilie und Türkenbund, Petergstamm und Maiglöckchen, die strengst geschützte Anemone stiriaca und eine von Botanikern gesuchte Primel, die Cortusa Matthioli.

Die Steiganlage, bestehend aus hohen hölzernen Leitern, ist je nach dem Gelände auf der rechten oder linken Seite des Baches geführt, der einige Male auch auf Stegen oder Brücken mit „schwindelndem" Tiefblick überquert wird. Die Anlage ist durchwegs mit doppeltem Geländer versehen, das man auch benützen soll. Kinder von etwa sechs Jahren an können — natürlich nur unter Aufsicht der Eltern — die Klamm begehen. Die Leitern und Stege sind mit Untertritten oder Fangstufen versehen. Mehrere Personen sollten nie gleichzeitig auf einer Leiter oder Brücke gehen oder stehenbleiben.

Mit jeder neu erklommenen Leiter, jeder überschrittenen Brücke, jedem von Wasserstaub besprühten Steg sehen wir andere und neue, großartige Felsbildungen: ausgewaschene Tobel und Schächte, Gumpen und Tümpfe, natürliche Badewannen aus Fels. Eine Höhle mit Luftschacht heißt „Das Kirchl". Die glattgeschliffenen Felswände zu beiden Seiten bestehen aus grauem, gelbem und rötlichem Kalk. Besonders eindrucksvoll ist die „Hohe Leiter"; dort stürzt der Mixnitzbach als 20 m hoher Wasserfall in die Tiefe.

Im obersten Drittel der Steiganlage sehen wir zur Linken ein winzigkleines Hüttchen, in dem der Steigwart haust. Eine Sperre ist zu passieren, in der wir gerne die geringe Gebühr für die Begehung des Steiges erlegen. Bald danach verlassen wir die Bachschlucht und steigen am linken Hang auf Leitern und ausgesprengten Felsstufen hoch in den Wald empor. Nach $2^1/_2$ St. ab Mixnitz ist das Gh. „Zum Guten Hirten" auf der Harteralpe erreicht. Sind wir an ein Fahrzeug gebunden und müssen nach Mixnitz zurück, so steigen wir am besten über den markierten

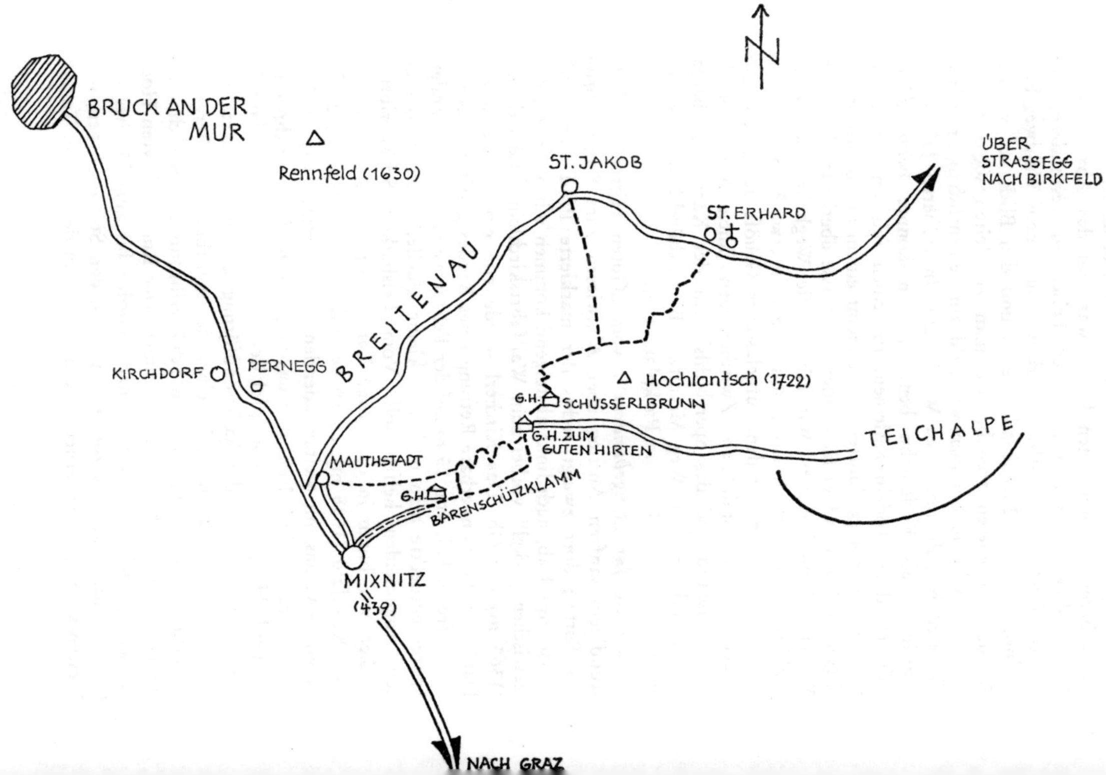
BRUCK AN DER MUR
Rennfeld (1630)
ST. JAKOB
ÜBER STRASSEGG NACH BIRKFELD
ST. ERHARD
BREITENAU
KIRCHDORF
PERNEGG
Hochlantsch (1722)
G.H. SCHÜSSERLBRUNN
G.H. ZUM GUTEN HIRTEN
TEICHALPE
MAUTHSTADT
G.H.
BÄRENSCHÜTZKLAMM
MIXNITZ
(439)
NACH GRAZ

Prügelweg ab; er ist nach den Holzbohlen benannt, mit denen er in früheren Jahrhunderten belegt war, um das Abrutschen der Pferdefuhrwerke auf dem glatten Felsen zu verhindern. Vom „Guten Hirten" in westlicher Richtung auf einem Waldweg bummelnd, der einer Promenade gleicht und den Blick auf wunderschöne Hochwiesen freigibt, wo man zu Zeiten sogar Gemsen beobachten kann, kommen wir bald zum eigentlichen Prügelweg, der steil bergab durch den Wald zieht. In früheren Jahrzehnten wurde er als Rodelbahn benützt, man konnte beim „Guten Hirten" dazu Rodeln ausleihen. In seinen felsigen Grund sind tiefe Radspuren geschnitten; es erscheint einem unmöglich, daß in dieser unebenen, schief hängenden Wegtrasse überhaupt Pferd und Wagen fahren konnten. Wir können die Wegkehren auf einem Abkürzungssteig abschneiden und steigen in etwa $^{3}/_{4}$ St. zu einem freien Wiesenplan mit dem aufgelassenen Gehöft des „Schwaigerbauern im Burgstall" ab. Zwischen den jähen Abstürzen der Burgstallwand und des Sperrbichls zieht der Karrenweg bergab und mündet in den Weg Mixnitz — Bärenschützklamm, den wir talaus verfolgen; bis zum Parkplatz 1 St.

Variante für „Ungebundene": vom „Guten Hirten" in halbstündigem sanften Anstieg über Almwiesen zum Schüsserlbrunner Sattel; dort zweigt rechts der markierte Pfad zum Hochlantschgipfel ab, nach links absteigend kommen wir am Gh. „Zum steirischen Jockel" vorbei zum Wallfahrtskirchlein Schüsserlbrunn (1363 m) mit Gh. Das Kircherl wurde von einem Bauern zum Dank für die wunderbare Rettung eines Rindes gestiftet, das nach einem freien Fall von 15 m auf der Felsterrasse unversehrt landete. Später entdeckte man noch eine kleine Quelle, deren Wasser gegen Augenleiden helfen soll. Vom Felsbalkon Schüsserlbrunn blicken wir hinab in das grüne Tal der Breitenau und hinüber zum Rennfeld (1638 m), einem bewaldeten, aber mächtig großen Bergmassiv, das mit weitausladenden Seitenkämmen wie ein kleines Gebirge wirkt. Hoch über uns zeigen sich, die Lantschmauern krönend, Haupt- und Vorgipfel des 1722 m hohen Hochlantschs, durch eine merkwürdig halbmondförmig gestaltete Scharte verbunden. Der Hochlantsch ist einer der meistbesuchten Berge der Steiermark, man kann ihn von Schüsserlbrunn auf bezeichnetem, steilem Steig in 1 St. leicht erklimmen. Der Rundblick vom Hochlantsch reicht bei klarer Sicht nach Norden bis zum Ötscher und Greim, nach Süden bis zum Grintouc in den Steiner Alpen, nach Westen sogar bis zur fernen Hochalmspitze in den Hohen Tauern.

Auf steilen, bezeichneten Wegen kommen wir von Schüsserlbrunn in etwa 1½ St. in die Breitenau hinab; am besten wählen wir unter drei Varianten jene nach St. Erhard (659 m). Die Breitenau ist ein gutbesiedeltes Tal zwischen Rennfeld und Hochlantsch, wichtig durch ein Magnesitbergwerk bei St. Jakob. Eine Schmalspurbahn, die Lokalbahn Mixnitz — St. Erhard, wurde in früheren Jahrzehnten gerne von Touristen benützt, um näher an den Hochlantsch oder die Teichalpe heranzukommen. Heute wird der Personentransport durch Autobuskurse besorgt. Die Wallfahrtskirche von St. Erhard in der Breitenau ist ein Bauwerk, über das im sonst so nüchternen Dehio fast mit Begeisterung gesagt wird: „... ansehnliche gotische Kirche ... gotisches Westportal mit bemerkenswertem St.-Erhard-Relief ... in zwei Chorfenstern 20 außerordentlich wertvolle Glasgemälde aus der Wiener Herzogswerkstatt ... Außerordentlicher Reichtum an bedeutenden Bildwerken und Altären ...“ Auch die restaurierte gotische Kirche von St. Jakob in der Breitenau, von St. Erhard auf der Erhardstraße in halbstündiger Fußwanderung oder mit dem Autobus erreichbar, ist besuchenswert.

Rückkehr zum Ausgangspunkt: für Begeher des Prügelweges zu Fuß vom Parkplatz in ½ St. nach Mixnitz; mit Fahrzeug 2 km bis Mixnitz. Für Wanderer in der Breitenau: mit Autobus der Linie Pöllau — Bruck an der Mur von St. Jakob oder St. Erhard nach Mixnitz

Höhenunterschiede: Mixnitz (440 m) — „Guter Hirt“ (1289 m) — (Schüsserlbrunn [1365 m] — St. Erhard [659 m]) — Mixnitz (440 m)

Gesamtgehzeit: Mixnitz — Bärenschützklamm — „Guter Hirt“ 3 St., „Guter Hirt“ — Prügelweg — Mixnitz 1¾ St.

Orientierung: ganz einfach. Markierte Wege, Steig durch die Klamm eindeutig, viel begangen

Günstigste Zeit: am wasserreichsten ist die Klamm im Mai; vorher können evtl. noch Schneereste hinderlich oder Steinschlag gefährlich sein. Die Wanderung ist bis in den Spätherbst hinein lohnend, doch fließt zu dieser Zeit weniger Wasser

Karte: Freytag-Berndt-Touristenwanderkarte 1 : 100.000, Blatt 13, Grazer Bergland

40

IM WANDERWUNDERLAND

Die Teichalpenrunde

Die Teichalpe mit ihren rd. 1200 m Seehöhe ist nicht die größte Alm der Steiermark, gewiß aber eines der schönsten Almgebiete und ein wahres Wanderwunderland. Bis vor einem Jahrzehnt war es nur auf komplizierten Zugängen zu Fuß über die Breitenau, den Rechberg, Fladnitz oder gar über die Bärenschützklamm erreichbar. Es spricht für die Wunder dieser Landschaft, daß sie trotz dieser Abgelegenheit schon zu Anfang unseres Jahrhunderts bekannt und beliebt war. Im „Reise- und Handbuch Steiermark" von 1914 heißt es über die Teichalpe: „... ein sonniges und anmutiges Hochplateau mit ausgedehnten Almweiden und prächtigen Nadelwäldern, sehr geeignet als alpine Sommerfrische und empfehlenswert für längeren Winteraufenthalt." Seit zehn Jahren erschließt nun eine zwar schmale, aber vielbefahrene Höhenstraße die Teichalpe mit mehreren großen Gasthöfen dem modernen Tourismus. Drei Skilifte wurden gebaut, und in Fladnitz an der Teichalpe, dem Ausgangsort der Straße, gibt es im „Stonnerheim" ein öffentlich zugängliches Hallenbad. Den Wanderern stehen auf der Teichalpe aber immer noch die Wege des Wanderwunderlandes zur Verfügung, und sie haben einen Vorteil dazubekommen: den der Einsamkeit.

Die Teichalpe hat, von ihren Begrenzungsbergen gesehen, die Gestalt einer flachen Schale. „Eine Rahmschüssel, gefüllt mit feinstem Schnee", hat sie einmal im Winter einer ihrer Verehrer genannt. Im Sommer ist die Almenmulde mit saftigem Gras gefüllt. Der Bergrand der Schüssel ist durchschnittlich um 200 m höher als der Almboden, an der höchsten Stelle — vom weit hinten stehenden Hochlantsch abgesehen — überhöht ein Gipfel die Teichalpe um 350 m. Es ist der Almberg Osser, 1549 m hoch, mit seiner auffallenden Gestalt, die einem riesigen Maulwurfshügel ähnelt, weithin ins Land sichtbar und ein Wahrzeichen der östlichen Steiermark. Die begrasten Seitenwände der Almschüssel werden aus flachen Almhängen gebildet, die ein unbeschwerliches Höhersteigen erlauben. Vereinzelte, kleine, aber dichtverwachsene Fichtengehölze sind ein Charakteristikum der Landschaft. Wer die Plätze weiß und zur richtigen Jahreszeit, gegen den Herbst zu, kommt, kann von dort die Pilze rucksackweise heimschleppen. Vereinzelte Schirmfichten stehen noch höher oben auf den Berghängen. Über den Bergrand der „Rahmschüssel" wollen wir die „Kleine Teichalpenrunde" durchwandern — die „Große Teichalpenrunde" könnte man ausdauernden Bergwanderern empfehlen, die auch noch den Hochlantsch (1722 m) und die Tyrnauer Alpe mit Schweinegg- und Harterkogel einbeziehen wollen.

Der Wegverlauf

Ausgangspunkt: Graz. Nach Fladnitz an der Teichalpe und auf die Teichalpenstraße fahren wir mit einer der planmäßigen Autobuskurse, die ab Graz-Lendplatz verkehren, oder mit eigenem Fahrzeug über Frohnleiten und den Rechberg. Eine andere Möglichkeit, besonders für Fahrzeugbesitzer, wäre: Anfahrt über Weiz, wobei man die Bezirksstadt mit der Wallfahrtskirche am Weizberg, der Taborkirche und manch anderen Sehenswürdigkeiten besuchen könnte; weiter durch die enge, felsige Weizklamm, in der sogar Kletterrouten begangen werden, nach Passail (mit barocker Hallenkirche und interessanter gotischer St.-Anna-Kirche am Lindenberg) und Fladnitz, das sich — zum Unterschied von anderen Orten dieses Namens — mit der auszeichnenden Beifügung „an der Teichalpe" benennen darf.

Vielleicht etwas weniger romantisch als die Anfahrt durch die Weizklamm, doch in anderer Hinsicht erlebenswert ist die Fahrt über Frohnleiten und den Rechberg. Man biegt dabei von Frohnleiten zur Rechten in das enge Waldtal zwischen Gschwendtberg und Hochtrötsch ab und fährt über Schrems zum Rechberg auf einer neuen Höhenstraße, die vor der Neutrassierung eine berüchtigte Sandstraße war, auf der auch Autorennen abgehalten wurden. Die Paßhöhe des Rechbergs ist 926 m hoch, jenseits geht es bergab nach Fladnitz an der Teichalpe (692 m) mit spätgotischer Kirche; 18 km ab Frohnleiten. Die Teichalpenstraße ist rd. 10 km lang und im offiziellen Straßenkartenwerk des ÖAMTC ebenso wie die Rechbergstraße als landschaftlich besonders schöne Strecke gekennzeichnet. Große Parkplätze auf der Teichalpe.

Haben wir beim Angerwirt (1197 m) die Höhe der Teichalpe erreicht, so parken wir am besten gleich dort oder verlassen den Autobus bei dieser Haltestelle. Wir gehen nun 1 km auf der Straße zur Sommeralm, überqueren dann, uns nach links wendend, den Mixnitzbach auf einem Fahrweg, kommen zum Gh. „Heulantschhalter" und wandern dann am Gh. Pirrer vorbei (Straße) zur Breitalmhalt (1239 m), 3/4 St.; alles ohne wesentliche Steigung. Von dort weglos über Rasenhänge ansteigend auf den Großen Frießkogel (1489 m), 3/4 St. Der nach Norden vorgeschobene Gipfel trägt unverkennbar den Charakter der Fischbacher Alpen. Auf südseitige flache Wiesen folgen nordseitig Steilabfälle mit auffallendem Erlenbewuchs. Die Aussicht ist nur nach Westen durch den Hochlantsch etwas behindert. Der ganze Hochschwab von der Ostbastion der Staritzen über die Stangenwand bis zum Ebenstein, Brandstein und Hochthurm liegt im Blickfeld wie auch der Eisenerzer Reichenstein, der Hochwechsel, die Hohe Veitsch und die Schneealpe.

Vom Frießkogel kommen wir in wenigen Min., einen Almzaun übersteigend, in südöstlicher Richtung auf die weich geformte Rasenkuppe des Heulantschs (1473 m). Von dort geht es ein kurzes Stück weglos nach Osten und danach auf einem grasigen Almweg über die Wallhüttenhalt (1391 m) in ebener Wanderung längere Zeit in östlicher Richtung. Besonders schön ist immer wieder der Tiefblick zur Alm; obwohl dort eine Fahrstraße zur Sommeralm häufig befahren wird, sind wir in sicherer Entfernung von den Fahrzeugen. An der kleinen Gruppe der Wallhütten vorüber kommen wir nach etwa 1 St. ab Frießkogel zum Mooskogel und treffen auf einen bezeichneten Weg, der vom Straßegg, dem Straßensattel zwischen Breitenau und Birkfeld, herüberzieht. Wir benützen ihn 20 Min., bleiben aber dort, wo er sich ins Tal zur Weizer Hütte und Sommeralm wendet, auf der

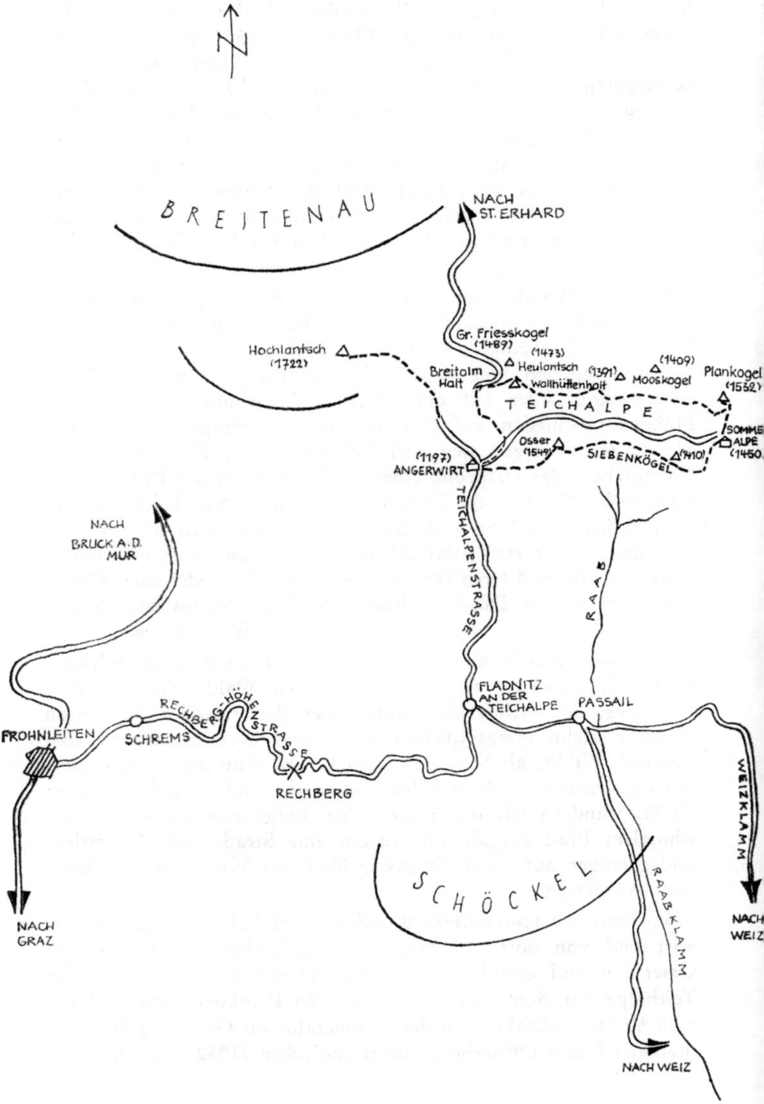
BREITENAU
NACH ST. ERHARD
Gr. Friesskogel (1489)
Hochlantsch (1722)
(1473) Heulantsch
Breitalm Halt
Wallhüttenhalt
(1391)
(1409) Mooskogel
Plankogel (1532)
TEICHALPE
Osser (1549)
SIEBENKÖGEL
(1410)
SOMME
ALPE
(1450
(1197) ANGERWIRT
TEICHALPENSTRASSE
NACH BRUCK A.D. MUR
RAAB
FLADNITZ AN DER TEICHALPE
PASSAIL
FROHNLEITEN
SCHREMS
RECHBERG-HÖHENSTRASSE
RECHBERG
WEIZKLAMM
NACH
WEIZ
SCHÖCKEL
RAABKLAMM
NACH WEIZ
NACH GRAZ

Kammhöhe, überschreiten die Senke bei der Kerschbaumalpe (1488 m) und ersteigen den Plankogel (1532 m) mit hohem Gipfelkreuz. Der flache Berg — sein Name kommt vom weiten Wiesenplan um den Gipfel — bietet eine hervorragend schöne Aussicht, vor allem Nahsicht ins Grazer Bergland mit dem Schöckel, aber auch zum Bachern und bis zu den Karawanken und in die Niederen Tauern. Vom Plankogel über den nur wenig abfallenden Rücken zum Hüttendorf der Sommeralm (1408 m), etwa 1 St. ab Mooskogel. Da wir von der Breitalmhalt mehr als 3 St. gegangen sind, wird uns die Sommeralm mit ihren Almgasthäusern zur Rast willkommen sein.

War die Wanderung bis zur Sommeralm lohnend, so kommt jetzt noch der landschaftlich schönste Teil des Weges, die Strecke über die Sieben Kögel. Vom Hüttendorf der Sommeralm geht es auf bezeichnetem Weg nach Süden auf den Saukogel (1401 m), dann weglos oder auf unmarkiertem Steig mit unwesentlichen Höhenunterschieden auf dem deutlich ausgeprägten Kamm der Sieben Kögel gegen den viel höheren Osser. Zur Linken, im Raabgraben, der Ursprung eines großen Flusses: der Raab, die in Ungarn bei Györ in die Donau mündet. Beim Sattel des Schwabbauernecks, etwa 1 St. von der Sommeralm, müssen wir uns entscheiden, ob wir zum Mixnitzbach absteigen und an seiner linken Seite auf einem Karrenweg den Osser umgehen oder zum Gipfel aufsteigen wollen. Die Umgehung erfordert 1 St. bis zum Angerwirt, die Überschreitung des Ossers bis dorthin 1/2 St. mehr.

Den kegelförmigen Ossergipfel ersteigt man vom Schwabbauerneck entweder weglos durch steilen Wald oder auf dem Saumweg, der östlich des Berges über die Passailer Alpe nach Fladnitz zieht, etwas querend und dann über Almwiesen aufsteigend; 3/4 St. ab Schwabbauerneck. Die Aussicht ist besonders auf die Oststeiermark und den Hochwechsel lohnend. In weiteren 3/4 St. wandern wir durch die hohen Bergwiesen des Ossers auf schmalem Pfad bergab, überqueren eine Straße (mit Überstieg) und gelangen auf einem Saumweg über eine Vorkuppe des Ossers zum Angerwirt.

Variante für motorisierte Wanderer: mit Fahrzeug zum Angerwirt und von dort auf dem oben beschriebenen Weg auf den Osser hin und zurück rd. 1 1/2 St.; auf der Fahrstraße von der Teichalpe zur Sommeralm und auf den Plankogel, hin und zurück 3/4 St. Rückfahrt von der Sommeralm auf Güterweg über den Steinkogel und Offnerberg zur Brandlucken (1032 m), auf Fahrstraße zum Granitzer Wh. und durch den Weizbachgraben zur Weizklamm und nach Weiz. Ein durchgehender Güterweg besteht auch schon vom Gh. Holzmeister über das Schwabbauerneck (auf der ÖAMTC-Karte Schwaigbauernkreuz) ins oberste Raabtal und nach Passail.

Rückkehr zum Ausgangspunkt: vom Angerwirt mit Autobus oder eigenem Fahrzeug nach Graz

Höhenunterschiede: Angerwirt (1191 m) — Breitalmhalt (1239 Meter) — Großer Frießkogel (1489 m) — Heulantsch (1473 m) — Wallhüttenhalt (1391 m) — Plankogel (1532 m) — Sommeralm (1408 m) — Sieben Kögel (1300 m) — Osser (1549 m) — Angerwirt (1191 m)

Gehzeiten: Angerwirt — Breitalmhalt 3/4 St., Breitalmhalt — Großer Frießkogel 3/4 St., Großer Frießkogel — Mooskogel 1 St., Mooskogel — Plankogel — Sommeralm 1 1/2 St., Sommeralm — Schwabbauerneck 1 St., Schwabbauerneck — Osser 3/4 St., Osser — Angerwirt 3/4 St.; zusammen 6 bis 6 1/2 St.

Günstigste Zeit: Anfang Mai bis November; die Almhänge apern frühzeitig aus. Nach schneereichem Winter evtl. erst ab Ende Mai

Besonderes: Bergschuhe empfohlen
Für Kinder ab 8 Jahren geeignet

Orientierung: unschwierig; teilweise bezeichnete Wege, die unbezeichneten eindeutig. Die Nähe von Alm und Fahrstraße gibt die Gewißheit, daß man in guter Hut ist. Die Umwanderung der Teichalpe kann praktisch an jeder Stelle abgebrochen werden, man ist spätestens nach 1/2 St. an der Fahrstraße

Karte: Freytag-Berndt-Touristenwanderkarte 1 : 100.000, Blatt 13, Grazer Bergland

41

VOM INNENLEBEN DER BERGE

Die Lurgrotten und andere Höhlen der Steiermark

Die Anfänge des menschlichen Lebens in der Steiermark fallen in die zweite Hälfte der letzten Zwischeneiszeit, das Riß-Würm-Interglazial. Etwa 150.000 bis 120.000 Jahre vor unserer Zeitrechnung muß es gewesen sein, daß der erste Mensch in der Steiermark auftauchte. Als Jäger folgte er den Tieren, die zusammen mit dem pflanzlichen Leben von den eisfreien Flächen Besitz nahmen. Leider hat man in der ganzen Steiermark noch keine Reste eines eiszeitlichen Menschen gefunden. Doch hat er wenigstens Spuren seiner Anwesenheit hinterlassen, an zwei Fundstellen: in der Salzofenhöhle im Toten Gebirge und in der Repolusthöhle nahe Graz. Es waren keine Wohnhöhlen, da diese Menschen noch nicht seßhaft waren. Sie suchten nur Unterschlupf während der Jagd, diese Höhlen waren also die ersten Jagdhütten des Urmenschen.

Weitere, heute bekannte Jagdstationen in der Steiermark waren: die Badlhöhle, die Kugelsteinhöhlen, beide wie die Repolusthöhle im Gebiet von Peggau bei Graz, die Drachenhöhle bei Mixnitz, das Lieglloch auf der Tauplitz und die Hieflauer Bärenhöhle. In diesen Höhlen wurde Jagd auf den Höhlenbären gemacht, der nach Erlegung gleich an Ort und Stelle zerwirkt wurde. Bei Grabungen nach 1945 fand man dort mehr als 2000 Geräte aus Hornstein und Quarzit und Holzkohle von Feuerstellen. Diese Holzkohle war der wichtigste Fund, denn sie ermöglichte durch die Radiokarbonmethode eine genaue Zeitbestimmung.

Die nächsten Spuren prähistorischer Menschen fallen in eine viel jüngere Zeit: im Zigeunerloch bei Gratwein, einer auffallenden Höhle mit Felsportal (das jetzt zu extremen Klettereien dient) hat man Spuren menschlicher Anwesenheit aus etwa 8000 bis 6000 v. Chr. gefunden. Es waren Fundstücke, einmalig für den ganzen mitteleuropäischen Raum. Die in der Zigeunerhöhle gefundenen Geräte gehörten demnach der mittleren Steinzeit an. Auf sie folgte die Jungsteinzeit. In ihr wurde der ruhelose Jäger seßhaft und zum Bauern. Zu seinen vielfältigen Geräten gehörten bereits Tongefäße. Wieder fanden sich in der Steiermark im Raume von Peggau, in der Josefinengrotte, aber auch in der Drachenhöhle und in der Ofenbergerhöhle im Mürztal und in der Rettenwandhöhle bei Kapfenberg Spuren des seßhaften, vorgeschichtlichen Steirers in Form von Tongefäßen und Tonscherben, die alle dem bandkeramischen oder donauländischen Kulturkreis angehören, dessen Blütezeit in das 3. Jahrtausend v. Chr. fällt.

Gegen Ende des 3. Jahrtausends wurde erstmals Metall, und zwar Kupfer, zur Herstellung von Waffen und Geräten verwendet. Und wieder wurde im geschichtsträchtigen Boden um Peggau, im Schneiderloch, ein bedeutsamer Fund gemacht: ein Kupferdolch. Mit der Verwendung des Metalls hatte ein neues Zeitalter begonnen, die Metallzeit.

Das Kupfer ist sehr weich und erst seine Legierung mit Zinn zur Bronze ergab einen brauchbaren Werkstoff, der wiederum eine neue Epoche einleitete: die Bronzezeit (etwa 1700 bis zirka 1200 v. Chr.). Noch benützte der Mensch Höhlen als Wohnstätten, wie dies ein Fund von Bronzegegenständen in der schon so oft erwähnten Drachenhöhle beweist. Die Menschen der späteren Bronzezeit lebten aber auch schon in der Steiermark in zum Teil mehrräumigen Blockhäusern. Reste einer derartigen Siedlung fanden sich am Buchkogel bei Wildon.

Aber auch aus der auf die Bronzezeit folgenden Eisenzeit, jenem Zeitabschnitt, der das Bindeglied zwischen Vorgeschichte und Geschichte darstellt, wurden aus dem Boden der Steiermark reichhaltige Funde geborgen. So zwischen Sulm und Saggau. Dort fand man über 1100 Hügelgräber mit wertvollsten Grabbeigaben und am Aichfeld in der Obersteiermark fand man im Grabhügel von Strettweg den berühmten Opferwagen, der heute das Glanzstück der urgeschichtlichen Abteilung des Joanneums in Graz bildet.

Diese Funde sind alle wohlgeborgen und wohlverwahrt, die Höhlen und Fundstätten teilweise nicht allgemein zugänglich, schwierig zu befahren oder überhaupt gesperrt, um die so kostbaren Fundgegenstände und ihre Umgebung nicht durch laienhafte Grabungsversuche zu gefährden. Doch gibt es darüber hinaus auch öffentlich zugängliche Höhlen. Eine davon ist die schon mehrmals erwähnte Drachenhöhle bei Mixnitz, eine ergiebige Fundstelle, zu der es von Mixnitz einen markierten Steig gibt, der auch viel begangen wird. Die Höhle ist etwa 1/2 km lang, an die 60 m breit, das Höhlenportal dementsprechend groß; im Höhlenhintergrund befindet sich eine gute, gefaßte Quelle. Die Drachenhöhle oder „Kogelluken“ muß in prähistorischer Zeit von Unmengen von Tieren, später auch von Menschen bewohnt gewesen sein. Der wertvolle Höhlendünger war in so unglaublichen Mengen vorhanden, daß man zu seinem Abtransport nach der Erforschung der Höhle eine eigene Seilbahn gebaut hat. Drachenhöhle nannte man sie nach einer alten Sage: dort hauste ein böser Lindwurm, der es wie alle diese Würmer besonders auf zarte Jungfrauen abgesehen hatte. Als ihm das schönste Mädchen des Dorfes Mixnitz geopfert werden sollte, sann ein schlauer Bauernbursche auf Abhilfe: der Drache pflegte durch die (heute noch vorhandene) glatte Felsrinne von der Höhle abwärts nach Mixnitz zu rutschen und sich seine Beute zu holen. Der Bursche versteckte eine

Reihe von Sicheln mit der Schneide nach oben im Boden und verdeckte sie mit Laub. Als der Drache auf Brautschau aus dem Loch fuhr, schlitzte er sich den Bauch auf und raste heulend und zu Tode verwundet zur Mur hinab, die noch lange von seinem Blut rot gefärbt gewesen sein soll.

Weniger wilde Geschichten weiß man von den Lurgrotten oder Lurlöchern bei Peggau und Semriach. Doch gelten diese im Innern des Berges, der Peggauer Wand, zusammenhängenden 5 km langen Tropfsteinhöhlen als das größte Höhlenwunder Österreichs. Aus der Zeit ihrer Erforschung gibt es zwar keine Drachensage, wohl aber eine Geschichte, die sogar die Weltöffentlichkeit neun Tage lang in Bann hielt. In einem Führer der Grazer Lurgrottengesellschaft, die sich Ausbau und Betreuung der Höhlen zum Ziel gesetzt hat, lesen wir die Schilderung der dramatischen Entdeckung: „Am 28. April 1894 zogen die Mitglieder der ‚Gesellschaft für Höhlenforschungen in Steiermark', Obmann Josef Fasching, Anton Felzmann, Karl Kurz, Franz Meier, Karl Oswald und Karl Zweyer, denen sich der 15jährige Realschüler Rudolf Haid angeschlossen hatte, zur Nachtzeit mit Seilen, Farben, Kompaß und etwas Proviant im Rucksack aus, um in das Innere des Lurloches bei Semriach zu gelangen. Bisher war man nur in die Vorhöhlen gekommen. Die sieben kamen nach Durchwanderung der Vorhöhlen in einen vom Semriacher Bach durchflossenen Schlurf. Auf dem Bauch den Wasserlauf durchkriechend, die Kerzen in die Höhe haltend, erreichten sie einen Kamin, und nach Durchkletterung desselben bot sich ihren Augen eine geräumige Höhle dar. Hier fanden sie aus dem Lehm hervortretende Schädel, Zähne und Knochen von Höhlenbären, die sich jetzt teils im Joanneum, teils in Privatbesitz befinden. Bei ihren weiteren Erforschungen kamen sie durch einen toten, ausgetrockneten Gang in Grotten und Dome von wunderbarer Schönheit und Ausdehnung, die herrliche

Tropfsteingebilde in überreicher Zahl aufwiesen. Von Menschenaugen noch niemals gesehen! Voll Bewunderung und Erstaunen über diese Entdeckung drangen sie ins Bergesinnere weiter vor, bis ein gähnender Abgrund sie von der weiteren Wanderung abhielt, in dessen Tiefe sie brausende und donnernde Wasser hörten.

Sie machten kehrt, um auf dem von Haid markierten Weg wieder dem Ausgang zuzustreben. Ihre geringen Vorräte hatten sie fast aufgezehrt, als sie am 29. April 1894 um 3 Uhr nachmittags zum Kamin kamen. Da sahen sie mit Entsetzen, daß Wasser, Baumäste, Felstrümmer und Rasenstücke den Ausgang verlegt hatten! Neun Tage blieben nun die Höhlenforscher eingeschlossen, die Kleider durchnäßt, fast ohne Lebensmittel und nur mit wenigen Kerzen ausgestattet, mit dem Sickerwasser ihren Durst löschend, bei einer Temperatur von 8 Grad Reaumur. Als die Höhlenforscher am 29. April abends nicht in Graz einlangten, verbreitete sich rasch das Gerücht, daß ein Unglück geschehen sein müsse. 2 bis 3 Tage vergingen. Die Bergknappen von Deutschfeistritz arbeiteten unermüdlich, die Freiwillige Feuerwehr errichtete Dämme. Studenten und hunderte Zivilpersonen halfen bei dem Rettungswerk, doch die fortwährenden Regengüsse machten alle Arbeit zunichte. Endlich wurden auf Befehl des Kaisers Pionierabteilungen von Pettau nach Semriach dirigiert, die mit allen ihnen zu Gebote stehenden Mitteln die Arbeiten aufnahmen. Von den Bergknappen wurde ein neuer Zugang gesprengt, das Wasser durch Dämme abgeleitet, und nun gelang es als erstem einem Taucher aus Triest, zu den Eingeschlossenen vorzudringen. Am 7. Mai 1894 um 4 Uhr nachmittags konnte man endlich die Geretteten unter dem Jubel der nach Tausenden zählenden Menschenmenge, die sich in banger Erwartung vor dem Höhleneingang versammelt hatte, ans Tageslicht schaffen.“

Heute sind die Lurgrotten durch die Lurgrottengesellschaft bestens erschlossen und stellen einen wichtigen Faktor im steirischen Fremdenverkehr dar. Es gibt ständige Führungen von beiden Eingängen, also von Peggau und von Semriach her, die kleine Führung dauert 1 St., die große 3 St. Für Interessenten werden aber auch Durchquerungen beider Grotten unternommen. Das sind mehrstündige Bergtouren im Innern des Berges, wo man sich trotz moderner Hilfsmittel in die Pionierzeiten versetzt glauben kann. Noch 1947 scheiterte eine solche Durchquerung an einem mit Sand gefüllten engen Siphon, der nicht zu durchsteigen war. Doch heute ist die Verbindung zwischen der Semriacher und der Peggauer Lurgrotte durch Grabungen, Erweiterungen und Sprengungen hergestellt worden; von beiden Seiten ist elektrisches Licht installiert, um die herrlichen Tropfsteingebilde, Gänge und Grotten, wie den Parzivalgang, den Baldachin, die Drei Zinnen, den Zauberwald, die steinerne Regengrotte, die Krokodilschlucht, die Tellklamm, die Riesenfahne, den einzigartigen „Prinzen", das Hexentor und den Blocksberg, die Gralsburg, den Steinernen Wasserfall, den Zierhutsee und wie sie alle heißen, ins rechte Licht zu setzen. Den Mittelteil der Grotten durchsteigt man nach wie vor nur mit Fackeln. Ob man aber nur eine kleine, eine große Führung oder eine große Durchquerung der Grotten mitmacht — ein Gang durch die geheimnisvollen Tiefen eines Berges gehört unbedingt zu den steirischen Wanderungen, die man gemacht haben muß.

Der Wegverlauf

Ausgangspunkt: Peggau (403 m), Doppelort mit dem nahen Deutschfeistritz über der Mur verbunden. Hübsche Bergkirche am Fuß des Kugelberges (nachts beleuchtet). In Peggau gotische Margarethenkirche. Industriewerke. Vom Bahnhof Peggau-Deutschfeistritz (Schnellzugsstation), 21 km von Graz, auch auf

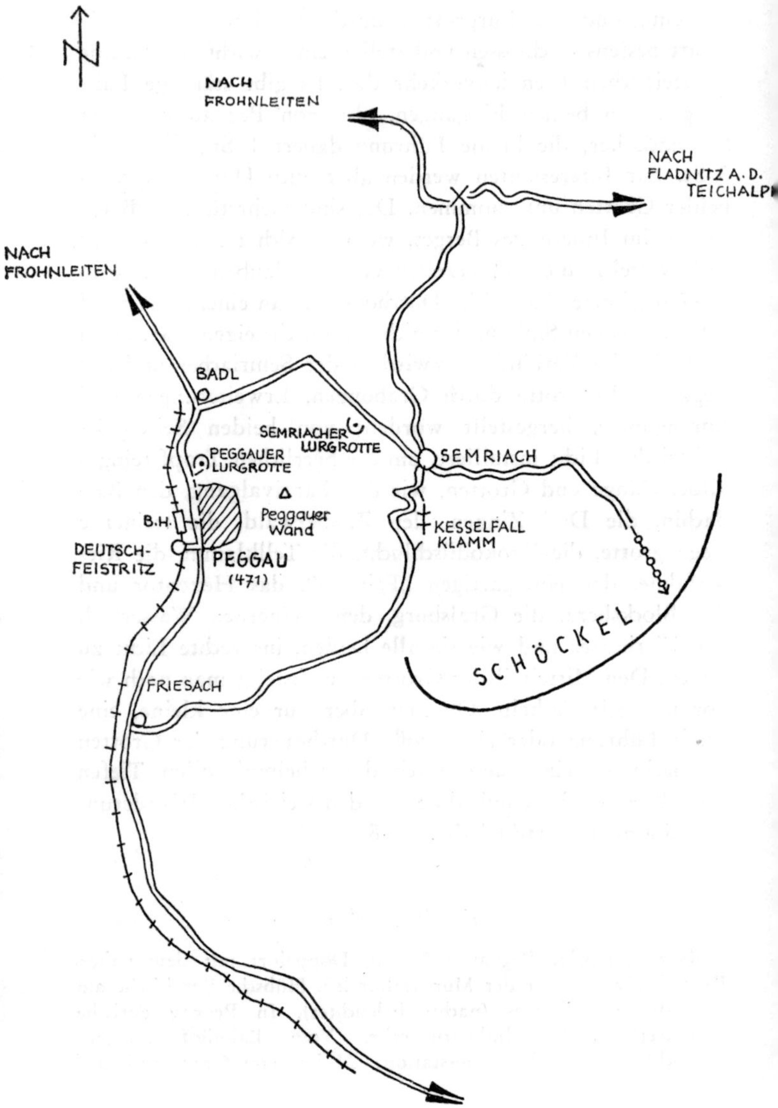
N
NACH
FROHNLEITEN
NACH
FLADNITZ A. D.
TEICHALP
NACH
FROHNLEITEN
BADL
SEMRIACHER
LURGROTTE
PEGGAUER
LURGROTTE
SEMRIACH
Peggauer
Wand
B.H.
DEUTSCH-
FEISTRITZ
PEGGAU
(471)
KESSELFALL
KLAMM
SCHÖCKEL
FRIESACH
NACH
GRAZ

Immer noch ein Land der Wälderstille: Roseggers Waldheimat

Österreichisches Freilichtmuseum bei Graz, Sölktaler Hof

der Bundesstraße erreichbar, in wenigen Min. zum Eingang der Peggauer Lurgrotte (große Tafel). Führer am Eingang, Gastwirtschaft. Semriach (707 m) liegt auf einer luftigen Hochebene nördlich des Schöckels und ist ein beliebter Ausflugsort der Grazer. Schöne gotische Pfarrkirche. Zur Semriacher Lurgrotte Fußweg, 1/2 St. vom Ort, Zufahrtsstraße im Bau. Besuch beider Lurgrotten läßt sich sehr gut mit anderen Zielen verbinden, z. B. dem Schöckel (Talstation des Sesselliftes mit Zufahrt von Semriach). Nach Semriach führt von Graz über Friesach und den Rötschgraben eine kurvenreiche Bergstraße. Im Augraben Zugang zum Kesselfall, einer hübschen Klamm, deren Durchsteigung (2 St.) leicht mit einer Lurgrottentour kombiniert werden kann.

Günstigste Zeit: ganzjährig. Semriach ist auch Wintersportgebiet (Skischule, Skilifte)

Besonderes: festes Schuhwerk, warme Kleidung für die Höhlen nicht vergessen

Für Kinder ab 8 Jahren geeignet

Karte: Freytag-Berndt-Touristenwanderkarte 1 : 100.000, Blatt 13, Grazer Bergland

42

ZUM ÖSTERREICHISCHEN FREILICHTMUSEUM BEI GRAZ

Es kann der Tag kommen,
da all unser Gold nicht reicht,
uns ein Bild von der entschwundenen Zeit zu formen.
(Artur Hazelius)

Einer Idee des berühmten steirischen Volkskundlers Prof. Dr. Viktor von Geramb folgend, wird seit 1963 im Reinprechtsgraben bei Stübing, rd. 20 km von der Landeshauptstadt Graz entfernt, das Österreichische Freilichtmuseum geschaffen. Fast alle europäischen Staaten — Schweden ging mit dem bekannten „Skansen" in Stockholm voran — und natürlich auch die USA haben schon seit langem ihre Freilichtmuseen. Zur Anerkennung geleisteter Volkskundearbeit, in der sich steirische Wissenschaftler immer schon hervorgetan haben, wurde die Steiermark ausersehen, ein „gesamtösterreichisches Freilichtmuseum" auf ihrem Boden zu errichten.

Prof. Dr. Viktor Herbert Pöttler, der Schöpfer dieses Museums, hat dieses sein Lebenswerk ohne technisches Personal und ohne Baufirma, nur mit den ihm zugeteilten Handwerkern und Arbeitern, in Eigenregie geschaffen. Selbst handwerklich außerordentlich begabt, hat Prof. Pöttler immer wieder selber Hand angelegt und seine sehr fleißigen und willigen Arbeiter angeleitet, die alten bäuerlichen Arbeitsweisen wiederaufzunehmen und anzuwenden. Doch sagen diese Worte dem Laien wenig über die ungeheuerliche Arbeitsleistung, die dabei aufgewendet wurde. So gab es z. B. in der ganzen Steiermark nur mehr einen einzigen, älteren Handwerker, der imstande war, ein Dach fachgerecht mit Stroh zu decken. Er konnte für die Arbeit am

Museum gewonnen werden und hat u. a. dem ersten aufgestellten Objekt, dem „Sallegger Moar“, das formschöne, vielbewunderte und jetzt schon silbergrau verwitterte Strohdach aus nicht weniger als 17 t Stroh aufgesetzt! Und wenn man erst einmal weiß, daß die 50 bis 60 Objekte des Museums — 1970 standen davon bereits über 30, etwa 10 weitere waren im Aufbau — Balken für Balken und Stein für Stein an Ort und Stelle abgetragen und im Gelände des Museums wiedererrichtet werden mußten, bekommt man vielleicht einen kleinen Begriff, was und wieviel da eigentlich geschaffen wurde.

Im weltabgeschiedenen Reinprechtsgraben, auch Enzenbachgraben genannt, der dennoch verkehrsmäßig günstig zwischen Gratwein und Kleinstübing gelegen ist, widmete die Steiermärkische Landesregierung schon im Jahre 1961 dem großen Vorhaben eine etwa 40 ha umfassende Bodenfläche. Inmitten niedriger, aber eigenartigerweise sehr alpin anmutender Voralpenkogel, dem Gsollerkogel und dem Pfaffenkogel (730 m) eingeschnitten, war dieser Graben mit seinem engen, fast versteckten Eingang, der unvermuteten Talweitung, den hohen Wäldern an den Hängen und der bekannt reichhaltigen, strengst geschützten und auch überwachten Flora des Pfaffenkogels geradezu das Mustergelände für ein Freilichtmuseum.

Prof. Dr. Pöttler umreißt in seinem „Führer durch das Österreichische Freilichtmuseum“ den Begriff dieser Museen: „Nach dem derzeit geltenden System unserer Wissenschaften ist ein Freilichtmuseum der Volkskunde zugeordnet. Mit seiner Aufgabenstellung, die noch greifbaren Zeugnisse einer verschwindenden Kultur, insbesondere aus dem Bereich der bäuerlichen Wohn- und Arbeitsstätten, für die Nachwelt zu bewahren und präsent zu machen, zählt es zur großen Gruppe der kulturhistorischen Museen. Primär dient das Freilichtmuseum der Wissenschaft als Stätte der Forschung und musealen Bewahrung ... Die ... Bauwerke sind schon heute ein unersetzliches Anschauungsmaterial für die Studierenden (der Volkskunde) geworden. Auch die Studierenden der Geschichte, der Kulturgeschichte und der Sozialwissenschaften werden ... den Weg ins Freilichtmuseum finden." Prof. Dr. Pöttler schreibt weiters, daß auch Architekturstudenten im Freilichtmuseum eine willkommene Lehrwerkstätte gefunden haben und daß das Museum auch berufen ist, das Verständnis für Heimatkunde und Geschichte zu wecken. Den Schülern bietet ein Besuch eine erwünschte Ergänzung und Belebung des Unterrichts. Und: „Die Erwachsenen werden indessen im Verlauf einer reizvollen Wanderung durch das Museumsgelände im Sinne bester Erwachsenenbildung durch ein echtes Bildungserlebnis bereichert."

Seit der offiziellen Eröffnung am 7. September 1970 durch den österreichischen Bundespräsidenten Franz Jonas ziehen täglich Besucherscharen durch das Gelände. Sachkundige Führungen werden veranstaltet, oft vom „Professor" selbst. Den Grazern ist das Freilichtmuseum bereits ein aus dem Ausflugsleben nicht mehr wegzudenkendes, liebes Ziel geworden, zu dem man Besucher der Steiermark meist als ersten Ausflug führt. In kaum 1/2 St. Anfahrt aus der Stadt Graz erreichbar, wird das Museum von manchem Berufstätigen noch nach der Tagesarbeit besucht, zumal es in einer Gegend liegt, die ohnedies zum engen Freizeitbereich der Grazer gehört. Man kann damit auch sehr schöne Wanderungen oder einen Aufenthalt in Stift Rein mit seinen gepflegten Gaststätten verbinden, im Sommer auch ein Schwimmbad in der beliebten Weihermühle und vieles andere mehr.

Der Wegverlauf

Ausgangspunkt: Graz (368 m), Landeshauptstadt der Steiermark. Vom Stadtzentrum über Gratkorn (mit Hallenbad) oder Judendorf nach Gratwein, 14,5 km. Judendorf-Straßengel, wie es

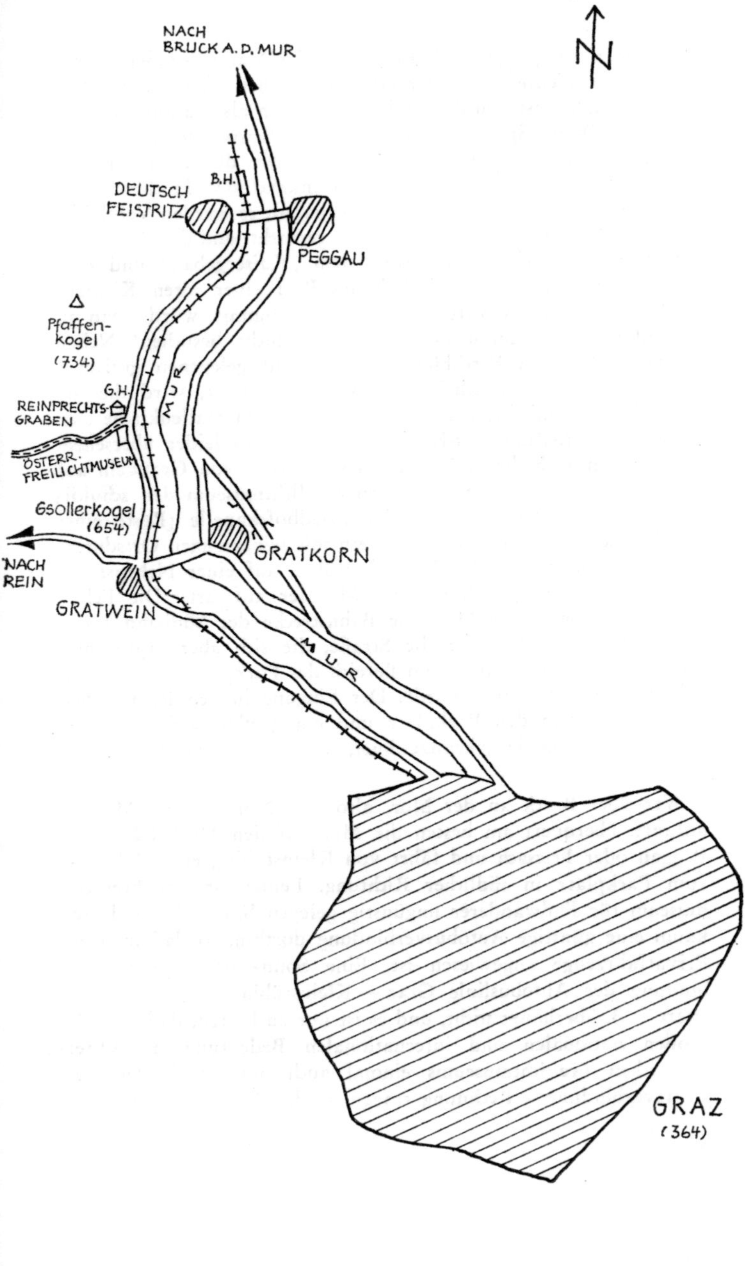
NACH
BRUCK A. D. MUR
B.H.
DEUTSCH
FEISTRITZ
PEGGAU
Pfaffen-
kogel
(734)
G.H.
REINPRECHTS-
GRABEN
MUR
ÖSTERR.
FREILICHTMUSEUM
Gsollerkogel
(654)
NACH
REIN
GRATKORN
GRATWEIN
MUR
GRAZ
(364)

nach der nahe gelegenen Wallfahrtskirche Maria Straßengel genannt wird, diente nach einer landesfürstlichen Verordnung, dem „Judenregal", einst den durchreisenden Juden als Station zwischen Graz und Wien. Später ist es ein kleiner Kurort geworden. Die Wallfahrtskirche wird im Dehio „ein besonders durch den Turm in der Steiermark einzig dastehendes Denkmal der Hochgotik, in reicher Steinmetzarbeit ausgeführt", genannt, es werden Vergleiche mit dem Dom zu St. Stephan in Wien gemacht, und die Umgebung mit dem Kirchhof, der Propstei, dem „Kaisergebäu" und dem Neugebäude als „ein wohlerhaltenes Bild einer alten Kirchenburg" bezeichnet. Es wäre ein großes Versäumnis, würde man an Judendorf vorbeifahren und Straßengel nicht besuchen! Neben diesem, auf einem Kirchhügel beherrschend gelegenen gotischen Bau, der nachts mit Scheinwerfern beleuchtet ist, wird die ursprünglich romanische, später zu einer gotischen Hallenkirche umgewandelte St.-Ruprechts-Kirche von Gratwein leider übersehen. Wir werden auch ihr und dem alten Pfarrhof von Gratwein auf unserem Weg zum Österreichischen Freilichtmuseum den schuldigen Besuch abstatten, ebenso der Friedhofskapelle (Reste eines romanischen Karners). Von Gratwein mit seiner engen Ortsdurchfahrt, die uns an der Kirche vorbeiführt, auf einer Nebenstraße am linken (orographisch rechten) Murufer aufwärts. Die Felsen des Gsollerkogels, die Mur, die Bahnstrecke der Südbahn lassen hier nur wenig Platz für die Straße, die sich aber tapfer hindurchwindet und besonders im Bereich des Parkplatzes beim Freilichtmuseum verbreitert wurde. Der Eingang in den Reinprechtsgraben ist durch den Parkplatz und ein großes, weißverputztes Verwaltungsgebäude gekennzeichnet, das quer am Grabenausgang steht.

Wer über Bruck an der Mur, also von Norden zum Museum anfährt, überquert am besten die Mur auf den Murbrücken von Peggau oder Friesach und fährt von Kleinstübing etwa 3 km bis zum Parkplatz in südlicher Richtung. Leider ist das Freilichtmuseum für Fußwanderer ungünstig gelegen bzw. gibt es derzeit kaum eine günstige Autobusverbindung dorthin, so daß man auf Privatfahrzeuge angewiesen ist. Eine Sonn- und Feiertagsverbindung der Autobuslinie Graz — Kleinstübing — Geistthal existiert z. B. überhaupt nicht, und es ist nur zu hoffen, daß man der großen nationalen und internationalen Bedeutung des Österreichischen Freilichtmuseums einmal auch hinsichtlich der Verkehrsverbindungen Rechnung tragen wird. Gh. ist vorhanden.

Vom Parkplatz überqueren wir den beschrankten Eisenbahnübergang, passieren den Schranken beim Verwaltungsgebäude, zahlen unseren Obolus (der für das Gebotene niedrig gehalten ist!) und wandern auf dem kaum ansteigenden Fahrweg talein. Rechts oben ist der Platz für das geplante Haus aus Wien freigehalten, zur Rechten sehen wir ein strohgedecktes Bauernhaus aus Neustift im Burgenland. Am Fuß dieser Anhöhe ist der Kitting aus Unterschützen im Burgenland hingebaut, ein Getreidespeicher mit interessanter Dachkonstruktion; daneben eine Scheune aus St. Nikolaus im Burgenland. Links anschließend ist eine Stampfe und Mühle aus Pöllau-Winkl in der Steiermark, mit fließendem Wasser im Fluder und Mühlrad. Im Weitergehen sehen wir zur Rechten in einem Seitenweg eine Holzknechthütte aus der Bärenschützklamm bei Mixnitz (Steiermark), daneben ist ein Platz für den aufzustellenden Kohlenmeiler freigehalten. Der Fahrweg zieht durch Gebüsch am Ufer eines kleinen Baches sanft bergan. Links erhebt sich eine Brettersäge aus dem Kindtalgraben im Mürztal, in der Nähe eine Getreidemühle ans Birkfeld in der Steiermark. Im Wald neben dem Weg steht die Brechelhütte aus Anger bei Weiz, eine Schmiede aus Feistritz bei Birkfeld — die Oststeiermark war besonders „ergiebig“ für die Wahl der Objekte — fehlt nicht. Rechter Hand, in erhöhter, wunderschöner Lage sehen wir nun den „Sallegger Moar“, das strohgedeckte Rauchstubenhaus aus Sallegg in der östlichen Steiermark, 200 Jahre alt; nicht das größte und schönste, aber vielleicht das interessanteste Objekt des Geländes. Dahinter ein Bienenstock aus Falkenstein in der Steiermark, ein Stall im Aufbau begriffen; in der Nähe vom Sallegger Moar ein ebensolcher Getreidekasten und eine Viehtränke.

Weit links auf einer Wiese steht ein einfaches, aber interessantes Häusl mit schweren, lehmverklatschten Eichenbalken: das Weingartenhaus von Tieschen in der südöstlichen Steiermark, eine Urform des Hauses darstellend. In der Nähe, in deutlichem Zusammenhang, das Rauchstubenhaus „Laarer“, ein Getreidekasten und ein Stall, alle drei aus St. Nikolai in der Großsölk. Rechts oberhalb des Weges finden wir den riesengroßen „Einhof“ vulgo Säuerling aus Einach an der Mur, mit einer Heuhütte aus derselben Gegend und einem Getreidekasten aus Oberzeiring. Hinter den Großsölktaler Gebäuden ist Platz für eine Kapelle bestimmt, in der Nähe sind Wohnhaus und Getreidekasten sowie Blockstadeln des Ringhofes aus Ebene Reichenau (Kärnten) im Aufbau begriffen. Zwischendurch haben wir Gelegenheit, an den Waldrändern, je nach Jahreszeit, manche interessante Pflanze und Blüten der kalkholden Flora zu bewundern, die dort heimisch sind: etwa das Erdbrot (im Volksmund Zyklame genannt), die Graslilie, den Zwergbuchs (buchsbaumblättriges Kreuzkraut) usw. Auf einem Brückl über den Bach erreichen wir den wunderschönen, mächtigen Vierkanthof aus St. Ulrich bei Steyr mit seinem bemerkenswerten Mosaik aus gewöhnlichen Feldsteinen, in dessen Nähe auch ein oberösterreichischer Bundstadel und ein Hof aus Niederösterreich geplant sind. Aus Südtirol finden wir neben der Getreidemühle aus Schnals auf derselben Seite einen Strohdachstadel aus Vöran; neben dem Bach erheben sich Wohnhaus, Wirtschaftsgebäude und Schweinestall des „Wegleithofes" aus St. Walburg im Südtiroler Ultental. Jenseits des Baches liegt, wieder etwas erhöht, der „Hanslerhof" mit Backofen, Badestube und Futterstall aus Alpbach in Tirol; noch höher oben sind eine Sennhütte aus dem Durlaßboden bei Gerlos an der Grenze von Tirol und Salzburg und eine Almhütte aus Johnsbach in der Steiermark im Aufbau. Das Salzburger Rauchhaus aus Siezenheim, das rundum mit Bretterverschlägen gepanzerte Bregenzerwälderhaus und das geplante Montafoner Bauernhaus schließen gegen Westen ab. Gegen den Ursprung des Baches zu liegt das kleine E-Werk nebst sanitären Anlagen — auch daran mußte gedacht werden!

Wenn man diese Aufzählung nur einmal liest, geschweige denn in der Natur bewundert, so wird einem klar, daß man das Österreichische Freilichtmuseum nicht nur einmal besuchen wird; es sind viele Besuche nötig, wenn man „alles" richtig sehen will, zum Beispiel auch die selbstverständlich vorhandene Ausstattung und Inneneinrichtung der Baulichkeiten.

Für die Durchwanderung müßte man bei schneller Gangart mindestens 1 St., besser aber 2 St. rechnen; für eine genaue Besichtigung möglichst mit Führung aber einen Halbtag.

Rückkehr zum Ausgangspunkt: mit Fahrzeug über Gratwein und Judendorf oder Gratkorn nach Graz, etwa 20 km.

Für Wanderer, welche die Besichtigung des Freilichtmuseums mit einer Halbtagswanderung verbinden wollen, einige Tips: von Kleinstübing auf markiertem Fahrweg am Bach entlang zum „Hörgaspauli" aufsteigen (der „Pauli" ist seit 1970 kein Gasthaus mehr!) und auf bezeichnetem Weg über zwei Erhebungen durch Wald auf die schmale Kammhöhe des Pfaffenkogels (730 m),

$2^1/_2$ St. ab Kleinstübing. Achtung! Der Pfaffenkogel ist bekannt für seine einmalig seltene Flora, sie wird aber auch einmalig gut von den Männern der Bergwacht überwacht. Daher: bitte nur fotografieren!

Ähnlich schön wie die lichten, von feinem Gras durchwachsenen Wälder des Pfaffenkogels sind auch jene des Mühlbacherkogels (1050 m); er ist vom Hörgaspauli über den bezeichneten steilen Kaschlsteig in etwa $1^1/_2$ St. zu ersteigen; von Kleinstübing (Personenzugsstation) $2^1/_2$ St.

Für motorisierte Wanderer: der Stübinggraben von Kleinstübing über Großstübing nach Geistthal mit seiner schmalen Nebenstraße ist noch sehr ursprünglich; eine Rundfahrt mit Rückfahrt über Södingberg — Reiteregg — Lieboch nach Graz gibt Gelegenheit, ein schönes Stück der Weststeiermark kennenzulernen und Geistthal, seiner gotischen Kirche wegen „das steirische Heiligenblut" genannt, zu besichtigen. In Geistthal ist im sog. „Buchhaus" auch ein merkwürdiges Bild der hl. Kümmernus oder Wilgefortis zu sehen, einer ans Kreuz gehefteten Jungfrau mit Vollbart, das zu mancherlei Rätselraten Anlaß gibt. Der Karner von Geistthal ist ein romanisches Bauwerk. In Kleinstübing befindet sich in dem im Windsorstil aufgebauten Palffyschloß das Kinderdorf Stübing.

Höhenunterschiede: Reinprechtsgraben-Eingang 400 m, Grabenende 500 m

Gesamtgehzeit im Gelände des Freilichtmuseums: je nach Interesse, mindestens 1 St.

Besuchszeit: 1. 4. bis 31. 10. von 9.30 bis 16.30 Uhr täglich außer Montag

Orientierung: völlig eindeutig

Karte: Freytag-Berndt-Touristenwanderkarte 1 : 100.000, Blatt 13, Grazer Bergland

Besonderes: auch für Kinder unter 10 Jahren geeignet

43

DIE DREI TAUSENDER DER STEIERMARK

Mühlbacherkogel — Walzkogel — Pleschkogel

Bei den Grazer Wanderern ist es üblich, Kindern oder Ortsfremden weiszumachen, in der Grazer Umgebung gäbe es Dreitausender. Gemeint sind die Drei Tausender Mühlbacherkogel (1048 m), Walzkogel (1098 m) und Plesch (1061 m). Über die drei Gipfel oder an ihnen vorbei führt eine der schönsten Wanderstrecken der Steiermark, die besonders von den Wanderern aus der Landeshauptstadt immer wieder aufgesucht wird. Man befindet sich dabei auf einer rd. 7 km langen Strecke immer in 1000 m Seehöhe, die Aussicht ins steirische Mittelland ist umfassend und wird mit Recht gerühmt. Besonders gut sieht man die nahe Gleinalpe (1997 m). Doch das Wanderland der Drei Tausender ist nicht nur auf den Höhen interessant! Da gibt es wenigbegangene Gräben, die weit hinein- und hinaufführen auf die Berge. Ein besonders ergiebiger Berg ist der Mühlbacherkogel, fast ein kleines Gebirge für sich, mit drei felsigen, aus Dolomit aufgebauten Hauptgraten und mehreren Nebenkämmen, trotz seiner geringen Höhe von alpinem Charakter. Sieht man vom Plesch (oder Pleschkogel) ab, der auf einer Fahrstraße erreichbar ist, so ist der Mühlbacherkogel der beliebteste der Drei Tausender, wahrscheinlich, weil er so vielseitig ist. Vom Wanderer bis zum Alpinisten, der ihn in der toten Saison als Übungsgebiet betrachtet; vom Wirtshausbummler, der im Mühlbachgraben bei Stift Rein zu finden ist, bis zum Einsamkeitssucher und Pfadforscher sind Vertreter der verschiedensten Freizeitgruppen dort zu treffen. Dabei ist das Gelände aber so weiträumig, daß man am

Mühlbacherkogel auch sehr einsam sein kann! Der Walzkogel ist der am wenigsten begangene und bekannte Gipfel der Drei Tausender: ein steilflankiger Waldberg mit hohen Kahlschlägen, dessen Gipfel vom Höhenweg umgangen und kaum je betreten wird. Bis vor kurzem rauchten im Hörgasgraben und nördlich vom Plesch im Stübinggraben noch Kohlenmeiler.

Eine besonders interessante Flora, ähnlich der vom nahen Pfaffenkogel, zeichnet die Drei Tausender in ihren felsigen, unbekannten Teilen aus. Auf abseitigen Bergwiesen blühen im Frühjahr stengelloser Enzian und Schlüsselblume, etwas später die blaue Akelei; in den Buchenwäldern im Sommer der Türkenbund. Nahe dem Pleschgipfel ist der Pleschwirt seit alters eine beliebte Raststation; auf dem Mühlbacherkogel gab es ein Gh., das aber seit einigen Jahren geschlossen ist. Doch können wir zum Abschluß der Tour in einem der bekannten Gasthöfe in Rein einkehren und sollen einen Besuch im Stift Rein dabei nicht vergessen.

Der Wegverlauf

Ausgangspunkt: Rein bei Gratwein (500 m). Nach Rein kommen wir ab Graz-Lendplatz mit einem der planmäßigen Autobuskurse, die auch sonn- und feiertags verkehren, oder mit eigenem Fahrzeug (3 km von Gratwein). Auf der Fahrt von Gratwein nach Rein sehen wir zur Rechten die (abseits gelegenen) Landesheilstätten Enzenbach und Hörgas. Rein, früher Reun, nach der sagenhaften Runaburg, deren Standort man bis heute noch nicht richtig feststellen konnte, geht auf eine Burg- und Kirchensiedlung zurück und ist seit 1129 Standort eines Zisterzienserstiftes. 1138 wurde die alte Stiftskirche, eine romanische Pfeilerbasilika, vollendet; von 1737 bis 1747 wurde sie völlig umgebaut und ist in ihrer heutigen Form ein sehr eindrucksvoller Bau von 74 m Länge, 18 m Breite und 17 m Höhe mit einer Unmenge sehenswerter Details. In der Kirche befindet sich auch die Grabkapelle Herzog Ernsts des Eisernen und seiner Gemahlin Margarete von Pommern. Erwähnenswert ist noch die gotische Kreuzkapelle; im Stiftsgebäude sind seit 1947 interessante Funde und Freilegungen aus romanischer und gotischer Zeit im Gange. Die Stiftsbibliothek mit Archiv und Naturalienkabinett ist äußerst reichhaltig und wertvoll, nur viel zu wenig bekannt.

Auch die Stiftstaverne, heute vielbesuchter Gh., ist ein sehenswertes Bauwerk aus dem 17. Jh. Im Hof der Taverne beginnt unsere Wanderung auf den Mühlbacherkogel. Auf gutem Fahrweg (nicht öffentlich befahrbar, Jagdgebiet!) wandern wir eben talein, den munteren Mühlbach entlang. Anfangs werden wir noch Spaziergängern begegnen, höher oben aber verlaufen sich diese „Tavernenwanderer". Nach 1 St. beginnt der Fahrweg zu steigen. Zur Linken zweigt der ehemalige Jägersteig, jetzt teilweise Straße, auf den Plesch ab. Der Mühlbachgraben wird enger, die Bergflanken zur Rechten und Linken, vom Walzkogel und Hochstein herabziehend, werden zunehmend steiler und alpiner. Man würde gar nicht vermuten, daß Rein, in einer so milden Landschaft gelegen, ein derart wildes Hinterland hat! Noch 1/4 St. gehen wir auf dem breiten Weg, dann ist die Straße zu Ende und ein steiler Karrenweg beginnt. Er ist aber so gut angelegt, daß wir im Nu den dichten Wald überwunden haben und auf einer Bergwiese landen, die dem Gipfel des Mühlbacherkogels vorgelagert ist. Das alte steirische Bauernhaus dort war früher die vielbesuchte Mühlbacherhütte, ist aber derzeit kein Gh. mehr. Etwa 1 1/2 St. haben wir bis jetzt gebraucht. Wer den (fast ganz verwachsenen) Gipfel des Mühlbacherkogels erwandern will, steigt weglos über eine herrliche Bergwiese nördlich des Bauernhofes bergan (1/4 St. zum Gipfel). Für die Höhenwanderung zum Plesch nehmen wir den oberen, breiten Fahrweg, der beim Haus beginnt. Ebene Wanderung bis zum Sattel zwischen Mühlbacherkogel und Hörgaskogel (1014 m) mit schönem Blick auf die Gleinalpe mit ihren dreifach hintereinander gestaffelten Südhängen. Nun — immer auf breitem Fahrweg — auf der Höhe weiter nach Süden, ohne merkliche Steigung einen Vorgipfel des Walzkogels und den Hauptgipfel selbst umgehend, dann am Heiggerkogel etwas bergab (von links her ziehen Jägersteig und Straße aus dem Mühlbachgraben herauf) auf den Sattel vor dem Plesch mit Pleschkreuz. Nun auf Fahrweg (die ganze Strecke ist auch markiert) bergauf zum Pleschgipfel mit großem Gipfelzeichen (1061 m). Der Name Plesch kommt vom slawischen „pleša", d. h. kahl; unser Plesch ist also ein Kahlkopf. Seine freien Bergwiesen, der almige Charakter des Gebietes haben ihm zu diesem Namen verholfen. Nun südwestlich vom Gipfel herab

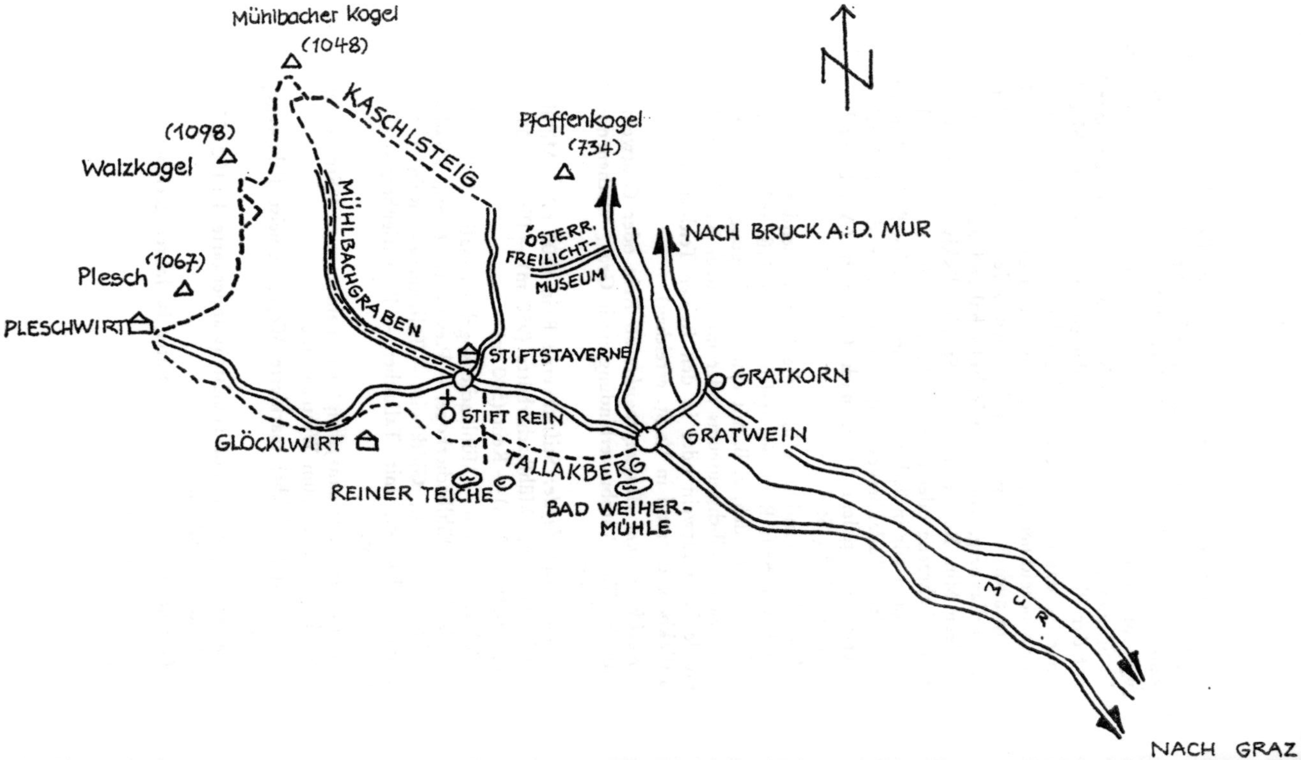
Mühlbacher Kogel
(1048)
KASCHLSTEIG
Pfaffenkogel
(734)
(1098)
Walzkogel
MÜHLBACHGRABEN
ÖSTERR.
FREILICHT-
MUSEUM
NACH BRUCK A.D. MUR
Plesch
(1067)
PLESCHWIRT
STIFTSTAVERNE
GRATKORN
STIFT REIN
GRATWEIN
GLÖCKLWIRT
TALLAKBERG
REINER TEICHE
BAD WEIHER-
MÜHLE
MUR
NACH GRAZ

zum großen Gh. Pleschwirt, wo die von Rein heraufführende, vielbefahrene Bergstraße mündet, rd. 2 St. ab Mühlbacherkogel. Zum Abstieg biegen wir bei einem Bildstock nahe dem Pleschwirt auf den markierten, „alten" Pleschweg ab und steigen in 3/4 St. zum „Glöcklwirt auf der Kehr" ab. Von dort ein paar Min. auf der Pleschstraße bergab — der einzige Schönheitsfehler dieser Tour —, dann aber rechts abbiegend in den Kehrerwald und auf einem bezeichneten Karrenweg durch den dichten, dunklen Wald, in dem auch Weißtannen vorkommen, zuletzt steiler abwärts auf den Tallakberg, von wo wir links haltend auf einer Straße in wenigen Min. Rein erreichen, 1 St. ab Glöcklwirt. Sind wir nicht an ein Fahrzeug oder eine Autobusverbindung ab Rein gebunden, so wandern wir in östlicher Richtung über den flachen Rücken des besiedelten Tallakberges und kommen über den Kalvarienberg, zuletzt auf steilem Steig, nach Gratwein (Autobusverbindung nach Graz), 3/4 St.

Die Höhenwanderung über die Drei Tausender soll mit einem Besuch von Stift Rein verbunden werden, läßt sich aber auch mit anderem verbinden, z. B. mit einer Besichtigung des nahen Österreichischen Freilichtmuseums oder mit einem Bad in der Weihermühle bei Gratwein oder in den Reiner Teichen (die wir vom Tallakberg querend in 1/2 St. erreichen).

Rückkehr zum Ausgangspunkt: ab Rein oder Gratwein mehrmals im Tag Autobusverbindung nach Graz, Wochenendverkehr berücksichtigt

Höhenunterschiede: Stiftstaverne Rein (500 m) — Mühlbacherkogel, ehemalige Mühlbacherhütte (950 m) — Plesch (1061 m) — Glöcklwirt (650 m) — Rein (500 m)

Gehzeiten: Rein — Mühlbacherkogel, ehemalige Mühlbacherhütte 1 1/2 St., Mühlbacherkogel — Pleschwirt 2 St., Pleschwirt — Glöcklwirt 3/4 St., Glöcklwirt — Tallakberg — Rein 1 St.; zusammen 5 1/4 St., mit Tallakberg — Kalvarienberg — Gratwein zusammen 6 St.

Günstigste Zeit: ganzjährig! Die Fahrwege und Straßen eignen sich sehr gut auch zum Winterwandern

Orientierung: leicht; markierte Wege, zumeist Fahrwege und -straßen

Karte: Freytag-Berndt-Touristenwanderkarte 1 : 100.000, Blatt 13, Grazer Bergland

Besonderes: auch für Kinder unter 10 Jahren geeignet

44

SCHÖCKELHEX UND ZAUBERWIESEN

So stiefmütterlich die Grazer mit Hochgebirgen bedacht sind, sosehr werden sie entschädigt durch die stadtnahen Berge: da ist der Schloßberg, 100 m höher als die Stadt. Da ist noch ein größerer Hausberg: der Plabutsch, 400 m höher als die Stadt, stets von einem Berglüfterl umweht, überraschend steil und steinig, mit Lift und Straße, aber auch einsamen Steigen im Wald und — so wie der Schloßberg — mit einem großartigen Tiefblick auf die Stadt. Und da ist der Schöckel als alpiner Hausberg der Grazer, 1446 m hoch, um 1100 m höher als Graz, Segen und Unsegen gleichzeitig für das Klima der Landeshauptstadt der Steiermark: er hält den Wind ab, als gewaltiger Querriegel mitten unter niedrigere Gipfel gesetzt, aber er behält auch die warme Luft zurück und schafft allein durch sein Da-Sein jene Temperaturumkehr, die das Grazer Becken in einem Nebelmeer und Kältesumpf versinken läßt, indes auf den Höhen um die Stadt herrlichster Sonnenschein erstrahlt. Die Grazer Wanderer und Bergsteiger wissen das, und darum ist ihnen der Schöckel wohl am meisten lieb. Und überdies ist sein höchster Punkt 15 km vom Stadtzentrum entfernt, was im Verein mit dem großen Höhenunterschied eine zünftige Tagestour ergibt, wenn man ihn zu Fuß an einem Tag erwandert. Und auch wenn man den Autobus nach St. Radegund zur Anfahrt benutzt — der Schöckel bleibt immer noch eine gute Sache. Was gibt es da nicht alles für Trainingstouren und Überschreitungen, Kombinationen mit der nahe gelegenen Rannach oder der Burgstaller Höhe, Rekordzeiten: „Seilbahntrasse in 50 Min. gemacht . . .“ oder Gondelbahntrasse hinauf, Sessellifttrasse hinunter und das Ganze in umgekehrter Richtung noch einmal. Wer für die mehr als 600 m Höhenunterschied von der Talstation zum Gipfel weniger als 1 St. braucht, kann sich schon zu den „Besseren“ zählen!

Wer weniger auf Training oder Rekorde aus ist, aber dennoch einen richtigen Berg besteigen will, dem ist der Schöckel trotz Gondelbahn, Sessellift und Fahrstraße, trotz Menschenscharen auf dem Gipfel immer noch der liebste Berg in der Grazer Umgebung. Der Ausblick ins steirische Mittelland mit der Hochfläche von Semriach, den Almbergen der Teichalpe, den farbigen Felsen der Roten Wand und ins Oberland mit dem hellen Gestein der Hochschwabkette, mit Greim und Zirbitzkogel fern im Westen, mit Triglav und Ivanšica im Süden ist erstaunlich für einen Berg, der den „tiefliegenden“ Grazern zwar hoch vorkommen mag, unter seinen steirischen Brüdern aber doch nicht einmal Mittelgröße erreicht! Hat man einmal die Menschenmassen hinter sich, die ohnedies zum größten Teil nur von der Bergstation der Gondelbahn bis zum Kreuz auf der Schneid und zurück pilgern, so kann man auch am Schöckel allein sein. Da kann es dann geschehen, daß man auf den Wegen aus alter Zeit, die jetzt schon lange vergrast sind, ins Träumen kommt und an die Kinderzeiten zurückdenkt: da man am Schöckel unbedingt den bis heute noch nicht gehobenen Schatz der Stubenberger finden wollte, der angeblich seit dem Jahre 1217 in einer Felskluft verborgen ist. Ulrich von Stubenberg, Burgherr am Fuß des Schöckels auf der Burg Stubegg, nahm damals an einem Kreuzzug teil und versenkte seine Schätze in einer Felsspalte, die er mit einer eisernen Tür verschloß. Ulrich fiel in der Schlacht vor Damiette und sein Burgvogt konnte die Tür nicht mehr finden. Oder an die Sage von der Schöckelhex, die im „Wetterloch“ haust und den Hagel macht. Ging man als Kind vom Schöckelkreuz zum Gipfel, so schlich man immer um das

Wie ein verwunschenes Schloß: Herberstein, Oststeiermark

In den südsteirischen Weinbergen: Ehrenhausen

Wetterloch herum; man konnte ja nicht wissen, ob die Hexe nicht wirklich drin war! Aus dieser Doline weht auch immer ein eiskalter Luftzug.

Ob die Schöckelhex auch die Wiesen am Schöckel verzaubert hat? Manchmal ist es, als hätte sie die Menschenscharen weggezaubert, und man ist allein auf den zauberisch schönen Wiesen des Berges. Vor allem, wenn man nicht auf den höchsten Gipfel möchte und auf den nordöstlichen und südwestlichen Vorgipfel geht. Burgstaller Höhe und Niederschöckel oder Göstinger Schöckel heißen seine kleineren, stilleren Brüder, wo man auch in der Nähe einer großen Stadt noch relative Bergeinsamkeit genießen kann.

Der Wegverlauf

Ausgangspunkt: Von Graz nach St. Radegund (714 m), Kurort seit 100 Jahren, mit mildem Klima und radioaktivem Hochquellenwasser. Mehrmals im Tag Autobusverbindung mit Graz, an Wochenenden auf den Ausflüglerverkehr abgestimmt. Von der Talstation der Gondelbahn (Autobusendstation, auch Parkplatz für Pkw) auf markiertem Waldweg zum beliebten Ausflugsgasthaus der Grazer, „Schöckelbartl", und weiter auf Fahrweg im Wald zum sagenhaften Schöckelkreuz (1126 m), 1 St. von der Talstation. Nun rechts haltend auf bezeichnetem Güterweg bis an den Fuß der Burgstaller Höhe (1033 m), über einen kurzen Steilhang auf den Vorgipfel (1149 m) und auf schmalem Pfad auf den Hauptgipfel (1218 m). Die Burgstaller Höhe ist so wie ihr großer Bruder Schöckel ein allseits steil absetzender Berg mit Gipfelwiesen und Miniaturwänden, die aber im Abbruch gegen den Gollersattel und die Raabklamm respektable Höhe erreichen. Auf dieser, dem Touristenverkehr abgewandten Seite der Burgstaller Höhe wurden Mufflons ausgesetzt, die dort prächtig gedeihen. Die Südosthänge des Berges nach Garrach hinab (von wo man über den Kreuzwirt in netter Wanderung nach St. Radegund zurückkehren kann) sind auch, wie die nahe Raabklamm, durch ihre Flora interessant. Dort sind die einzigen Plätze in der näheren Umgebung von Graz, wo z. B. Frühlingsheide (erica carnea) heimisch ist. An der Burgstaller Höhe vorbei führt auch ein Weg nach Arzberg, der früher öfters von Wanderern benützt wurde, um in die Raabklamm zu gelangen. Arzberg war ehemals, wie schon der Name sagt, Bergwerksort (silberhältige Bleierze).

Wollen wir alle drei Erhebungen des Schöckels erwandern, gehen wir auf dem Güterweg zum Schöckelkreuz zurück und auf bezeichnetem Weg an der Nord- und Westflanke des Berges, der sogar einen früher öfters begangenen, heute aber ganz verwachsenen und gefährlichen Nordwestgrat hat, am Wetterloch vorbei auf die große Jahnwiese und über sie zum Gipfel (1446 m) mit Bergstation der Gondelbahn, Restaurant und dem ganzjährig geöffneten Stubenberghaus der ÖAV-Sektion Graz, einem großen gemütlichen Bergheim, das viel besucht wird. Schöckelkreuz — Gipfel etwa 1 St. Wollen wir noch eine Erhebung des Schöckels besuchen, wandern wir von der Bergstation oder gleich von der Jahnwiese auf den steil abbrechenden Schöckelkopf (1423 m) mit Gipfelzeichen. Nun eben weiter in verkarstetem Gelände (der Schöckel ist ein echter Karstberg mit Wassermangel, sehr ergiebige Quellen brechen erst viel tiefer am Nord- und Südhang bei St. Radegund und in der „Kalten Rinne" aus dem Berg) auf dem Gipfelplateau nach Westen und über die „Schneid", einen mäßigen Steilhang, auf dem im Winter Ski gefahren wird, hinunter zum Schöckelsattel (1288 m), 1/2 St. Vom Sattel Abstieg über die gernbesuchte Göstinger Hütte (Gh.) nach Buch und Andritz möglich oder nordseitig zum Sessellift (der wieder zur Höhe des Berges führt) und nach Semriach. In der Nähe der Göstinger Hütte eine beliebte Selbstversorgerhütte des TV „Die Naturfreunde", die Wallerhütte.

Vom Sattel aufsteigend auf schmalem, unmarkiertem Steig zum Niederschöckel oder Göstinger Schöckel (1304 m). Es ist das ursprünglichst gebliebene und vielleicht alpinste Gebiet, viel weniger begangen als etwa der Bereich der Göstinger Hütte. Niedrige, aber sehr steile Felswandeln brechen nach Norden ab und machen das Gelände recht eindrucksvoll. Zwischen Fels und schützendem Wald liegen die „Zauberwiesen" des Schöckels — man muß sie selbst erlebt und gesehen haben. Auch der urhafte Wald, der von Süden her bis zur Kammhöhe reicht und bei Wind und Wetter guten Unterschlupf bietet, tut das seinige zur Wildheit des Geländes. Gestürzte Baumriesen sperren den Pfad, der schmal, aber nie ausgesetzt ist, und wollen überklettert sein. Der bergende Wald und der Tiefblick auf die Felder- und Wäldergevierte des besiedelten Hochlandes von Semriach runden das Bild und geben

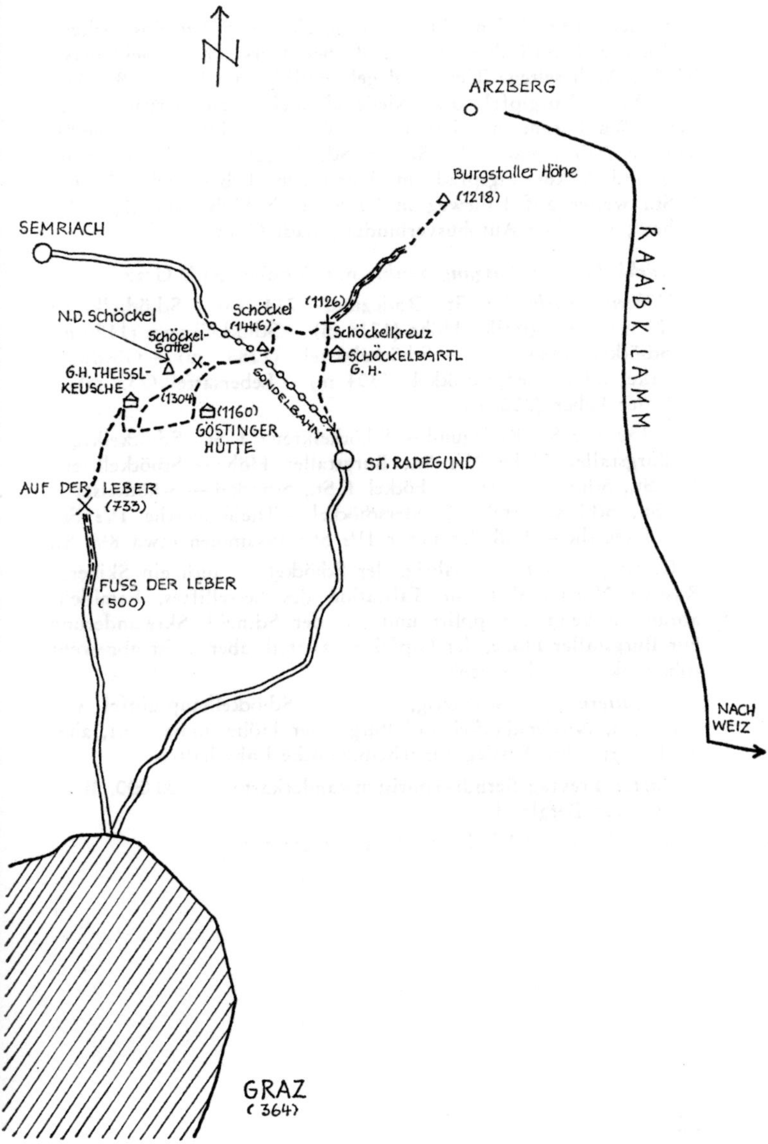
ARZBERG
Burgstaller Höhe
(1218)
SEMRIACH
RAABKLAMM
(1126)
Schöckel
(1446)
N.D. Schöckel
Schöckel-
Sattel
Schöckelkreuz
SCHÖCKELBARTL
G.H.
G.H. THEISSL-
KEUSCHE
(1304)
(1160)
GÖSTINGER
HÜTTE
GONDELBAHN
ST. RADEGUND
AUF DER LEBER
(733)
FUSS DER LEBER
(500)
NACH
WEIZ
GRAZ
(364)

trotz der „urigen" Umgebung ein Gefühl des Sicherseins. Seltene Blumen und Sträucher, wie z. B. besonders schöne Seidelbastbüsche. Auch seltene Tiere sind gelegentlich zu sehen, z. B. Marder. Vom Vorgipfel des Niederschöckels steil bergab durch tiefen Wald zum markierten Weg Göstinger Hütte — Theißlkeusche (Gh.), etwa 1½ St. ab Schöckelsattel, und auf Fahrweg und Abkürzungspfad (markiert) zum Lebersattel (733 m), 1 St., weiter auf Fahrweg in ½ St. nach Hub zum „Fuß der Leber", von dort Autobusverbindung nach Graz.

Rückkehr zum Ausgangspunkt: mit Autobus nach Graz

Höhenunterschiede: St. Radegund (714 m) — Schöckelkreuz (1126 m) — Burgstaller Höhe (1218 m) — Schöckelkreuz (1126 m) — Schöckel (1446 m) — Schöckelsattel (1288 m) — Göstinger Schöckel oder Niederschöckel (1304 m) — Lebersattel (733 m) — Fuß der Leber (500 m)

Gehzeiten: St. Radegund — Schöckelkreuz 1 St., Schöckelkreuz — Burgstaller Höhe 1½ St., Burgstaller Höhe — Schöckelkreuz 1¼ St., Schöckelkreuz — Schöckel 1 St., Schöckel — Schöckelsattel ½ St., Schöckelsattel — Niederschöckel — Theißlkeusche 1½ St., Theißlkeusche — Fuß der Leber 1½ St.; zusammen etwa 8½ St.

Günstigste Zeit: ganzjährig, der Schöckel ist auch ein Skiberg! Rassige Nordabfahrt zur Talstation des Sesselliftes, Familienabfahrten beim Schlepplift und auf der Schneid. Skiwanderung zur Burgstaller Höhe, der Gipfel etwas steil, aber meist abgeweht (ohne Skier zu begehen)

Orientierung: unschwierig, im Teil Schöckelhauptgipfel viel begangen, Niederschöckel und Burgstaller Höhe unmarkiert, aber eindeutig; beim Abstieg zur Theißlkeusche links halten

Karte: Freytag-Berndt-Touristenwanderkarte 1 : 100.000, Blatt 13, Grazer Bergland

Besonderes: für Kinder ab 8 Jahren geeignet

45

GEHEIMTIP BAUERNKOGEL

Auf den Plabutsch bei Graz

Was ein gelernter Grazer ist, der kennt den Namen Bauernkogel nicht. Den gibt es auch nur auf der Landkarte, und er bezeichnet den höchsten Punkt eines mehrere Kilometer langen Höhenrückens, der die Stadt Graz im Westen begrenzt. 763 m — das mag dem Wanderer als geringe Höhe erscheinen. Und doch erscheint dieser Bergzug, nach einem Flurnamen auf der Westseite allgemein Plabutsch oder Plawutsch genannt, relativ hoch und eindrucksvoll aus den Straßen der Stadt. Überhöht er Graz doch um genau vierhundert Meter, wirft zuzeiten einen gewaltigen Schatten auf den „Grazer Westen“, steigt unmittelbar und unheimlich steil aus dem Stadtgebiet empor und ist mit dichten, hohen Wäldern, Felsbildungen aus Dolomit und Muschelkalk, tiefen Schluchten und Nebenbergen ein merkwürdig alpiner Berg mitten im Vorgebirge um das Grazer Becken. Man muß auch weit gehen, um in der Nähe von Graz einen so hohen Berg zu finden: nach Norden und Nordwesten bis zu Rannach und Plesch, nach Westen bis zum Wartenstein bei Ligist, nach Süden gar bis zum Remschnigg und nach Osten bis zum Kulm. Und dieser Plabutsch, von den Grazer Lausbuben, die dort oben „Räuber und Schandi“ spielen, liebevoll „Plawerl“ genannt, ist ein alpiner Berg geblieben, obwohl er in unserer Zeit relativ gut erschlossen wurde. Von Gösting führt ein Sessellift bis zum Gipfel, und von Wetzelsdorf über den Geißbergsattel eine Fahrstraße bis in die Nähe der Höhenrestauration. An schönen Wochenenden ist der Berg mit seiner Aussichtswarte, dem „Fürstenstand“, von Menschen belagert, und viele Sonnenanbeter holen sich dort die erste Bräune des Jahres. Unter der Woche aber ist's auch auf diesem stadtnahen Berg noch recht einsam, und zu allen Zeiten sind die Fußwege am Plabutsch noch nicht — oder nicht mehr — überlaufen.

Es sind zum Teil recht steile und steinige Steiglein, die die Bergwälder am Plabutsch durchziehen und die einem vielleicht in erster Linie das Gefühl des „Alpinen" vermitteln. So verläuft ein schmaler, felsenbesäter Pfad auf eine Strecke von fast zwei Kilometern über den Gipfelkamm des Plabutsch, nahe an der Straße und doch weit genug von ihr entfernt. Dort oben verspüren wir einen Hauch echter Bergluft, manchesmal sogar mehr als das, einen kräftigen „Blasius"; am Plabutsch ist es auch im Hochsommer oder bei Hitzeperioden nicht windstill.

Trotz des dichten Waldpelzes ist der Plabutsch ein Aussichtsberg. Es finden sich an vielen Stellen Durchblicke oder freie Bergwiesen und Schläge; der Gipfel selbst ist baumfrei und von einer gemauerten Aussichtswarte gekrönt. Die Aussicht von dort auf die Stadt und die Mittel- und Weststeiermark wird mit Recht gerühmt. Er ist als der schönste Aussichtsberg in der Grazer Umgebung anzusprechen. Eine Wanderung zum Plabutsch läßt sich mit manch anderem verbinden, z. B. mit einem Besuch des Schlosses Eggenberg oder des Thalersees, vielleicht auch der Burgruine Gösting. Immer aber hat man auf diesem Berg das Gefühl, etwas Alpinistisches geleistet zu haben, wenn man ihn erwandert hat.

Der Wegverlauf

Ausgangspunkt: Gösting, 13. Stadtbezirk von Graz. Mit dem Autobus der Linie „G" ab Graz-Hauptbahnhof bis zur Endhaltestelle Gösting (Fahrzeit ca. 11 Minuten, 4 km), von dort links haltend zum Fürstenstandweg. Dieser schmale Fahrweg setzt steil an, wird im Verlaufe der nächsten zweihundert Meter noch steiler, verflacht aber dann nach etwa 1/2 km. Anfangs noch Straßendecke, dann breiterer, markierter Karrenweg. Wegen der Steilheit und Mangels an Parkplätzen ist es nicht geboten, mit Pkw anzufahren. Durch Wald geht es in mäßiger Steigung um den Nordfuß des Berges herum, einen links (südlich) abzweigenden Steig übersehen wir. Er führt zwar auch zum Gipfel, bietet aber außer Tiefblicken auf die Stadt wenig Aussicht und ist teilweise unangenehm steil und schlüpfrig. Nach etwa halbstündiger Wanderung erreichen wir einen Schlag mit Aussichtsplätzen (zur Rechten Wochenendhaus an Stelle eines früheren bäuerlichen Anwesens). Eindrucksvoll der Tiefblick zur Ruine Gösting auf dem gegenüberliegenden, 567 m hohen Göstinger Burgberg. Burg Gösting, angeblich im 11. Jh. erbaut, hatte im Mittelalter als Festung, die schützend vor der Stadt lag, große Bedeutung. An den felsigen Steilabfall zur Mur, Jungfernsprung genannt, knüpft sich eine bekannte steirische Sage: Das Burgfräulein Anna von Gösting stürzte sich im Jahre 1260 aus Kummer über den Tod ihres Geliebten, der im Zweikampf um sie gefallen war, vom Burgfelsen in die Mur. Ihr Vater Wulfing starb aus Gram darüber, und mit ihnen erlosch das Geschlecht der Göstinger (die damals Kestinic hießen). Ortsfremde Besucher der Ruine und des Jungfernsprunges, auf den eine Steiganlage führt, meinen meistens, das Fräulein müsse eine hervorragende Weitspringerin gewesen sein, da der Fluß etwa einen halben Kilometer vom Felsen entfernt fließt. Doch ist die Mur im 13. Jh. unmittelbar am Berg entlanggeflossen. Burg Gösting wurde 1723 eingeäschert und verfiel danach. Seit 1925 nimmt sich ein rühriger Verein, der Burgverein Gösting, des restlichen Bauwerkes an und konnte bis heute unter anderem den mittelalterlichen fünfeckigen Turm restlos sanieren. Auch die romanische St.-Anna-Kapelle ist erhalten geblieben. Die Burgruine Gösting ist heute ein beliebtes Ausflugsziel und bietet mit ihrer langgestreckten Anlage auf dem Bergkamm einen prächtigen Anblick.

Im wenig beschwerlichen Höhersteigen zum Plabutsch sehen wir bald über die tieferliegende Ruine Gösting ins Murtal, hinüber zur felsigen Kanzel, 613 m, mit dem Grazer Klettergarten; darüber bauen sich Rannach und Schöckel, die Grazer Hausberge auf; im Nordwesten erscheint die fast 50 km entfernte Brucker Hochalpe sehr nahe. Nach einer Stunde ist das Höhenrestaurant mit dem „Fürstenstand“ erreicht, von wo sich ein noch viel prächtigeres Bild bietet. Vor allem ist der Blick auf die 400 m tiefer liegende Stadt sehr interessant und aufschlußreich. Im Südwesten ragt die Riegersburg auf ihrem Basaltblock hoch über alle Vorberge hinaus, die „gleichen Berge", die Gleichenberger Kögeln, zeigen sich in ihrer charakteristischen Zwillingsform, und der breite Stradnerkogel, letztes Bergbollwerk vor der Pannonischen Tiefebene, schließt das Bild ab. Nordöstlich des Schöckel zieht sich die breite Kette des Weizer Berglandes bis zum Kulm hinab, dahinter in blauer Ferne das hohe Wechselgebirge. Über den drei Tausendern bei Stift Rein schwingen sich die drei charakteristischen Bergfalten des Gleinalpenspeikkogels zu fast 2000 m Höhe auf, und im Westen beherrschen die noch etwas höheren Gipfel des Stubalpenzuges mit dem Amering das Bild.

Den Abstieg nehmen wir über den Vorgipfel des Plabutsch, die 528 m hohe Hubertushöhe. Vom Höhenrestaurant in südwestlicher Richtung auf markiertem Wege durch Wald ziemlich steil absteigend, an einem Vorberg zur Rechten oder Linken vorbei (Gh., Kernstockwarte) und zwischen zwei großen Steinbrüchen steil hinab, zuletzt auf Fahrweg, zum Gasthaus „Blaue Flasche", ca. 1 St. Bei diesem Abstieg durch das Steilgelände des Plabutsch, in dem auch Höhlen nicht fehlen, bemerken wir erst, wie „groß", d. h. ausgedehnt und vielfältig dieser Berg ist.

Rückkehr zum Ausgangspunkt: von der „Blauen Flasche" durch die Göstinger Straße nach Gösting (ca. 1/2 St.) oder, besser zur Rückkehr in die Stadt, von der „Blauen Flasche" durch die Mainersbergstraße zur Plabutscherstraße und durch diese zur Unterfahrt und hinab in die Wienerstraße, ca. 1/4 St. Von dort in wenigen Minuten über den Bahnhofgürtel zum Hauptbahnhof (Autobusverbindungen)

Varianten: a) zum Thalersee wandert man vom Fürstenstand am Gipfelkamm des Plabutsch auf bezeichnetem Pfad in der Nähe der Fahrstraße zum Mühlberg und Geißbergsattel, schließlich auf Fahrstraße absteigend zum Thalersee, mit Strandbad, ca. 1/2 St., 438 m. Pendelverkehr nach Gösting mit Autobus. Sehr schöne, schattige Wanderung, auch für den Hochsommer zu empfehlen; b) wenn wir Schloß Eggenberg besucht haben, wandern wir von dort auf bezeichnetem Weg (steil) über die „Einsiedelei", 624 m, auf den Mühlberg und weiter zum Plabutsch, ca. 2 St. — Schloß Eggenberg gehört zu den größten Sehenswürdigkeiten der Landeshauptstadt und des Landes Steiermark. Dieses bedeutendste und repräsentativste Schloß des Landes wurde 1623 unter dem Reichsfürsten Hans Ulrich von Eggenberg be-

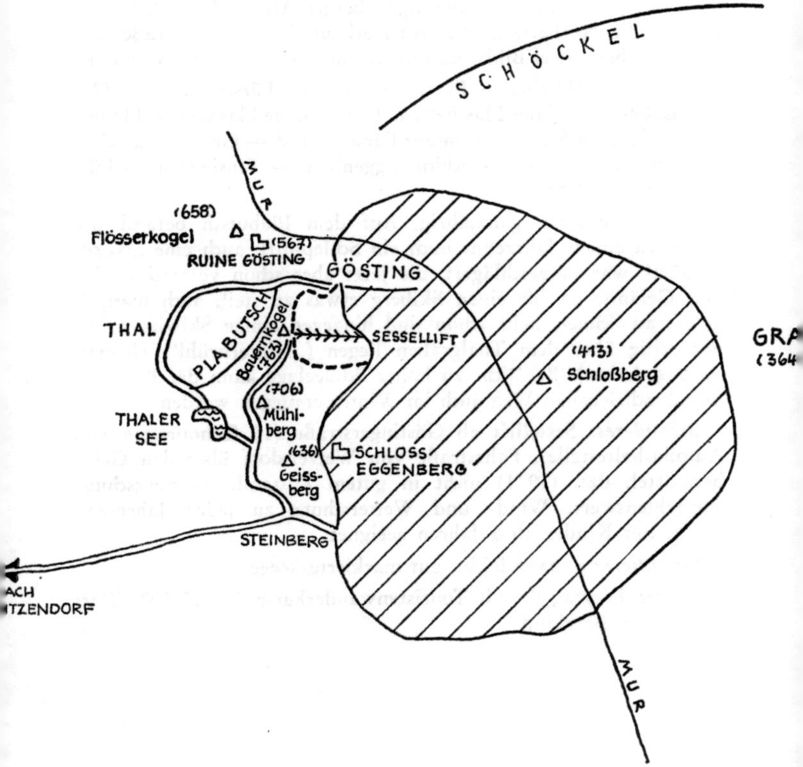

SCHÖCKEL
MUR
(658)
Flösserkogel
(567)
RUINE GÖSTING
GÖSTING
THAL
PLABUTSCH
Bauernkogel
(763)
SESSELLIFT
(413)
Schloßberg
(706)
Mühlberg
THALER SEE
(636)
Geissberg
SCHLOSS EGGENBERG
STEINBERG
MUR

gonnen, aber erst um die Mitte des 18. Jh.s fertiggebaut. Bei den ständigen Führungen sind besonders sehenswert die Innendekorationen der 26 Zimmer und der große Prunksaal mit seiner reichen Ausstattung. Im Schloß Eggenberg werden gelegentlich auch Theateraufführungen veranstaltet. Wildgehege im Schloßpark. — Weitere Sehenswürdigkeiten in Eggenberg (Schloß Eggenberg liegt am Ende der Eggenberger Allee), dem 14. Grazer Bezirk: die Nothelferkirche, 1686 erbaut, in der Bergstraße; auf dem Geißbergsattel Bildstock mit sitzender Christusfigur von 1840.

Gehzeiten: Gösting — Fürstenstand 1 St., Fürstenstand — Hubertushöhe — „Blaue Flasche" ca. 1 St., „Blaue Flasche" — Hauptbahnhof ca. 1/2 St. — Varianten: Fürstenstand — Geißbergsattel — Thalersee ca. 1 1/2 St. — Schloß Eggenberg — Einsiedelei — Fürstenstand ca. 2 St.

Günstigste Zeit: ganzjährig. Auf dem Plabutsch befand sich vor etwa einem Jahrzehnt noch ein Schlepplift, auch eine „Nordabfahrt" war ausgeschlägert, die jetzt aber schon verwachsen ist. Das Gelände ist für einen Skiberg etwas zu steil, auch mangelt es oft an Schnee. Sehr schön sind hingegen einige Skiwiesen, die nordseitig über dem Thalgraben liegen („Hinterbrühl", ehemals Sprungschanze). Bei nicht zu hoher Schneelage kann der Berg auf dem beschriebenen Weg auch im Winter erstiegen werden

Besonderes: Sessellift ab Göstingerstraße (10 Gehminuten von Autobushaltestelle), Fahrstraße von Wetzelsdorf über den Geißbergsattel, dzt. (1971) nicht in gutem Zustand. — Bergschuhe empfehlenswert, Wind- und Wetterschutz zu jeder Jahreszeit nötig! Für Kinder ab 6 Jahren geeignet

Orientierung: ganz leicht, gut markierte Wege

Karte: Freytag-Berndt-Touristenwanderkarte 1 : 100.000, Blatt 13, Grazer Bergland

46

WO GINSTER UND SILBERLING BLÜHEN

Lestein — Klugveitl — Stainz

Von der Süd- und Weststeiermark bis über die Mittelsteiermark hinaus finden wir immer wieder Plätze auch im Bergland, wo im Mai der echte, süß duftende Ginster in hohen Büschen blüht. Man weiß nicht, wie und woher diese Mittelmeerpflanze in die Steiermark „angeflogen" kam. Man weiß nur, daß sie sich mit Vorliebe auf Felsen oder dürrem Boden ansiedelt, begehrt von den Anrainern zum Schmuck ihrer Steingärten und auch von den Rehen geliebt, welche die stark wuchernden Büsche im Winter oft ratzekahl fressen. Eine solche Ginstergegend ist der Sauerbrunngraben bei Stainz, in dem auch der fremdartige Silberling gedeiht, eine Pflanze, deren Samen wie Silberplättchen aussehen. Die getrockneten Blumen sind ein hübscher Zimmerschmuck, der sich ähnlich wie Strohröschen lange hält. Nicht nur die Flora dieser Gegend hat fremde Gäste aufgenommen. Auch die Landschaft zeigt an manchen Orten ein fremdartiges Gesicht. Fremd für die Steiermark, die nicht einmal im Sausal oder in den Windischen Büheln Gleiches aufzuweisen hat. In anderen Ländern, anderen Breiten erst finden wir sie wieder, die merkwürdig dünnwandigen Rebenhügel mit den tiefen Gräben dazwischen — etwa in den Lehmschluchten der jugoslawischen Kolos oder in italienischen Weinbergen. Dieses fremde Gesicht zeigen manche Hügelkämme im Weingebiet des berühmten „Schilchers": die Rebenhänge am Grubberg, die Weinhügel von Langegg, Lestein, Lemsitz und Hochgrail. In früheren Jahrzehnten wanderten die Grazer Ausflügler gerne unbeschwerlich über die „Hochstraße", wie der Fahrweg von St. Stefan ob Stainz (404 m) über Hochstraß (633 m) nach Ligist (392 m) genannt wurde. Besonders gerne kam man zur Zeit der Baumblüte oder wenn die Kastanien reiften — ja, auch die Edelkastanie ist als Gast in der Steiermark heimisch und steigt am Reinischkogel und bei Weiz hoch an den Berghängen hinauf.

Straßen sind in diesen flachen Ausläufern des weststeirischen Gebirges in den letzten Jahrzehnten in Menge entstanden. Seitdem eine durchgehende Fahrstraße den Fahrweg über Hochstraß ersetzt hat, wird dort auch nicht mehr soviel gewandert. Dafür sind mit den neuen Zufahrten neue Wandergebiete in Mode gekommen, zum Beispiel Lestein, Sommereben und der Klugveitl über dem Stainzer Sauerbrunngraben. Obwohl das Wandern von den Weinhügeln bergauf durch hohe Wälder, über Almwiesen zu noch schönerem Hochwald am Reinisch- und Rosenkogel das Schönste wäre, ist im Falle Lestein doch eine „Motorwanderung" vorzuziehen, denn während der Auffahrt bekommt man den besten Überblick über die sonderbar geformten Hügel und tiefen Gräben; nur in der Draufsicht, im schnellen Wechsel der Szenerie einen Begriff von der Fremdartigkeit der Landschaft. Man soll auch nicht im Frühling über Lestein fahren, wenn die Apfelbäume wie Brautsträuße aufgeblüht sind und die Konturen der Weinberge mit ihrem Blust verdecken, sondern am besten im späten Herbst, wenn sie „durchsichtig" geworden sind.

Der Wegverlauf

Ausgangspunkt: St. Stefan ob Stainz (404 m), auf Fahrstraße von Graz über Lannach und Pichling erreichbar, 30 km ab Graz. St. Stefan ist auf einem jener niedrigen, fruchtbaren Höhenrücken gelegen, wie sie das Kainachtal zu beiden Seiten begleiten. Es ist ein gut besiedeltes Obst- und Weinbauland, bei den Städtern auch als „Backhendlgegend" beliebt. Bevor wir von den milden Hügeln

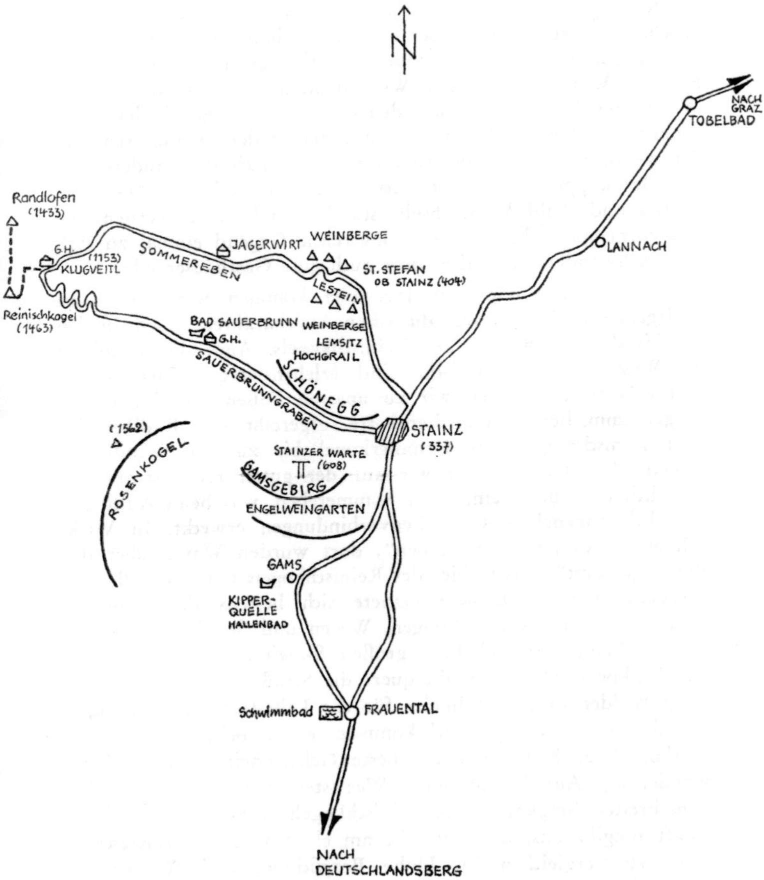

N
NACH GRAZ
TOBELBAD
LANNACH
Randlofen (1433)
G.H.
(1153)
KLUGVEITL
Reinischkogel (1463)
SOMMEREBEN
JAGERWIRT
WEINBERGE
ST. STEFAN OB STAINZ (404)
LESTEIN
BAD SAUERBRUNN
G.H.
WEINBERGE
LEMSITZ
HOCHGRAIL
SCHÖNEGG
SAUERBRUNNGRABEN
STAINZ (337)
(1362)
ROSENKOGEL
STAINZER WARTE (608)
GAMSGEBIRG
ENGELWEINGARTEN
GAMS
KIPPER-QUELLE HALLENBAD
Schwimmbad
FRAUENTAL
NACH DEUTSCHLANDSBERG

von St. Stefan in höhere Regionen fahren — eine nur 600 m hoch gelegene Berglandschaft bei Stainz heißt „das Gamsgebirg" — werden wir uns die schöne dreischiffige gotische Kirche des Ortes ansehen. Danach geht es über den Lemsitzbach (Straßentafel „Lestein") und in vielen Windungen, vorbei an Bildstöcken, Wegkreuzen, Winzerstöckeln und Wochenendhäusern, den Berg empor. Wir fahren langsam, um uns den eigenartigen Anblick der schon genannten schmalen Bergrücken mit den steilen Weingärten und den weißgetünchten Winzerhäusern, eines nach dem anderen an den Bergkuppen aufgereiht, nicht entgehen zu lassen. Die Aussichten und Anblicke wechseln ständig, und gerne werden wir uns vornehmen, diese abwechslungsreiche Gegend einmal zu Fuß zu durchwandern, zumal es dort auch gute Gasthäuser gibt.

Über Langegg und den Jagerwirt kommen wir, vorbei an sanftgeneigten Bergwiesen, die schon Almcharakter zeigen, in den Bereich der Bergwälder des Reinischkogels. Auch die Tiefblicke ins West- und Südsteirische sind erlebenswert — haben wir klares Wetter, so sehen wir zu unseren Füßen Hügelkamm an Hügelkamm, Bergkette an Bergkette aufgereiht, vom Radlberg bis zum Remschnigg, vom Demmerkogel bis zu den Windischen Büheln. Die Gegend, die wir auf der guten Höhenstraße beschaulich durchbummeln, heißt Sommereben, was beim Ausflügler natürlich angenehme Gedankenverbindungen erweckt. In Wirklichkeit ist es eine „Samereben"; dort wurden Waren über den Berg „gesäumt"; das Gebiet des Reinischkogels mit seinen flachen, langgedehnten Bergflanken eignete sich bestens dazu und ist durchzogen von uralten Steigen, Wegen und Straßen. Unterhalb der im Winter so beliebten großen Skiwiese am Osthang des Reinischkogels (1463 m) überquert die Straße einen Bach. Durch hohe Wälder ist eine Schneise für die Fahrstraße ausgeschlagen, auf der wir zum Klugveitl kommen, einem beliebten Ausflugsgasthof. Hier haben wir die beste Gelegenheit zu einer Bergwanderung. Auf bezeichnetem Weg steigen wir unbeschwerlich zum breiten Bergkamm des Reinischkogels, 1 St. Eine Berglandschaft umgibt uns, die vielleicht am ehesten mit dem Riesengebirge zu vergleichen ist. Hohe Bergfichten, auch Weißtannen dazwischen, große Gruppen von Steinblöcken auf den verwachsenen Kämmen geben ein Bild, das man fast heroisch nennen könnte. Auch in den steilen Wäldern des Reinischkogels gibt es Felsen; es ist eine Gegend, die Kindern immer wieder gefällt und auch Erwachsene wieder zu Kindern werden läßt.

Die übereinandergetürmten Findlingsblöcke auf den Bergkämmen nennt man im Weststeirischen und auch im Ennstal „Öfen". Nördlich vom Reinischkogelgipfel, der leider wenig Ausblicke bietet, steht so ein Gebilde, der Randlofen (1433 m). Wir erwandern ihn in 1/2 St. vom Reinischkogel auf bezeichnetem Weg, kehren auf dem Anstiegsweg zum Klugveitl zurück und haben damit eine schöne Vierteltagestour gemacht.

Vom Klugveitl zieht eine Straße mit vielen Kehren in den Sauerbrunngraben hinab. Die Felsgruppen bleiben uns treu; im Wald zu beiden Seiten der Straße entdecken wir Felstürme von beachtlicher Höhe, manche sind mit schwefelgelben Flechten bedeckt. Im Sauerbrunngraben sind Ginster und Silberling heimisch. Mitten im Graben, im Wald, fahren wir an den Gebäuden von Bad Sauerbrunn (451 m) vorbei. Von der Johannisquelle ist der sog. „Stainzer Säuerling" als Heil- und Tafelwasser im Handel. Im Sauerbrunngraben war der viel gerühmte Stainzer Wunderdoktor „Höllerhansl" zu Hause, der sein Leben als Pater Macarius in einem Grazer Kloster vollendete. Dem Stainzbach entlang führt die Straße durch eine sehr anheimelnde Landschaft, man könnte sie typisch weststeirisch nennen, nach Stainz hinaus, etwa 25 km ab St. Stefan. Zur Rechten steigen Waldhänge zum Gamsgebirg und zum Rosenkogel (1362 m) an. Der Rosenkogel, durch gute Höhenstraßen erschlossen, ist ein beliebtes Ausflugsziel der Grazer. Er ist in zweifacher Hinsicht berühmt: zum ersten als Anbaugebiet des Schilchers, eines kräftigen Rosé-Weines von wunderbarer Farbe, die von rötlichem Bernsteinbraun (Zwiebelschilcher) bis zu einem sehr hellen Rot reicht. Schilcherreben werden auch an der anderen Seite des Stainzgrabens gezogen, in einer Gegend, die bezeichnenderweise Schönegg heißt.

Zum zweiten ist der Rosenkogel berühmt durch seine interessante Flora, besonders schöne Enziane, u. a. aber auch Waldveigel. Im Sommer und Herbst ist der Rosenkogel mit seinen hohen, merkwürdig grasigen Wäldern ein Pilzparadies. Für Badelustige sei erwähnt, daß es in Frauental bei Stainz ein sehr großes, bekanntes Freibad gibt; in Gams ob Frauental ist ein Hallenbad (Kipperquelle, für Trink- und Badekuren). Die Kirche von Gams ist im Renaissancestil erbaut.

Stainz (377 m) ist nach der Bezirksstadt Deutschlandsberg einer der bedeutendsten Orte der Weststeiermark, an uralten, wichtigen Handelswegen gelegen. Das ehemalige berühmte Augustiner-Chorherrenstift (1230 gegründet) wurde 1785 säkularisiert und ist heute als Schloß Stainz im Besitz der Grafen von Meran, der Nachfahren Erzherzog Johanns. Das Stift wurde von 1596 bis 1705 mehrmals umgebaut; die aus frühgotischer Zeit stammende Stiftskirche wurde zur Pfarrkirche und auch mehrfach baulich verändert. Stainz hat einige sehr sehenswerte alte Bürgerhäuser (z. B. Haus Nr. 47 am Stainzer Hauptplatz).

Rückkehr zum Ausgangspunkt: mit dem Fahrzeug Straßenfahrt von Stainz nach St. Stefan bzw. Graz

Höhenunterschiede: St. Stefan ob Stainz (404 m) — Klugveitl (1153 m) — (Wanderung Klugveitl [1153 m] — Reinischkogel [1463 m] — Randlofen [1433 m] — Klugveitl [1153 m]) — Stainz (377 m)

Gehzeiten: Klugveitl — Reinischkogel 1 St., Reinischkogel — Randlofen 1/2 St., Randlofen — Reinischkogel 1/2 St., Reinischkogel — Klugveitl 1 St.; zusammen 3 St.

Günstigste Zeit: April bis November: auch in Verbindung mit einer Skitour lohnend. Am erwähnten Osthang des Reinischkogels ein Skischlepplift, 2 Gh. in der Nähe, Straßen im Winter geräumt. Die flachgeführten, wenig steigenden Bergstraßen und Fahrwege am Reinischkogel eignen sich besonders gut zum Winterwandern und für Skitouren

Orientierung: einfach, da Straßen und breite Wege

Karte: Freytag-Berndt-Touristenwanderkarte 1 : 100.000, Blatt 41, Graz — Koralpe — Eibiswald

47

IN DIE STEIRISCHEN WESTALPEN

Katzbachbrücke — Terenbachalpe — Gaberl

Die „Steirischen Westalpen", wie sie von den Grazer Bergsteigern gerne genannt werden, sind ein Teil des großen Urgebirgszuges, der von der Brucker Hochalpe bis zur Koralpe zieht und samt seinen Ausläufern fast ein Zehntel steirischen Bodens einnimmt. Diese mächtige Bergkette, an manchen Stellen bis zu 2000 Meter und darüber aufsteigend, bildet oder trägt auf etwa 60 Kilometer Länge die Grenze der Steiermark gegen Kärnten und an ihrem südlichsten Zipfel, der Soboth, sogar die Staatsgrenze gegen Jugoslawien. Die einzelnen Massive dieses Gebirges sind von Norden nach Süden: die Brucker Hochalpe, die Gleinalpe, die Stubalpe, die Packalpe und die Koralpe, wobei zwischen Glein- und Stubalpe die untergeordneten Bergzüge der Roßbach- und Terenbachalpe, zwischen Stub- und Packalpe die Hirschegger Alpe und zwischen Pack- und Koralpe noch die Hebalpe erscheinen. Weitere Unterteilungen wären noch die Fensteralpe, die Wildbach- und Handalpe; die riesenhafte Koralpe selbst gliedert sich noch in mehrere Almenzüge. In der Alpeneinteilung fungiert die Gebirgskette unter den Norischen Alpen, doch sind sie unter diesem Namen unter den Bergsteigern wenig bekannt. Manchmal hört man die Bezeichnung Steirisch-Kärntnerisches Grenzgebirge, was auch nicht ganz zutrifft. Vielleicht, weil man keinen rechten Namen für dieses Riesengebirge hat, gewiß aber, weil es im Westen der Landeshauptstadt aufragt, und wohl auch, weil man dort vor allem im Winter für schwierigere Touren gut trainieren kann, wurde der Name „Steirische Westalpen“ geprägt. Er wird oft für den gesamten Bereich, im allgemeinen aber für den Teil von der Gleinalpe bis zur Packalpe gebraucht.

Zwischen den Fast-Zweitausendern der Gleinalpe und den echten Zweitausendern des Stubalpenzuges liegt in den Steirischen Westalpen ein Stück Wanderland, wie man es sich so schön sonst nur träumen kann: durch romantische Schluchten und Gräben gelangt man durch hohen Wald auf die Höhen sanfter Almen, wo man ohne Mühen stundenlang dahinwandern kann. Feines Gras bedeckt die verwachsenen Wege, von den Bäumen hängen Zottelbärte wie im Märchen; wir sind im Wald vor Wind und Wetter geschützt, soweit man das in den Bergen sein kann, und genießen doch — neben Ausblicken in benachbarte höhere Gebirge — Licht, Luft und Sonne im alpinen Raum.

Schon auf der Anfahrt durch die westliche Steiermark gibt es allerhand Anziehungspunkte: die Packer Bundesstraße führt uns durch einen ebenso lieblichen wie „nahrhaften“ Bereich der Steiermark, die berühmte Kirschen- und Zwetschkengegend im Weststeirischen. Da ist in der Nähe der Bezirksstadt Voitsberg die noch als Sehenswürdigkeit erhaltene mächtige Burgruine Krems. Voitsberg selbst ist eine typisch steirische, gemütliche Kleinstadt mit bemerkenswerten alten Bauten. Ab Voitsberg bis über Köflach hinaus gelangen wir in das Reich des weststeirischen Kohlenreviers; die Kohlenflöze dieser Gegend gehörten zu den bedeutendsten der Steiermark und bestritten mit verhältnismäßig reiner Holzkohle früher ein Drittel der steirischen Kohlenerzeugung. Stollen- und Schachtbau wird dort heute noch betrieben, interessant sind aber die großen Tagbaue, die man im Vorüberfahren sehen kann und die mit ihren künstlichen wannenförmigen Tälern das Landschaftsbild verändert und gestaltet haben. Wenige Kilometer nördlich von Köflach, der „Hauptstadt“ des Kohlenreviers, finden wir den Herrschaftssitz Piber mit dem berühmten Lipizzanergestüt. Westlich von Köflach ist Maria Lankowitz, eine altbeliebte Wallfahrtskirche, die sogar in einem steirischen Wallfahrerlied erscheint. Und aus dem breiten Talbecken von Köflach, dem Staub und Rauch des Kohlenreviers die Lieblichkeit nicht gänzlich rauben konnten, geht es mitten hinein in das rauhe Bergland der Steirischen Westalpen. Die Anfahrt auf der Gaberlstraße längs des munteren Gradner Baches, über dem sich der felsige Zigöllerkogel erhebt, gibt einen Vorgeschmack des Kommenden. Wo Gradner Bach und Sallabach zusammenfließen, am alten Eisenhammer von Krennhof, geht es geradewegs in das Bergdorf Graden, in eine berühmte Forellengegend. Wir aber biegen in den noch engeren, felsumstandenen Wildbachgraben des Sallabaches ein, wo die bekannte Bergstraße über das Gaberl zwischen Bach, Wald und Wandeln ein arg bedrängtes Dasein fristet. Bei der Katzbachbrücke beginnt unser Aufstieg in das eigentliche Gebirge, das sich hoch und weit über den engen Talschluchten dehnt. Berge, in denen man sich verlieren könnte, um sich dann neu wiederzufinden.

Der Wegverlauf

Ausgangspunkt: Katzbachbrücke im Sallagraben, Autobushaltestelle der planmäßigen Linien Graz — Gaberl — Judenburg oder Köflach — Salla. Zufahrt auch mit Pkw möglich, etwa 9 km auf der Gaberlstraße von Köflach (442 m). In Köflach sehenswert die Pfarrkirche im Renaissancestil; im nahen Piber das berühmte Lipizzanergestüt und die Pfarrkirche (Typus der romanischen Landkirche); im benachbarten Maria Lankowitz die Wallfahrtskirche, die Antoniuskapelle und einige Bildstöcke; in Krennhof ein altes Gewerkenhaus (Sensenhammer, Ende d. 17. Jh.s); in Graden nahe Krennhof eine kleine spätgotische Kirche.

Bei der Katzbachbrücke (702 m, Gh.) beginnt eine Markierung, nach der wir auf einem Güterweg durch den romantischen

Katzbachgraben, an alten Mühlen vorbei, in 3/4 St. zum Gh. Sagmüller kommen. Weiter im Graben, später in mäßiger Steigung auf dem Güterweg zu Bauernhöfen, die an der Tallehne sehr schön gelegen sind, durch Wald und über Wiesen in 1 3/4 St. zum Oskar-Schauer-Haus des TVN (1409 m), 2 1/2 St. ab Katzbachbrücke. Dieses bewirtschaftete, geräumige Schutzhaus ist auch auf einer Fahrstraße über Krennhof — Graden — Jägerwirt erreichbar. Vom Schauerhaus wandern wir am Südhang der Terenbachalpe (1657 m) nunmehr auf dem Nord-Süd-Weitwanderweg weiter (es ist jene Etappe, die vom Gleinalpenhaus zum Gaberl führt und die Wegnummer 505 hat). Das Schauerhaus und das Gaberl-Schutzhaus des ÖAV sind Kontrollstellen des Weitwanderweges, und wir können uns dort den Weitwanderweg-Stempel in das Wanderbuch eintragen lassen.

Auf dem Weitwanderweg kommen wir in 3/4 St. bequem zum Stierkreuz (Marterl, 1500 m). Etwa 1/4 St. länger würden wir brauchen, wenn wir vom Sattelhaus gleich über die südöstlichen Almböden der Terenbachalpe zu deren Gipfel aufstiegen und über den Südwestkamm (Steig) zum Stierkreuz abstiegen. Nun den Weitwanderwegmarken nach meist durch Wald zur Turneralpe (1555 m). Von dort könnte man auf markiertem Weg in 1 St. zum Gipfel des Steinplan (1671 m) hinüberwandern. Der Steinplan ist der bevorzugte Wanderberg der Knittelfelder und spielt auch eine Rolle in den Knittelfelder Dreitagewanderungen. Auf dem Steinplan das Steinplanhaus des TVN, an den Wochenenden geöffnet. Abstieg nach Knittelfeld rd. 2 1/2 St. Die Wanderung Schauerhaus — Gaberlhaus ist unbeschwerlich, fast ohne Höhenunterschiede; das schönste Stück davon ist jenes auf dem Kamm der steirischen Westalpen vom Stierkreuz bis zum Gaberl. Von der Turneralpe wandern wir südwärts; der Wald wird immer lichter, auf längere Strecken haben wir schöne Ausblicke zur gewaltig großen Südabdachung der Seckauer Tauern. Über Almboden, dann wieder auf Hohlwegen im Wald zwischen Preiselbeer- und Heidelbeergestrüpp gelangen wir über die Moostratten (1460 m) am Scherzberg (1621 m) und Ofnerkogel (1652 m) vorbei auf den Plankogel (1597 m) und damit wieder in besiedeltes Gelände auf der Paßlandschaft des Gaberlsattels (1547 m), etwa 3 St. ab Stierkreuz. Natürlich kann man Scherzberg und Ofnerkogel mit wenig Zeitaufwand zur Gänze ersteigen, wenn man Gipfel sammeln will. Am Straßensattel des Gaberl steht das große Gaberl-Schutzhaus des ÖAV mit Jugendherberge.

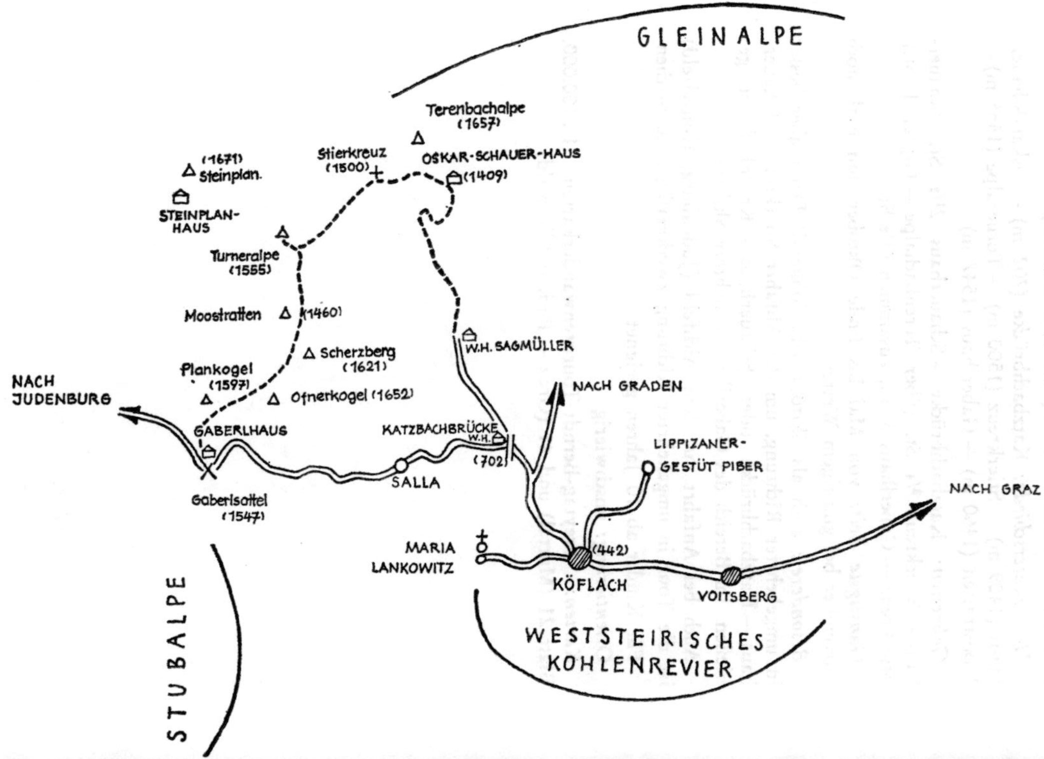
GLEINALPE
Terenbachalpe (1657)
Stierkreuz (1500)
OSKAR-SCHAUER-HAUS (1409)
(1671) Steinplan.
STEINPLAN-HAUS
Turneralpe (1555)
Moostratten
(1460)
Scherzberg (1621)
Plankogel (1597)
Ofnerkogel (1652)
NACH JUDENBURG
GABERLHAUS
Gaberlsattel (1547)
SALLA
KATZBACHBRÜCKE
W.H.
(702)
W.H. SAGMÜLLER
NACH GRADEN
LIPPIZANER-GESTÜT PIBER
NACH GRAZ
MARIA LANKOWITZ
(442)
KÖFLACH
VOITSBERG
WESTSTEIRISCHES KOHLENREVIER
STUBALPE

Rückkehr zum Ausgangspunkt: mit Autobus ab Gaberl zur Haltestelle Katzbachbrücke (oder nach Köflach)

Höhenunterschiede: Katzbachbrücke (702 m) — Oskar-Schauer-Haus (1409 m) — Stierkreuz (1500 m) — Turneralpe (1555 m) — Moostratten (1460 m) — Gaberlhaus (1547 m)

Gehzeiten: Katzbachbrücke — Schauerhaus 2½ St., Schauerhaus — Stierkreuz ¾ St. (über Terenbachalpe — Gipfel 1 St.), Stierkreuz — Gaberlhaus 3 St., zusammen 6½ St.

Günstigste Zeit: von Mai bis Ende Oktober und evtl. noch November bei günstigem Wetter

Besonderes: auch als Skitour sehr lohnend! Dann aber besser in umgekehrter Richtung, um die Abfahrt Stierkreuz — Schauerhaus — Katzbachbrücke oder Schauerhaus — Krennhof zu genießen. Im Bereich des Gaberlhauses mehrere Skilifte

Auch bei Anfahrt aus dem Aichfeld (Judenburg, Knittelfeld) ist die Tour in umgekehrter Richtung zweckmäßiger zu machen

Für Kinder ab 10 Jahren geeignet

Orientierung: unschwierig

Karten: Freytag-Berndt-Touristenwanderkarten 1 : 100.000, Blatt 21 (Murtal) und 41 (Graz — Pack — Eibiswald)

48

AUF HOHEN ALMEN II

Zur Schwanberger Brendlhütte

Da bauen sich aus weiten Einsamkeiten
die hohen Almen schweigend in die Nacht,
des Lebens Urform hält an ihren Leiten
in Einschichthöfen alte Feuerwacht.
Hans Kloepfer

Hans Kloepfer, der Dichter der Weststeiermark, der die steilen „Leiten" des weststeirischen Grenzgebirges als Landarzt auf seinen Wegen von Hof zu Hof kennengelernt hat, wie es kein Tourist vermöchte, hat sie die „hohen Almen" genannt — die großen, großartigen, bis zu 30 km langen Bergarme, die die Koralpe besitzergreifend in die Täler aussendet. Ich habe mir die Freiheit genommen, dieses schöne Wort von den hohen Almen auf den ganzen Gebirgszug von der Brucker Hochalpe bis zur Koralpe anzuwenden. Denn Besseres in zwei Worten kann über dieses Gebirge nicht ausgesagt werden!

Die Hohen Almen der Koralpe sind vielleicht am schönsten aus der südlichen Weststeiermark, aus dem tiefgelegenen Weinland gesehen: da baut sich Kamm hinter Kamm, Alm über Alm in großen grünen Wellen auf. Die Gipfel liegen weit dahinter, verflacht auf seltsame Weise und doch eigenartig mächtig wirkend. Doch auch von höheren Vorbergen sind sie immer noch weit genug entfernt, um machtvolle Wirkung zu entfalten, die sich noch steigert, wenn die rundlichen Bergrücken von Schneekronen belebt sind.

Einer der schönsten und auch längsten Kämme der Koralpe senkt sich vom 2141 m hohen Gipfel, dem Großen

Speikkogel, zum Unterschied vom Stubalpen- und Gleinalpengipfel gleichen Namens auch Koralpenspeikkogel genannt, über den Punkt 2107 m an der brettelebenen „Scheibstatt“ vorbei zu Punkt 1977 m, bis dorthin die Grenze gegen Kärnten bildend, um dann über die beiden Erhebungen der Garanasalm (1858 und 1829 m) und den Glitzkogel (1734 m) abzusinken zum breiten Waldberg des Wolscheneeks (1699 m). Am Hang dieses „Ecks“, dessen Namen man natürlich von welsch oder walsch herleiten wird, liegt die Schwanberger Brendlhütte (1566 m), und vor der Hüttentür entspringt als starke Quelle die Weiße Sulm, die ihr prickelnd-kühles Bergwasser bis zur Mündung in die Mur behält.

Am Wolscheneck teilt sich der Bergkamm nochmals in mehrere Seitenarme von Riesenlänge; einer davon zieht über den Schwaigberg und die Forstmauer zum Mauthnereck, um im Haderniggkogel nochmals fast 1200 m Seehöhe zu erreichen und am Radlpaß (669 m), dem Grenzübergang nach Jugoslawien, ins Radlgebirge auszulaufen. Ein mittlerer Ast zieht durch das reichgegliederte Hügelland der Wielfresen nach St. Oswald ob Eibiswald und läuft im Buchenberg und Aichberg nach Eibiswald (362 m) aus. Den Besucher der Schwanberger Brendlhütte interessiert am meisten der Kamm, welcher durch das Bergland der Oberfresen zum Kremserkogel (1073 m) zieht, das Bergdorf St. Anna in der Fresen trägt und zwischen Schwarzer und Weißer Sulm in der Gegend von Wies verflacht.

Eine Wanderung von Schwanberg in den Bereich der Koralpe ist von eigenem Reiz: aus dem milden Klima des weststeirischen Wein- und Obstlandes, das sehr tief gelegen ist, über die luftigen Voralpenkämme, dann erst durch endlose hohe Wälder auf den freien Gebirgsrücken: zwischen unserem Ausgangsort Schwanberg und dem Wolscheneck sind allein 1300 m Höhenunterschied, bis zum Großen Speikkogel fast 1800 m! Das sind Gegensätze, die vielleicht gar nicht so leicht zu überwinden, aber doch sehr reizvoll und ungemein anregend sind, zumal man sie heutzutage mit Hilfe eines Fahrzeuges in schnellem Wechsel von einigen Stunden erleben kann.

Dazu kommen noch die jahreszeitlich verschiedenen Geschenke der Landschaft an uns: im Frühjahr auf dem Talboden und bis in die Vorberge hinein der weiße und rosa Blust der Obstbäume, die erdfarbenen Weingärten, vom Gelbgrün der Reben überhaucht, und hoch oben auf der Koralpe noch ein feiner weißer Saum aus Firn. Im Sommer die Hitze im Tale, der wir nur zu gern in die bekannt warmen Bäder der Weststeiermark — Gleinstätten, Karpfenteich von St. Martin, Sulmsee u. a., ausweichen; in kurzer Autofahrt haben wir sie hinter uns, die sommerlichen Dünste und Düfte der Ebene, und sind hoch droben am Berg, wo auch während der größten Hitzewelle ein kühler Almwind weht. Herrenpilze und Eierschwämme, die bis aufs Wolscheneck hinaufwachsen, vertrauensselig oft mitten am Weg stehend; im Herbst lackrote Preiselbeeren schon in 1000 m Höhe an den Rändern der sandigen Hohlwege, wo der Glimmerschiefer glitzert. Arnika und süß duftende Federnelken auf den Bergwiesen. Gegen die Herbstmitte zu: große Wildrudel, Rotwild oder Gemsen, im Nebel auf unserem Weg . . .

All das zusammen macht jene Stimmung aus, die ich „Brendlzauber" nennen möchte, und der einen dort oben unweigerlich gefangennimmt.

Der Wegverlauf

Ausgangspunkt: Schwanberg (369 m), bekannter Sommerfrischenort, früher Talort der Weinstraße, die über das Wolscheneck und knapp unter dem Großen Speikkogel, jedenfalls über die Zweitausenderregion, nach Wolfsberg in Kärnten führte. Später nannte man sie auch Speikstraße. In Schwanberg drei Kirchen (Pfarrkirche, Klosterkirche und Josefskirche am Berg), das Schloß, die Mariensäule und einige Häuser (Gh. Totz mit Barockfassade, Mittermühle) sehenswert. Die Anfahrt zur Brendlhütte machen wir am besten mit eigenem Fahrzeug, um auch die schöne Höhenstraße über St. Anna in der Fresen zu genießen. Straßentafel „Brendlhütte" im Ort. Wir fahren über die Schwarze Sulm und die vorerst kurvenreiche Bergstraße nach St. Anna (ob Schwanberg, wie es amtlich heißt — „in der Fresen" nennt man es im Volksmund), 1073 m, mit gotischem Bergkirchlein. Am Kremserkogel vorbei führt die Straße in westlicher Richtung, etwas fallend, weiter zum Schmuckbauer (Gh.) bis zum Parkplatz bei der ehemaligen Lichtensteinsäge (1200 m). Auf bezeichnetem Fahrweg wandern wir in angenehmer Steigung bergauf (daß es eigentlich sehr zügig emporgegangen ist, bemerken wir erst beim Abstieg!); zuerst durch lichteren Wald, dann durch herrlichen Hochwald (Brendlschlag). Nach nur 1 St. ist die Schwanberger Brendlhütte (1566 m) erreicht, eine Schutzhütte der ÖAV-Sektion Graz. Wir erkundigen uns schon vor der Tour bei der Sektion Graz oder in Schwanberg, ob die Hütte bewirtschaftet ist. Die Brendlhütte ist ein uralter Steinbau, der Überlieferung nach mehr als 600 Jahre alt. Sie soll u. a. auch flüchtenden Protestanten während der Gegenreformation als Unterstand gedient haben; auf jeden Fall aber war sie einer der wichtigsten Stützpunkte an der alten Weinstraße.

Die Brendlalm ist typisch für die Koralpengegend — ein paar hohe Fichten und eine Gruppe großer Steinblöcke beleben die weiten Almflächen. Wir wandern weiter auf dem markierten Weg (es ist ein Teil des Nord-Süd-Weitwanderweges, die letzte Etappe vor seinem Ende in Eibiswald, er hat die Markierungsnummer 505), in immer gleichbleibender Steigung gegen das Wolscheneck und an einem großen Steinblock (der natürlich nicht unerstiegen bleibt) und einem Bildstock vorbei auf die Hohen Almen am Glitzkogel (1734 m). Links unten die wildreiche Glitzmulde (die im Frühjahr für Tourenfahrer eine prächtige Skiabfahrt bietet). Auf dem breiten Bergwiesenkamm, immer wieder an Felsbrocken vorbei, kommen wir zum Gipfel der Garanasalm (1829 m) mit Gipfelzeichen, etwa 1 St. von der Brendlhütte. Der felsige Sitz auf diesem kleinen Kogel ist ein hervorragend guter Aussichtsplatz; die Koralpe ist ja berühmt durch ihre Ausblicke vor allem in die jugoslawische Bergwelt, auf Steiner Alpen, Karawanken, aber

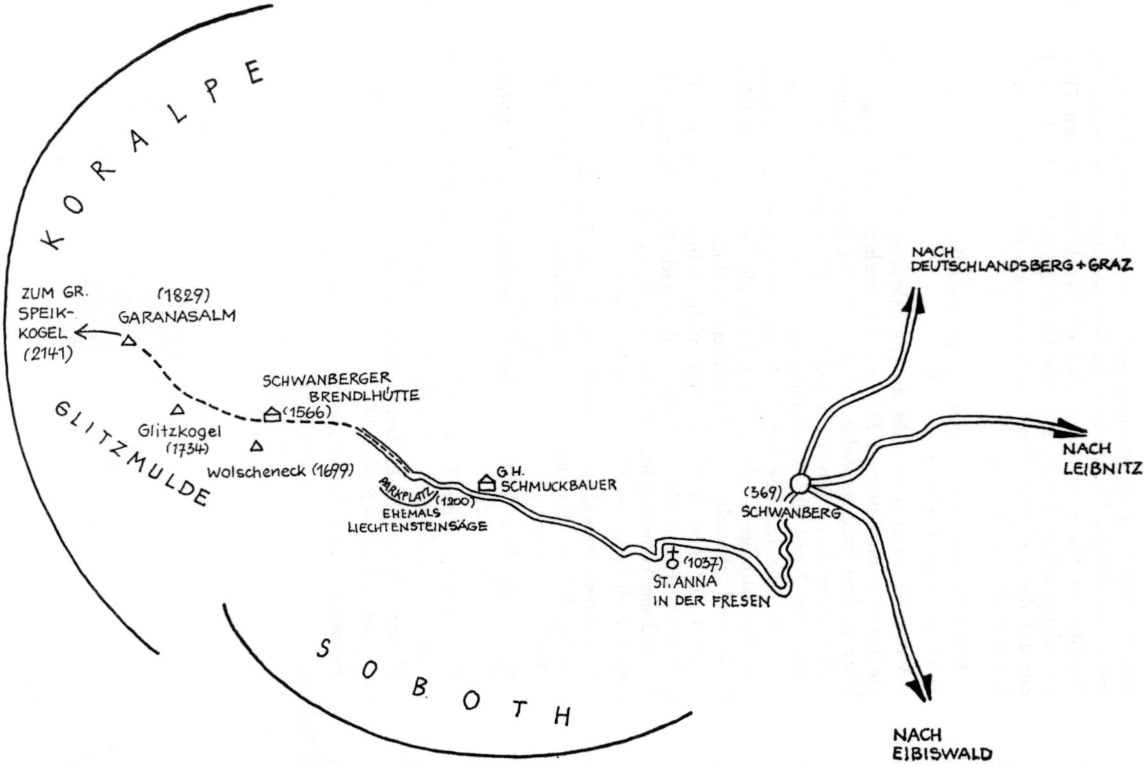
KORALPE
ZUM GR. SPEIK-KOGEL (2141)
(1829) GARANASALM
SCHWANBERGER BRENDLHÜTTE
(1566)
GLITZMULDE
Glitzkogel (1734)
Wolscheneck (1699)
PARKPLATZ (1200)
EHEMALS LIECHTENSTEINSÄGE
G.H. SCHMUCKBAUER
(1037)
ST. ANNA IN DER FRESEN
(369) SCHWANBERG
NACH DEUTSCHLANDSBERG + GRAZ
NACH LEIBNITZ
NACH EIBISWALD
SOBOTH

auch bis zum Triglav, Mangart und Wischberg. Und selbst wenn uns etwas diesiges Licht, wie es im Sommer dort oft herrscht, die Aussicht ins Weite verwehrt, sind die Nahblicke auf den übereinandergestuften Kamm bis zum Großen Speikkogel oder auch nur auf die einfachen, liebenswerten grünen Almen in der Nähe Wanderlohnes genug.

Rückkehr zum Ausgangspunkt: auf demselben Weg zur Brendlhütte und zum Parkplatz zurück

Variante: wenn man nicht an ein Fahrzeug gebunden ist und die Tour auf mindestens 2 Tage mit Übernachtung auf der Schutzhütte geplant hat, empfiehlt sich ein Abstieg über den Jagerwirt nach St. Oswald ob Eibiswald und Eibiswald, etwa 4 St., auf dem markierten Nord-Süd-Weitwanderweg. St. Oswald, eine beliebte Sommerfrische, hat eine hübsche Kirche mit spätbarocken Elementen. Der wichtige Markt Eibiswald mit ehemals gotischer Pfarrkirche und ehemals landesfürstlichem Schloß, wichtig als Ausgangsort für den Radlpaß, hegt viele Erinnerungen und Gedächtnisstätten an Hans Kloepfer, den nach Peter Rosegger bedeutendsten Heimatdichter der Steiermark, der das weststeirische Gebiet auch in seinen Dichtungen bevorzugte

Gehzeiten: Parkplatz — Brendlhütte 1 St., Brendlhütte — Garanaskogel 1 St., Garanaskogel — Brendlhütte 1 St., Brendlhütte — Parkplatz 1 St.; zusammen 4 St.

Günstigste Zeit: Mitte Mai bis November. Auch als Skitour sehr lohnend!

Orientierung: ohne Schwierigkeit, Fahrstraßen, Fahrwege und gut bezeichnete Wege (Steirischer Nord-Süd-Weitwanderweg)

Karte: Freytag-Berndt-Touristenwanderkarte 1 : 100.000, Blatt 41, Graz — Pack — Eibiswald

Besonderes: auch für Kinder ab 6 Jahren geeignet

49

LAND DER SANFTEN BERGE

Ein Streifzug durch die südliche Steiermark

Die südliche Steiermark wird von Wanderern nicht besonders geschätzt. Und das ist schade! Denn es gibt auch dort interessante Wanderungen. Die Steiermark hat Berge überall! Und es sind auch im Süden, im Land der sanften Berge, richtige Bergpersönlichkeiten darunter. Lernt man sie kennen, so fühlt man sich bereichert. Dazu soll unser Streifzug durch die südliche Steiermark östlich und westlich der Mur verhelfen.

Aus der Fülle von Hunderten kleinerer und größerer Rebenhügel, Kegel längst erloschener Vulkane, aber auch echten Vorgebirges, das noch bis zu 1000 m ansteigt, sollen die wichtigsten und markantesten hier herausgegriffen und „vorgestellt" werden. Stellvertretend für sie alle wird eine Tour über den herrlich schönen und unbeschwerlichen Grenzlandweg am Remschnigg beschrieben sein.

Blicken wir aus dem Grazer Becken nach Süden, so sperrt, ähnlich wie im Norden der Schöckel, ein waldiger Riegel das weite Feld förmlich ab. Der Wildoner Berg ist auch ganz ähnlich gestaltet wie sein viel größerer Bruder, der Schöckel. Der Sage nach soll sie ja auch beide der Teufel im Zorn auf die Erde geworfen haben und den Grazer Schloßberg noch dazu, als es ihm nicht gelang, aus allen drei Felsblöcken in einer Nacht noch vor dem Betläuten ein Riesengebirge zu formen. Der Wildoner Berg, auch Buchkogel genannt, ist nur 550 m hoch, wirkt aber weitaus mächtiger. Seiner Bedeutung nach war er auch machtvoll; auf ihm stand im frühen Mittalalter die sagenhafte Hengistburg, erster Sitz des Geschlechtes der Wildonier, die im 13. Jh. die größte Rolle in der Geschichte des Landes spielten. Auch durch Funde aus der Hallstattperiode ist der Wildoner Berg bekannt geworden. Heute erinnert nur der Name des nahen Dorfes Hengsberg an die Hengistburg. Eine lohnende Hügelwanderung, besonders schön im Frühjahr zur Zeit der Krokusblüte, führt uns vom Markt Wildon über den Wildoner Schloßberg mit Ruinenresten der Burg Oberwildon auf den Buchkogel und über dessen Kamm über den Bockberg, den Kehlsberg und den Komberg nach Hengsberg mit Kirchlein aus romanischer Zeit. Der alkalisch-muriatische Sauerbrunn von Hengsberg ist besonders in Graz und der südlichen Steiermark bekannt.

Nördlich von Wildon am linken Murufer erhebt sich der Murberg mit dem in beherrschender Lage am Südrand des Grazer Feldes erbauten Schloß Weißenegg. Es hieß noch im 18. Jh. Thürndl, was auf einen mittelalterlichen Wehrturm schließen läßt. Auf einer Anhöhe mit steilem Absturz zur Mur gelegen, bietet der Riesenbau des turmbewehrten Schlosses (mit 40 Zimmern) trotz mehrfacher Umbauten auch heute noch einen interessanten Anblick. Am Murberg hoch über dem Fluß können wir eine unbeschwerliche Wanderung bis Fernitz machen, wobei uns u. a. Wälder von wildwachsenden Robinien auffallen; am schönsten zur Blütezeit Anfang Juni.

Blicken wir vom rund 400 m hohen Murberg nach Osten und Süden, so haben wir ein Gewoge unzähliger Mini-Berge vor uns. Durch eine Reihe von Bächen voneinander deutlich getrennt, erstrecken sich diese Hügelketten auch fast genau in Nord-Süd-Richtung und parallel zum Grazer Feld bis über das Leibnitzer Feld hinaus. Es ist im Frühjahr zur Baumblüte oder im Herbst zur Obst- und Weinernte ein unbeschwertes Schlendern über diese viele Kilometer langen

Hügelreihen. Die Bäche mit ihren gewundenen, seichten Wasserläufen scheinen träge zu sein, zeigen bei Unwettern aber erstaunliche Wildheit, wie etwa die Schwarzau. Sie sind oft von dichten Auwäldern umgeben; in diesen feuchten Bereichen sind Herrenpilze in unglaublichen Mengen zu finden. Auf einem der höchsten Hügel (469 m) steht wie ein heidnischer Tempel das weiß leuchtende Bergkirchlein Glojach, weit ins steirische Land hinein sichtbar. Doch höher als die Hunderte von Hügelchen erheben sich in der südöstlichsten Ecke der Steiermark — gleichsam ein letztes Aufflackern der Bergesschönheit oder auch Abschiednehmen vor dem Abgleiten in die Ungarische Tiefebene — nochmals drei Gipfel: die beiden Gleichenberger Kögel (596 m) und der Stradner Kogel (609 m). Die „gleichen" Berge, in ihrer kegelförmigen Gestalt einander ähnlich wie ein Zwilling dem andern, behüten Bad Gleichenberg, einen der bekanntesten Kurorte Österreichs. Bad Gleichenberg liegt kaum 300 m hoch in einem gleichmäßig feuchtwarmen Klima und war schon den Römern bekannt; es wird besonders bei Erkrankungen der Atmungsorgane, Verdauungswege und Herz- und Nervenleiden aufgesucht. Nicht weniger als acht Thermalquellen dringen in Gleichenberg und nächster Umgebung aus dem ehemaligen Vulkanboden, in der Hauptsache alkalisch-muriatische Säuerlinge, aber auch Eisensäuerlinge wie die Stahlquelle und die Faulsulz. Sie sind alle gefaßt und werden verwertet, teils zu Trinkkuren, teils zu Bädern. Bad Gleichenberg hat in den sehenswerten Kuranlagen mit besonders schönem Park auch ein Hallenschwimmbad und außerhalb des Ortes ein bekannt warmes, großes Freibad.

Eine (übrigens sehr lohnende) Ersteigung der Gleichenberger Kögel ist eine kleine Bergwanderung, die Hänge und markierten Wege sind steil, die pilzreichen Wälder dicht und verwachsen. Um diese Gegend wurde 1945 hart gekämpft, Spuren davon sind auch heute noch hie und dort zu finden.

Im Gegensatz zu den Gleichenbergen, die oft von Kurgästen durchwandert werden, wird der höhere Stradner Kogel kaum begangen. Mehr locken die vielbesuchten Weinorte an seinen Hängen, wie St. Anna am Aigen, auf schmalen Höhenrücken wunderhübsch erbaut, oder Klöch mit berühmten südoststeirischen Weinen. Auf dem fruchtbaren Boden einstiger Vulkane, geschützt durch den Stradner Kogel, ein ähnlich sperrendes Bollwerk wie der Wildoner Berg, werden dort edle Reben gezüchtet. Doch die Bergumgebung des Klöcher Weinlandes ist mehr als einen Besuch wert: ein geheimnisvolles Reich mineralischer Wasser — dort soll fast jeder Bauer seinen eigenen Sauerbrunnen beim Haus haben, heißt es scherzhaft. Und nahe St. Anna am Aigen liegt Risola mit der sonderbaren Brodelsulz, einem brodelnden Mineralbrunnen, der sich aber nicht zum Trinken eignet, sondern betäubende Dämpfe aussendet; ein Überbleibsel vielleicht aus jener fernen Zeit, als das Land der sanften Berge noch aus vulkanischen Schlünden Feuer spie.

Längs einer Thermenlinie, die wohl aus Niederösterreich und dem Burgenland herzieht und sich zu den jugoslawischen Heilbädern fortsetzt, sind unweit Gleichenberg und den „Sulzen" um Straden auch in der Radkersburger Gegend Mineralwasser aus der Erde gestiegen. Etwa der bekannte Sicheldorfer Sauerbrunn oder das erst seit kurzem ausgewertete Radkersburger Heil- und Tafelwasser „long life", so wie die Sicheldorfer Quelle gegen Nierenleiden wirksam. Die „tischebene" Radkersburger Umgebung, nur 200 m hoch gelegen, hat nun wirklich keine Berge mehr, wenn man vom 248 m hohen Steinriegel absieht. Dafür ist diese kleine, aber lebendige und wehrhafte Grenzstadt für sich ein Ziel: besuchen wir die Gleichenberger Kögel und den

Stradner Kogel oder das Weinland, dürfen wir Radkersburg nicht vergessen. Die Bezirksstadt hat im letzten Krieg schwere Schäden erlitten, doch sind immer noch eine große Anzahl schöner kirchlicher und profaner Bauten, zum Teil aus dem 16. Jh., gut erhalten. Ein Wahrzeichen der allzeit getreuen Grenzsiedlung ist der 50 m hohe achteckige Rathausturm.

Fehlen diesem Grenzstreifen an der Mur bis hinauf in den malerischen Grenzmarkt Mureck auch die Berge, so ist es doch ein Land am Wasser; die hier sehr breite Mur ist von ausgedehnten Auen umgeben, die mit ihren Seitenarmen und Tümpeln, ihren Erlengehölzen, Weiden und Pappeln und der reichhaltigen Auenflora besonders im Frühling schön zu durchwandern sind. Oft im Jänner schon blüht dort das Schneeglöckchen. Eine Reihe großer und besuchter Schwimmbäder — das Radkersburger Parkbad war beispielgebend für andere Anlagen in der Steiermark — und Badeteiche, ja sogar großer Badeseen, wie der bis zu 30 Grad warme Rökksee bei Mureck, runden das Bild dieser „Wasserlandschaft", in der auch der Fischreiher zu Hause ist.

„Echte" Berge finden wir erst wieder im nördlichen Teil der Südoststeiermark, in der Gegend von Feldbach und Fehring. In der hübschen Bezirksstadt Feldbach an der Raab, die in den Kämpfen des letzten Krieges großen Schaden erlitten hat, aber nachher zu neuer Blüte gelangte, ist man sehr um die Wanderwege bemüht. Ein Blick auf die Landkarte zeigt uns, daß dort die meisten markierten Wege der ganzen Südoststeiermark zu finden sind, die bis nach Kirchberg an der Raab, über die Riegersburg nach Fürstenfeld und nach Süden bis zu den Gleichenberger Kögeln ausstrahlen. Einer dieser Wanderwege, die breit und behäbig, meistens als Karren- und Fahrwege durch besiedeltes Gebiet führen, aber einen eigenen Zauber haben, wurde von Fehring zum Kapfensteiner Kogel (461 m) markiert. Der

Kapfensteiner Basaltfels trägt eine Burg, die schon vor 1200 genannt war (heute beliebtes Ausflugsziel mit Burgtaverne). Und noch anders ist der Kapfensteiner Berg bekannt geworden: als Platz alljährlich abgehaltener Bergturnfeste.

Die Steiermark ist ein Land der Bergturnfeste — oder sollen wir lieber sagen, Bergturnfeste wären etwas typisch Steirisches? Beides mag wahr sein. Manche steirischen Berge mit ihrem steilen Abfall, aber weiten Gipfelwiesen eignen sich bestens zur Abhaltung solcher Veranstaltungen, auch Hochtäler werden dazu benützt, wie etwa die Kaiserau. Dort sind auch die bisher besten Anlagen für solche Wettkämpfe geschaffen worden, die auch schon über die Grenzen Österreichs hinaus bekannt geworden sind. Seit einigen Jahren beteiligen sich auch ausländische Vereine an steirischen Bergturnfesten. In der Kaiserau gelang 1970 sogar ein Weitsprung von fast 7 m. Auch auf der Grebenzen und der Hebalpe, bei der Liezner Hütte und auf dem Rennfeld und dem Demmerkogel wurden und werden Bergturnfeste veranstaltet.

Nordöstlich von Feldbach erhebt sich auf einem frei stehenden Basaltklotz, der höher ist als alle anderen in der Südoststeiermark — fast 500 m —, die Riegersburg. 100 m höher gelegen als der Markt Riegersburg am Fuß der Felsen, 200 m höher als das Tal des Grazbaches, ist sie bis weit ins steirische Mittelland sichtbar. Mehrere Straßenzüge führen von Fürstenfeld, Fehring und Feldbach zur Riegersburg; es wäre aber auch lohnend, die Burg auf einem der markierten Wege von Feldbach, Lödersdorf oder Johnsdorf zu erwandern; wir kommen dabei durch einen wahren Wandergarten. Fürstenfeld hat das größte und auch das wärmste Freibad der Steiermark.

Eine Führung durch die Riegersburg mit ihren sieben Toren und elf Basteien, dem 27 m tiefen Brunnen mit dem schmiedeeisernen Gitterwerk, dem Fürstenzimmer, dem

Hexenzimmer, dem Bilderzimmer, dem Römerzimmer, dem Türkenzimmer, dem Rittersaal, dem Weißen Saal, der Schloßkapelle und vielem anderen Sehenswerten mehr gehört zu einem Besuch der Südoststeiermark. Die Riegersburg — von den Türken ehrfürchtig die „stärkste Festung der Christenheit" genannt — ist die bekannteste und am meisten besuchte Burg der Steiermark.

Wenden wir uns nun wieder der südwestlichen Steiermark zu, so liegt vor dem Wildoner Berg, durch das breite Laßnitztal getrennt, das Sausaler Gebirge, das im Demmerkogel zu fast 700 m Höhe ansteigt. Der breite Berg, herausragend aus der verflachenden Umgebung, bildet das Sausaler Gebirge fast ganz allein; es ist unendlich vielfältig, mit ausgedehnten Bergrippen, feuchten Gräben, hohem Wald, in dem die Edelkastanie einen wesentlichen Bestandteil bildet; mit steil abbrechenden Weinhängen, straßendurchzogen, häuserbesetzt, geliebtes Ausflugsziel der Grazer Weinbeißer, Urlaubslandschaft mit berühmten Weinorten wie Kitzeck, mit Buschenschenken und Wochenendhäusern — und doch in manchen Teilen noch sehr ländlich, sehr ursprünglich, ja fast einsam zu nennen. Ein großer Berg, und ein besonderer Berg! Das Sausal ist neben Südtirol das höchstgelegene Weinbaugebiet Europas. Am Demmerkogel, dem Sonnenberg, der sich durch manchmal ungeheuerlich hohe Temperaturen auszeichnet, die den Wein förmlich in der Traube sieden lassen, im Frühling aber „seidenweiches Wetter" hat, gedeihen im Schutz der Siedlungen aber auch der Mandelbaum, die Feige, die Pinie und Zypresse, und an den Hauswänden blüht der echte Jasmin oft schon im Jänner. Kein Wunder: der Demmerkogel liegt auf der gleichen südlichen Breite wie Meran!

Am Nordfuß des Demmerkogels liegt ein großer, sehr warmer Badesee, der Waldschacher Teich, mit Segelschule; in der Nähe wurde eine Wochenendsiedlung geschaffen, Höch am Demmerkogel ist „Erholungsdorf", und der See mit seiner Landschaft ist den mit Bädern nicht verwöhnten Grazern ein sehr liebes Ziel, das oft in Verbindung mit einer Bergtour gebracht wird. Denn trotz mancher Straße sind dem Demmerkogel die alten Wanderwege geblieben, etwa von Fresing über die Theresienkapelle auf freier Höhe mit Auslug zur Koralpe und zu den Bergen Jugoslawiens, oder vom Waldschacher Teich auf mancherlei Wegen zum Mandlkogel (538 m), einem Vorgipfel des Demmerkogels. Pilze sammeln (sie erreichen in den schluchtartigen Gräben des Berges oft „sagenhafte" Größe), im Spätherbst Kastanien klauben und Wein verkosten, das sind nette „Nebenbeschäftigungen" beim Wandern, und was dem Südtiroler sein Speck ist, findet der Südsteirer und auch der Grazer im „Verhackert", einem schmalzartigen Brotaufstrich, der aber auch aus Speck besteht und „gerissen" wird. Das schmeckt sehr gut zu Brot und Wein, aber auch zu Most oder „Sturm", wie der noch trübe Traubensaft genannt wird, den man im Steirischen gerne trinkt.

An der Ostseite des Demmerkogels breitet sich der große Sulmbadesee. Im Mündungsdreieck der Sulm, der Laßnitz und der Mur liegt die Bezirksstadt Leibnitz, ein echt südsteirisches Stadtl, überragt vom Seggauberg und Frauenberg (381 m), der vor 1900 Jahren einen römischen Isistempel trug. Südlich von Leibnitz lag die römische Ansiedlung Flavia Solva, die einzige römische Stadt der Steiermark; sie hatte wenig Bedeutung für die große Weltgeschichte und wurde zur Zeit der Völkerwanderung völlig zerstört. Für die Forschung von heute, die sich mehr als früher mit der Organisation solcher Städte beschäftigt, sind die Funde und Ausgrabungen von Flavia Solva von größter Wichtigkeit. Auf dem Frauenberg (mit Wallfahrtskirche) befinden sich ein Römermuseum, eine Sammlung von über 100 Römersteinen vor allem aus dem 2. Jh. n. Chr. auf Schloß Seggau; die

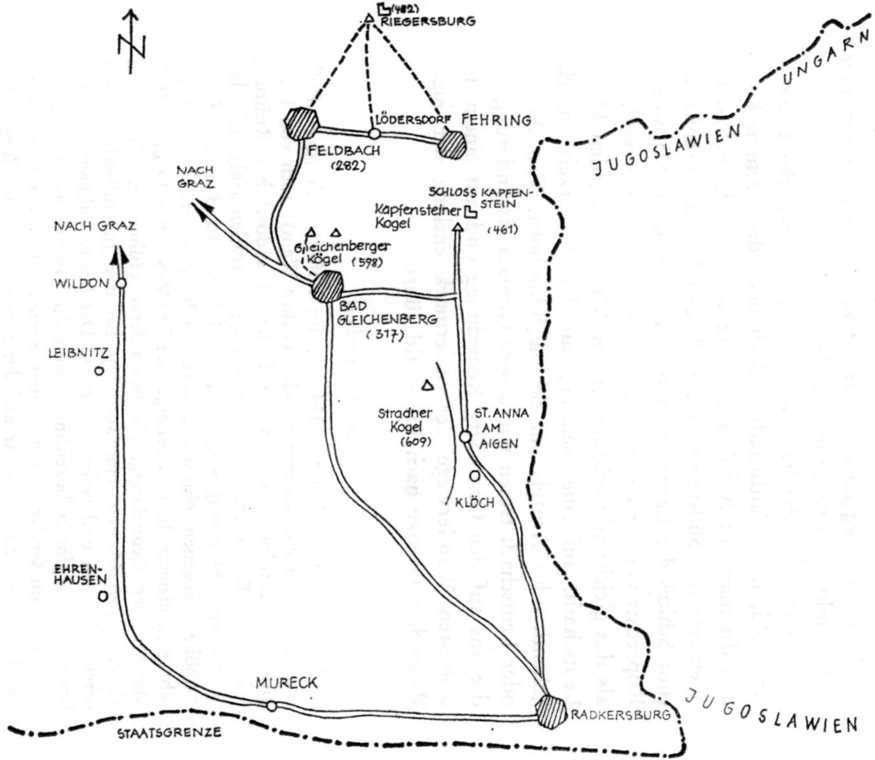

N
(482)
RIEGERSBURG
LÖDERSDORF
FEHRING
FELDBACH
(282)
NACH
GRAZ
NACH GRAZ
SCHLOSS KAPFEN-
STEIN
Kapfensteiner
Kogel
(461)
Gleichenberger
Kögel (598)
WILDON
BAD
GLEICHENBERG
(317)
LEIBNITZ
Stradner
Kogel
(609)
ST. ANNA
AM
AIGEN
KLÖCH
EHREN-
HAUSEN
MURECK
RADKERSBURG
STAATSGRENZE
JUGOSLAWIEN
UNGARN
JUGOSLAWIEN
JUGOSLAWIEN

interessantesten Stücke werden im Grazer Joanneum aufbewahrt. Schloß Seggau, in seiner heutigen Form aus dem 16. und 17. Jh. stammend, derzeit Familien-Ferienheim der Diözese Seckau, ist aus drei mittelalterlichen Burgen entstanden, der Seggauberg war schon 860 als bedeutender Stützpunkt des Erzbistums Salzburg bekannt.

Leibnitz ist Schnellzugsstation der Bahnstrecke Graz — Spielfeld, den Waldschacher Teich oder den Demmerkogel erreicht man mit Autobus ab Graz wie auch die bekannten Weinorte der Südsteiermark, z. B. den Markt Ehrenhausen (mit Schloß der Eggenberger und dem barocken Mausoleum Ruprechts von Eggenberg, welches künstlerisch wertvoller ist als das gleichzeitig erbaute Grazer Mausoleum); den Markt Leutschach, auf eine Siedlung aus der Römerzeit zurückgehend, oder Arnfels mit Schloß Schönborn. Von Arnfels oder Leutschach treten wir unsere Grenzlandwanderung an, die uns auf den Grenzberg Remschnigg und auf einem der schönsten Wanderwege der Steiermark entlang der jugoslawischen Grenze nach Eibiswald führt.

Der Wegverlauf

Ausgangspunkt: Arnfels (314 m), am Pößnitzbach (der „Pößnitzberger" ist ein bekannter südsteirischer Wein); auch von Leibnitz mit Autobus erreichbar. Auf der in südöstlicher Richtung führenden Bergstraße zum Remschnigg (Straßentafel), mit bezeichneten Abkürzungswegen, in rd. 1½ St. zu dem auf freier Anhöhe gelegenen einfachen, netten Gh. Pronintsch mit ganzjährig geöffneter Jugendherberge der ÖAV-Sektion Leibnitz (677 Meter). Der Remschnigg, ein bewaldeter Höhenzug mit weiten almenartigen Matten, empfängt uns bei der Jugendherberge mit offenen Wiesen und freiem Ausblick. Der breite Fahrweg ist ganz besonders sorgfältig bezeichnet, denn die Grenze gegen Jugoslawien ist zum Greifen nahe, immer wieder sehen wir Grenzsteine zur Linken — einmal sogar auf der rechten Seite des Weges. Ein Verirren von dem so gut gekennzeichneten Remschniggweg ist nach menschlichem Ermessen unmöglich, ein Abweichen über die Grenze wäre unklug. Wohl verbinden uns gute Beziehungen mit

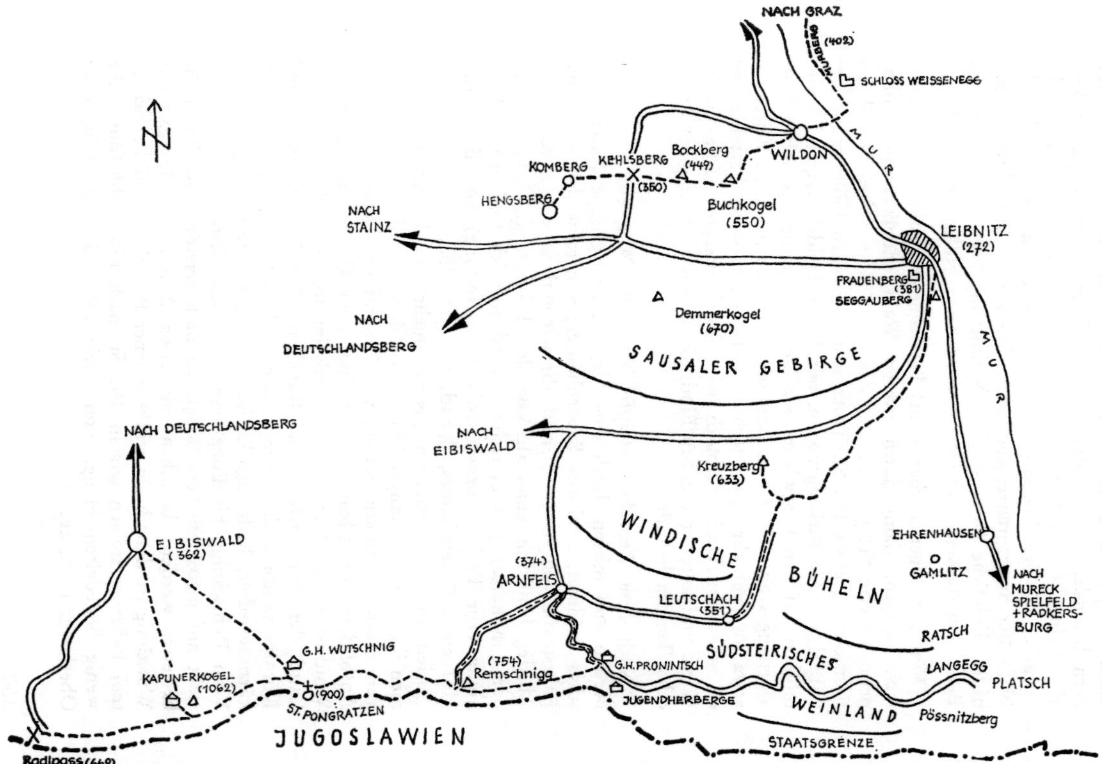
NACH GRAZ
MURBERG
(402)
SCHLOSS WEISSENEGG
WILDON
M U R
LEIBNITZ
(272)
KOMBERG
KEHLSBERG
(350)
Bockberg
(449)
HENGSBERG
Buchkogel
(550)
NACH
STAINZ
NACH
DEUTSCHLANDSBERG
FRAUENBERG
(381)
SEGGAUBERG
Demmerkogel
(670)
SAUSALER GEBIRGE
M U R
NACH DEUTSCHLANDSBERG
NACH
EIBISWALD
Kreuzberg
(633)
WINDISCHE
BÜHELN
EHRENHAUSEN
GAMLITZ
NACH
MURECK
SPIELFELD
+RADKERS-
BURG
EIBISWALD
(362)
(374)
ARNFELS
LEUTSCHACH
(351)
RATSCH
SÜDSTEIRISCHES
WEINLAND
LANGEGG
PLATSCH
Pössnitzberg
G.H. WUTSCHNIG
(754)
Remschnigg
G.H. PRONINTSCH
KAPUNERKOGEL
(1062)
(900)
ST. PONGRATZEN
JUGENDHERBERGE
JUGOSLAWIEN
STAATSGRENZE
Radlpass (669)

unseren jugoslawischen Nachbarn (die Wanderern und Bergsteigern besonders gut gesinnt sind), doch am Remschnigg ist kein allgemeiner Grenzübergang und es könnte, schon wegen der Sprache, Schwierigkeiten geben. Wir begnügen uns damit, daß die Nähe der Staatsgrenze, auch ohne daß wir sie überschreiten, eine nicht alltägliche Note in diese Wanderung bringt. Übrigens: der Berg sieht diesseits und jenseits der Grenze völlig gleich aus!

Von der Jugendherberge auf bezeichnetem Fahrweg erst über freie Wiesen, dann durch lichten Wald (Edelkastanien) ohne nennenswerte Steigung bis auf den nur 754 m hohen Gipfel des Remschnigg, etwa 1½ St. Trotz seiner geringen Höhe mutet der Gipfel mit den Birkengruppen, mit Moos, Heidekraut und Steinblöcken auf den Bergwiesen wie eine Almkuppe des nahen Koralpenzuges an. Es ist eine Landschaft, die zu manchen Zeiten — etwa im Frühjahr oder Herbst — etwas Arktisches hat; hie und da steht ein Wacholderbusch wie eine blaugrüne Säule in der Wiese und unterstreicht den Eindruck, daß wir uns in einer Heide oder Tundra befinden.

Nach dem Remschnigg-Gipfel zieht der Weg ein Stück steil bergab und mitten durch eine kleine Häusergruppe (österreichisches Zollhaus, zwei alte Bauernhäuser; von rechts her zieht eine Fahrstraße von Arnfels herauf, die wir evtl. zu einem verfrühten Abstieg benützen können). Von den Häusern („Wechtisch" auf der Landkarte) geht es rechter Hand ziemlich steil einen Hügel hinan (zur Linken jugoslawische Grenzfestung) und durch den Hof eines Bauernhauses, danach auf der Höhe bis zur nächsten Ansiedlung. Wir entfernen uns nun mehr von der Grenze, kommen ihr aber nach langer Wanderung durch Wald und Wiesen, an vereinzelten Häusern vorbei, vor Pongratzen wieder ganz nahe. Ausblicke: vor allem zur Koralpe, zum Demmerkogel, in die Windischen Bühel und den Posruck im Jugoslawischen — in ein Land der Bergkirchen und Kapellen. Zwischen Radlpaß und Koralpe taucht auch immer wieder die Petzen, ein mächtiger halb kärntnerischer, halb jugoslawischer Berg mit felsiger Stirne auf. Vom Remschnigg bis Pongratzen (das Kirchlein St. Pongratzen steht auf jugoslawischem Boden, ist halb zerstört und darf nicht betreten werden) brauchen wir etwa 2 St., das Berggasthaus Wutschnig ist danach ein willkommener Rastplatz. Auf bezeichnetem Fahrweg steigen wir in 1½ St. nach Eibiswald (durch die wenig besiedelten Hänge von Kleinradl und Oberlatein) oder Oberhaag, 1 St., ab.

Rückkehr zum Ausgangspunkt: von Eibiswald oder Oberhaag mit Autobus nach Arnfels

Varianten: besonders schön, wenn man dabei Frauenberg mit der Wallfahrtskirche, das Römermuseum und Schloß Seggau (mit Gaststätte und Schwimmbad) kennenlernen will: von Leibnitz in 1/2 St. auf Fahrstraße nach Schloß Seggau und über den Frauenberg (Fahrweg mit Markierungsspuren) nach Schönegg und (immer auf dem Höhenzug bleibend) auf markiertem Weg, teilweise auf Fahrwegen in südwestlicher Richtung quer durch die Windischen Bühel zum höchsten Punkt unserer Wanderung, 583 m, und auf markiertem Fahrweg nach Leutschach (351 m).

Bei dieser herrlichen Höhenwanderung, die im Frühjahr oder Herbst besonders schön (im Sommer entschieden zu heiß), aber auch in schneearmen Wintern zum Winterwandern zu empfehlen ist, haben wir besonders interessante Talblicke ins Weingebiet von Ehrenhausen, Gamlitz, auf die Weinstraße mit Ratsch und Platsch. Im Winter ist der Anblick der Weinstöcke auf Schnee, schwarz auf weißem Grund, ebenso fremdartig wie faszinierend und unvergeßlich. Leibnitz — Leutschach etwa 4 St. Wollen wir anschließend den Remschniggweg weitergehen, empfiehlt sich Aufstieg zur Jugendherberge, ab Leutschach auf markiertem Weg (Straße), rd. 1 1/2 St., und Übernachtung. Dann werden wir uns aber mit dem Remschniggweg allein nicht zufriedengeben, sondern gleich von Pongratzen über den Radlberg zum Kapunerkogel (1052 m) weiterwandern, ebenso gut bezeichnet und ebenso im Grenzgebiet wie der Remschnigg. In der Nähe des verwachsenen Gipfels die (zu Wochenenden beaufsichtigte) neue Eibiswalder Hütte der ÖAV-Sektion Eibiswald. Abstieg zum Radlpaß (669 Meter), Grenzstation gegen Jugoslawien, oder auf markiertem Weg nach Eibiswald, ab Pongratzen je 4 St. Sehr schöne Flora (Frühlingsknotenblumen, Enzian).

Höhenunterschiede: Arnfels (314 m) — Remschnigg-Jugendherberge (677 m) — Remschnigg (754 m) — Pongratzen (800 m) — Eibiswald (362 m), evtl. Oberhaag (320 m). Variante Leibnitz — Leutschach: Leibnitz (272 m) — Frauenberg (381 m) — Windische Bühel (583 m) — Leutschach (351 m). Variante Pongratzen — Kapunerkogel: Pongratzen (800 m) — Kapunerkogel (1052 m) — Radlpaß (669 m) — Eibiswald (362 m)

Gehzeiten: Arnfels — Remschnigg-Jugendherberge 1 1/2 St., Jugendherberge — Remschnigg 1 1/2 St., Remschnigg — Pongratzen 2 St., Pongratzen — Eibiswald 1 1/2 St.; zusammen 6 1/2 St. (Oberhaag 1 St.; zusammen 6 St.). Variante Leibnitz — Windische Bühel — Leutschach 4 St.; Leutschach — Remschnigg-Jugendherberge 1 1/2 St. Variante Pongratzen — Kapunerkogel — (Radlpaß) — Eibiswald 4 St.

Günstigste Zeit: Frühjahr und Herbst, auch Winter. Das ganze südsteirische Bergland ist wegen der guten Straßen und Fahrwege besonders zum Winterwandern geeignet!

Orientierung: Windische Bühel mangelhafte Markierung, Wege aber leicht zu finden (besiedeltes Gebiet). Im Grenzgebiet überreichlich markiert, um unbeabsichtigte Grenzübertritte zu vermeiden

Besonders wichtig: bei Wanderungen im Grenzgebiet unbedingt gültigen Ausweis, am besten Reisepaß, mitnehmen! Bergschuhe nicht unbedingt erforderlich, aber Wetterschutz

Karte: Freytag-Berndt-Touristenwanderkarte 1 : 100.000, Blatt 41, Graz — Pack — Eibiswald

Besonderes: auch für Kinder ab 8 Jahren geeignet

50

DER STEIRISCHE NORD-SÜD-WEITWANDERWEG

In den Jahren nach dem zweiten Weltkrieg kamen die sog. „Weitwanderwege" auf, zuerst in Jugoslawien mit der berühmten über 800 km langen „Transverzala" von der steirischen Grenze bis zur Adria. Der österreichische „Tauernhöhenweg" ist etwas Ähnliches, das schon lange besteht, aber nicht einheitlich durchmarkiert ist wie ein echter Weitwanderweg, es gibt auch keine Büchlein mit Stempeln und Abzeichen dafür, wie sie zum Weitwanderweg gehören.

In Österreich beschäftigte sich Univ.-Prof. Dr. h. c. Hans Kinzl, Innsbruck, schon seit Jahrzehnten mit dem Gedanken der Weitwanderwege. Als erster Weitwanderweg in Österreich wurde in den sechziger Jahren der sog. „Nordwaldkammweg" vom Dreisesselberg zum Nebelstein von Mühl- und Waldviertler Sektionen des ÖAV geschaffen. Eine Fortsetzung dieses Weitwanderweges vom Nebelstein nach Mariazell wurde 1970 markiert. In den letzten Jahren ging man auch in der Steiermark daran, Weitwanderwege zu schaffen. Als erster ist im Jahre 1970 der Nord-Süd-Weitwanderweg von Mariazell bis in die Soboth geschaffen worden. Für seine Begehung, die etwa zwei Wochen in Anspruch nimmt (aber natürlich auch in Einzeletappen unternommen werden kann), wurde ein eigener Weitwanderwegführer verfaßt, der auch den Teil vom Nebelstein nach Mariazell umfaßt und bei der Geschäftsstelle der ÖAV-Sektion Graz, 8010 Graz, Sackstraße 16, erhältlich ist. Dort sind auch Auskünfte über diesen Weg einzuholen bzw. werden die Begeher gebeten, ihre Beobachtungen dort zu melden.

Der Steirische Nord-Süd-Weitwanderweg vermittelt uns eine „hohe Wanderung“ in des Wortes eigentlichem Sinne. Er beginnt am kühlen Erlaufsee im frischgrünen Bergland von Mariazell, führt dann hoch hinauf auf verkarstete Gipfel der Nördlichen Kalkalpen, wie Veitsch und Hochschwab, berührt am Eisenerzer Reichenstein die farbenprächtige, mineralreiche Grauwackenzone der Eisenerzer Schieferalpen, steigt dann hinab in die Niederungen (der von Trofaiach bis Leoben führende Teil überquert tatsächlich einen Berg, der „Niederung“ heißt) und schwingt sich dann wieder auf zu den Hohen Almen der Steiermark, jenem einmaligen Kettengebirge mit Kristallingestein, das große Teile der Steiermark einnimmt und bis über 2000 m hoch ansteigt. Über den Kamm dieses Urgebirges zieht der Weitwanderweg von der Mugel bis zur Koralpe und senkt sich dann unvermittelt bergab bis ins südsteirische Rebenland bei Eibiswald.

Unser Wanderbuch Steiermark bringt vorwiegend Wanderungen, die nicht in den alpinen Bereich vordringen. Der Steirische Nord-Süd-Weitwanderweg wird daher hier nur am Rande berührt, um ihn einmal bekannt zu machen. Nur auf einigen unserer Wanderungen begehen wir Teile des Weitwanderweges, wie auf der Niederung (Weg Nr. 26), im Mariazeller Bergland (Nr. 31), auf der Sonnschienalm (Nr. 29) und auf den Hohen Almen (Nr. 32 und Nr. 88). Der steirische Weitwanderweg führt nämlich zum größten Teil durch alpines Gebiet und ist Sache des Bergsteigers, nicht des Wanderers. Besonders die Hochschwab- und Reichensteinüberschreitung, zum Teil auch die Hohe Veitsch verlangen bergsteigerische Erfahrung, gutes Zurechtfinden, Ausdauer und auch schon Trittsicherheit.

Der Steirische Nord-Süd-Weitwanderweg wird aber in einem zweiten, einem alpinen Führer durch die Steiermark, eingehend gewürdigt und beschrieben werden.

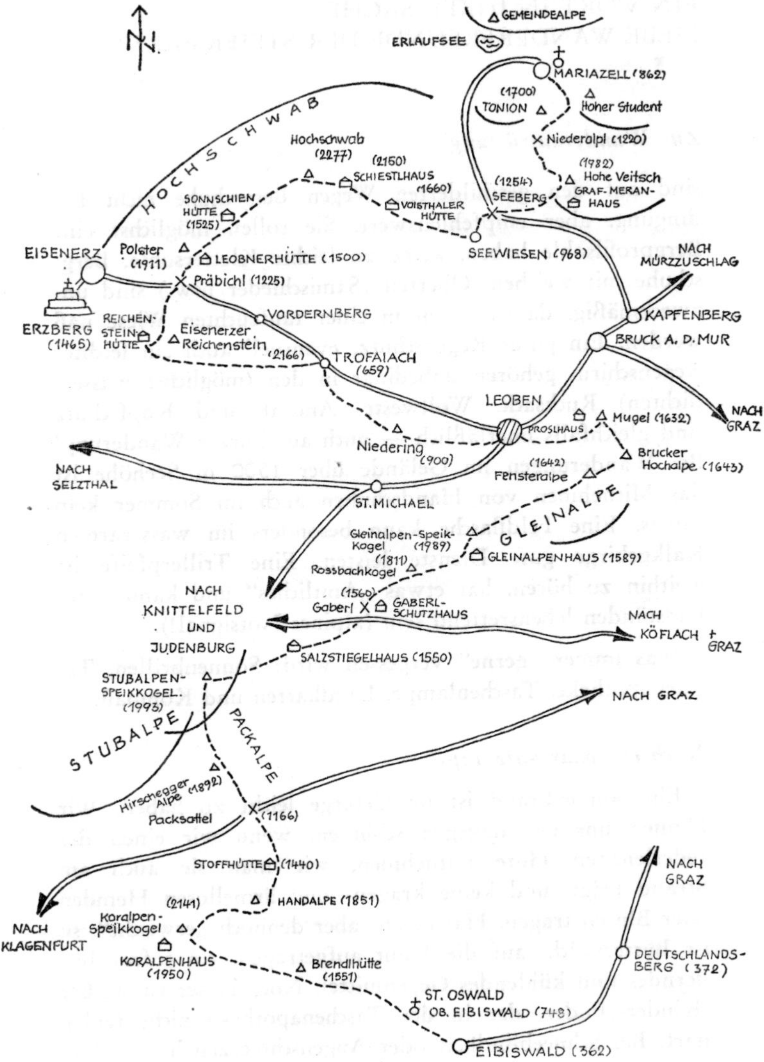
N
GEMEINDEALPE
ERLAUFSEE
MARIAZELL (862)
(1700)
TONION
Hoher Student
HOCHSCHWAB
Hochschwab
(2277)
(2150)
SCHIESTLHAUS
(1660)
Niederalpl (1220)
(1782)
Hohe Veitsch
GRAF-MERAN-HAUS
(1254)
SEEBERG
SONNSCHIEN HÜTTE (1525)
VOISTHALER HÜTTE
SEEWIESEN (968)
NACH MÜRZZUSCHLAG
EISENERZ
Polster (1911)
LEOBNERHÜTTE (1500)
Präbichl (1225)
VORDERNBERG
KAPFENBERG
BRUCK A. D. MUR
REICHENSTEIN HÜTTE
ERZBERG (1465)
Eisenerzer Reichenstein
(2166)
TROFAIACH
(659)
NACH GRAZ
LEOBEN
PROSLHAUS
Mugel (1632)
Niedering
(900)
Brucker Hochalpe (1643)
(1642)
Fensteralpe
NACH SELZTHAL
ST. MICHAEL
GLEINALPE
Gleinalpen-Speik-Kogel (1989)
GLEINALPENHAUS (1589)
(1811)
Rossbachkogel
(1560)
Gaberl
GABERL-SCHUTZHAUS
NACH KNITTELFELD UND JUDENBURG
NACH KÖFLACH + GRAZ
SALZSTIEGELHAUS (1550)
STUBALPEN-SPEIKKOGEL (1993)
NACH GRAZ
STUBALPE
PACKALPE
Hirschegger Alpe (1892)
Packsattel
(1166)
STOFFHÜTTE (1440)
HANDALPE (1851)
NACH GRAZ
(2141)
Koralpen-Speikkogel
NACH KLAGENFURT
KORALPENHAUS (1950)
Brendlhütte (1551)
DEUTSCHLANDSBERG (372)
ST. OSWALD OB. EIBISWALD (748)
EIBISWALD (362)

EIN WORT IN IHRER SACHE, LIEBE WANDERFREUNDE DER STEIERMARK!

Zur Wanderausrüstung

sind auf den geschilderten Wegen Bergschuhe nicht Bedingung, aber empfehlenswert. Sie sollen möglichst eine Bergprofilsohle haben, keine zu leichte Klettersohle. Bergschuhe mit weichem Oberteil (Sämischleder usw.) sind unzweckmäßig, da sie schon in einer taufeuchten Wiese naß werden. Ein guter Regenschutz, eventuell auch ein leichter Regenschirm gehören unbedingt in den (möglichst wasserdichten) Rucksack. Wollweste, Anorak und Kopfschutz sind gleichfalls unerläßlich — auch auf kurzer Wanderung! Bei Wanderungen im Gelände über 1500 m Seehöhe ist das Mitnehmen von Handschuhen auch im Sommer kein Luxus. Eine Feldflasche kann besonders im wasserarmen Kalkgebirge gute Dienste leisten. Eine Trillerpfeife ist weithin zu hören, hat etwas „Amtliches“ und kann unter Umständen lebensrettend sein (alpines Notsignal!).

Was immer „gerne“ vergessen wird: Sonnenbrillen, Taschenapotheke, Taschenlampe, Landkarten und Kompaß.

Noch ein paar gute Tips

Ein Sonnenbrand ist im Gebirge leicht zu haben. Wir können uns gut dagegen schützen, wenn wir einen der federleichten Hüte mitnehmen, wie man sie auch am Strand trägt, und keine kragen- und ärmellosen Hemden oder Blusen tragen. Hat es uns aber dennoch „erwischt“, so ist Buttermilch, auf die Haut aufgetragen, ein sofort linderndes und kühlendes Gegenmittel. Noch besser ist weißer (Kinder-)Puder, der in der Taschenapotheke nicht fehlen darf. Bei Schneeblindheit oder Augenschmerzen helfen Teesäckchen (Portionsbeutel mit russischem Tee), die man feuchtkalt auflegt.

Wunde Füße können einem das Wandern verleiden. Man kann Blasen und Druckstellen jedoch vermeiden, wenn man sofort Pflaster ohne Gaze (Leukoplast), das nicht rutschen kann, fest auf die (meist schon gerötete) Haut klebt. Bei mehrtägigen Touren Pflaster abends abziehen, Haut reinigen, auf offene Stellen Wundpuder auftragen. Vor der nächsten Tour neues Pflaster aufkleben!

Was tun wir aber, wenn

wir im Begriff sind, uns zu verirren? Die beschriebenen Wege sind markiert, einfach zu finden und leicht zu begehen, trotzdem aber ist Irren und Verirren im Berggelände möglich.

1. Gebot: Nicht die Nerven verlieren!

2. Gebot: Nach dem Weg oder der letzten Markierung suchen!

3. Gebot: Keinesfalls weglos oder ohne Markierung weitergehen! Auf keinen Fall in Rinnen oder Bachbetten auf- oder absteigen!

4. Gebot: Lieber den Weg bis zum nächsten Anhaltspunkt (Alm, Hütte usw.) oder zum Ausgangspunkt zurückgehen, wenn man unsicher ist!

5. bis letztes Gebot: Ruhe bewahren!

Und wenn ein Gewitter kommt?

Auch da ist das oberste Gebot: Ruhe bewahren! Abwarten! Gewitter kommen überraschend, ziehen aber meist schnell wieder ab. Landregen sind unangenehmer. Weitere Gebote bei Gewittern: hohe Bäume und Wasserläufe meiden. Dem Blitz kein hohes Angriffsziel bieten, lieber eine Vertiefung aufsuchen (trockene Mulden).

Sollten Sie einer Schlange begegnen —

weichen Sie ihr aus. Sollten Sie gebissen werden, was viel seltener vorkommt, als man hört: Wunde mit Alkohol auswaschen oder ausschneiden (-brennen), evtl. abbinden, sofort zum nächsten Gasthaus (Schutzhütte) oder gleich ins Tal zum Arzt gehen.

Weichen Sie auch dem Rindvieh aus

wenn Sie Angst davor haben. Nicht davonlaufen, sondern langsam zurückziehen. Am besten von vornherein einen Bogen um das Almvieh machen. Eine alte Faustregel: nicht hinschauen; das Rindvieh schaut dann auch nicht her!

Das alpine Notsignal

sollte nur bei wirklicher Notlage gegeben werden. Wir müssen innerhalb einer Minute sechsmal in regelmäßigen Abständen ein Zeichen geben (hörbar: Rufen, Pfeifen, Schießen — oder sichtbar: Schwenken einer Lampe, eines Tuches, Spiegelung), bis Antwort erfolgt. Die Rettungsmannschaft antwortet, indem sie innerhalb einer Minute dreimal in regelmäßigem Abstand ein Zeichen gibt. Nochmals: Nur wirkliche Notlage rechtfertigt es, eine Rettungsmannschaft auf die Beine zu bringen!

Besonders zu beachten: die Jagdsperren

Fast jedes Wandergebiet in der Steiermark ist auch Jagdgebiet. Viele davon — nicht alle! — sind in der Jagdzeit etwa von Mitte September bis Mitte Oktober, oft auch bis zum 20. dieses Monats, für den Touristenverkehr gesperrt. Diese sogenannten „Jagdsperren" werden in der Tagespresse verlautbart. Achtung! Zu diesen Zeiten können auch markierte Wege sowie Schutzhütten gesperrt sein (besonders im Hochschwab)!

Rehe sind sanfter als Jäger —
dennoch wird vor Rehen und jedem anderen Wild gewarnt. Auch wenn das Tier noch so „lieb“ und fotogen ist — man bekommt es ohnedies nicht richtig auf den Film. Stehenbleiben, still beobachten, uns freuen — das ist das einzige, was wir beim Anblick des Wildes tun sollen. Eine Todsünde wäre es, ein Jungtier anzufassen oder gar wegzutragen. Das Kleine müßte unsere Liebe wahrscheinlich mit dem Tode bezahlen, denn das Muttertier nimmt es dann nicht mehr an. Daß wir das Wild nicht vergrämen, ist also Ehrensache. Ebenso aber auch, daß wir Jagdherren und Jäger respektieren. Haben wir unbewußt gegen ihre Rechte verstoßen und werden wir zur Rede gestellt, so erklären wir die Situation mit sachlichen Worten. Jagd und Touristik sollten in gutem Einvernehmen miteinander stehen, überhaupt in einem Land, das fast nur aus Jagdrevieren besteht wie die Steiermark.

Laßt sie leben! Ein Wort zum Naturschutz

Auf unseren Wegen in der Steiermark begegnen wir manch seltener Pflanze oder Blume. Wir wollen sie leben lassen — sie ist ein Lebewesen. Abgesehen davon drohen dem Naturfrevler strenge Strafen: Die Männer der Bergwacht sind befugt, gegen jeden, der sich an der Natur vergeht, Anzeige zu erstatten. Zum Naturschutz gehört auch, daß wir keine Abfälle am Berg verstreuen. Haben wir sie hinaufgetragen, können wir sie ebensogut auch wieder ins Tal bringen — oder vergraben. Und denken wir auch an den unermeßlichen Schaden eines Waldbrandes, den ein weggeworfener Zigarettenstummel anrichten kann!

Die Natur bedarf unseres Schutzes so sehr!

Die *Allgemeinen gesetzlichen Naturschutzvorschriften* besagen unter anderem: Es ist verboten, wildwachsende Pflanzen mißbräuchlich zu nutzen oder ihre Bestände zu verwüsten; hierzu gehören besonders die offensichtlich übermäßige Entnahme von Blumen und Farnkräutern, das böswillige und zwecklose Niederschlagen von Stauden und Uferpflanzen, das unbefugte Abbrennen der Pflanzendecke und dergleichen.

Die *Schutzvorschriften für teilweise geschützte Pflanzen* lauten: Es ist verboten, die unterirdischen Teile (Wurzeln, Zwiebeln) oder die am Boden aufliegende Blattrosette zu beschädigen oder von ihrem Standort zu entfernen.

Die *Besonderen Schutzvorschriften für vollkommen geschützte Pflanzen* lauten: Es ist verboten, wildwachsende Pflanzen zu beschädigen oder von ihrem Standort zu entfernen.

Teilweise geschützt sind in der Steiermark:

Akelei, Enzian (stengelloser und Lungenenzian), Frühlingsknotenblume, Maiglöckchen, Schneeglöckchen, Schneerose, Zyklamen

Pflanzen, die in der Steiermark vollkommen unter Naturschutz stehen:

Federnelke und Prachtnelke, alle Kuhschellenarten, Seerosen, Seidelbast, gelber und pannonischer Enzian, Speik, Edelraute, Edelweiß, Feuerlilie, Türkenbund, Schlüsselblumen (Clusiusprimel, Petergstamm, zottige und klebrige Schlüsselblume), Hundszahn, Milchstern, Gelbstern, Schachblume, Wasserschwertlilie, einheimische Orchideen (Frauenschuh, Kohlröschen, Knabenkräuter, Händelwurz, Ragwurz, Spitzorchis, Dingel, Waldveigel)

Bevor Sie eine Wanderung antreten ...

planen Sie bitte sorgfältig mit Unterstützung durch dieses Wanderbuch. Unsere Wandervorschläge sind nur als Anregungen gedacht; jeder wandert auf eigene Verantwortung (das ist es, was das Wandern unter anderem so interessant macht!). Unsere Gehzeiten sind *ohne Rasten berechnet,* da diese ja individuell verschieden sind. Sie müssen also bei der Planung zur Wanderzeit noch die entsprechenden Stunden dazuschlagen. Sollten Sie mit Kindern wandern, geben Sie gleich noch eine oder zwei Stunden dazu — Kinder haben einen anderen Lebens- und Wanderrhythmus als Erwachsene!

Falls Übernachtungen vorgesehen sind, erkundigen Sie sich entsprechende Zeit vorher, ob eine Unterkunft möglich ist. Auch wenn Sie mit eigenem Fahrzeug kommen, muß manchmal (bei Rundtouren z. B.) die Rückfahrt mit einem öffentlichen Verkehrsmittel angetreten werden. Ein Taschenfahrplan, für unsere Zwecke der „Kleine Grüne" für Steiermark und Kärnten, ist daher ein unentbehrliches Requisit.

In den letzten Jahren ist das Wandern um eine Wandernadel oder ein Leistungsabzeichen auch in der Steiermark in Mode gekommen. Sofern mir die Strecken dafür bei Herausgabe des Buches bereits bekannt waren oder einer der Wandervorschläge eine solche Strecke berührt, wurden sie selbstverständlich erwähnt. Im allgemeinen aber soll dieses Buch zum Wandern um des Wanderns willen anregen, und zwar zum selbständigen Wandern. Insbesondere das Bergwandern ist ja nicht nur körperliche Leistung allein, sondern es werden dabei vielerlei geistige und seelische Kräfte eingesetzt und auch freigemacht.

Das Wandern körperlich, seelisch und geistig zu erleben und zu genießen — dazu soll dieses Buch beitragen.

VERZEICHNIS DER STEIRISCHEN JUGENDHERBERGEN

Admont, 8911 Admont

Bad Aussee, 8990 Bad Aussee, Lerchenreith 148

Bruck an der Mur, 8600 Bruck a. d. Mur, Theodor-Körner-Str. 37

Draxlerhaus, Hohentauern, 8010 Graz, Stempfergasse 6/I (TV „Die Naturfreunde")

Eisenerz, 8790 Eisenerz, Mädchenvolksschule

Fürstenfeld, 8280 Fürstenfeld, Gerichtsbergenstraße 42

Graf-Meran-Haus an der Hohen Veitsch, 8664 Groß-Veitsch

Graz, 8020 Graz, Kärntner Str. 9/II, 8020 Graz, Idlhofgasse 74

Haus im Ennstal, 8967 Haus im Ennstal, Jugendbergheim am Hauser Kaibling

Mariazell, 8630 Mariazell, Fischer-von-Erlach-Weg 2

Murau, 8850 Murau, „Zum Deutschen Ritter", Raffaltplatz 15

Mureck, 8480 Mureck

Neuberg an der Mürz, 8692 Neuberg an der Mürz, Kaplanweg 8

Prosl-Schutzhaus des ÖTK auf dem Gipfel der Mugel, 8712 Niklasdorf

Pruggererberg, 8965 Pruggern, Jugendherberge Berglechnerhof, Pruggererberg 67

Radkersburg, 8490 Radkersburg, Stadtamt

Remschnigg, 8340 Leibnitz, Klostergasse 23, Jugendherberge am Remschnigg der AV-Jugend Leibnitz

Riegersburg, 8333 Riegersburg, Jugendherberge im Cillitor der Riegersburg

Schladming, 8970 Schladming, Coburgstraße 253

Selzthal, 8900 Selzthal Nr. 155, TVN-Haus Selzthal

Semriach, 8102 Semriach Nr. 33

Soboth, 8554 Soboth, Grenzlandjugendherberge

Spielfeld, 8471 Spielfeld, Jugendherberge „Südmark" im Grenzlandhaus

St. Oswald ob Eibiswald, 8553 St. Oswald ob Eibiswald

Trautenfels, 8951 Schloß Trautenfels, Ennstal

Trofaiach, 8793 Trofaiach, Langenfelderstraße 36 a, Jugendherberge der AV-Jugend Trofaiach

BENÜTZTE LITERATUR

Coelln, Ernst, 100 Ausflüge von Graz, Leykam Graz

Dehio-Handbuch Steiermark, Schroll-Verlag Wien

Haus im Ennstal, Wanderführer, Fremdenverkehrsverein Haus im Ennstal, Text von Walter Stipperger, Graz

Knoll, Helmfried, Erwanderte Heimat — erlebte Fremde, Verlag Das Berglandbuch Salzburg

Land an der Grenze, Ferdinand Tremel, Styria Graz

Murau, Wanderführer durch den Bezirk, Karl Stöffelmayr, Bezirksfremdenverkehrsverband Murau

natur, landschaft und mensch, Naturfreunde-Landesleitung Graz

Österreichisches Freilichtmuseum, Führer, Prof. Dr. Viktor Herbert Pöttler, Selbstverlag des Österreichischen Freilichtmuseums, Stübing bei Graz

Schladming, Führer durch Schladming, das Tor zum Dachstein-Tauerngebiet, Ernst-Kortschak-Verlag, Schladming

Steiermark, Hand- und Reisebuch, Karl W. Gawalowski, Verlag von Ulrich Mosers Buchhandlung, Graz 1926

Thannhausener Wanderweg, Bild- und Kartenteil, OSR Franz Pratl, TVN Weiz

Der Thannhausener Wanderweg — Eine heimatkundliche Einführung, OSR Franz Pratl, TVN Weiz

Topographia Norici, Franz Ertl, Kremsmünster

Urgeschichte des österreichischen Raumes, von Richard Pittioni

ORTSNAMENVERZEICHNIS

INHALTSVERZEICHNIS